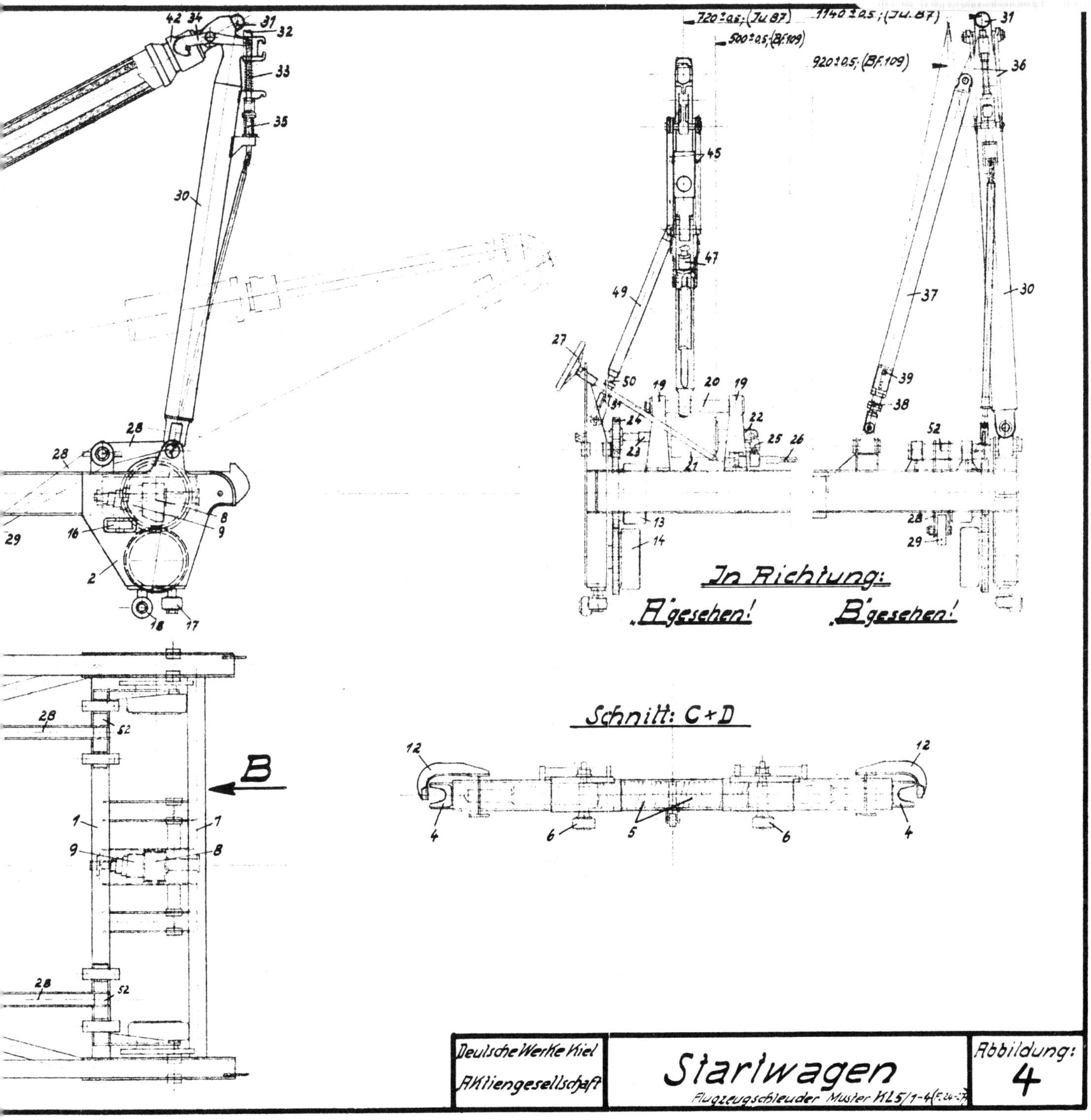

720 ±0,5 ; (Ju 87)
1140 ±0,5 ; (Ju 87)
500 ±0,5 (Bf 109)
920 ±0,5 (Bf 109)

42 34 31 32
33
35
30
28
28
29 16
8
9
2
18 17

45
47
49
27
50
54
19 20 19
24
23
22
21
25 26
13
14

37
30
39
38
28
29
52

In Richtung:

„A gesehen!   „B gesehen!

Schnitt: C + D

B

28
52
1 1
9 8
28
52

12
4
6
5
6
12
4

| Deutsche Werke Kiel | Startwagen | Abbildung: |
| Aktiengesellschaft | Flugzeugschleuder Muster KL5/1-4 (r.24-37) | 4 |

Ulrich H.-J. Israel

GRAF ZEPPELIN

einziger deutscher Flugzeugträger

Ulrich H.-J. Israel

GRAF ZEPPELIN

einziger deutscher Flugzeugträger

 **Koehlers Verlagsgesellschaft mbH Herford**

Bildnachweis:

Schutzumschlagvorderseite: Der Flugzeugträger *Graf Zeppelin* in der Bauwerft Deutsche Werke Kiel am 21. Juni 1940 (Bundesarchiv/Militärisches Zwischenarchiv Potsdam).
Das Wappen der Familie der Grafen von Zeppelin (Zeichnung: Martina Billerbeck, Bielefeld).
Schutzumschlagrückseite: Der »Hagen«helm – das Symbol auf den Flugzeugen der Trägergruppe 186 (Zeichnung: Martina Billerbeck, Bielefeld).

Inhalt: Archiv des Autors (7); Archiv Fieguth, Senden (7); Bundesarchiv/Militärisches Zwischenarchiv Potsdam (39); Archiv der Kameradschaftlichen Vereinigung der Marineflieger, Kiel (44); K. Hinrichs, Lübeck (1); K.H. Hartwigs, Stade (1); Archiv der Marineluftschiffer-Kameradschaft, Hamburg (2); Marineschule Mürwik, Historische Sammlung (3); Wissenschaftliches Institut für Schiffahrts- und Marinegeschichte, Hamburg (15).

Das Vorsatz vorn zeigt eine Originalzeichnung für einen Startwagen, die zum Katapulttyp KL 5 für den Start der Me 109T und Ju 87 gehörten.
Das Vorsatz hinten stellt den Bewegungsablauf des Katapulttyps KL 5 dar und gibt einen Überblick über die Rollbahn des Katapults.
Alle Zeichnungen (Skizzen) im Buch geben den momentanen Zustand der Unterlagen wieder. Auf Korrekturen und Überarbeitungen wurde verzichtet, um die Originalität zu wahren. Aufgrund des mitunter schlechten Zustandes der Originalvorlagen mußte ein gewisser Qualitätsverlust in Kauf genommen werden.

Die Deutsche Bibliothek – CIP-Einheitsaufnahme
Graf Zeppelin
einziger deutscher Flugzeugträger
Ulrich H.-J. Israel
Herford: Koehler, 1994
ISBN 3-7822-0602-9
NE: Israel, Ulrich H.-J.

ISBN 3 7822 0602 9; Warengruppe 21
© Koehlers Verlagsgesellschaft mbH, Herford
Alle Rechte, insbesondere das der Übersetzung, vorbehalten
Schutzumschlaggestaltung: Martina Billerbeck, Bielefeld,
unter Verwendung der im Bildnachweis genannten Abbildungen
Layout und Produktion: Robert Johannes
Gesamtherstellung: Hans Kock Buch- und Offsetdruck GmbH, Bielefeld
Printed in Germany

Inhalt

Vorwort

Warum ein Buch über den Flugzeugträger *Graf Zeppelin*, über ein deutsches Kriegsschiff, das aufgrund einer Endscheidung der eigenen Marineleitung nicht fertiggestellt wurde und immer unvollendet blieb, das niemals in Dienst gestellt wurde und keine einzige Seemeile mit eigener Maschinenkraft zurückgelegt hat?

Mancher Leser könnte diese Frage stellen, zumal über dieses Schiff in zurückliegenden Jahren schon einiges publiziert worden ist.

Es gibt einige wichtige Gründe, die Autor und Verlag bewegt haben, sich dieser Frage zu stellen.

Über den deutschen Flugzeugträger *Graf Zeppelin* existieren bislang nur lückenhafte Angaben und Daten. Viele Fragen zum Bau und zur Ausrüstung des Schiffes konnten nicht so gründlich untersucht werden, wie das bei anderen großen Kriegsschiffen der Kriegsmarine erfolgt ist, obwohl das Interesse an diesem in der deutschen Marine einmaligen Schiff im In- und Ausland schon immer sehr groß war.

Infolge der komplizierten Quellenlage beschränkten sich die meisten Beschreibungen nur auf schiffbauliche Aspekte. In der Hauptsache entstammten die verfügbaren Details den Überlieferungen von Dipl.-Ing. Wilhelm Hadeler, der einen nicht unwesentlichen Anteil am Entwurf des Schiffes gehabt hat. Er selbst hat immer wieder bedauert, daß die umfangreichen Bau- und Auskunftsunterlagen des Trägers den Kriegswirren zum Opfer gefallen sind bzw. als verschollen betrachtet werden müssen. Tatsächlich aber fiel eine erhebliche Menge von Akten des OKM, insbesondere auch des Amtes Kriegsschiffbau, bei Kriegsende im Frühjahr 1945 entweder in Berlin oder in Auslagerungsdepots in die Hände sowjetischer Truppen.

Zusammen mit anderem Beutegut wurden die Schiffbauakten nach teilweiser sofortiger Vorauswertung in Deutschland in die Sowjetunion verbracht, gesichtet, ausgewertet, geordnet und archiviert.

Dieser Vorgang kann an den Akten selbst, an Beschriftungen, Aufklebern, Übersetzungsnotizen und noch beiliegenden Inventarisierungs- und Ausleihkarten zurückverfolgt werden. Am Beispiel der Unterlagen des Flugzeugträgers, *Graf Zeppelin*, die zumindestens zu einem beträchtlichen Teil erhalten geblieben sind, wird auch ersichtlich, daß diese Unterlagen bis in die 50er Jahre hinein von Mitarbeitern der Hauptverwaltung Kriegschiffbau und des Hauptstabes der sowjetischen Seekriegsflotte bearbeitet worden sind.

Es kam einer Sensation gleich, als die Regierung Gorbatschow die erbeuteten deutschen Marineakten zusammen mit anderem militärhistorischen Archivmaterial für die Rückgabe an das Archivwesen der DDR freigab und die Rückführung auch sofort einleitete.

Im Dezember 1988 kam ein Transport mit einigen Zehntausend Aktenstücken, Fotosammlungen, Planrollen und anderem Archivgut in Potsdam an. Nach der formellen Übergabe wurde es in mühevoller und zeitraubender Arbeit vom Personal des DDR-Militärarchivs (heute Bundesarchiv/Militärisches Zwischenarchiv Potsdam-BA/MZAP) geordnet und archiviert.

Inmitten der unterschiedlichsten Marineakten befanden sich, *Graf Zeppelin* betreffend, außer Bauvorschriften, Berechnungen und Konstruktionsunterlagen auch Protokollnotizen und persönliche Aufzeichnungen des Baustabes *Graf Zeppelin* und seines Leiters Dipl.-Ing. Paul Küchler (1885 bis 1967).

Küchler war von Mai 1936 bis Oktober 1939 Referent im OKM/Amt Kriegsschiffbau für Flugzeugträger, zuletzt als Ministerialrat.

Der vorliegende Band setzt sich die Aufgabe, den interessierten Leserkreis mit Ergebnissen der Auswertung der verschollen geglaubten Unterlagen des Flugzeugträgers bekannt zu machen.

Die Untersuchung will weder den Krieg als schlimmste Erscheinung der menschlichen Gesellschaft noch das Militärwesen oder die zur Kriegführung entwickelte Technik verherrlichen. Eine Bewältigung unserer gemeinsamen Geschichte ist jedoch nicht möglich ohne das detaillierte Wissen über eine Zeit, die fast fünf Jahrzehnte zurückliegt, deren Nachwirkungen aber bis in unsere Tage reichen und, so befürchte ich, auch noch weiter in die Zukunft hinein wirken werden, als jemals zu vermuten war.

Der Flugzeugträger *Graf Zeppelin* war eine Realität, und ihm gehört ein fester Platz in der Geschichte der deutschen Marine.

Als einzigem deutschen Schiff in seiner Klasse – das geplante und bereits begonnene Schwesterschiff B wurde auf der Helling abgebrochen und verschrottet, zahllose Entwürfe und Pläne von Flugzeugträgern und Flugdeckschiffen der unterschiedlichsten Art blieben reine Theorie – gebührt ihm bleibende Erinnerung.

Sie sollte dem Schiff auch nicht streitig gemacht werden, möglicherweise mit der Begründung, der Träger sei niemals fertiggebaut und in Dienst gestellt worden und im übrigen sei dies alles in einer schlimmen Zeit passiert.

Es lag weder an dem Schiff noch an seinen Konstrukteuren und Erbauern, ebensowenig an den vielen Marine- und Luftwaffenangehörigen, die sich in enger Zusammenarbeit unter den komplizierten Bedingungen eines totalitär geführten Staates, in einem überaus harten Krieg, mit hohem persönlichen Einsatz im Glauben an eine gute Sache dafür einsetzten, das Schiff und seine Fliegergruppe einsatzbereit zu machen. Daß sie in diesem Glauben betrogen wurden und ihre Leistungen letztendlich umsonst waren, weil *Graf Zeppelin* bis zu seinem Ende ein Hulk, ein totes

Schiff, ohne zweckbestimmendes Innenleben blieb, kann ihnen nicht zum Vorwurf gereichen und wurde für die überlebenden Zeitzeugen und Nachfahren erst später erkennbar.

Die deutsche Marine hat nur diesen einen Flugzeugträger gehabt. Deshalb konzentriert sich die Untersuchung auf dieses Schiff und läßt alle gleichzeitigen und nachfolgende Projekte unbeachtet. Spätestens mit der Zusammenführung aller in deutschem Besitz befindlichen Konstruktions- und Bauunterlagen, Vorschriften und Beschreibungen, Foto- und Zeichnungsmaterialien nach der Herstellung der deutschen Einheit ergaben sich triftige Gründe, die Geschichte des Flugzeugträgers *Graf Zeppelin* und der für ihn bestimmten Fliegereinheiten erneut zu untersuchen und für einen interessierten Leserkreis zu erhellen.

Durch die 1988 erfolgte Rückgabe der 1945 von sowjetischen Truppen erbeuteten Unterlagen des Konstruktionsamtes und anderer Einrichtungen der früheren deutschen Kriegsmarine, durch die Herausgabe des Kriegstagebuches der Seekriegsleitung 1939 bis 1945 im Verlag E.S. Mittler & Sohn GmbH, durch Erschließung von überaus wertvollen Sammlungen und Archivbeständen des Wissenschaftlichen Instituts für Schifffahrts- und Marinegeschichte unter der Leitung von Herrn Peter Tamm, Hamburg, durch die Nutzung von Erinnerungsberichten ehemaliger Marine- und Luftwaffenangehöriger, durch die Auswertung der Sammlungen und Archive der Kameradschaftlichen Vereinigung der Marineflieger (MKF) und der Marineluftschiffer-Kameradschaft Hamburg (MLK) haben sich einmalig günstige Bedingungen für ein solches Vorhaben eröffnet.

Der neue Wissen- und Erkenntnisstand macht es möglich, das Neue und bisher Unbekannte zu dem bereits Bekannten hinzuzufügen, um das Bild des einzigen deutschen Trägerschiffes und seiner Besonderheiten abzurunden bzw. zu vervollständigen. Dabei geht es überhaupt nicht darum, das bisher Publizierte in Frage zu stellen oder zu kopieren.

Graf Zeppelin sollte seinerzeit das Symbol einer neuen Entwicklung in der deutschen Marine werden und ihr, wie man es damals sah, auch auf einem Gebiet der Marinetechnik und Seekriegführung Anerkennung verschaffen, das von den Flotten der großen Seemächte schon seit dem Ersten Weltkrieg beherrscht wurde.

Diesem hohen Anspruch wurde letztlich nicht entsprochen. Die Seekriegsleitung selbst brach den Prozeß der Fertigstellung ab und vertröstete sich auf einen späteren Weiterbau. Obwohl hinreichend bekannt war, daß die Entwicklung der verschiedenen, in einem Flugzeugträger vereinten Komponenten der Marine- und Luftrüstung in einem hohen Tempo voranschritt und das Aufholen eines einmal eingetretenen Rückstandes schlechthin unmöglich war.

Es blieb dem Schiff versagt, mit eigener Kraft das Meer zu durchpflügen und als schwimmender Horst kühner Marineflieger zu dienen.

Den größten Teil seiner Existenz war es ein von Montagewerkzeugen, Baugerüsten, Schweißaggregaten, ungezählten Kabeln und Tarnnetzen überzogener gewaltiger Schiffstorso.

Ein Flugzeugträger erhält, wie es seine Bezeichnung auch ausdrückt, seine Bestimmung und seinen Kampfwert einzig und allein durch die auf ihm stationierten und einsatzbereit gehaltenen Fliegereinheiten.

Dabei ist es zunächst einmal völlig gleich, wem diese trägergestützten Flieger angehören — der Marine als marineeigenes Luftpotential oder der Luftwaffe als fachkompetente Seefliegerbranche.

Gerade die Engländer, deren Royal Navy in vielerlei Hinsicht als Vorbild der Kriegsmarine gesehen wurde, haben gezeigt, daß es mit beiden Varianten möglich war, den Flugzeugträgern ein hochwertiges fliegendes Kampfpotential zuzuweisen.

Die Kriegsmarine hat, nicht zuletzt durch die Unterlassungen eigener Führungskräfte, keine der beiden Möglichkeiten genutzt. Das von der Reichsmarine ab 1920 Schritt um Schritt mit viel Umsicht und Geschick aufgebaute marineeigene Flugwesen wurde schon 1933/34 durch fragwürdige Zugeständnisse und voreilige Entscheidungen der Luftwaffenführung überlassen.

Dieser Vorgang beschleunigte sich ab 1935 und war im Grunde genommen schon 1938 abgeschlossen.

Wohin dieser substantielle Verlust die Marine geführt hat, kann als bekannt vorausgesetzt werden. Nachträgliche Schuldzuweisungen an die eine oder andere Person oder Personengruppe haben keinen Sinn, denn die Geschichte hat inzwischen ihr Urteil gesprochen.

Nach dem endgültigen Verzicht der Marine auf ihre Seeluftstreitkräfte, der in Befehlen 1938 und 1939 festgeschrieben und durch das Protokoll zwischen den Oberbefehlshabern von Kriegsmarine (Raeder) und Luftwaffe (Göring) kurz vor Kriegsbeginn besiegelt worden ist, hätten sich beide Teilstreitkräfte in die Verfügungsgewalt über *Graf Zeppelin* teilen müssen.

Danach hätte die Marine über das Schiff als schwimmende Plattform zu befinden gehabt, während die Luftwaffe über die Fliegerkräfte als das eigentliche Kampfmittel des Trägers verfügte. Es hat ganz den Anschein, als wenn diese Regelung das Interesse der Seekriegsleitung am Flugzeugträger *Graf Zeppelin* und an der zweiten Einheit B stark abgeschwächt hat.

Im übrigen nimmt die Zahl der Entwürfe und Pläne für die verschiedensten Arten von Flugdeckschiffen, die im Auftrag des OKM, als Bauvorschläge von Werften und aus Privatinitiative heraus entstanden sind, laufend zu und es wäre an der Zeit, sie auf ihre Stichhaltigkeit zu untersuchen.

Zusammen mit dem Träger wird nunmehr erstmals seine Luft- oder Fliegerkomponente vorgestellt, die in ihrer Besonderheit nicht weniger einzigartig als das Schiff war.

Darin einbezogen sind die Entwicklung der Trägerflugzeuge ebenso wie die Ausbildung des Personals und die Aufstellung der Trägerstaffeln. Sie waren der Teil des Schiffes, der zum Einsatz kam, freilich in einer anderen Weise, als es geplant gewesen ist.

Zum ersten Mal wird auch auf die flugtechnischen Anlagen des Schiffes eingegangen, die es erst zum Flugzeugträger werden lassen, und auf die technische Entwicklung und Erprobung ihrer wichtigsten Einrichtungen, der Katapulte und der Bremsseilanlagen.

Im Grunde genommen scheiterte *Graf Zeppelin* nicht an technischen Problemen, sondern am Verständnis der Seekriegsleitung für die Notwendigkeit einer starken Marineluftwaffe, die sich mit Flugzeugträgern von der Küste lösen und die Flotte begleiten kann. Sogleich erhebt sich die Frage, ob eine solche in den Deutschlands Küsten vorgelagerten Gewässern überhaupt erforderlich oder zweckmäßig war, oder ob für die sich hier ergebenden Aufgaben nicht besser küstengestützte Marineflieger, diese aber in einer entsprechenden Qualität, geeigneter gewesen wären.

Sollte *Graf Zeppelin* gewissermaßen als schwimmender Flugstützpunkt eine Kampfgruppe aus Schlachtschiffen/Schlachtkreuzern und Panzerschiffen/Schweren Kreuzern begleiten?

Oder sollte er als zusätzliches Aufklärungs- und Jagdpotential in den Kreuzerkrieg auf den gegnerischen Zufuhrwegen eingegliedert werden? Es hat noch keine stichhaltige Deutung einer möglichen Einsatzkonzeption für den *Graf Zeppelin* und die anderen geplanten deutschen Flugdeckschiffe gegeben.

In einer Studie von Hellmuth Heye, Mitarbeiter der Operationsabteilung der Seekriegsleitung, die Ende Oktober 1938 als Vorstudie zum Z-Plan erschien und eine spätere Seekriegführung gegen England zum Inhalt hatte, war auch der Einsatz deutscher Flugzeugträger konzipiert.

Danach kamen als Aufgaben der Flugzeugträger A und B in Betracht:
- Einsatz von Seeluftstreitkräften für die Zwecke der ozeanischen Kreuzerkriegführung im taktischen Rahmen, also weitgehend selbständig, oder im Verband mit anderen Überwasserstreitkräften (Schlachtschiffen, Kreuzern), die Kreuzerkrieg führen.
- Einsatz von Seeluftstreitkräften zur Sicherung und Unterstützung für Flottenverbände.

Daraus wurden für die für die militärischen Forderungen an den Entwurf der Träger abgeleitet:
- Höchstgeschwindigkeit etwa 34 Knoten,
- Bewaffnung abgestimmt auf Fliegerabwehr und Zerstörerbekämpfung,
- Standfestigkeit ausgerichtet auf die Wirkung von Flieger- und Zerstörerangriffen.

In der Heyeschen Denkschrift wurde vorgeschlagen, nach der Fertigstellung des Trägers B, die mit 1942/43 vordatiert war, vom Bau solcher Trägerschiffe abzugehen und sechs kleinere Trägerschiffe in Auftrag zu geben.

Im Mai 1940 beschäftigte sich die Seekriegsleitung mit den Voraussetzungen für den Aufbau einer »Nachkriegsflotte« (gemeint war damit die deutsche Zukunftsflotte nach einem siegreich beendeten Zweiten Weltkrieg).

Raeder selbst ordnete die Ausarbeitung von Studien in den verschiedenen Bereichen der Seekriegsleitung und in anderen höheren Stäben an, die sich mit dem Aufbau und dem Einsatz der eigenen Flotte unter den neuen Bedingungen beschäftigen sollten.

In einer dieser Studien mit dem Titel »Gedanken eines Kriegsschiffbauers über die deutsche Kriegsmarine und den deutschen Kriegsschiffbau nach einem gewonnenen europäischen Krieg«, verfaßt in der ersten Junihälfte des Jahres 1941 von Marineoberbaurat Ludwig, wurde für eine zu schaffende deutsche Ozeanflotte ein Neubaubedarf von etwa 25 Schlachtschiffen (unterteilt in Divisionen zu jeweils zwei bis drei Einheiten), 200 Kreuzern (in 3er Divisionen) und zehn Flugzeugträgern berechnet, wobei aber die Träger keine Seezielartillerie wie *Graf Zeppelin* haben sollten.

Als der Zweite Weltkrieg, vor allem aus kontinentalstrategischen Erwägungen heraus, von Hitler eröffnet wurde, war *Graf Zeppelin* noch nicht fertiggestellt, und er wurde es auch bis zum für Deutschland katastrophalen Kriegsende nicht mehr. Es gibt keinen Anlaß, zu bedauern, daß dem deutschen Träger die Indienststellung und Einsatzreife versagt geblieben sind.

Es besteht kein Zweifel, daß die britischen See- und Luftstreitkräfte die Ausschaltung des fertiggestellten und als Bedrohung empfundenen Trägers mit der gleichen Entschlossenheit, Hartnäckigkeit und Unerbittlichkeit betrieben hätten, wie das Aufspüren und Vernichten der anderen großen deutschen Kriegsschiffe.

Ähnlich wie bei den deutschen Schlachtschiffen und Panzerschiffen wäre die Vernichtung von *Graf Zeppelin* zu einer Prestigefrage stilisiert worden.

So gesehen, kann es nur gut sein, daß dem Flugzeugträger, seiner Besatzung und seiner Fliegergruppe 186 ein solches Schicksal erspart geblieben ist, daß eine Einsatzerprobung nicht unter Verlust vieler Menschenleben erfolgte.

Viele der Erbauer des Schiffes und der für die Schiffsbesatzung und die Trägergruppe 186 vorgesehenen Marine- und Luftwaffenangehörigen sind dann trotzdem noch vom Kriegsgeschehen erfaßt worden, das ihr Leben zerstörte.

Ihrem Gedenken soll das Buch gewidmet sein.

***

Wenn es schon in der Marineführung Zweifel am Nutzen eines eigenen trägergestützten Fliegerpotentials gegeben haben sollte, so hat es diese Institution auf alle Fälle versäumt, Hitler gegenüber diese Einstellung zuzugeben, einen Verzichtvorschlag sachlich zu begründen und auf dieser Grundlage eine umso stärkere küstengestützte Marineluftwaffe zu fordern.

Graf Zeppelin und die Trägergruppe 186 gerieten in den Sog der unlösbaren Widersprüche zwischen den Kräften und Absichten der Marineführung, zwischen ihre Seekriegsplanung und den vorzeitig ausgelösten Kontinentalkrieg, zwischen die Luftkriegsansichten der Marineführung und jene der Göringschen Luftwaffenführung.

Da die Marine es nicht vermochte, gegenüber diesem Kontrahenten ihren Anspruch auf die seit 1920 sorgfältig entwickelte küstengestützte Marinefliegerei zu behaupten und sich auf die Verzichtprotokolle von 1938/39 einließ, mit denen sie ihr Flugwesen an die ausschließlich kontinentalorientierte Luftwaffe abtrat, fehlte für den Flugzeugträger *Graf Zeppelin* die eigentliche Existenzgrundlage.

Ein Flugzeugträger ohne Flugzeuge und das erforderliche, hochqualifizierte Fliegerpersonal ist eine sinnlose Investition. Es geht bei historischen Untersuchungen nicht darum, zu spekulieren, wie dieses oder jenes hätte unter den damaligen Bedinungen verlaufen können.

Vor rund 55 Jahren, als die Vorarbeiten zum deutschen Flugzeugträger durch seinen Stapellauf konkrete Formen annahmen, herrschten unvergleichlich andere Bedingungen als heute.

Wesentlich sollte sein, das die Erinnerung an das Schiff *Graf Zeppelin* und seine Trägerflieger erhalten bleiben möge durch den dabei geleisteten bedeutenden Beitrag zur deutschen Schiffbau- und Luftfahrttechnikentwicklung – zur damaligen – und auch zur heutigen Zeit.

Da die Aufgabenbereiche Flugzeugträger und Trägerflugzeuge für die deutsche Industrie völliges Neuland bedeuteten und die Erfahrungen und Entwicklungstendenzen des Auslandes auch nach aufwendiger Beschaffung von Informationen und einigen Besuchen auf britischen und japanischen Flugzeugträgern im wesentlichen unzugänglich blieben, mußten in Deutschland viele Anfangsschwierigkeiten völlig aus eigener Kraft überwunden werden.

Die Firmen Heinkel, Arado und Fieseler entwickelten zu einer Zeit, als das schiffsgestützte Marineflugwesen auch im auf diesem Sektor über Erfahrungen verfügenden Ausland Entwicklungsprobleme hatte, geeignete Flugzeugtypen, die den Vergleich mit ausländischen Maschinen nicht zu scheuen brauchten. Von großer Bedeutung war, daß Ernst Heinkel schon wichtige Grundlagen für das Trägerflugwesen durch seine richtungsweisenden Entwicklungen auf dem Gebiet des Katapultbaus und der Konstruktion von Bordjagdflugzeugen geschaffen hatte.

Einen bedeutenden Erfahrungsschatz im Katapultbau hatten auch die Deutschen Werke in Kiel gesammelt und konnten ihn für den Bau der Katapultanlagen des Flugzeugträgers *Graf Zeppelin* in Anwendung bringen.

In Travemünde, ab 1928 »Erprobungsstelle des Reichsverbandes der Deutschen Luftfahrtindustrie« (RDLI), ab 1935 »Erprobungsstelle der Luftwaffe/See«, wurden wichtige Schritte der praktischen Erprobung und Weiterentwicklung des Bordflugwesens getan, die für den Flugzeugträger von größter Bedeutung waren. Und auch die übrige deutsche Industrie leistete Hervorragendes und oftmals Einmaliges bei seinem Bau. In der Hauptsache waren es Fang- und Bremsanlagen sowie Flugzeugaufzüge, die von den verschiedenen Maschinenfabriken, Ausrüstungswerken und Werften selbständig entwickelt und hergestellt wurden.

Daneben entstanden eine Unzahl kleinerer technischer Spezialeinrichtungen und -ausrüstungen, ohne die ein Flugzeugträger nicht denkbar ist.

Unübersehbar ist auch der bedeutende Anteil von wissenschaftlich-technischen Forschungseinrichtungen an der Entwicklung des Flugzeugträgers *Graf Zeppelin* und seiner Flugzeuge.

Umfangreiche Berechnungen und Materialtests, aufwendige Modellversuche in Schlepp- und Strömungskanälen, schufen die Grundlage dafür, daß das Schiff weitgehend fertiggestellt werden konnte und einsetzbare Flugzeuge vorhanden waren. Damals verlangte die schiffsgestützte Marinefliegerei noch viel Wagemut, was von allen daran Beteiligten als persönliche und technische Herausforderung verstanden wurde.

Es gelangen Erfolge in neuen Wissensgebieten, die uns noch heute Anerkennung und Würdigung abverlangen.

* * *

Angesichts der großen Vielschichtigkeit der Untersuchung wäre es mir schwerlich möglich gewesen, dieses Buch zu schreiben, hätten mir nicht viele Freunde und Kameraden in Ost und West, in Nord und Süd dabei geholfen. Ihnen allen gilt mein Dank. Dank gebührt ebenfalls den Institutionen, die mir Einblick in Materialsammlungen und Archivbestände ermöglichten sowie kompetente Gesprächspartner vermittelten.

An erster Stelle nenne ich das von Herrn Peter Tamm, Hamburg, geleitete Wissenschaftliche Institut für Schiffahrts- und Marinegeschichte, von dem ich die Anregung für das Buch und eine nicht hoch genug zu wertende Unterstützung durch Einblicke in einmalige Archivbestände und Unterlagen von Zeitzeugen erhielt.

Herzlichen Dank richte ich an den Vorstand der Kameradschaftlichen Vereinigung der Marineflieger (KMF) mit Sitz in Kiel, deren Archiv ich benutzen konnte und aus deren Reihen mir viele Kameraden hilfreiche Auskunft gewährten.

Mein Dank gilt auch der Marineluftschiffer-Kameradschaft (MLK), Hamburg, die mir Hilfestellung beim Auffinden von Quellen über die deutsche Marineluftschiffahrt und die Person des Grafen Zeppelin gab und jederzeit für Anregungen und Auskünfte bereit war, sowie der Marineschule Mürwik und dem Archiv Fieguth in Senden.

Dankbar erinnere ich mich auch der Unterstützung durch die amtierenden Leiter und Mitarbeiter des Office of Naval Advisor, United States Navy, beim US Headquarter in Berlin, Clayallee, durch die ich außer zusätzlichen Literaturhinweisen und wichtiger technischer Hilfe Anregungen zur Behandlung der Flugzeugträgerproblematik bekam.

Für die jederzeit freundliche und fachkompetente Unterstützung bei der schwierigen Erschließung der mitunter kaum noch zu übersehenden Menge an Akten, Fotos und Filme bedanke ich mich bei den Mitarbeitern des Bundesarchiv/Militärisches Zwischenarchiv

Potsdam, und hier wiederum besonders bei Frau Welke und Herrn Krumberg.

Nicht missen möchte ich auch das freundliche und hilfsbereite Entgegenkommen des Foto-Ateliers Michael Utech, Potsdam-Babelsberg, das viele der aufwendigen Reproduktions- und Kopierarbeiten ausführte.

Nicht minder herzlich ist mein Dank, den ich an den traditionsreichen Koehler-Verlag aus der Koehler-Mittler-Verlagsgruppe richte, insbesondere an die Herren Kameier und Dr. Bauer.

Die Verwirklichung des Vorhabens, unter vorrangiger Ausschöpfung der bisher nicht zugänglichen Originalunterlagen den Flugzeugträger *Graf Zeppelin* und die Trägergruppe 186 im Zusammenhang und aus anderen Blickwinkeln als bisher zu untersuchen, erwies sich komplizierter und aufwendiger als erwartet. Insbesondere deshalb, weil die überraschend große Menge an Details und Informationen in relativ kurzer Zeit zu sichten und aufzubereiten war.

Es bildeten sich neue Wertungen und Hintergrundzusammenhänge heraus, die früheren Ansichten und Urteilen teilweise sogar diametral entgegenstanden. Bekanntlich ist die Überwindung des eigenen Denkschematismus besonders schwierig!

Viele zusätzliche Recherchen wurden erforderlich, um die Stichhaltigkeit der neuen Sachverhalte zu überprüfen, ältere Vorstellungen mußten abgelegt und neue erarbeitet werden.

Die erforderliche Begrenzung von Umfang und Zeit setzte Mut zur Lücke voraus.

Ich erhoffe für das Buch eine freundliche Aufnahme bei den Lesern und sehe neuen Anregungen, Richtigstellungen und Ergänzungen ebenso gern entgegen wie helfenden Kritiken, die dem Anliegen der Untersuchung dienen können. Freuen würde ich mich insbesondere über jedes Echo aus den Reihen der Erbauer und der vorgesehenen Besatzung des Trägers sowie der Flieger und Techniker der Gruppe 186 und der E-Stelle See.

Ich widme meine Untersuchung zu den Staffeln der *Graf Zeppelin* dem 80. Jahrestag der Schaffung der deutschen Marinefliegertruppe (1913 bis 1993).

Potsdam, im April 1994

Ulrich Israel

11

Flugzeugträger *A Graf Zeppelin* während der Bauphase am 22. März 1939 am Ausrüstungskai in der Werft Deutsche Werke Kiel

Graf Zeppelin und die deutsche Marine

Namensgeber und Traditionsleitbild des ersten (und einzigen) deutschen Flugzeugträgers war Ferdinand Adolf August Heinrich Graf von Zeppelin, geboren am 08. Juli 1838 in Konstanz am Bodensee, gestorben am 08. März 1917 in Berlin, beigesetzt am 12. März 1917 auf dem Prager Friedhof in Stuttgart.

Der Name des Grafen Zeppelin ist auf alle Zeit verbunden mit der Schaffung des ersten wirklich brauchbaren Starrluftschiffs mit Aluminiumtraggerüst, unterteilten Traggaszellen und langgestreckter Walzenform.

Das Zeppelin-Luftschiff entstand im harten Wettstreit zu anderen Luftschiffkonstruktionen und wurde weltweit zum Inbegriff des zivil und militärisch verwendbaren Luftfahrzeuges des Prinzips »Leichter-als-Luft«.

Die einhundertste Wiederkehr des Geburtstages des genialen Luftfahrtpioniers hat möglicherweise eine Rolle bei der Namensgebung des Schiffes gespielt, obwohl der Taufredner Hermann Göring mit keiner Silbe darauf eingegangen ist.

Die Familie des Ferdinand Graf von Zeppelin gehörte dem württembergischen Zweig des seit 1286 nachweisbaren mecklenburgischen Adelsgeschlechts derer von Zeppelin an.

Die Kindheit verlebte er auf dem Herrensitz Girsberg bei Kreuzlingen am südlichen (schweizer) Ufer des Bodensees.

Die Erziehung des Jünglings war in mancher Hinsicht, gemessen an den damals für seine Gesellschaftsschicht üblichen Werten und Normen, nicht typisch und erwies sich für ihn vor allem durch die Förderung des naturwissenschaftlich-technischen Interesses zukunftsweisend.

Sein Hauslehrer Vikar Moser vermittelte ihm neben dem schulischen Wissen und einer guten charakterlichen, moralischen, patriotischen, körperlichen und religiösen Erziehung auch praktische Fähigkeiten im Hobeln, Schreinern und Schnitzen. Ferdinand zeichnete sich durch eigenständigen Modellbau mit technischer Phantasie und dem Hang zum praktisch-gegenständlichen Verändern von Objekten aus.

Die Schulbildung wurde mit dem Abschluß der Polytechnischen Schule in Stuttgart beendet.

Gemäß der Familientradition entschied er sich, allerdings erst auf Drängen seines Vaters, für die militärische Laufbahn. Er trat 17jährig als Kadett in die Kriegsschule zu Ludwigsburg ein und verließ sie 1858 im Range eines Leutnants.

Wiederum völlig abweichend von der üblichen Norm trat Ferdinand von Zeppelin nun nicht den aktiven Truppendienst an, sondern ließ sich im Oktober des gleichen Jahres an der Universität von Tübingen immatrikulieren.

Er belegte mit Vorliebe solche Disziplinen wie mechanische Technologie, anorganische Chemie, Nationalökonomie und Geschichte.

Im Zuge von Mobilmachungsmaßnahmen mußten seine theoretischen Studien nach zwei Semestern abgebrochen und der reguläre Militärdienst angetreten werden.

Zeppelin diente zunächst im Ingenieurkorps der Festung Ulm und wurde nach drei Monaten in die Ingenieurabteilung des Generalquartiermeisterstabes in Ludwigsburg versetzt.

Der ingenieurtechnische Kriegsdienst vermittelte zu jener Zeit am ehesten die technischen Fortschritte des Militärwesens und Zeppelin konnte zwei Jahre lang sein Wissen in technischer Mechanik, Ballistik, Statik und Aerodynamik weiter vervollkommnen.

1861 wurde Zeppelin württembergischer Diplomat und bereiste im Geheimauftrag seines Königs und des Kriegsministeriums mit Ausnahme von Preußen und Rußland alle europäischen Staaten.

Im Rahmen seiner politischen und diplomatischen Aufgaben nahm er als Beobachter an zahlreichen Manövern ausländischer Truppen teil, besichtigte Befestigungsanlagen und erhielt einen vielfältigen Einblick in das Militärwesen der bereisten Staaten.

Von den längeren Reisen, die Zeppelin als junger Offizier (1862 Oberleutnant) jährlich unternahm, führte ihn die bedeutsamste von April bis Dezember 1863 nach Nordamerika, wo seit 1861 der Sezessionskrieg tobte.

Mit Genehmigung Präsident Lincolns sammelte er hier in sechs Monaten Kriegserfahrungen, zum Teil in vorderster Front.

Dabei kam er am 19. August 1863 bei Saint Paul (Minnesota) das erste Mal mit der Luftfahrt in Kontakt, als ihm die Möglichkeit gegeben wurde, mit einem Freiballon zu einer Aufklärungsfahrt aufzusteigen.

Die Faszination des freien Schwebens im erdnahen Luftraum und die ersten praktischen Erfahrungen mit einem fliegenden Aufklärungsmittel hinterließen bei ihm lebenslange Eindrücke.

In die Heimat zurückgekehrt verrichtete Zeppelin Truppendienst in seinem Stamm-Regiment bis ihn 1865 König Karl von Württemberg zu einem seiner Adjutanten berief.

Ursächlich dafür waren zum einen die für sein Alter von 27 Jahren überdurchschnittlichen diplomatischen und militärischen Erfahrungen, zum anderen aber auch die seit drei Generationen bestehenden engen Bindungen der Familie Zeppelin an das Königshaus Württemberg.

Es würde zu weit führen, die weitere wechselvolle Verwendung des Grafen als Diplomat und Militär in Württemberg und Preußen zu schildern.

In die Zeit einer von ihm gewünschten Abkommandierung zum preußischen Generalstab nach Berlin (1868/69), von der er sich einen tieferen Einblick in das preußische Militärwesen versprach, fiel am 07. August 1869 die Eheschließung des Grafen Zeppelin mit der vermögenden Adligen Isabella von Wolff aus dem Hause Altschwanenburg in Livland.

Aus ihrer von den Chronisten als glücklich und harmonisch geschilderten Ehe ging am 28. November 1879 Zeppelins einziges Kind Helene, meist nur Hella gerufen, hervor.

Als die Tochter des Grafen fast 30 Jahre später im Februar 1909 Alexander Graf Brandenstein heiratete, wurde dem Paar vom württembergischem König das Recht verliehen, den Doppelnamen Brandenstein-Zeppelin zu führen und diesen auch auf männliche Abkömmlinge zu übertragen.

Aus dieser Ehe gingen fünf Kinder hervor, von denen der jüngste Sohn Alexander (1914 bis 1979) der Namensträger Brandenstein-Zeppelin wurde, da sein älterer Bruder Ferdinand 1944 gefallen ist.

Im Krieg gegen Frankreich 1870/71, an dem Zeppelin als Hauptmann im Generalstab teilnahm, war es ein zweites Ereignis, das für seinen späteren Werdegang zum Luftschiffbauer prägend wurde.

Nachdem er schon Kenntnis erhalten hatte vom Einsatz französischer Ballons als Transport- und Nachrichtenmittel aus dem belagerten Paris ins Hinterland, beobachtete er eines Tages, wie ein deutscher Freiballon, der zu Aufklärungszwecken nahe der Front aufgelassen worden war, wahrscheinlich infolge ungenügender Beachtung der Luftströmungen, vom Wind erfaßt und hilflos über die Frontlinie ins gegnerische Hinterland abgetrieben wurde.

Dieser Vorfall bewegte Zeppelin zusammen mit der Erinnerung an seinen eignen Aufstieg im Ballon, sich mit der Form und Lenkbarkeit von Freiballons auseinanderzusetzen. Er entwickelte Vorstellungen von einem Luftgefährt, das von Luftströmungen unabhängig sich im Luftraum lenkbar bewegen kann.

Im April 1874 schrieb er seine Vorstellungen von einem maschinell angetriebenen Luftschiff mit mehrfach unterteilten Traggasräumen nieder und im August 1895 ließ er sich diese Erfindung patentieren.

Zu den unstarren und halbstarren Luftschiffkonstruktionen fügte Graf Zeppelin die starre Bauart hinzu. Diese war, wie sich bald herausstellen sollte, die einzige Lösung, die den Bau großer Luftschiffe mit langer Fahrtdauer für den zivilen und militärischen Einsatz ermöglichte.

Die Verwirklichung dieser Luftschiffidee bis zur Serienreife der Leichtmetall-Starrluftschiffe des Systems Zeppelin nahm vier Jahrzehnte in Anspruch. Sie wäre nicht möglich gewesen ohne die Herstellung von Verbindungen zu solchen Unternehmen wie der Daimler-Motoren-Gesellschaft und zum Aluminium-Fabrikanten Berg sowie die Unterstützung des Württembergischen Königshauses.

Seinen Anschauungen über Lenkluftschiffe gab er einen festen Rahmen mit einer Denkschrift, die er im Mai 1887 seinem König, Wilhelm II. von Württemberg, überreichte.

Klar und deutlich zeichnete er in ihr zwei Entwicklungslinien der Luftfahrt mit großen Lenkluftschiffen auf: eine militärische und eine zivile Verwendung. Bei der letzteren prognostizierte Zeppelin einen überseeischen Post- und Fahrgasttransport und eine Verwendung zur weiteren Erforschung der Erde, wobei ihm der Nordpol und Zentralafrika als Ziele vorschwebten.

Für die militärische Verwendung fanden sich zunächst keine Auftraggeber. In der seit 1884 bestehenden deutschen Luftschiffertruppe wurden andere Entwicklungstendenzen für aussichtsreicher gehalten.

Nachdem seine militärische und diplomatische Laufbahn in der Periode nach 1871 im steilen Aufstieg verlaufen war, endete sie abrupt 1890 mit seinem aus politischen Gründen herbeigeführten Abschied unter Beförderung zum Generalleutnant. Als Soldat war dieser Abschluß seiner Laufbahn enttäuschend, schmerzlich und unbegreiflich.

Als genialer Pionier der Luftschiffahrt und Erbauer der Zeppelin-Luftschiffe aber strebte der Graf erst jetzt dem Zenit seines Lebens zu.

Seinen ursprünglichen Gedanken des Ballon-Schleppzuges gab er endgültig auf. Er entwickelte 1892 mit maßgeblicher Hilfe von Dipl.-Ing. Theodor Kober das einheitlich starre Gerippe aus Leichtmetallgerüstteilen – Ringen, Streben und Verspannungen –, in dem die Gaszellen hingen und das, mit Leinwand überzogen, die typische Zigarrenform der ersten »Zeppeline« ergab.

Graf Zeppelin erkannte frühzeitig, nicht zuletzt anhand der Erfolge und Mißerfolge anderer Luftschiffbauer im In- und Ausland, daß die Lösung der Konstruktion eines brauchbaren Luftschiffs auf den Bau eines leistungsfähigen und möglichst leichten Motors hinausläuft. Er ging zunächst daran, durch Versuche auf einem mit Luftpropellern angetriebenen Motorboot die geeignete Form und den günstigsten Wirkungsgrad von Luftschrauben für den Luftschiffantrieb zu finden und gleichzeitig Motoren zu erproben. Diese zielklaren Versuche waren von besonderer Bedeutung, denn es gab zu jener Zeit keinerlei Grundlagen für die wissenschaftliche Luftfahrtforschung.

In einer schwimmenden Holzhalle, die in der Bucht von Manzell verankert war, entstand *LZ 1*, der Prototyp der Luftschiffe Zeppelinscher Bauart, dessen erster Aufstieg am 02. Juli 1900 erfolgte (für die Dauer von 18 Minuten).

Auf den Erfolg des ersten Aufstiegs dieses Urahns aller noch folgenden Zeppelinschen Luftschiffe (bis 1938: 118 Einheiten) folgten bald schwere Prüfungen, die Graf Zeppelin nur durch seinen unerschütterlichen Glauben an seine Idee und seinen unerschrockenen Wagemut bestehen konnte.

Als schon nach der dritten Probefahrt von *LZ 1* die vorhandenen Gelder, einschließlich des Großteils seines Privatvermögens, erschöpft waren, mußte die von ihm 1898 gegründete »Aktiengesellschaft zur Förderung der Luftschiffahrt« zur Liquidation angemeldet werden.

Nach dem erneuten Fluß von Spendengeldern und einer weiteren starken Belastung des Zeppelinschen Familienvermögens durch Kredite konnte 1905 *LZ 2* gebaut werden, das aber schon im Januar 1906 scheiterte.

Der Graf war vom Ruin bedroht und gezwungen, seine Luftschiff-Bauwerft in Manzell dem Kriegsministerium zum Kauf anzubieten. In diesen Verhandlungen gelang es Zeppelin, die Militärs von ihrer ablehnenden Haltung gegenüber seiner Bauweise und der Bevorzugung anderer Luftschiffkonstruktionen abzubringen.

Ferdinand Graf von Zeppelin (1838–1917) und der Führer der Luftschiffe, Fregattenkapitän Peter Strasser (1876–1918)

Schließlich flossen mit Unterstützung des Kriegsministeriums 1906 Gelder zum Bau von *LZ 3*, dessen erfolgreiche zivile und militärische Erprobung bestehende Hemmnisse und Vorbehalte beseitigen half.

Am 05. August 1908 traf Graf Zeppelin der wohl schwerste Schlag mit der Zerstörung seines neuesten Schiffes *LZ 4* bei Echterdingen, wo das 136 m lange Luftfahrzeug nach Motorenschaden und Gasverlust in einem Unwetter strandete und verbrannte.

Nach diesem Schlag schien es sehr zweifelhaft, ob er noch einmal die Mittel

aufbringen und die Unterstützung zum Bau neuer Luftschiffe erhalten würde. Die für ihn und die deutsche Luftschifffahrt rettende Hilfe kam in ungeahnter Weise durch eine bis dahin beispiellose nationale Spendenaktion des deutschen Volkes, die innerhalb kurzer Zeit die für die damaligen Verhältnisse gewaltige Summe von über sechs Millionen Goldmark erbrachte.

Mit den für ihn und sein Werk aufgebrachten Geldern konnte das Unternehmen auf eine sichere Grundlage gestellt und der Bau verbesserter Luftschiffe und der dringend benötigten neuen Antriebsmotoren fortgesetzt werden.

Die Volksspende bildete auch die Basis für die Errichtung eines Konzerns, in dessen Wirkungsbereich letztendlich alle Komponenten für den Bau und den Einsatz immer besserer und größerer Luftschiffe produziert werden konnten. Wahrscheinlich war dieses, mit der ihm eigenen Entschlossenheit, Umsicht, Zielstrebigkeit und Überzeugungskraft errichtete Großunternehmen, zu dem bald

ein Dutzend bedeutender Werke und Einrichtungen gehörte, die eigentliche Krönung des Zeppelinschen Lebenswerkes.

Zu den damit verbundenen Firmengründungen gehörte auch die im November 1909 eingetragene welterste Luftschiffreederei DELAG (Deutsche Luftschifffahrtsaktiengesellschaft).

Es zeichnete den nun schon hochbetagten Grafen aus, daß er über den Horizont des Luftschiffpioniers hinauszudenken verstand. So förderte er nachhaltig die Flugzeugentwicklung für die zivile und militärische Verwendung, wobei ihm aber weniger die Ablösung des Luftschiffs durch das Flugzeug als vielmehr der gemeinsame und sich gegenseitig ergänzende Einsatz beider vorgeschwebt haben mag.

1912 beteiligte sich Zeppelin engagiert an der Gründung der Firma »Flugzeugbau Friedrichshafen GmbH«, die im Ersten Weltkrieg die meisten deutschen Marineflugzeuge unter dem Firmenkürzel FF bauen sollte.

Ein zweites Flugzeugwerk, das in seinen Anfängen, wie damals üblich, nur ein bescheidener Holzschuppen war, das aber schon zehn Jahre später durch seinen Flugbootbau weltberühmt wurde, gründete er 1914 in Lindau am Bodensee.

Sein technischer Leiter wurde der seit 1910 bei Zeppelin angestellte talentierte Flugzeugkonstrukteur Claudius Dornier. Eine dritte Firmengründung auf dem Gebiet des Flugzeugbaus war 1914 schließlich die Werft »Versuchsbau GmbH Gotha–Ost«, die 1916 im Unternehmen »Zeppelin-Werke Staaken GmbH« in Staaken (westlich Berlins) aufging, wo bereits ein Zeppelin-Zweigwerk mit über 1500 Personen Belegschaftsstärke existierte.

Hier erfolgte der Bau von vier- und fünfmotorigen Riesen-Doppeldeckerflugzeugen (R-Flugzeuge) als Fernaufklärer und Fernbomber. Der Ausgangspunkt dieser Entwicklung war ziviler Natur gewesen: Nach einem Plan des bekannten Fliegers Hellmuth Hirth und des Bosch-Direktors Gustav Klein von 1913 wollten

Marineluftschiff *L 30* (*LZ 62*) machte seine erste Fahrt am 28. Mai 1916 (abgerüstet im November 1917)

beide 1915 nach Amerika fliegen. Zeppelin hatte das Vorhaben im Interesse seiner Pläne vom Überseeflugverkehr unterstützt.

Ungeachtet dieser Idee galt aber sein Hauptaugenmerk der Entwicklung der Luftschiffahrt für zivile und militärische Zwecke. Die DELAG führte bis zum Kriegsbeginn 1914 auf 1588 Luftschifffahrten den Transport von 34.228 Fahrgästen durch, ohne daß es bei einigen spektakulären Notlandungen und Schiffsverlusten unter den Fahrgästen zu Todesfällen kam.

In der ununterbrochenen Bauphase, die 1908 begann und 1919 endete, wurden vom »Luftschiffbau Zeppelin« (LZ) 111 »Zeppeline« unter ständiger Vervollkommnung der bewährten Konstruktionsmerkmale fertiggestellt:

10 Verkehrsluftschiffe
38 Heeresluftschiffe
63 Marineluftschiffe

Von den zivilen Einheiten wurden nach Kriegsbeginn vier für militärische

Zwecke, hauptsächlich als Schul-Luftschiffe, genutzt. Aus dem Bestand der Luftschiffe des Heeres gingen fünf Einheiten in den Besitz der Marine über, als das Heer den Luftschiffeinsatz einstellte.

Die höchsten Produktionszahlen erreichte der Luftschiffbau des Grafen Zeppelin in den Jahren von 1915 bis 1917 mit 26, 23 und 25 Einheiten, was einen Jahresschnitt von rund 24 Einheiten oder ein Monatsmittel von zwei Luftschiffen ergab.

Die Abgänge durch Gegnereinwirkung, Unfälle, Unwetter und Bedienungsfehler waren hoch.

Bei den Marine-Luftschiffern waren die prozentualen Personalverluste fast ebenso hoch wie bei den U-Bootfahrern.

Natürlich hätte Graf Zeppelin allein auf sich gestellt, seine gewaltigen Leistungen als Luftschiffbauer, Konzerngründer und Unternehmer nicht vollbringen können. Mit viel Glück und offensichtlich auch diplomatischem Geschick gewann er

eine Reihe der fähigsten Männer aus Firmenführungen, Wissenschaft und Technik als langjährige Mitarbeiter.

Unter diesen Persönlichkeiten ragen hervor:

Dr. Hugo Eckener,
Dr. Ludwig Dürr,
Dipl.-Ing. Theodor Kober,
Dipl.-Ing. Graf von Soden-Frauenhofen,
Kommerzienrat Alfred Colsman,
Dr. Karl Maybach,
Dr. Ing. Claude Dornier.

Sie alle trugen entscheidend dazu bei, daß die Ideen des Grafen Zeppelin weitestgehend verwirklicht werden konnten.

Unvergessen bleibt aber auch der Einfluß eines anderen genialen Luftfahrtpioniers, der nicht zu den Mitarbeitern Zeppelins gehört hat.

Geheimrat Professor Dr. Ing. e.h. Johann Schütte (1873 bis 1940) aus Oldenburg war ein erfahrener Schiffbauer, der sich u.a. mit der Entwicklung moderner Schiffsformen beschäftigte und seit

1904 Professor für Schiffbau an der Technischen Hochschule in Danzig war. Die Zeppelin-Katastrophe von Echterdingen bewog ihn, der noch nie etwas mit Luftschiffen zu tun hatte, der aber fähig und in der Lage dazu war, viele seiner praktischen und theoretischen Erkenntnisse aus dem Seeschiffbau in den Luftschiffbau zu übertragen, die zu jener Zeit häufigen Unfälle der »Zeppeline« zu analysieren.

Er fand schwerwiegende Mängel heraus und wandte sich an den Grafen, um ihm seine Ratschläge und seine Hilfe bei Beseitigung der Mängel anzubieten. Als er von Zeppelin abgewiesen wurde, begann er selbst im Jahre 1909 mit Unterstützung von Dr. Karl Lanz, Frau Geheimrat Julia Lanz, des Geheimen Kommerzienrates August Röchling und des Generaldirektors Paul Zabel mit dem Entwurf eines Starrluftschiffs (mit hölzernem Traggerüst), nachdem er einen Auftrag der Inspektion der Verkehrstruppen erhalten hatte (das Luftschiffer-Bataillon des Heeres waren den Verkehrstruppen angeschlossen).

Es würde den Rahmen der Abhandlung sprengen, an dieser Stelle auf alle Neuerungen und Verbesserungen Professor Schüttes und deren Auswirkungen auf den Luftschiffbau im allgemeinen und auf die »Zeppeline« im besonderen einzugehen.

Tatsache ist, daß die deutsche Marine nach der Erprobung des Schütte-Lanz-Luftschiffs *SL II* Ende Februar 1914, bei der es gelungen war, alle vorgegebenen Richtwerte zu unterbieten, vom Zeppelin-Luftschiffbau forderte, die besseren Lösungen Professor Schüttes zu übernehmen, um eine Leistungs- und Qualitätsverbesserung zu erreichen. Ab Mitte 1916 erhielten die LZ-Schiffe vom Typ »r« (*LZ 62* bzw. *L 30*) an eine langgestreckte Stromlinienform, Kreuzleitwerk (wie ein Torpedo), den nach innen verlegten Laufgang und die Propellerlagerung in den Gondeln, wie sie bei den SL-Schiffen üblich war.

Dies schränkt die Leistung des Zeppelinschen Luftschiffbau und seine herausragende technikgeschichtliche Bedeutung in keiner Weise ein.

Von ihrer Technologie gingen viele wichtige Impulse für die unterschiedlichsten technischen Entwicklungen aus, die bis in die heutige Zeit hinein wirken.

Graf Zeppelin erlebte noch, daß die Großluftschiffe seiner Bauweise den Höhepunkt ihrer technischen und militärischen Leistungsmöglichkeit erreichten, zugleich aber hohe Verluste hinnehmen mußten. Die Heeresluftschiffahrt mußte im Juni 1917 eingestellt werden.

Im Dienst der Marineluftschiffahrt wurden 1917 Bestleistungen in der Fahrtdauer (101 Stunden), Steighöhe (7300 m) und Fahrtstrecke (6757 km) erreicht.

Diese Leistungen der Marine-»Zeppeline« und ihrer Besatzungen unter dem Befehl des Führers der Luftschiffe (FdL), Fregattenkapitän Peter Strasser (1876 bis 1918), konnten ebenso wenig wie die Leistungen der Heeres-Luftschiffer darüber hinwegsehen lassen, daß die Zeit der gewaltigen Luftkreuzer im Kriegseinsatz unwiderbringlich zu Ende ging. Die Entwicklung der Marinefliegerkräfte auf alliierter Seite hatte zum Einsatz von Flugzeugträgern, Flugdeckkreuzern und großen Kampfflugbooten geführt, die im Verein mit der Entwicklung der allgemeinen Lage den deutschen Luftschiffen im Bereich der Nordsee und darüberhinaus selbst in ihren Stützpunkten zur tödlichen Gefahr wurden.

Am 08. März 1917 starb Graf von Zeppelin in Berlin.

Das neue Marineluftschiff *L 43* (*LZ 92*, Typ S, Erstfahrt 06. März 1917) gab ihm Geleit von Berlin nach Friedrichshafen, fuhr nach der Beisetzung am 15. März zu seiner Einsatzbasis Ahlhorn und wurde bereits am 14. Juni des gleichen Jahres über der Nordsee von einem amerikanischen Flugboot, das im Dienst der englischen Marineflieger eingesetzt wurde, in Brand geschossen und mit seiner Besatzung vernichtet.

Aus der Anfangszeit der Flugzeugträger

Es war der Franzose Clement Ader (1841 bis 1926), ein ungewöhnlich begabter Ingenieur und zu den ersten Pionieren des Motorfluges gehörend, der im Jahre 1895 in seinem Werk »Militärflugwesen« erste Vorstellungen von Flugzeugträgern niederschrieb:

»Um Flugzeuge über den Ozean einsetzen zu können, sind Flugzeugträger unerläßlich. Solche Schiffe sind zu ganz anderen Zwecken zu konstruieren, als wie es heute üblich ist. Zuerst ist ein vollkommen freies Deck zu schaffen, als möglichst breite Fläche wird es, ohne den nautischen Linien des Schiffes zu schaden, die Möglichkeit zum Landen schaffen. Die Geschwindigkeit dieses Schiffes muß mindestens die eines Kreuzers erreichen und sogar übersteigen. Die Flugzeuge sollen notwendigerweise unter dem Deck untergebracht werden. Zu diesem Raum hat man durch einen Aufzug Zugang, der lang und breit genug ist, um darin ein Flugzeug mit zusammengeklappten Flügeln zu transportieren. Daneben muß sich die Werkstatt der Mechaniker befinden, die für die Reparaturen der Flugzeuge und für ihre stetige Startbereitschaft verantwortlich sind. Das Flugdeck ist völlig frei zu halten, beim Start des Flugzeuges das Vorderschiff, beim Landen das Hinterschiff« (Zitat nach: »Le Revue Maritime«, 1960, Heft Nr. 170, S. 1121).

So deutlich wie Clement Ader hat wohl kein Zweiter schon Jahrzehnte vor dem Bau des ersten Flugzeugträgers die charakteristischen Besonderheiten eines solchen Schiffes vorhergesagt, die bis auf den heutigen Tag bestimmend sind. Aber der Bau des europäischen Erstlings eines reinen Flugzeugträgers erfolgte nicht in seinem Vaterland, sondern in England.

Er trug den Namen *Hermes* (II), wurde am 15. Januar 1918 auf Stapel gelegt, kam schon am 11. September 1919 zu Wasser und stellte im Juli 1923 nach langer Ausrüstungs- und Erprobungszeit in Dienst.

Im Bau dieses Schiffes schlugen sich bereits viele praktische Erfahrungen nieder, die die britische Marine während des Ersten Weltkrieges beim Einsatz der verschiedensten Schiffsarten in der Funktion als Flugzeugträger gesammelt und ausgewertet hatte.

Das Bestreben der Flottenchefs, Marineflugzeuge trotz ihrer zunächst noch großen Wetterabhängigkeit, ihrer begrenzten Zuverlässigkeit und der geringen Reichwerte auf See als Aufklärungsmittel und für den Schutz der Flotte einzusetzen, hatte schon im Weltkrieg 1914 bis 1918 dazu geführt, seegehende Schiffe mit Start- und Landedecks für Flugapparate im Flottenverband mitzuführen.

Damit wurde eine Grundvoraussetzung für den Einsatz von Radflugzeugen über See geschaffen, die bei offensiver wie auch defensiver Verwendung höhere Kampfleistungen erzielen konnten als die bisher üblichen Schwimmerflugzeuge und Flugboote, die sich mehr für die küstengestützte Verwendung eigneten.

Durch die Herrichtung von Flugzeugträgern und die Einführung trägergestützter Flugzeuge erhielten die Marineluftstreitkräfte prinzipielle neue Möglichkeiten:

- Flugzeugträger gestatteten den relativ rasch wiederholbaren Einsatz von Radflugzeugen unterschiedlicher Bestimmung (Jagd-, Aufklärungs-, Bomben- und Torpedoflugzeuge) für offensive und defensive Aufgaben, wobei das Trägerschiff entsprechend der Lage und der Pläne des Flottenchefs den Standort verändern konnte.
- Die gesicherten Start- und Landemöglichkeiten der Flugzeuge unmittelbar bei der Flotte erlaubten ihre Verwendung im engen Zusammenwirken mit den Schiffen selbst. Damit konnte der Einsatz der Marineflieger nach Zeit und Position in Koordinierung mit den operierenden Schiffen erfolgen.

Letzteres war für die Flottenführung gerade deshalb wichtig, weil eine präzise Zusammenarbeit zwischen den in See befindlichen Schiffen einerseits und den von der Küste aus über mehr oder weniger große Entfernungen hinweg heranfliegenden Fliegerverbänden andererseits zur damaligen Zeit gar nicht möglich war. Diese Frage gelang es in der Praxis auch bis zum Zweiten Weltkrieg nicht endültig zu lösen, was den Wert der Flugzeugträger immer aufs neue unterstrich.

Hinzu kam, daß sich durch die Weiterentwicklung der Marinetechnik und der Theorie der Seekriegsführung die Notwendigkeit ergab, zum Schutze der in See operierenden Flottenkräfte die U-Boot-, Minen- und Luftabwehr völlig neu zu durchdenken, woraus den Flugzeugträgern zusätzliche Aufgaben erwuchsen. Weitere Aufgabenbereiche erschlossen sich ihnen schließlich durch Handelskrieg und Handelsschutz.

Völlig neue Möglichkeiten boten sich der Flotte, die über Flugzeugträger verfügte, hinsichtlich des operativen Vorstoßes gegen die vom Gegner besetzte Küste.

Britische Marineflieger machten damit den Anfang, als im Juli 1918 sieben Radflugzeuge Sopwith »Camel« vom Flugzeugträger *Furious* aus den deutschen Luftschiffstützpunkt Tondern angriffen und durch Bombenabwurf die Marineluftschiffe *L 54* und *L 60* vernichteten.

Das war zugleich ein wichtiger Beitrag der Flotte zum Schutz der britischen Inseln vor deutschen Luftangriffen.

Der Bau und die Verwendung von flugzeugtragenden Schiffen und von Flugzeugen, die mittels dieser Schiffe transportiert und eingesetzt werden konnten, begannen primitiv und unter Zuhilfenahme vieler provisorischer Lösungen. Erfahrungen mußten erst gesammelt werden, sowohl auf technischem als auch taktischem Gebiet. Erwies sich schon der Start von einem fahrenden Schiff als gewagtes Unternehmen, so zeigten sich Landeversuche als noch problematischer und gefahrvoller. Während der Deckstart aber bald beherrscht wurde, blieb die Decklandung auf lange Zeit für Mensch und Technik ein komplizierter Problemkreis.

gang wesentlich unterstützte. Da diese Mutterschiffe aber kein Landedeck hatten, mußte der Flieger zum Ende seines Auftrages entweder zur Küste weiterfliegen oder aber, wenn die Küste nicht in seiner Reichweite lag, in der Nähe von Schiffen eine Wasserlandung wagen, was bei einem Radflugzeug vielfach gleichbedeutend war mit dem Verlust der Maschine, und mitunter auch des Flugzeugführers.

Handelte es sich bei dem Bordflugzeug um eine Schwimmermaschine oder, was

auf der hinteren Schiffshälfte und schließlich über die gesamte Schiffslänge hinweg, prägte die Entwicklung zum eigentlichen Flugzeugträger. Nur dieser Weg führte zur angestrebten praktischen Kombination von Schiff und Flugzeug.

Als nächstes wurden Stau- und Wartungsräume unter dem Flugdeck eingerichtet, Betankungsmöglichkeiten geschaffen und Aufzüge eingebaut, mit denen die Flugzeuge vom Flugdeck vertikal hinab und auch wieder hinauf transportiert werden konnten. Zum Auffangen und Abbremsen der landenden Flugzeuge, und um ihr seitliches Abrutschen vom Deck zu verhindern, wurden die verschiedensten Vorrichtungen erfunden. Von diesen bewährten sich am ehesten, aber dies auch erst nach längeren Erprobungen, quer über den hinteren Teil des Flugdecks elastisch gespannte Fangseile.

Von den im Verlauf des Weltkrieges 1914 bis 1918 in Dienst gestellten 16 flugzeugtragenden Schiffen der britischen Marine eigneten sich nur *Furious*, *Argus* und *Vindictive* als Flugdeckschiffe für eine größere Anzahl Radflugzeuge.

Der wichtigste Schritt war der Umbau des leichten Schlachtkreuzers *Furious* in einen großen und schnellen Flugzeugträger, der damit, wenn auch über viele Modifikationen und bauliche Veränderungen, zum Vorbild des modernen Trägerschiffes in England wurde.

Inzwischen hatte die Admiralität das für Chile bestimmte Linienschiff *Almirante Cochrane* und den italienischen Passagierdampfer *Conte Rosso* angekauft, die auf britischen Werften in Auftrag waren. Durch Umbau wurden auch sie in Flugzeugträger verwandelt und erhielten die Namen *Eagle* und *Argus*.

Schließlich legte man noch kurz vor Kriegsende, im Januar 1918 die schon erwähnte *Hermes* auf Stapel, das erste Schiff, das vom Kiel aufwärts als Trägerschiff entstand, das aber ebenso wie die *Eagle* nicht mehr zum Einsatz kam. Die britische Marine hatte damit in kurzer Zeit als erste Flotte eine breite Basis für die zielgerichtete Weiterentwicklung

Bordflugzeug auf dem britischen Linienschiff *Hibernia*

Auf britischen Seeflugzeug-Mutterschiffen wurden anfangs schräge Ablaufbahnen zum Bug hin aufgebaut, damit leichte Radflugzeuge, meist waren es Jagdmaschinen zum Abfangen deutscher Marineluftschiffe, starten konnten. Es wurden aber eine Zeitlang auch größere Schwimmerflugzeuge, die für den Start auf abwerfbare Rollgestelle gesetzt wurden, auf diesem Wege zum Abflug gebracht.

Auf alle Fälle mußte aber das Schiff bei diesem Start über den Bug mit möglichst hoher Fahrt gegen den Wind andampfen, weil der Fahrtwind den Startvor-

seltener vorkam, um ein Flugboot, dann mußte die Maschine nach dem Niedergehen aufs Wasser in einer umständlichen und gefährlichen Prozedur mittels Ladebaum oder Kran an Bord gehoben werden.

Dies bedeutete nicht nur taktischen Zeitverlust, weil das Mutterschiff stoppen mußte, sondern zugleich erhöhtes Verlustrisiko im Fall von überraschenden Angriffen, insbesondere durch U-Boote.

Die schrittweise Einrichtung eines hindernisfreien Landedecks, zuerst nur auf dem Heckteil des Schiffes, dann schon von Trägerschiffen zusammen mit den dazugehörenden Trägerflugzeugen geschaffen, wodurch ihre führende Position unter den Seemächten weiter gefestigt wurde.

Es war für die Royal Navy ein schwerer Rückschlag, als sie am 01. April 1918 durch eine politische Entscheidung ihr gesamtes Marineflugwesen (Royal Naval Air Service) zur Gründung der dritten unabhängigen Teilstreitkraft Royal Air Force einbringen mußte. Der Beitrag der Marine zur Verschmelzung mit den britischen Luftstreitkräften umfaßte 2949 See-, Bord- und Landflugzeuge, 103 Luftschiffe und Lenkballons sowie 60.000 Mann Personal.

Fortan verfügte die Marine nur noch über die Trägerschiffe, während die dazu gehörenden Trägerflugzeuge mit Besatzung und dem technischen Personal zu den Luftstreitkräften zählten.

Zur technischen Weiterentwicklung des Trägerflugwesens wurde am 22. August 1918 das »Joint Technical Commitee on Aviation Arrangement in H.M. Ships« geschaffen und nach einigen Veränderungen am 11. November 1921 neugegründet. Dieser Arbeitsstab setzte sich aus maßgeblichen Vertretern des Luftfahrtministeriums und der Admiralität zusammen.

Zur Beratung detaillierter Fachfragen wurden in der Regel Offiziere der Flugzeugträger und der Trägerstaffeln hinzugezogen. Wissenschaftliche Institutionen leisteten ebenfalls ihren Beitrag zur Weiterentwicklung des Trägerflugwesens, so beispielsweise das »National Physical Laboratory«, das die Beeinflussung von Richtung und Geschwindigkeit der Luftbewegung auf dem Flugdeck vorhandener Träger und von Flugzeugträgerentwürfen analysierte und entsprechende Schlußfolgerungen an die Konstruktionsabteilung der Admiralität lieferte.

Im Gegensatz zur Royal Navy verwendeten die deutsche, russische und französische Marine bis Kriegsende einzelne umgebaute Kreuzer und eine Anzahl entsprechend veränderter Handelsschiffe als Mutterschiffe für Seeflugzeuge.

Anbordnahme eines Schwimmerflugzeuges »Friedrichshafen« FF 33 J (1917)

In der deutschen Marine herrschte die Meinung vor, daß es im Operationsgebiet der Hochseeflotte ausreicht, wenn Marineluftschiffe und Schwimmerflugzeuge mit vergrößerter Reichweite das Küstenvorfeld und die Nordsee bis hin zur gegnerischen Küste aufklären. Gegen Kriegsende, als die Seeaufklärung der Marineluftschiffe durch gegnerische Abwehr stark gefährdet war, gab die Marine Großflugboote des Konstrukteurs Dornier vom Zeppelin-Konzern in Auftrag, die für Fernaufklärungsflüge gedacht waren. Als mobile Flugstationen für die Ostsee wurden die gecharterten Frachtdampfer *Answald* und *Santa* *Elena* (Flugzeugschiff I und II) ausgerüstet.

Im weiteren Kriegsverlauf kamen noch drei weitere Handelsdampfer hinzu, die gleichfalls als Mutterschiffe für meist vier bis sechs Schwimmerflugzeuge dienten. Im Unterschied zu den von den Engländern und Franzosen eingesetzten Flugzeugmutterschiffen, bei denen es sich um ehemalige Kanal-Fährschiffe mit einer Geschwindigkeit von 21 bis 24 Knoten handelte, und die durchaus an Vorstößen der Flotte teilnehmen konnten, waren die deutschen Schiffe wegen ihrer zu geringen Geschwindigkeit (zehn bis zwölf Knoten) dafür ungeeignet. Daher faßte die Marineleitung den Umbau von Kreuzern ins Auge. Praktiziert wurde dies aber nur mit dem Kleinen Kreuzer *Stuttgart*, der aber erst am 16. Mai 1918 für seine neue Aufgabe in Dienst gestellt werden konnte.

Unabhängig davon hatte die Marineleitung das Werftdepartement bereits 1915 angewiesen, auf allen Linienschiffen, Schlachtkreuzern und Kreuzern der Hochseeflotte Vorkehrungen für die zeitweise Anbordnahme und die Mitführung von je einem Schwimmerflugzeug zu treffen. Dabei wurde den Kommandanten der Schiffe ein Mitspracherecht eingeräumt, um die Beeinträchtigung des Kampfwertes ihrer Schiffe möglichst gering zu halten.

Dies alles waren aber unbefriedigende Lösungen, die nicht zur Klärung des Problems der Bordflugzeuge in der deutschen Flotte beitrugen. Deshalb beschäftigte sich die kaiserliche deutsche Marineleitung doch noch mit der Flugzeugträgerfrage. Dazu zählte der Plan, das für Italien gebaute und noch in Ausrüstung befindliche Turbinen-Passagier-schiff *Ausonia* (Stapellauf am 15. April 1915 als Bau-Nr. 236 bei Blohm & Voß in Hamburg, 13.000 BRT, 20 bis 21 kn, Länge 157,9 m) zum ersten deutschen Flugzeugträger umzubauen. Dazu lag der technisch fortschrittliche Entwurf von Leutnant z.S. d.R. Dipl.-Ing. Jürgen Reimpell, einem Offizier der 1. Seeflieger-Abteilung, vor. Das Vorhaben kam wegen des Kriegsendes nicht mehr zur Ausführung. Es war vorgesehen, das Schiff mit zwei Hallendecks und einem über die ganze Schiffslänge hinwegreichenden Flugdeck, unterteilt in achtere Landebahn mit Überhang am Heck (127,1 m) und vordere Landebahn (45,4 m) auszustatten. Die Flugzeugkapazität sollte 13 bis 19 Schwimmerflugzeuge als Aufklärungs-, Bomben- und Torpedoflugzeuge sowie zehn Radflugzeuge als Jäger oder schnelle Aufklärer umfassen.

Dieses Projekt stellte eine beachtliche Entwurfsleistung dar, vor allem wenn die herrschenden Einschränkungen durch die Kriegslage und damalige Technik in Betracht gezogen werden.

Obwohl es nicht unmittelbar mit der Flugzeugträgerentwicklung zusammenhing, soll hier erwähnt werden, daß die deutsche Marine einen ersten Schritt zum Einsatz von Bordflugzeugen im Handelskrieg tat.

Der Hilfskreuzer *Wolf* wurde für einen ganzjährigen Einsatz in südlichen Gewässern mit einem Schwimmerflugzeug des Typ Friedrichshafen FF 33 E (Marine Nr. 841) ausgerüstet. Seine Besatzung unterstützte das Schiff nicht nur bei der Suche nach zu kapernden Frachtschiffen, sondern warnte auch vor unerwünschten Begegnungen.

Auf deutscher Seite legten die Erfahrungen eines solchen erfolgreichen kombinierten Kapereinsatzes den Keim zu Plänen, im Falle eines erneuten Krieges flugzeugtragende Schiffe im Zufuhrkrieg gegen England einzusetzen. Bei den Engländern dagegen bildeten sich Überlegungen heraus, den eigenen Flugzeugträgern eine Funktion beim Schutz der Versorgungstransporte vor deutschen Handelsstörern (Raider) zu geben.

Der Flugzeugträger in den Flottenverträgen von 1920 bis 1937

Das Washingtoner Abkommen über die Begrenzung der Flottenrüstung

Nach dem Ersten Weltkrieg ergab sich durch die nachfolgenden tiefgreifenden politischen Veränderungen eine neue marinepolitische Lage in der Welt. Zum einen bestand diese im Verschwinden der deutschen und der österreichisch-ungarischen Marine und im Zerfall der russischen Kriegsflotte. Zum anderen waren auch innerhalb der verbleibenden Seemächte durch den Krieg beträchtliche Machtverschiebungen eingetreten. Die Beziehungen zwischen Großbritannien, den USA, Frankreich, Italien und Japan wurden durch die Schwächung der Seemacht Frankreichs und den enormen Machtzuwachs der Vereinigten Staaten unter Präsident T.W. Wilson charakterisiert, die mit einem gewaltigen Flotten-Neubauprogramm den bisherigen Führungsanspruch Englands in Frage zu stellen begannen.

Da die europäischen Seemächte, insbesondere England, nach dem harten, kräftezehrenden Krieg eine Ruhepause brauchten, kam es zur Vereinbarung, erstmals eine Konferenz der bestehenden Seemächte zur Regulierung des Flottenbaus durchzuführen.

Das Washingtoner »Abkommen über die Begrenzung der Flottenrüstung« (»Washington Treaty for the Limitation of Naval Armament« vom 12. November 1921) legte die Flottengleichheit zwischen Großbritannien und den USA fest, wobei die Briten durch den Verzicht der Amerikaner auf einen erheblichen Teil der geplanten Neubauten und die größere britische Kriegsschiffbaukapazität wieder in Führung gehen konnten, während Frankreich und Italien in der Entwicklung ihrer Flotten einige Zeit gebremst wurden. Japan nutzte Lücken im Vertragswerk geschickt aus, um entspre-

Der britische Flugzeugträger *Furious* Mitte der 20er Jahre

chend seinen Seemachtambitionen die Flotte zu vergrößern.

Das Washingtoner Abkommen gab folgende Definition für die neue Schiffskategorie der Flugzeugträger (aircraft carrier, airplane carrier, porte avions):

»Überwasserkriegsschiff mit beliebigem Deplacement (aber über 10.000 ts Typdeplacement), welches für den besonderen und ausschließlichen Zweck, Flugzeuge mitzuführen, entworfen und so gebaut ist, daß Flugzeuge von ihm aufsteigen und auf ihm landen können.«

Damit war zum ersten Mal begrifflich eine Schiffsklasse mit einer großen Plattform als Flugdeck für Flugzeuge mit Radfahrwerk eindeutig festgelegt und von den Bauformen und der Be-

stimmung anderer Schiffe klar unterschieden.

Für andere Bauformen flugzeugtragender Schiffe gab das Washingtoner Flottenabkommen folgendes Begriffschema:

● Flugzeug-Mutterschiff, auch Seeflugzeugtender oder Flugzeugtransporter (seaplane carrier, seaplane tender, transport d'aviation): Troßschiff der Flotte zum Transport von Seeflugzeugen (Schwimmerflugzeugen und Flugbooten) mit Kran- oder Ladebaum, Ausrüstung für das Aussetzen der Maschinen zum Wasserstart bzw. zur Wiederanbordnahme der neben dem Schiff auf dem Wasser gelandeten Flugzeuge. Bei modernen Schiffen Ausrüstung mit

Die japanische *Hosho* war das erste Kriegsschiff, das als Flugzeugträger auf Stapel gelegt wurde (Aufnahme von 1927)

Katapult als Starthilfe und mit Schleppsegel als Landehilfe.

Schiffe dieser Art können auch eingesetzt werden als Transportschiffe für Seeflugzeuge in entfernten Seegebieten, als Bergungsschiffe für ausgefallene Seeflugzeuge und als Wohnschiffe für Seeflugzeugbesatzungen bei vorgeschobener Stationierung. Bei ihnen gab es aber keine Möglichkeit des Wiederlandens der Maschinen auf dem Schiff selbst.

- Flugzeug-Kreuzer (aircraft cruiser): Verbindung eines üblichen Kreuzers mit einigen begrenzten Eigenschaften des Flugzeug-Mutterschiffs. Eine Anwendung des Begriffes war nur vorgesehen, wenn ein Kreuzer über das übliche Maß hinaus mit Seeflugzeugen ausgerüstet wird und dementsprechend besondere konstruktive Veränderungen gegenüber dem Standard besitzt (Hangar, Transportplattform, mehrere Katapulte). Keine Landemöglichkeit auf dem Schiff selbst vorhanden.

- Flugdeck-Kreuzer (hybrid cruiser): Verbindung eines üblichen Kreuzers (aber von größerer Bauausführung) mit einigen eingeschränkten Eigen-

schaften des Flugzeugträgers. Dieser Begriff sollte nur Anwendung finden für einen Kreuzer, der mit einem Flugdeck und mit Radflugzeugen an Bord, die vom Schiff starten und unmittelbar auf ihm landen können.

Das Washingtoner Abkommen legte für die Unterzeichnerstaaten wie für alle Kriegsschiffsklassen so auch das Typdeplacement beim Besitz von Flugzeugträgern fest (Kapitel 1, Art. VIII):

- für Großbritannien und die USA je 135.000 ts (137.160 t)
- für Japan 81.000 ts (82.296 t)
- für Frankreich und Italien je 60.000 ts (60.960 t)

Der amerikanische Träger *Yorktown*

Als Typdeplacement wurde die Wasserverdrängung in tons zu je 1016 kg verstanden, die von den Schiffen bei voller Ausrüstung aber unter Abzug des Brennstoffes und des Reservewassers, erreicht werden konnte.

Die bei Vertragsabschluß (12. November 1921) bereits vorhandenen und im Bau befindlichen Flugzeugträger galten nach dem Abkommen als Versuchsschiffe (Art. VIII). Sie konnten daher ohne Rücksicht auf das Alter durch Neubauten ersetzt werden.

Es wurde auch festgelegt, daß ein einzelner Flugzeugträger 27.000 ts (27.433 t) nicht überschreiten durfte (Artikel IX). Ein Schiff dieser Größe sollte keine größeren Geschütze als solche vom Kaliber 20,3 cm (8 Zoll) haben und von diesen im Höchstfall nicht mehr als acht führen.

Für den Fall, daß ein Trägerschiff mit Geschützen von mehr als 15,2 cm (6 Zoll) bestückt wurde, konnte die Gesamtzahl seiner Geschütze zehn betragen, wenn die Fla- und Seezielgeschütze das Kaliber 12,7 cm (5 Zoll) nicht überschritten, konnte ihre Anzahl außer Betracht bleiben (Art. X).

Eine Ausnahme von den 27.000 ts Höchstverdrängung wurde nur insofern zugelassen, als jede der Vertragsmächte, vorausgesetzt, daß sie die zugestandene Gesamttonnage an Flugzeugträgern nicht überschritt, aus Sparsamkeitsgründen von ihren fertigen oder im Bau befindlichen Großkampfschiffen (Schlachtschiffe und Schlachtkreuzer), die nach dem Abkommen sonst abgewrackt werden mußten, zwei zum Umbau in Flugzeugträger auswählen. Das Typdeplacement dieser Schiffe durfte dann aber in keinem Falle 33.000 ts (33.538 t) überschreiten und für die Bestückung war die Begrenzung auf acht Geschütze 20,3 cm verbindlich.

Schließlich legte das Abkommen den Abstand für die Folge von Ersatzbauten mit 20 Jahren fest; der Zeitraum zwischen der Fertigstellung des abzulösenden Schiffes und der Kiellegung des Neubaus sollte 17 Jahre nicht überschreiten (Kap. II, Teil 3, Abs. I a). In

Übereinstimmung mit dem Washingtoner Abkommen entschlossen sich die USA, zwei ihrer Schlachtkreuzer des Typs *Constitution* aus dem Neubauprogramm von 1916, *Saratoga* und *Lexington*, die in den Jahren 1920 und 1921 auf Stapel gelegt worden waren und zusammen mit vier Schwesternschiffen abgewrackt werden sollten, zu Flugzeugträgern umzubauen.

Japan schloß sich später mit einer ähnlichen Entscheidung dieser Entwicklung an. Hier betraf es die Schlachtkreuzer *Akagi* und *Amagi*, die im Jahr 1920 auf Stapel gelegt worden waren. Allerdings mußte die *Amagi*, nachdem sie 1923 bei einem schweren Erdbeben beschädigt worden war, durch das Schlachtschiff *Kaga* ersetzt werden, das ebenfalls seit 1920 auf Stapel lag.

Der Nutzung von zum Abbruch vorgesehenen Kriegsschiffen schloß sich auch

Großbritannien an und erhielt somit durch den Umbau der Großen Leichten Kreuzer *Courageous* und *Glorious* zwei weitere Flugzeugträger. Auch in Frankreich ging man diesen Weg, konnte sich aber nur für den Umbau eines Linienschiffs entscheiden, das schon 1913 in Auftrag gegeben und im April 1920 vom Stapel gelaufen war. Der Umbau der *Bearn* wurde erst 1923 begonnen. Trotz britischer Fachberatung zogen sich die Arbeiten an ihm bis zum Mai 1927 hin. Das Washingtoner Abkommen wurde von der Weltmeinung als Triumph der Diplomatie gefeiert, als ein Meilenstein zur weltweiten Rüstungsbegrenzung auf den Meeren. Tatsächlich gab es bei den wichtigsten Flotten der Welt eine Periode der relativen Stagnation im Kriegsschiffbau.

Die Folgen von »Washington«

Es ist historisch gesehen bedeutsam, daß mit dem Abkommen von Washington die Flugzeugträger als eine Schiffskategorie »ohne Vergangenheit« in die offiziellen Flottenvergleiche aufgenommen und damit erstmalig als wichtige Kriegsschiffe anerkannt wurden. Tatsächlich gab es zur Zeit des Abkommens noch keinen neuerbauten Flugzeugträger. In England waren die beiden durch Umbauten entstandenen und sehr verschiedenartigen Trägerschiffe *Furious* und *Argus* vorhanden, während *Hermes* ebenso wie *Langley* (USA) und *Hosho* (Japan) noch im Bau waren.

Durch die Fertigstellung der Neu- und Umbauten nahm die Gattung der Flugzeugträger ab 1924 an Zahl und Tonnage rasch zu. Aber es bildete sich bei diesen Schiffen noch kein Typ heraus, der in Größe und Form eine Tendenz zu feststehenden Standards erkennen ließ, wie das bei den älteren Kriegsschiffsklassen (Schlachtschiffen, Kreuzern, Zerstörern) der Fall war, deren Vertreter

in ihren Merkmalen bei den verschiedenen Kriegsflotten nicht wesentlich voneinander abwichen.

Ausländische Beobachter dieser Entwicklung, in Deutschland waren es vor allem Kriegsschiffbauer und ehemalige Marineflieger der Reichsmarine, die die Fortschritte bei den Flugzeugträgern und dem Trägerflugwesen aufmerksam verfolgten, führten dies auf unterschiedliche Erfahrungen beim Flugbetrieb mit den Trägerflugzeugen, aber auch darauf zurück, daß in den betreffenden Ländern aus Kostengründen sehr unterschiedliche Schiffe, die ursprünglich für ganz andere Zwecke konstruiert worden waren, zu Flugzeugträgern umgebaut wurden.

Aus europäischer Sicht betrachtet, galten *Lexington* und *Saratoga*, deren Umbaukosten damals mit je 45 Millionen Dollar angegeben wurden, als übergroß und extrem aufwendig.

Tatsache ist, daß der Umbau dieser Schiffe auch in den USA auf Kritik stieß. Bereits im Jahre 1924 hatte ein von Prä-

Der französische Träger *Bearn* etwa um 1937

sident Calvin Collidge (1872 bis 1933) eingesetzter Ausschuß den Bau eines nur 23.000 ts großen Flugzeugträgers empfohlen. Gegen die Ausführung des Vorschlages legte aber dann der Präsident sein Veto ein und empfahl seinerseits, zunächst erst einmal die Erfahrungen mit den, wenn auch großen und teuren Umbauten abzuwarten, ehe neu konstruierte Träger in Auftrag gegeben werden.

In Frankreich und Italien schlugen Marinesachverständige den Bau von Flugzeugträgern vor, die zum einen überschaubare Kosten verursachen und zum anderen nicht unter die den beiden Staaten auferlegte Deplacementbegrenzung fallen würden. Es kam aber zu keiner Einigung.

Einheitlich waren lediglich die Ansichten darüber, daß sich für die Weiterentwicklung der Flugzeugträger und Trägerflugzeuge noch keine klaren Maßstäbe abzeichneten.

In die ausgehenden 20er Jahre fallen die ersten intensiven Versuche der britischen, amerikanischen und japanischen, aber auch der französischen Marine, Flugzeugträger und trägergestützte Marineflieger im Zusammenspiel der Flottenkräfte zu erproben. In Kriegsspielen

und Flottenmanövern stellte man ihnen offensive und defensive Aufgaben, die natürlich von den Gesamtaufgaben der jeweiligen Flotte, ihrem Operationsgebiet und nicht zuletzt auch von der Politik des Flaggenstaates abhängig waren. Die Folge waren erhöhte militärische Forderungen und eine Weiterentwicklung von Technik und Taktik, die sowohl die Verbesserung der Trägerschiffe als auch der trägergestützten Flugzeuge vorantrieben.

Es wurden neue Trägerflugzeuge eingeführt, die schneller, aber auch schwerer als die Vorgänger waren, und die nun

neue Brems- und Fangvorrichtungen sowie andere Verbesserungen auf den Flugzeugträgern verlangten.

Das taktische Vorgehen der Trägerschiffe und ihrer Fliegergruppen erreichte, wie die Führungsstäbe im Ergebnis der Einzelübungen, Erprobungen und Manöver teils erfreut, teils aber auch besorgt, feststellen konnten, neue Dimensionen.

An der Schwelle zu den 30er Jahren stand fest:

Jede Flotte, die auf hoher See operiert und sich dabei in bestimmten strategischen Schwerpunktrichtungen bewegt, muß den Einsatz von Flugzeugträgern ins Kalkül ziehen – in welcher Weise dies zu berücksichtigen war, hing von ihrer Einsatzkonzeption ab.

Durch die Verwendung der aus ehemaligen Schlachtkreuzern entstandenen schnellen und großen Flotten-Flugzeugträger der britischen, amerikanischen und japanischen Marine erfuhren die Trägerschiffe den Aufstieg von der Kategorie der Hilfsschiffe, charakterisiert durch umgebaute Handelsschiffe und veraltete Kriegsschiffe, in die Kategorie der Hauptkampfschiffe. Es begann sich bereits eine Gefährdung der Schlachtschiffe durch sie abzuzeichnen, obwohl es bis zu deren Ablösung als Rückgrat der Flotte noch ein weiter Weg war.

Insgesamt gesehen war ausgangs der 20er Jahre eine Zunahme des maritimen Rüstens in aller Welt zu verzeichnen.

Das Londoner Flottenabkommen von 1930

Da das Washingtoner Abkommen in vielen Punkten unbefriedigend geblieben war, nicht zuletzt durch die geringe Zahl der Teilnehmer und das Ausbleiben einer Beschränkung für den Bau von Kriegsschiffen unter 10.000 ts (10.160 t), betrieb der seit März 1929 im Amt befindliche US-Präsident H.C. Hoover (1874 bis 1933) die Einberufung einer neuen Seeabrüstungskonferenz.

Am 22. Januar 1930 traten die Vertreter und Expertenkommissionen Großbritanniens, der USA und Japans in London zusammen.

Frankreich und Italien fühlten sich seit Washington benachteiligt. Sie nahmen die für Kreuzer, Zerstörer und U-Boote festgelegten Begrenzungen nicht an und beteiligten sich in London nur als Verhandlungsbeobachter.

Der französische Flugzeugträger *Bearn* nach dem Umbau am 29. Juli 1938

Da Deutschland und die Sowjetunion als Teilnehmer nicht erwünscht waren, blieb die Beteiligung erneut sehr unbefriedigend. Das Londoner Flottenabkommen von 1930 stellte im Prinzip eine Revision und Verlängerung des Washingtoner Abkommens bis zum 31. Dezember 1936 dar.

Bezüglich der Flugzeugträger, und nur darauf beschränkt sich diese Betrachtung, wurden die Festlegungen von 1921 bestätigt, insbesondere die mengenmäßige Begrenzung hinsichtlich des Typdeplacements.

Als Begrenzung der Artilleriebewaffnung auf Trägern wurde das Kaliber 15,5 cm (6,1 Zoll) festgelegt. Gestattet wurde nun der Bau von Trägern mit 10.000 ts (10.160 t) mit der gleichen Kaliberbeschränkung. Die Altersgrenze von Flugzeugträgern mit über 10.000 ts Typdeplacement sollte 20 Jahre betragen. Für kleinere Schiffe galt dasselbe, wenn ihr Bau 1920 oder später begonnen worden war.

Die Londoner Flottenkonferenz konstatierte folgenden Zustand des Trägerbaus:

Großbritannien führte mit sechs Einheiten mit 115.350 ts (von 135.000 ts erlaubten).

Die Vereinigten Staaten lagen nach der verbindlichen Planung für ihren Neubau *Ranger* (die Kiellegung erfolgte am 26. September 1931) mit vier Trägern auf dem nächsten Platz. Von den erlaubten 135.000 ts waren erst 90.080 ts belegt. Es konnten also noch 45.000 ts für Neubauten vergeben werden. Japan besaß drei fertige Schiffe mit zusammen 61.300 ts (*Hosho*, *Kaga* und *Akagi*) und hatte für den verbleibenden Rest am 29. November 1929 den kleinen Träger *Ryujo* auf Stapel gelegt, der mit 8000 ts Typdeplacement angegeben wurde. Damit waren die für Japan erlaubten 81.000 ts Flugzeugträgertonnage voll ausgenutzt.

Bemerkenswert war an der Londoner Flottenkonferenz die prinzipielle Freigabe des Baus bzw. des Umbaus von Schlachtschiffen, Kreuzern und anderen Kampfschiffen mit Flugdeck. Dies führte in den nachfolgenden Jahren zu einer starken Belebung der Diskussionen um die Einführung von Flugdeck-Schlacht-

schiffen und -Kreuzern. Es entstanden zahllose Entwürfe der unterschiedlichsten Art, ohne daß es aber zu einer Bautätigkeit kam.

Eine Ausnahme bildete Schweden, wo sich die Marine schon seit etwa 1924 mit der Planung eines kleinen Flugzeugträgers beschäftigt hatte, ohne sich aber damit durchsetzen zu können. Dafür entstand das Projekt eines Hybrid-Kreuzers, eine für die damalige Zeit sehr interessante technische Lösung für ein Kriegsschiff, das eine Kombination von Küstenverteidigungs-Kreuzer, Seeflugzeug-Mutterschiff und Minenleger darstellte. Dieses Schiff entsprach den besonderen Bedingungen Schwedens in vollem Maße und erhielt bei seinem Stapellauf im September 1934 den Namen *Gotland*.

In den Jahren nach der Londoner Flottenkonferenz bewilligte die Regierung der Vereinigten Staaten den Bau der Flugzeugträger *Yorktown* (Kiellegung 21. Mai 1934) und *Enterprise* (Kiellegung 16. Juli 1934) mit offiziell jeweils 19.000 ts Typdeplacement. Es waren Schwesterschiffe, sie hatten Hallen- und

Flugdecks, die auf die Schiffsrümpfe aufgesetzt und nicht in die Längsverbände des Schiffes einbezogen waren. Die Bauweise war umstritten und wurde von einer ganzen Reihe Schiffbauexperten, darunter deutsche und englische, abgelehnt, weil sie eine unzureichende Längsfestigkeit dieser Schiffe befürchteten.

Andererseits hatten diese Träger aber offenkundig den Vorteil der weitgehend optimalen Nutzung des aufgesetzten Raumes zur Unterbringung der Trägerflugzeuge.

Theoretisch sollten die *Yorktown* und die *Enterprise* bei 246,7 m Länge und 26,21 m Breite je 18 Jagdflugzeuge (Doppeldecker Grumman F 2 F), 36 Sturzbomber (Doppeldecker Curtiss SBC), eine gleiche Anzahl Torpedobomber (Eindecker Douglas TBD) und fünf Mehrzweckdoppeldecker (Aufklärungs- und Verbindungsflugzeuge) an Bord nehmen können.

Im praktischen Einsatz nahmen die beiden Schiffe zwar selten mehr als 80 Maschinen auf, aber auch das waren für europäische Begriffe noch so viele Flugzeuge auf einen Flugzeugträger dieser Größe, daß selbst Fachleute den Amerikanern die Verbreitung von Übertreibungen unterstellten.

Der britische Träger *Hermes* 1940

Zur Ausnutzung ihres Tonnagelimits wurde von den USA am 1. April 1936 der vergleichsweise kleine Träger *Wasp* als siebente Einheit auf Kiel gelegt.

Nippons Flugzeugträger auf dem Vormarsch

Anfang der 30er Jahre entwickelte sich in Fernostasien eine gefährliche Situation. Das kaiserliche Japan betrieb eine riskante Expansionspolitik. In Tokio wurde die Eroberung der Mandschurei als Nahziel propagiert und als Fernziel die Hegemonie über China, Malaya und Hinterindien verfolgt. Am 18. September 1931 provozierten die Japaner eine militärische Auseinandersetzung an der mandschurischen Eisenbahn, und als es im Januar 1932 zum Kriegszustand mit China kam, griff die 1. Flugzeugträger-Division mit *Hosho* und *Kaga* in die Kämpfe um Shanghai ein. Es waren die ersten Flugzeugträger, die zwischen den beiden Weltkriegen Einsatzerfahrungen im Scharfen Schuß sammelten.

Die mit den außenpolitischen Zielen Tokios in Zusammenhang stehenden Rüstungsprogramme »9 Shi« (1934) und »12 Shi« (1937) hatten einen beschleunigten Ausbau der trägergestützten Marineluftwaffe zum Ziel, wobei aber zunächst noch die Vertragsbestimmungen nicht offen verletzt wurden.

Am 20. November 1934 erfolgte die Kiellegung des ersten schnellen Flotten-Flugzeugträgers *Soryu*, dem ersten Neubau in dieser Kategorie, der das Offen-

Schnitt durch einen britischen Flugzeugträger (zeitgen. Darstellung aus der brit. Presse)

sivpotential von *Kaga* und *Akagi* verstärkte. Das Schwesterschiff *Hiryu* folgte 1936. Beide hatten eine Flugzeugkapazität von 72 bzw. 73 Maschinen, die in zwei übereinanderliegenden Hallendecks untergebracht wurden. Von den amerikanischen und europäischen Trägerschiffen unterschieden sich *Soryu* und *Hiryu* durch die niedrige und langgestreckte Silhouette mit der auffallend kleinen Aufbauteninsel. Auf *Hiryu* befand sich diese von der internationalen Norm abweichend auf der Backbordseite.

1934 begann die Modernisierung der *Kaga* und der *Akagi*, wobei auch die praktischen Einsatzerfahrungen zum Tragen kamen. Bei beiden Schiffen gab man den Glattdecktyp auf und setzte ihnen eine Aufbauteninsel auf. Bei *Akagi* wiederum auf der Backbordseite. Dieser Träger bekam erstmals einen dritten Aufzug eingebaut, um den Umlauf der Flugzeuge innerhalb des Schiffes zu beschleunigen. Diesem Beispiel folgten dann auch die Konstrukteure anderer Flugzeugträger, so auch die der *Graf Zeppelin*.

Die Eskalation der maritimen Wiederaufrüstung

Inzwischen hatte auch die britische Marine Aufträge erteilt, um ihre Flugzeugträgerflotte zu erneuern. Die *Ark Royal* wurde zum wichtigsten britischen Neubau. Nach der kleinen *Hermes* war dieses Schiff der erste von Kiel an mit dieser Aufgabenstellung gebaute Träger Großbritanniens. In der *Ark Royal* vereinigten sich die Erfahrungen und Erkenntnisse von anderthalb Jahrzehnten Trägereinsatz. Entsprechend hoch waren die Erwartungen, die an das 1934 entworfene und 1935 in Auftrag gegebene Schiff gestellt wurden.

Nach der gründlichen Erprobung ihrer Vorgänger sollte die *Ark Royal* nicht größer als 23.000 ts werden. Um trotzdem das Flugdeck ausreichend lang gestalten zu können, wurde es mit einem starken Überhang versehen und in fast

Nach der Modernisierung setzte sich eine Trägerfliegergruppe auf *Kaga* und *Akagi* aus jeweils zwölf bzw. 18 Jagdflugzeugen (Eindecker Mitsubishi A 5 M), 36 Torpedoflugzeugen (Doppeldecker Yokosuka B 4 A) und bis zu 24 Sturzbombern (Doppeldecker Aichi D 1 A) zusammen.

Bereits 1936 wurde das nächste Flugzeugträgerpaar für die japanische Marine entworfen. *Shokaku* und *Zuikaku* gingen 1937 und 1938 als schnelle Flottenträger mit 34,2 kn Höchstgeschwindigkeit und einer Flugzeugkapazität von 84 Maschinen in Bau.

Zwischen den Neubauten und Umbauten der regulären Flugzeugträger gelangten sogenannte »Schattenbauten« in Auftrag. Dabei handelte es sich um rund 11.000 ts große Seeflugzeug- bzw. U-Boot-Mutterschiffe, die unter keine Baubegrenzung fielen und von vornherein für den schnellen Umbau zu Flugzeugträgern vorgesehen waren, sobald dafür Bedarf entstand. Während des späteren Krieges konnte dieses Vorhaben nicht bei allen »Schattenbauten« realisiert werden.

gleichbleibender Breite bis zum Vorsteven angeordnet. Der Schiffslänge in der Wasserlinie von 219,9 m stand dadurch eine Gesamtlänge von 243,8 m gegenüber. Im Gegensatz zu den neueren amerikanischen Flugzeuträgern waren die beiden übereinanderliegenden Hallendecks und das Flugdeck als Teil des Schiffsrumpfes konstruiert und in die Längsverbände des Schiffskörpers einbezogen. Als besonderes Merkmal erhielt *Ark Royal* ein von der Wasserlinie bis zum Flugdeck geschlossenes Vorschiff. Diese Bauweise des Flugzeugträgerbugs wurde später von den Amerikanern als »Orkan«bug übernommen und auch von den japanischen Konstrukteuren nachempfunden.

Die Kiellegung der *Ark Royal* erfolgte am 16. September 1935, zwei Monate

vor der Auftragserteilung für den deutschen Flugzeugträger A. Der Neubau kam rund 1 1/2 Jahre später am 13. April 1937 zu Wasser, als der deutsche Träger vier Monate in Bau war.

Die britische Marine feierte die Indienststellung der *Ark Royal* am 16. November 1938, drei Wochen bevor *Graf Zeppelin* in Kiel vom Stapel lief.

Doch dies geschah schon unter wesentlich veränderten internationalen Lageverhältnissen.

Die Zeit der scheinbaren Stabilität war schon seit Anfang der 30er Jahre beendet.

Die maritime Wiederaufrüstung nahm eine neue Dimension an, obgleich sie auch zuvor nie ganz aufgehört hatte. Kein Staat, und schon gar nicht die Seemächte, hatte seine Flotte wirklich verringert. Alle Meeresanliegerstaaten entwickelten und bauten neue Kriegsschiffe, entwarfen für sie neue Einsatzkonzeptionen, die den seit 1918 veränderten technischen und taktischen Bedingungen entsprechen sollten. Immer stärker bildeten sich aber auch zwei Gruppierungen von Seemächten heraus. Die einen hatten ihre maritimen Anstrengungen vor allem darauf gerichtet, ihr Seemachtpotential zu modernisieren, ohne es jedoch zu schaffen, die inzwischen veralteten Schiffe und Waffen durchgängig zu erneuern. Andere Staaten wieder gingen daran, einem gefährlichen Trend der Wiederherstellung der vor dem Ersten Weltkrieg bestehenden Bedingungen zu entsprechen und beim Ausbau ihrer Seemachtpositionen sogar noch über den alten Stand hinauszugehen.

Die Idee der kollektiven Sicherheit, sollte sie überhaupt jemals als ehrliches Anliegen zeitweise bestanden haben, brach zusammen.

Großbritannien, die USA und Frankreich waren mit dem Stand der Dinge, mit dem letztendlich durch ihren Einfluß geschaffenen Status quo, weitgehend zufrieden, was wiederum verschiedentlich geäußerte Bedenken einzelner Politiker nicht ausschloß. Von ihrer Seite wurde nichts wirkungsvolles unternommen

gegen die nationalistischen, faschistischen und opportunistischen Kräfte, die sich seit den 20er Jahren in Japan, Deutschland und Italien sammelten und an Macht gewannen. Es wurde auch dann noch nichts gegen sie an gemeinsamen Aktionen unternommen, als sie aktiv wurden und dazu übergingen, das Gesetz des Handelns zu bestimmen.

Jene Kräfte in Japan, Deutschland und Italien waren unzufrieden mit dem Status quo, empfanden sich selbst als »have-nots« und entwickelten zunehmend eine gefährliche Bereitschaft, einen Krieg zu riskieren, um die Lage nach ihren Vorstellungen und Plänen zu verändern.

Japan hatte, wie schon erwähnt, im Herbst 1931 einen Zwischenfall in der Mandschurei provoziert.

Zaghafte Kritik an seinem Vorgehen führte zum Austritt Japans aus dem Völkerbund (27. März 1933) und zur Kündigung der Flottenverträge von Washington und London.

Das Italien Mussolinis betrieb die Errichtung eines afrikanischen Imperiums und wollte sich auch an den Mittelmeerküsten Europas ausbreiten. Mit überzogenen Forderungen nach italienischer Flottenstärke im Mittelmeer belastete Rom das Verhältnis zu Frankreich und Großbritannien.

Italiens Eroberungskrieg in Äthiopien und seine kaum verhüllte Einmischung im spanischen Bürgerkrieg führten Mitte der 30er Jahre zur weiteren Verschärfung der Lage gegenüber den Briten und Franzosen.

In Deutschland waren es Ereignisse wie das Ende der Weimarer Republik und der Machtantritt Hitlers, die 1933 zu einer raschen Verschärfung der Lage führten.

Hitler versprach den Deutschen, die Massenarbeitslosigkeit zu beseitigen und das Diktat von Versailles zu zerstören, alle Deutschsprachigen zu vereinen und Deutschland einen angemessenen Platz in Europa und später in der Welt zu sichern. Dazu forderte er wirtschaftliche und militärische Stärke.

Die schon seit dem 2. Februar 1932 in Genf tätige allgemeine Abrüstungskonferenz scheiterte im Oktober 1934, als sich Frankreich weigerte, einer begrenzten Rüstung Deutschlands zuzustimmen, der England und Italien nichts in den Weg legen wollten.

Am 19. März 1933 trat Deutschland aus dem Völkerbund aus.

Nach Abschluß eines Nichtangriffspaktes mit Polen am 28. Januar 1934, der ihm im Osten den Rücken freihielt, erklärte Hitler am 16. März 1935 einseitig die Wiederherstellung der vollen Wehrhoheit Deutschlands und die Aufhebung des Versailler Vertrages.

Bis auf einige verbale Protestnoten kam es zu keiner Reaktion seitens der westlichen Demokratien und Seemächte gegenüber Deutschland.

Eher war das Gegenteil der Fall.

Noch im gleichen Monat kamen maßgebliche britische Politiker nach Berlin. Mit ihnen vereinbarte Hitler den baldigen Abschluß eines Flottenabkommens zwischen beiden Staaten.

Das Zusammentreffen in dieser Kürze der Zeit erklärt sich mit Sicherheit durch die den Engländern freiwillig angebotenen Beschränkungen des deutschen Flottenbaus im Verhältnis von 35 % zur Stärke der Royal Navy. Dadurch kamen von britischer Seite keine ernsthaften Bedenken darüber auf, daß eine neue deutsche Flotte Großbritannien die Seeherrschaft streitig machen könnte. Abgeschlossen wurde das deutsch-britische Flottenabkommen am 18. Juni 1935, und es nahm Bezug auf die in Washington 1922 und London 1930 festgelegten britischen Tonnageklassen.

Durch das Flottenabkommen zwischen Deutschland und Großbritannien war der Versailler Vertrag praktisch ungültig geworden.

	Großbritannien	Deutschland (35 %)	davon vorhanden
Schlachtschiffe (einschl. Panzerschiffe)	525.000 ts	183.750 ts	30.000
Flugzeugträger	135.000 ts	47.250 ts	–
Schwere Kreuzer	146.000 ts	51.380 ts	–
Leichte Kreuzer	192.000 ts	67.270 ts	59.400
Zerstörer/Torpedoboote	150.000 ts	52.500 ts	9.600
U-Boote	52.700 ts	18.445 ts (bei 45 % 23.700 ts)	–

London hatte als erste der Siegermächte von 1918 offiziell und auf der Grundlage der Gleichberechtigung einer Revision der Rüstungsbeschränkungen von Versailles beigepflichtet und die einseitige Verkündung der Wehrhoheit Deutschlands praktisch anerkannt.

Im Juni 1935 verpflichtete sich Deutschland, seine Flottenstärke nicht über 35 % der britischen Flottenstärke hinaus zu erhöhen. Dieser Prozentsatz galt nicht nur für die Gesamtstärken beider Seestreitkräfte, sondern auch für die einzelnen Schiffsklassen.

Bei den U-Booten war Deutschland das Recht auf Gleichheit mit der Stärke der britischen U-Boot-Waffe zugestanden worden, jedoch hatte sich die Reichsregierung bereiterklärt, nicht über 45 % hinauszugehen. Für den Fall einer Notwendigkeit zur Überschreitung dieses Verhältnisses sollten freundschaftliche Verhandlungen geführt werden.

Nach späteren bilateralen Absprachen

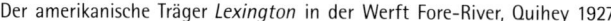

Der amerikanische Träger *Lexington* in der Werft Fore-River, Quihey 1927

konnte Deutschland seine U-Boot-Waffe bis zur vollen Stärke der britischen ausbauen, wobei dies allerdings auf Kosten der Tonnage bei den Überwasserschiffen gehen sollte.

Der Abschluß des deutsch-britischen Flottenabkommens vom 18. Juni 1935 brachte die Reichsregierung dem seit Mitte der 20er Jahre auch im militärischen Bereich konsequent verfolgten Ziel der Gleichberechtigung und nationalen Souveränität näher, das mit dem Streben gekoppelt war, einen Gleichstand mit der französischen Flotte zu erreichen.

Da die 35%-Grenze nicht nur für die Gesamttonnage, sondern auch für die einzelnen Kriegsschiffsklassen galt (Ausnahme waren die U-Boote), orientierte sich die Rüstungsplanung der deutschen Marine ganz nach den Strukturen der anderen Seemächte.

Es wirft kein gutes Licht auf das theoretische Denken in der deutschen Marine, wenn man zur Kenntnis nehmen muß, daß sich die Struktur und Bauplanung der deutschen Marine danach richtete, was die anderen traditionsreichen Flotten für richtig hielten und dies prompt nachahmte – vorerst in den Grenzen der 35%-Festlegung.

Hier entsteht die Frage, ob Deutschland wirklich Flugzeugträger brauchte und nicht besser daran getan hätte, seinen eigenen historischen Erfahrungen und Erkenntnissen zu folgen und anstelle der gewagten Experimente auf dem unbekannten Gebiet der Trägerschiffe eher eine küstengestützte Marineluftwaffe aufzubauen, die in der Lage wäre, die Operationen der Überwasserschiffe und U-Boote zu unterstützen.

Aufgrund der knappen Rüstungsressourcen und Ölvorräte Deutschlands, die Heeres- und Luftwaffenrüstung beanspruchte ein Vielfaches der Marineprogramme, sowie seiner strategischen Lage bot sich eine Konzentration der Marinerüstung auf die modernsten und wichtigsten Komponenten eines Zufuhrkrieges, auf U-Boote und Seekampfflugzeuge, als der gangbarste Weg an. Nicht zuletzt auch deshalb, weil diese Kompo-

Der kleine amerikanische Träger *Ranger* um 1936

nenten relativ schnell in größerer Zahl gebaut werden konnten.

Theoretisch ist dies auch erwogen worden, aber durchgesetzt hat sich das konservative Denken, das dem Wunsch entsprach, der Royal Navy zu folgen, ohne jedoch an die fehlenden Voraussetzungen zu denken.

Unter militärischem Aspekt gesehen, eröffnete der deutsch-britische Vertrag Deutschland die Möglichkeit, eine neue Marine, frei von Zwängen und Einschränkungen systematisch aufzubauen. Unter Zugrundelegung der Flottenverträge von Washington und London erhielt es die Chance, in recht beträchtlichem Umfang Neubauten in Auftrag zu geben. Die unter den Einschränkungen von Versailles gebauten Schiffe der Reichsmarine, dies waren drei Panzerschiffe, sechs Leichte Kreuzer und zwölf Torpedoboote, machten nur einen kleinen Teil der nun erlaubten Tonnage aus. Ein bereits 1934 vorbereitetes Programm sah den Bau von zwei Schlachtschiffen (*Scharnhorst* und *Gneisenau*), zwei Schweren Kreuzern (*Blücher* und *Admiral Hipper*), 16 Zerstörern und 28 U-Booten vor.

Die deutsche Marineleitung hätte im Interesse der Entwicklung der eigenen Flotte vorausschauend gehandelt, wenn bereits in diesem Programm der Bau des ersten deutschen Flugzeugträgers vorgesehen worden wäre. So aber ging wertvolle Zeit für diesen besonders komplizierten und zeitaufwendigen Entwicklungsabschnitt der deutschen Marine verloren, die später fehlte.

Das nächste Bauprogramm von 1936 umfaßte dann die erlaubten beiden Flugzeugträger, zwei weitere Schlachtschiffe (*Bismarck* und *Tirpitz*), drei 10.000-ts-Kreuzer (*Prinz Eugen*, *Seydlitz* und *Lützow*), sechs Zerstörer und 16 U-Boote.

In einer Studie der Marineleitung über die Auffassungen im Flugzeugträgerbau vom November 1935 hieß es im Wortlaut:

»Die Größe der ersten deutschen Träger wird beeinflußt durch das Londoner Abkommen von 1930.

England kann gemäß dem Washingtoner Abkommen bis 1936 135.000 ts Flugzeugträgertonnage bauen; davon 35% für Deutschland ergibt 47.250 ts. Diese Zahl ist aber praktisch ohne Bedeutung, da die englische Stärke Ende 1942 111.950 ts betragen soll, was für Deutschland nur 39.182 ts bedeuten würde.

Dazu strebt England ab 1937 eine Größenbeschränkung von 22.000 ts mit 15,5-cm-Geschützen an. Die heutigen

Absichten Englands, deren Verwirklichung abhängig von den anderen Seemächten ist, lautet: Englische Flugzeugträger-Tonnage nach 1942 nur 110.000 ts. Das würde für Deutschland 38.500 ts bedeuten: Hieraus ergibt sich, daß Deutschland zunächst nur zwei Flugzeugträger bauen kann.

Diese Frage kann jedoch im Hinblick auf die völlig ungewisse Zukunft nicht als abgeschlossen gelten.«

Inzwischen war international vereinbart worden, daß mit dem Ende des Jahres 1936 alle vertraglichen kollektiven Seerüstungsbeschränkungen auslaufen würden.

Vor diesem Zeitpunkt wollte Großbritannien mit den übrigen Seemächten zu neuen Vereinbarungen und Begrenzungen des Flottenbaus gelangen.

So wurde eine weitere Konferenz nach London einberufen.

Sie begann am 09. Dezember 1935 und endete am 25. März 1936.

Geplant war das zweite Londoner Marineabkommen als Fünf-Mächte-Konferenz, da Deutschland und die Sowjetunion wiederum nicht teilnahmen. Unterzeichnet wurde es letztlich nur von den Vertretern Großbritanniens, den

Der japanische Träger *Soryu* um 1938

USA und Frankreichs, wobei auf eine zahlenmäßige Begrenzung verzichtet und nur Qualitätsmerkmale für Schiffsklassen festgeschrieben wurden (Teil II des Vertragstextes).

Bezüglich der Flugzeugträger verringerte man die Schiffsgröße von 27.000 ts auf 23.000 ts mit einer Bestückung von maximal zehn Geschützen des Kalibers 13,4 cm (5,25 Zoll) bis 15,5 cm (6,1 Zoll). Japan unterzeichnete nicht, da es die Flottenverträge Ende 1934 gekündigt hatte und die volle Gleichheit in allen

Schiffsklassen forderte. Die USA verweigerten dies. Italien versagte seine Zustimmung zum Zweiten Londoner Flottenabkommen, fühlte sich durch die Sanktionen des Völkerbundes brüskiert, die wegen des Verhaltens Roms in Äthiopien verhängt worden waren. Für das Abkommen wurde eine Laufzeit vom 01. Januar 1937 bis 31. Dezember 1942 vereinbart. Der praktische Wert des Zweiten Londoner Akommens war recht umstritten, aber es war der letzte Versuch im Rahmen der fünf Seemächte, die maritime Rüstung zu regulieren.

Obwohl hierbei Flugzeugträger unbeachtet blieben, sei noch erwähnt, daß Großbritannien am 17. Juli 1937 mit der Sowjetunion einen bilateralen Flottenvertrag abschloß und am gleichen Tage mit dem Deutschen Reich ein Zusatzprotokoll unterzeichnete, das von deutscher Seite weitgehend mit dem Flottenbau und den maritimen Absichten der UdSSR begründet wurde. Im Hinblick auf die umfangreiche sowjetische U-Boot-Rüstung nahm Deutschland für seine U-Boot-Waffe die 100-Prozent-Klausel im Vergleich zur britischen Marine in Anspruch.

Reichlich zwei Jahre danach, am 28. April 1939, kündigte Hitler in einer Reichstagsrede das Flottenabkommen mit Großbritannien von 1935 und den deutsch-polnischen Nichtangriffspakt des Jahres 1934. Der Krieg stand in Europa vor der Tür.

Der britische Flugzeugträger *Ark Royal* 1941 im Mittelmeer

Zur Entwicklung der Flugzeugträger bis zum Kriegsbeginn 1939

Technische Probleme und Anforderungen

In der Zeit nach dem Ersten Weltkrieg, vom Beginn der 20er Jahre bis zum Ende der 30er Jahre, erreichten die Flugzeugträger einen bemerkenswert hohen Entwicklungsstand ihrer flugtechnischen Anlagen und der Betriebsabläufe in den Anlagenteilen.

Bei der Konstruktion eines neuen Trägerschiffes waren als wesentliche Kriterien zu berücksichtigen:

● Das Flugdeck als Start- und Landeplattform der Flugzeuge,
● ein oder zwei Hallendecks unterhalb des Flugdecks als Flugzeughangars und Werkstätten,
● das Weglassen aller Aufbauten bzw. das Verlegen der Aufbauten an die äußerste Seite des Schiffes, um größtmöglichen Platz für das Flugdeck zu erhalten.

Nach der Bauart wurde bei den Flugzeugträgern zwischen dem »Glattdecktyp« ohne alle Aufbauten und dem »Inseltyp« mit den an einer Seite zusammengerückten Aufbauten (Schornstein, Brücke, Masten, Geschütztürme) unterschieden. Bis auf zwei Ausnahmen bei japanischen Schiffen (*Akagi* und *Hiryu*) hatten die Flugzeugträger des »Inseltyps« ihren Aufbautenblock an der Steuerbordseite.

Der Glattdeckstyp bot, weil gänzlich hindernisfrei, fliegerisch gewisse Vorteile. Für die »Insel« sprach wiederum die einfache Beseitigung der Abgase durch den senkrechten Schonstein.

Positiv für Schiffsführung, Nachrichtenübermittlung und Feuerleitung der Artillerie waren erhöhte Stände seitlich des Flugdecks. Schließlich benötigte man einen solchen Stand auch zur Regelung des Flugdienstes, um Überblick auf das ganze Schiff zu haben.

Der konstruktive Ausgleich für das Gewicht der Aufbauteninsel auf einer Bordseite wurde durch eine entsprechende Aufstellung von Hilfsmaschinen und die asymetrische Anordnung der Inneneinrichtung auf der anderen Schiffseite erreicht. Es empfahl sich nicht, einen solchen Ausgleich durch die einseitige Anordnung von Treibstoff-, Wasser- und Munitionsvorräten erreichen zu wollen, bei deren Verbrauch ein ständiges Gegenfluten mit Seewasser oder ein Umpumpen flüssiger Vorräte erforderlich geworden wäre. Bei einer Beschädigung durch Havarie oder Waffeneinwirkung konnte so etwas rasch zu Komplikationen führen.

Auf Glattdeckstägern machte die Rauchgasabführung zur Seite oder nach hinten, etwa durch lange Schächte oder Röhren im Schiffsinnern, Schwierigkeiten, weil sie Raummangel und erhöhte Innentemperaturen verursachten.

Die Größe und Geschwindigkeit waren für einen Flugzeugträger und seinen Kampfwert wichtige Kriterien.

Um ein möglichst geräumiges Flugdeck zu erhalten, war eine dementsprechende Größe und Stabilität des Schiffsrumpfes erforderlich. Es mußte auch für eine ausreichend große Schiffsgeschwindigkeit des Flugzeugträgers gesorgt werden, damit er sich der Verfolgung durch einen überlegenen Gegner entziehen konnte. Genauso wichtig war dies beim Starten und Landen seiner Flugzeuge, um je nach Windrichtung und -stärke, entsprechende Kurse laufen und doch zur eigenen Sicherheit immer wieder an das Gros der Flotte anschließen zu können.

Dazu war eine starke Maschinenanlage nötig (bisher maximal bei *Lexington* und *Saratoga* jeweils 184.000 WPS für

34 kn), die aber viel Raum und Gewicht forderte.

Unter solchen Blickwinkeln angestellte Berechnungen ließen eine Konstruktionsverdrängung von 18.000 ts bis 23.000 ts als schiffbaulich und militärisch notwendig erscheinen. Sehr kleine wie auch große Flugzeugträger, wie *Ryujo* (Japan) von 8000 ts und die *Lexington*-Klasse (USA) von 38.000 ts stellten Grenzfälle nach unten und oben dar.

Die stark unterschiedlichen Deplacementgrößenzahlen bei den Flugzeugträgern waren vor allem darauf zurückzuführen, daß ein Teil von ihnen aus Schlachtschiff- oder Schlachtkreuzerrümpfen durch Umbauten entstanden war, womit sich auch die Unterschiede in der Geschwindigkeit erklären ließen. Von den Flottenchefs wurde gewünscht, daß der Träger um etwa zehn Knoten schneller ist als der Flottenverband, mit dem er operierte. Dies auch deshalb, da das Starten und Landen der Trägerflugzeuge durch eine hohe Schiffsgeschwindigkeit wesentlich erleichtert werden konnte. Die Flugzeuge mußten ihrer Eigenart zufolge stets gegen den Wind starten und landen. Je höher die Fahrstufe des beim Flugdienst gegen den Wind laufenden Flugzeugträgers, je höher also die Geschwindigkeit des relativen Windes über Deck, desto besser die Start- und Landevorgänge der Flugzeuge.

Beim Bau eines Flugzeugträgers war auch zu berücksichtigen, daß die Anroll- und Ausrollstrecken der Trägerflugzeuge aufgrund ihrer Entwicklung, vor allem des zunehmenden Gewichts und der Landegeschwindigkeit, zunahmen. Die Flugdeckabmessungen reichten nur noch aus, wenn für das Starten und Landen genügend Fahrtwind durch das

Ark Royal dreht zum Flugzeugstart in den Wind

Schiff hervorgerufen wurde. Bei Windstille und stilliegendem Flugzeugträger war die Deckslänge für den Start moderner Flugzeugtypen in Eindeckerbauweise selbst bei verringertem Startgewicht zu klein. Deshalb wurde Katapulthilfe erforderlich.

Zwei andere Entwurfskriterien für Flugzeugträger waren die Flugzeuge und die Ausmaße des oder der Hallendecks.

In engster Verbindung mit der Schiffsgröße, aber auch mit der Schiffsgeschwindigkeit, stand die Zahl der im Schiffsinnern unterzubringenden Flugzeuge. Während die *Furious* und die beiden Schiffe der *Courageous*-Klasse sowie der 1934 entworfende Neubau *Ark Royal* zwei übereinanderliegende Flugzeughallen aufwiesen, hatten die anderen britischen sowie die amerikanischen Flugzeugträger nur eine solche.

Doppelhallen hatten aber auch alle größeren Trägerschiffe Japans. Der Einbau zweier Hallendecks bedeutete nicht in allen Fällen eine verdoppelte Aufnahmefähigkeit an Flugzeugen. Das hing auch von anderen Faktoren ab. In der amerikanischen Marine war es üblich, wegen der relativ günstigen Wetterverhältnisse im Pazifik auch noch Flugzeuge auf dem Flugdeck offen mitzuführen.

Es war auf einigen großen Trägern sogar möglich, in Stauräumen notfalls noch mehr Flugzeuge mitzuführen, die aber, weil zerlegt, für den sofortigen Einsatz nicht in Frage kamen.

Wie sehr die Schiffsgeschwindigkeit, abhängig von der mehr oder weniger viel Raum beanspruchenden Maschinenanlage, die mitführbare Flugzeugzahl beeinflussen konnte, zeigte das Beispiel des zur Zeit der Entwurfsarbeiten für die *Graf Zeppelin* neuesten Flugzeugträgers *Ranger* der USA (Indienststellung 1934), bei dem eine Geschwindigkeitssteigerung um drei Knoten die Zahl der Flugzeuge um 40 % herabgesetzt haben würde. So aber begnügte man sich mit einer Geschwindigkeit von 29 kn und nahm dafür die verhältnismäßig große Zahl von 76 Maschinen (ausschließlich Jäger und Sturzbomber) an Bord.

Der Raumbedarf der auch mit beigeklappten Flügeln sehr sperrigen Flugzeuge bedingte eine großes und hohes Hallendeck. Hoch mußte eine Hallendeck vor allem dann sein, wenn die Trägerflugzeuge nach oben klappbare Flügel hatten. Die Konstrukteure suchten deshalb nach Lösungen, durch die sich z.B. die Flügel nach hinten an den Rumpf legen ließen.

Hinzu kam der Platzbedarf für zwei, ab 1934 immer öfter drei Fahrstühle, die die Flugzeuge in etwa ein bis drei Minuten auf das Flugdeck bzw. von diesem herunter in das Hallendeck schafften. Daraus ergaben sich zwangsläufig ein sehr großflächiges Überwasserschiff der Flugzeugträger und zugleich große Abmessungen des Flugdecks. Die Flak-Artillerie (bis zu 12,7 cm Kaliber) wurde schon vielfach in »Schwalbennestern« an der Bordwand untergebracht.

Die Seezielartillerie (wenn vorhanden, bis maximal 20,3 cm) befand sich entweder in Kasematten an der Bordseite (z.B *Bearn*), in Türmen im Bereich der »Insel« (z.B. *Lexington*, *Saratoga*) oder in Nischen der Bordwände (z.B. *Hermes* und *Eagle*).

Die günstigste Geschützaufstellung war auf japanischen Trägern anzutreffen — eine gleichmäßige Verteilung aller Kaliber rund um das Flugdeck. Erst später folgten auch andere Flotten diesem Beispiel. Aber auch dabei sollte es Ausnahmen geben.

So wurden bei den amerikanischen *Essex*-Trägern Doppeltürme der schweren Flak an Steuerbord im Bereich der Insel angeordnet. Der Schutz des Flugzeugträgers wurde generell als ein Hauptproblem gesehen.

Einsatzprobleme

Nur in bedingtem Sinne galt der Flugzeugträger als »Kampfschiff«, indem er seine Bomber gewissermaßen als weitreichende Artillerie und die Torpedoflugzeuge als fliegende Torpedobootflottillen als seine Hauptangriffswaffen einsetzte. Für ein artilleristisches Feuergefecht gegen Seeziele, z.B. Kreuzer, war er wegen seines großflächigen Überwasserteils und wegen der Unmöglichkeit, diesen ausreichend panzern zu können, gänzlich ungeeignet.

Ein solches Schiff hatte allen Grund, sich im Gefecht weitab im Feuerlee, d.h. an der vom Gegner abgewandten Seite der kämpfenden Flotte, zu halten, wozu ihm eine hohe Geschwindigkeit verhelfen sollte. Es wurde befürchtet, daß er zum begehrten Angriffsziel gegnerischer Bombenflugzeuge wird, die schon durch wenige direkte Bombentreffer das Flugdeck nachhaltig beschädigen und damit den Einsatz der Trägerflugzeuge und somit den Hauptzweck des Flugzeugträgers in Frage stellen konnten. Theorien über den Einsatz waren bisher nicht durch praktische Erfahrungen erhärtet bzw. korrigiert. Eine mögliche Skala von Gefährdungen des Flugzeugträgers, aber auch wirklich effektive Einsatzmöglichkeiten der eigenen Flugzeuge, konnten sich erst im Kriegseinsatz zeigen.

Flugdeck der *Courageous* 1938 im Südatlantik

Der ungepanzerte Flugzeugträger mit den großen Mengen brennbaren Materials in den Hallen, Reparaturwerkstätten, Magazinen und Treibstoffbunkern

Courageous aus der Sicht des Begleitzerstörers

wurde als das am stärksten gefährdete Schiff der Flotte angesehen.

Wegen dieser Empfindlichkeit wurde der Flugzeugträger von konservativen Marinekreisen vielfach als eine große und kaum vertretbare Belastung der Flotte angesehen, weshalb die härtesten Kritiker auf einen Verzicht drängten. Durchaus sachlicher war der mitunter vertretene Standpunkt, daß man bei Operationen in den europäischen Randmeeren die Flotte besser durch Küstenflieger unterstützen könne. Wegen der befürchteten Gefährdung großer Flugzeugträger wollten wieder andere Experten die trägergestützten Marineflieger (Flottenluftstreitkräfte) auf eine größere Anzahl kleiner Flugzeugträger verteilt sehen. Einige Flottentaktiker befürchteten, auf diesen Schiffstyp in so starkem Maße Rücksicht nehmen zu müssen, daß dadurch die Freiheit des Führungsentschlusses beeinträchtigt wird. Im Grunde genommen waren trotz ihrer Erprobung in vielen Einzelübungen und Flottenmanövern Funktion und Aufgaben der Flugzeugträger und ihrer Fliegerkräfte vor Beginn des Zweiten Weltkriegs bei den einzelnen Kriegsflotten noch nicht präzise festgelegt, sondern in vielen Punkten sogar völlig unklar. Teilweise klafften die Vorstellungen von der Rolle und der Effektivität der Flugzeugträger beträchtlich auseinander, oftmals hervorgerufen durch Unkenntnis der Besonderheiten in der Technik und Taktik der Trägerschiffe und ihrer Fliegerkräfte.

Bis Mitte der 30er Jahre hatten sich in den Flotten der westeuropäischen Staaten, der USA und Japans für den Start- und Landebetrieb auf Flugzeugträgern weitgehend einheitliche Verfahren entwickelt, die als praktikabel galten, aber nicht frei von Mängeln waren.

Die Abläufe stellten sich vereinfacht wie folgt dar:

Nachdem die Trägerflugzeuge so weit wie möglich im Hallendeck des Trägers zum Start vorbereitet worden waren, beförderte man sie durch den hinteren und mittleren Fahrstuhl auf das Flugdeck. Auf seinem hinteren Teil wurden sie hintereinander in Reihe, bei ausreichender Breite auch in zwei Reihen, aufgestellt. Hochgeklappte Windschutzschirme, aus durchlöcherten Blechwänden bestehend, schützten von vorn und von den Seiten die Flugzeuge und das Bedienungspersonal vor hohem Winddruck.

Dann drehte der Flugzeugträger zum Start seiner Flugzeuge in den Wind, so daß dieser genau von vorn auf das

Schiff traf. Die Windschutzwände wurden heruntergeklappt und die Flugzeuge, deren Motoren inzwischen warm gelaufen waren, starteten hintereinander im Abstand von wenigen Sekunden. Die schwer beladenen Torpedo- und Bombenflugzeuge (800 bis 900 kg Torpedo- oder Bombenlast) benötigten die längste Anlaufstrecke und wurden darum am weitesten hinten zum Start aufgestellt.

Leichtere Maschinen, wie Jagdflugzeuge und Sturzbomber, die mit einer kürzeren Anlaufstrecke auskamen, rollten von der Mitte des Flugdecks aus an.

Nach dem Abheben vom Deck des Flugzeugträgers formierten sich dem Kampfauftrag entsprechend die Flugzeuge zu geschlossenen Bomben-, Torpedo- und Jagdstaffeln und flogen in Richtung ihrer Ziele. Vom Prinzip her ähnelte der Startvorgang an Bord eines Flugzeugträgers einem Verbandsstart auf einem Landflugplatz. Nachteilig für diese Verfahren beim staffelweisen Start der Trägerflugzeuge war, daß das gesamte Flugdeck bis auf eine eng begrenzte Bereitstellungs- bzw. Startvorbereitungsfläche seitlich des Hecks für den Startbetrieb geräumt werden mußte.

Während dieser Zeit mußten die Flugzeug- und Munitionsaufzüge, die das

Flugdeck mit dem darunterliegenden Hallen- bzw. Hangardeck verbanden, geschlossen bleiben und es durften keine Flugzeuge landen. Ebenso konnten bei einer staffelweisen Rückkehr der Flugzeuge in der Phase des Landebetriebs keine Flugzeuge starten.

Auf einigen britischen und japanischen Schiffen versuchte man diesen »Einphasen«-Flugbetrieb eine Zeitlang dadurch zu umgehen, indem man Jagdflugzeuge aus dem unteren Hangardeck heraus nach vorn starten ließ. Bei Einführung von Preßluft- und Hydraulikstartkatapulten wurde dieses gewagte Startverfahren wieder aufgegeben. Nach dem Abflug der Flugzeuge begab sich der Flugzeugträger wieder in die Nähe des Gros der Flotte, falls er, durch die herrschende Windrichtung veranlaßt, einen anderen Kurs als der Verband hatte steuern müssen.

Für die Landung der Trägerflugzeuge auf dem Flugdeck hatten sich zwei technische Standardlösungen eingebürgert:
– Die Verwendung eines am Flugzeugheck oder an der Unterseite des hinteren Drittels des Flugzeugrumpfes ausfahrbaren oder absenkbaren Fanghakens und die Anordnung von vier bis acht quer zum Schiff verlaufenden Bremsseilen auf dem hinteren Drittel des Flugdecks.

Wegen der unablässig gewachsenen Geschwindigkeiten und Gewichte der Trägerflugzeuge waren ab Mitte der 30er Jahre bei fast allen Flugzeugträgern entsprechende Fang- und Abbremseinrichtungen eingebaut worden.

Die Aufgabe des Flugzeugführers eines Trägerflugzeugs bestand bei der Decklandung darin, mit dem ausgefahrenen Fanghaken seiner Maschine eines der von hydraulischen, elektrischen oder pneumatischen Bremsanlagen vorgespannten Bremsseile auf dem Flugdeck zu erfassen und zugleich das Flugzeug in einer präzisen Dreipunktlandung aufzusetzen. Das Seil fing die kinetische Energie des einfallenden Flugzeugs mittels Bremszylinder oder -trommel auf und brachte das Flugzeug nach 20 bis 30 m Auslaufstrecke zum Stehen.

Landung auf *Courageous*

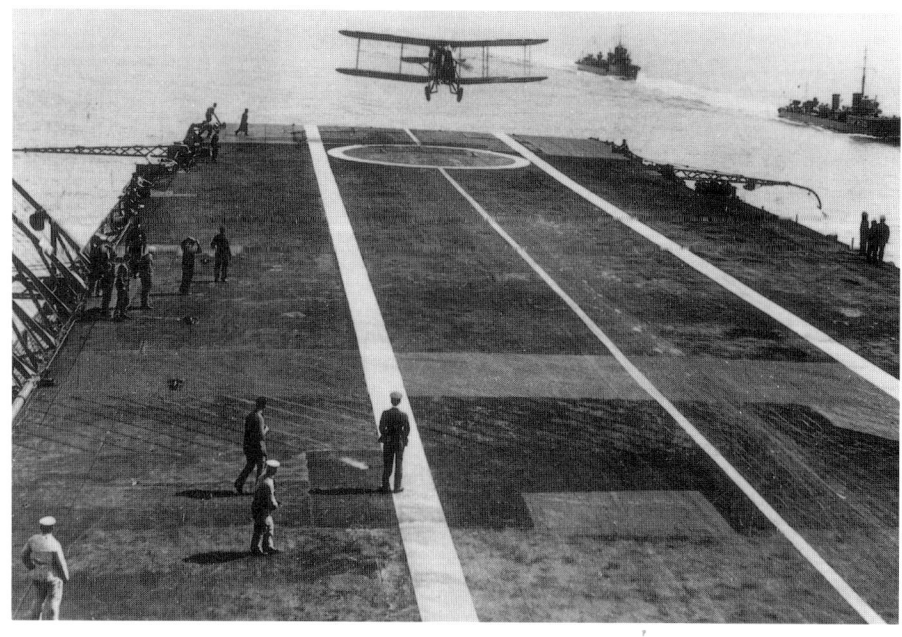

Britisches Flottenmanöver 1935 — Schlachtkreuzer *Renown*, dahinter die Flugzeugträger *Courageous* und *Furious*

Die Auslaufstrecke hing von der Lande-masse und -geschwindigkeit des Flug-zeugs ab und mußte je nach Flugzeug-typ reguliert werden.

Damit bei einem Verfehlen oder Brechen der Bremsseile das betreffende Flugzeug nicht in die auf dem Vorderteil des Flug-decks geparkten Maschinen hineinraste, richtete man etwa mittschiffs eine de-montierbare oder aufklappbare Fang-barriere oder Bruchschranke ein. Nach dem schnellstmöglichen Freimachen des gelandeten Flugzeuges vom Bremsseil und dem nachfolgenden Abtransport durch einen der Aufzüge in das Hallen-deck war das Landedeck wieder frei für die Landung des nächsten Flugzeuges.

Bei großen Flugzeugträgern konnte ein Teil der gelandeten Maschinen (z.B. Jagdflugzeuge) bis zum nächsten Start neben oder hinter der Insel geparkt wer-den.

Je nach Anzahl der landenden Flug-zeuge nahm der Landevorgang mehrere Minuten in Anspruch. In dieser Zeit mußten die übrigen Flugzeuge in der Nähe kreisen, bis sie die Landeaufforde-rung vom Schiff erhielten. Der gesamte Landevorgang bis zum Wegschaffen der Flugzeuge ins Hallendeck brachte er-heblichen und oftmals kritischen Zeit-verzug mit sich. Für die Flieger konnte dieser Verzug gefährlich werden, wenn sie bei ihrer Rückkehr zum Trägerschiff

nur noch über geringen Kraftstoffvorrat verfügten.

Eine solche Situation konnte aber auch für den Flugzeugträger selbst gefährlich werden, da er bei jeder Landung gegen den Wind laufend, sich unter Umstän-den mehr und mehr vom Flottenverband entfernte, falls dieser nicht den gleichen Kurs steuerte und bei ihm blieb. Auch daraus wurde die Forderung nach über-legener Schnelligkeit für den Flugzeug-träger abgeleitet.

Dem schnellen Anschluß an einen Ver-band und der Möglichkeit des Fahrens von schnellen Ausweichmanövern schenkten die Taktiker damals übertrie-ben große Aufmerksamkeit.

37

Erschwert wurde der Landevorgang natürlich bei grober See, die den Flugzeugträger zum Stampfen und Schlingern brachte. Das Aufsetzen auf dem auf- und niedergehenden feuchten Flugdeck erforderte viel Umsicht und Erfahrungen vom Flugzeugführer, aber auch vom Flugdeckpersonal.

Durch die dann möglichen harten Landestöße entstand die Gefahr von Bruchlandungen, von Kollisionen mit den Aufbauten oder des seitlichen Wegrutschens. In solchen oder anderen Gefahrensituationen mußten die Piloten versuchen, durch sofortiges Durchstarten vom Schiff freizukommen und zur erneuten Landung anzusetzen.

Bei britischen Flugzeugträgern befanden sich an den Flugdeckseiten schrägstehende Streben zum Aufspannen von Netzen, die nach der Seite ausbrechende Flugzeuge auffangen und so am Überbordgehen hindern sollten. Bei stärkerem Seegang wurde aber auch das ständig hart arbeitende Bodenpersonal der auf dem Flugzeugträger eingeschifften Fliegergruppe zusätzlich hoch beansprucht, denn bei der Wartung und Instandhaltung der in den Hallendecks befindlichen Flugzeuge durfte kein Verzug eintreten.

Auf dem Flugzeugträger selbst konnte während des Flugbetriebs jederzeit eine gefährliche Situation entstehen, die allen an Bord befindlichen Komponenten der Besatzung und der Fliegergruppe ein Höchstmaß an Können, Einsatzbereitschaft und Zusammenarbeit abverlangte, um die Lage unter Kontrolle zu behalten. Im Kriegseinsatz waren diese Gefahren und Anforderungen extrem hoch.

Zum einen standen die Treibstoffleitungen des Flugzeugbetankungssystem während des Flugbetriebs unter Druck, zum anderen waren auch größere Munitionsmengen auf Bereitschaftsplätzen im Hangardeck und auf dem Flugdeck des Schiffes verteilt. Dadurch waren Flugzeugträger gegen Start- und Landeunfälle, in besonderer Weise aber gegen gegnerische Waffeneinwirkungen, gerade während des Flugbetriebs, sehr empfindlich.

Die beträchtliche Verwundbarkeit der Trägerschiffe infolge der im allgemeinen nur schwachen Panzerung und der zugleich sehr großen horizontalen und vertikalen Zielflächen sowie der zeitweise eingeschränkten Manövrierfähigkeit erforderte die Einteilung entsprechender Sicherungskräfte, zunächst von Zerstörern, später auch von Kreuzern.

Der US-Träger *Saratoga* 1934

Wie schon angedeutet, hatte auch die Organisation des gesamten Dienst- und Lebensbereichs an Bord der Flugzeugträger einen hohen Stand erreicht.

Unter den spezifischen und vor allem sehr beengten Verhältnissen eines Kriegsschiffes mußte die vielseitige und komplizierte Tätigkeit einer selbständigen Marinefliegergruppe mitsamt der Organisation eines Miniaturflugplatzes gewährleistet sein, das heißt, zwischen Schiffsbesatzung und Marinefliegern mußte eine hochgradige Übereinstimmung und Gemeinsamkeit erreicht werden. Der Dienstbetrieb der Schiffsbesatzung zur ununterbrochenen Bedienung des Schiffes und seiner technischen Einrichtungen mußte auf den weitgehend optimalen Einsatz der eingeschifften Fliegertruppe ausgerichtet sein, wobei aber auch die Marineflieger zur Auf-

rechterhaltung der Einsatzbereitschaft und Kampfkraft des Trägers ihren Beitrag zu leisten hatten.

Das reibungslose Zusammenwirken zwischen dem Trägerschiff als mobiler Einsatzbasis und den Marinefliegern als der weitreichenden Hauptbewaffnung des Trägers bestimmte letztlich den Erfolg im Einsatz.

Die ständige Vervollkommnung der Flug- und Waffentechnik und ihrer Einsatzprinzipien sowie der fortlaufende Verjüngungsprozeß unter dem seemännischen, marine- und fliegertechnischen sowie fliegenden Personal der Flugzeugträger schufen ständig neue Anforderungen an den Integrationsprozeß auf diesen Schiffen.

Die Befürworter der Flugzeugträger und der trägergestützten Marineflieger forderten Mitte der 30er Jahre mit Nachdruck, die leistungsfähigsten, d.h. die schnellsten und kampfkräftigsten Trägerflugzeuge, die beschaffbar sind, an Bord zu stationieren. Die technischen Einrichtungen und die Gestaltung der Flugzeugträger wurden als Funktion der Flugzeugentwicklung gesehen. Die Abhängigkeit der Flugzeugausrüstung eines Trägers von seinen Start- und

Landebedingungen sollte durch den Techniker überwunden werden.

Dazu gehörte allerdings, beim Entwurf neuer Flugzeugträger in vieler Hinsicht weit vorausschauend zu planen. Es genügte nicht, Trägerschiffe zu bauen, die den technischen Daten und Eigenschaften der augenblicklich im Dienst befindlichen Flugzeugtypen entsprachen, vielmehr mußte der Schiffskonstrukteur noch mehr als bisher zusammen mit dem Flugzeughersteller versuchen, bereits der Entwicklung der Trägerflugzeuge innerhalb der nächsten zehn Jahre und mehr Rechnung zu tragen.

Die ungeheuren Schwierigkeiten, die sich der Verwirklichung dieser Forderung entgegenstellten, lagen auf der Hand. Ihre weitgehende Erfüllung war jedoch notwendig, um die Indiensthaltung eines schlagkräftigen Flugzeugträgerverbandes einigermaßen wirtschaftlich zu gestalten. Vor allem unter diesem Gesichtspunkt war die Unterhaltung von einem oder zwei Flugzeugträgern für eine Marine im hohen Grade anfechtbar. In einem so engen Rahmen war die Entwicklung und der Bau spezieller Trägerflugzeuge kaum vertretbar. Anderseits führte die Verwendung von mehr oder weniger behelfsmäßig nachgerüsteten Landflugzeugen selten zu befriedigenden Ergebnissen.

Nicht wenige der maßgeblichen Admirale sahen in den Flugzeugträgern nur ein Hilfsmittel, das die Schlachtschiffe in der Seeschlacht unterstützen sollte. Es gab zwar hier und dort warnende Stimmen, die in den Marinefliegerkräften den kommenden Hauptgegner der schweren Überwasserschiffe sahen, aber diese vermochten sich nicht durchzusetzen. Im allgemeinen galt das Schlachtschiff als das nach wie vor entscheidende Instrument zur Erringung und Behauptung der Seeherrschaft. Erst nach Beginn der Kampfhandlungen wurde deutlich, daß unter den qualitativ neuartigen militärischen Bedingungen des Zweiten Weltkriegs die Luftherrschaft über den Seekriegsschauplätzen zu einer zwingenden Notwendigkeit für die Seeherrschaft wurde.

Freilich setzten die erfolgreichen Einsätze von küstengestützten Fliegerkräften in den Europa umgebenden Seegebieten die ersten Zeichen, und nicht die trägergestützten Marineflieger.

Das änderte sich im Verlaufe des Krieges durch die Kampfhandlungen im Mittel-

Start eines Torpedoflugzeuges von *Furious*

meer und im Nordatlantik sowie durch die See-Luft-Schlachten im Pazifik.

Bis zum Beginn des Zweiten Weltkriegs am 01. September 1939 wurden in allen Ländern insgesamt 20 Flugzeugträger in Dienst gestellt. Großbritannien hatte mit sieben Schiffen das stärkste Flugdeckpotential. Die Vereinigten Staaten und Japan besaßen jeweils sechs Flugzeugträger, Frankreich nur einen. Zur selben Zeit befanden sich 26 Trägerschiffe im Bau (einschließlich Deutschland und Frankreich mit jeweils zwei Schiffen). In Großbritannien, in den USA und auch in Japan hatten die Führungsstäbe mehr oder weniger umfangreiche Vorkehrungen getroffen, um die Zahl der flugzeugtragenden Schiffe entweder durch Neubauten oder durch den Umbau geeigneter Kriegs- und Handelsschiffe verstärken zu können.

Die japanischen Seestreitkräfte erhöhten bis zum Dezember 1941 den Bestand an Flugzeugträgern auf zehn. Mit sieben Flottenflugzeugträgern, zwei Geleitflugzeugträgern und einem Schulflugzeugträger bildeten sie in dieser Hinsicht die Spitze unter den Seemächten.

Die Vorarbeiten

Der offizielle Startschuß für die unmittelbare Vorbereitung des Flugzeugträgerbaus in Deutschland war die Unterzeichnung des deutsch-britischen Flottenabkommens.

Es stimmt nachdenklich, daß die Deutschland zugestandenen 35 % der britischen Flugzeugträgertonnage sofort im vollen Umfang in Anspruch genommen wurden, ohne daß Vorversuche und Erprobungen stattfanden.

Es wäre wohl vernünftiger gewesen, zunächst einmal ein Trägerschiff zügig zu projektieren, es ohne Zeitverzug zu bauen und ausgiebig zu erproben, ehe eine zweite Einheit auf Stapel gelegt wurde.

So zeichneten sich aber schon zu diesem Zeitpunkt zwei Erscheinungen im Verhalten der Marineführung ab, die den Gesamtablauf des Entwurfs und Baus stark beeinträchtigten: Auf der einen Seite eine schwer zu begreifende Hast und Uneinheitlichkeit in den Führungsentscheidungen und auf der anderen Seite ein ständiges Zaudern und Zögern in der gleichen Ebene, die selbst gestellte Aufgabe des Baus des ersten deutschen Flugzeugträgers bis zur Erzielung eines praktischen Ergebnisses durchzustehen.

Die Praktiker indes gingen entschlossen ans Werk, bereit und gewillt, die schwierige Aufgabe mit den bestmöglichen Ergebnissen zu erfüllen.

Marinebaurat Dipl.-Ing. Ohlerich, der zuständige Referent des Konstruktionsamtes, und sein verantwortlicher Mitarbeiter Dipl.-Ing. W. Hadeler, begannen im Sommer 1935 mit dem eigentlichen Entwurf.

Sie arbeiteten dabei mit Marine- und Luftwaffenexperten, mit Fachleuten der Projektierung und des Baus von Kriegsschiffen sowie mit Konstrukteuren der Werft und verschiedenen Vertragsfirmen zusammen.

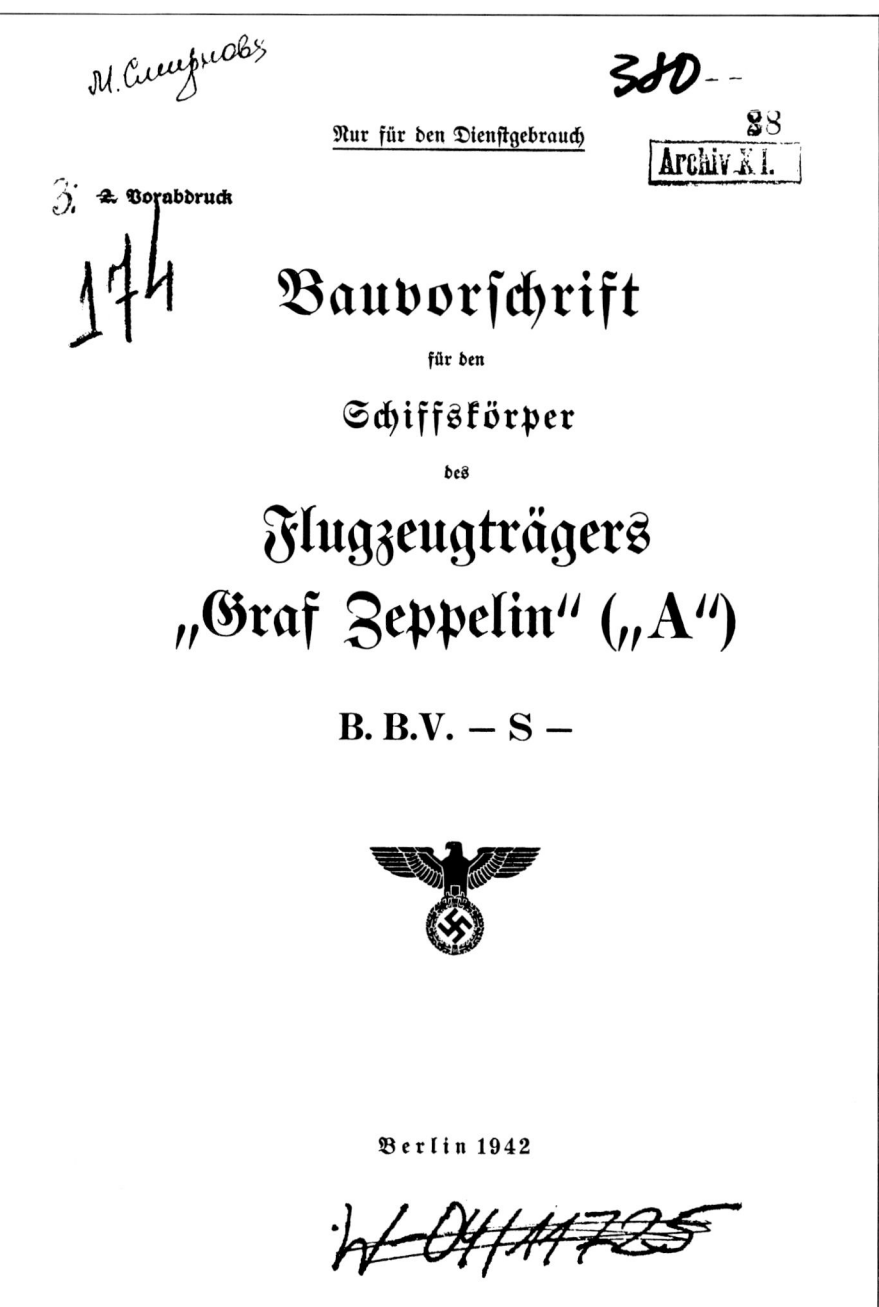

Die Entwurfsarbeiten für das Schiff als solches und für den »schwimmenden Flugplatz« mit all seinen neuartigen Besonderheiten liefen parallel zueinander. Die erste Zusammenfassung wurde der potentiellen Bauwerft Deutsche Werke AG in Kiel als Vorprojekt mit dem Auftrag übergeben, die konstruktiven Wege zu überprüfen und vorbereitende Planungen für den Bau anzustellen.

Über diese schwierige erste Phase der theoretischen Entstehung des ersten deutschen Flugzeugträgers hat W. Hadeler sehr detailliert und lebendig berichtet.

Der rein schiffbauliche Bereich hat wohl kaum Sorgen bereitet. Umso mehr aber alle Fragen, die den »schwimmenden Untersatz« zum mobilen Flugplatz machen sollten.

Die Entwurfsarbeiten am Flugzeugträger *A* litten erheblich darunter, daß zunächst einmal die Marine keine klaren Vorstellungen vom Einsatz des Schiffes und seiner Fliegergruppe hatte.

Es soll erneut daran erinnert werden, daß damals diese Problematik im internationalen Maßstab in heftiger Entwicklung begriffen war. Zu Beginn der Entwurfsarbeiten konnte die Marine bei den Berechnungen und Einsatzbetrachtungen davon ausgehen, daß die einzuschiffenden Marineflieger organisch zu ihr gehören und daß die Fragen der Flugzeugbeschaffung ebenfalls maßgeblich von ihr mitgetragen werden können.

Mit der Herausbildung der selbständigen Luftwaffe, die schon 1933 einsetzte, alle Gattungen des deutschen Militärflugwesens in sich vereinte und ab 1935 die Heeres- wie auch die Marineflieger im Prinzip auflöste, wurden alle mit dem Flugzeugträgerbau zusammenhängenden Fragen komplizierter.

Das Schiff als mobile Einsatzplattform gehörte der Marine, und die Flieger als seine Hauptbewaffnung gehörten der Luftwaffe.

Jede Frage der Zusammenarbeit im Bereich der Flug- und Waffentechnik, der Organisation des Flugbetriebs und der Unterbringung an Bord, der Ausbildung, des Personalwesens und dergleichen konnte nicht mehr von der Marine in eigener Zuständigkeit und Verantwortung entschieden werden, sondern bedurfte der Zustimmung und Entscheidung der mittleren und oberen Befehlsebenen der Luftwaffe.

Allein die Luftwaffenführung entschied auch über die Auftragserteilung für die Trägerflugzeuge an die Flugzeugindustrie, und da diese durch die enorme Belastung der Luftrüstungsprogramme ausgelastet und auch bald überlastet war, wurde der Spielraum für die Beschaffung von speziell gefertigten Trägerflugzeugen zunehmend enger.

Die Luftwaffe drängte aus verständlichen Gründen auf den Großserienbau weniger Standardmuster, für sie bedeutete die Entwicklung, die Erprobung und der Bau von einigen Dutzend speziellen Trägerflugzeugen eine ungerechtfertigte Störung ihrer eigenen Rüstungsprogramme.

Es wurde für die Marine zunehmend schwieriger, von der Luftwaffe eine verbindliche Zusage darüber zu erhalten, welche Flugzeugtypen sie an Bord der Flugzeugträger geben wollte.

In jenen Jahren ging eine rasche qualitative Entwicklung der Militärflugzeuge vor sich. Auf eine nur kurze Zeit dauernde letzte Vervollkommnung der Doppeldecker in Gemischtbauweise folgte ein fast abrupter Übergang zum Eindecker in Ganzmetallbauweise. Begleitet war dieser nicht nur optische Prozeß von veränderten Flugleistungen, Gewichten und Abmessungen der Flugzeuge. Somit brachte der mehrfache Wechsel der für *Graf Zeppelin* vorgesehenen Flugzeugtypen laufende Änderungen der Daten mit sich, die von den Konstrukteuren berücksichtigt werden mußten: Flugzeugabmessungen und -gewichte, Geschwindigkeitsbereiche, Start- und Landestrecke, Art und Menge der Bewaffnung, Ersatzteilbevorratung, Vorräte an Brenn-, Schmier- und Kühlstoffen sowie an Flüssigsauerstoff, Stärke der Flugzeugbesatzungen und des fliegertechnischen Personals sowie des Führungs- und Verwaltungspersonals und mehr.

Die dadurch hervorgerufenen Störungen und Veränderungen in der Konstruktion der flugtechnischen Anlage und der Inneneinrichtung des Schiffes bedeuteten höchst unerwünschte Belastungen für das Konstruktionspersonal der Marine.

Es entstanden auch aus diesem Grunde nach und nach große Verzögerungen im Entwurf und beim Bau.

Die Auswertung einer Besichtigung des britischen Flugzeugträgers *Furious* im Sommer 1935 durch Dipl.-Ing. Ohlerich und der Studienreise einer gemischten deutschen Marine- und Luftwaffenkommission nach Japan, an der ebenfalls Marinebaurat Ohlerich teilgenommen und dabei die *Akagi* inspiziert hatte, setzte gewissermaßen den Schlußpunkt unter die Phase der Vorarbeiten.

Der Bauauftrag

Am 16. November 1935 vergab das Oberkommando der Kriegsmarine den Bauauftrag für den Flugzeugträger *A*, dem die Bauwerft Deutsche Werke Kiel AG (DWK) die Bezeichnung *K 252* gab.

Am gleichen Tag wurden auch andere Bauaufträge erteilt:

● Für den Flugzeugträger *B* bei der Friedrich-Krupp-Germania-Werft in Kiel als *G 555*,
● für den Schweren Kreuzer *J* (später *Prinz Eugen*) bei der gleichen Werft als *G 564*,
● für das Schlachtschiff *F* (später *Bismarck*) bei der Werft Blohm & Voß in Hamburg als *B 509*.

Die weiteren Vorgänge verliefen im Prinzip nach den Regeln des Kriegsschiffbaus in der deutschen Marine.

Die Entwurfs- oder Konstruktionszeichnungen, der Linienriß, die Einrichtungszeichnungen, der Bauspant sowie die Anordnung der Bewaffnung und Sonderausrüstung, ferner Art und Anordnung, Leistung und Gewicht der Antriebs- und Hilfsmaschinenanlagen wurden in Berlin im Hauptamt für Kriegsschiffbau des Oberkommandos der Kriegsmarine (OKM) durch Marinebaubeamte fertiggestellt.

Hier entstanden auch die Bauvorschriften für den Schiffsrumpf (Bauvorschrift S) sowie für die Antriebsanlage (Bauvorschrift M I) und für die Hilfsmaschinen (Bauvorschrift M II).

Die Bau- und Liefervorschriften legten außer der Bauausführung die vertraglichen Leistungen für die Abnahme des Schiffes durch die Marine nach seiner Fertigstellung, die Höchstgewichte für den Rumpf und die Antriebsanlage sowie die Geschwindigkeit und den Brennstoffverbrauch fest.

Bezüglich der wichtigen Frage der Gewichtsgruppen des zu bauenden Schiffes waren unter Nutzung der ausländischen Informationsquellen und der Erfahrungen des inländischen Kriegsschiffbaus Richtwerte herausgegeben worden.

Bezogen auf ein Konstruktionsgewicht von 27.500 t sollten die Gewichtsgruppen in etwa nebenstehende Werte erreichen.

	Prozent	Gewicht (t)
Schiffskörper	33,0	8.900
Antriebsanlage mit Haupt- und Hilfsmaschinen, Getrieben, Wellen, Schrauben,	22,2	6.000
Brennstoffe und Kesselspeisewasser (50%)	14,8	4.000
Panzerung	13,0	3.500
Bewaffnung und Artillerie, Flugzeugtypen, Katapulte	11,0	3.500
Besatzung und Ausrüstung	6,0	1.600
	100,0	27.500

Neben der Bearbeitung von Konstruktionsdetails wurden Kostenkalkulationen und Materialbestellungen getätigt. Ansonsten ereignete sich nach der Auftragsvergabe in der Bauwerft nichts wesentliches, denn wie bei allen anderen Werften, die nach den deutsch-britischen Flottenabkommen vermehrt Bauaufträge erhalten hatten, waren auch bei DWK alle Stapelplätze belegt.

Wertvolle Zeit verstrich ungenutzt – Zeit, die zu einem späteren Zeitpunkt für die Fertigstellung und Erprobung des Trägers fehlte.

Der Baubeginn

Ein geeigneter Stapelplatz für *K 252* wurde frei, nachdem am 08. Dezember 1936 der Schlachtschiffneubau *E Gneisenau* von der Helling I abgelaufen war.

Um die Kiellegung für Deutschlands längstes Kriegsschiff vornehmen zu können, mußte nun aber noch die Helling um rund 20 m verlängert werden. Dies geschah, indem an ihrem Kopfende eine vorbeiführende Werftstraße überbrückt wurde. Am 28. Dezember 1936, 13 Monate nach der Auftragsvergabe, streckte die Werft den Kiel des ersten deutschen Flugzeugträgers.

Zeitgenössische Berichte heben hervor, daß die Bautätigkeit zügig voranging und keine Schwierigkeiten auftraten.

Anordnung der Meßstellen am Windkanal-Modell im September 1937 (kyrillische Schrift verweist auf die Auswertung durch die sowjetrussischen Marinebehörden nach 1945)

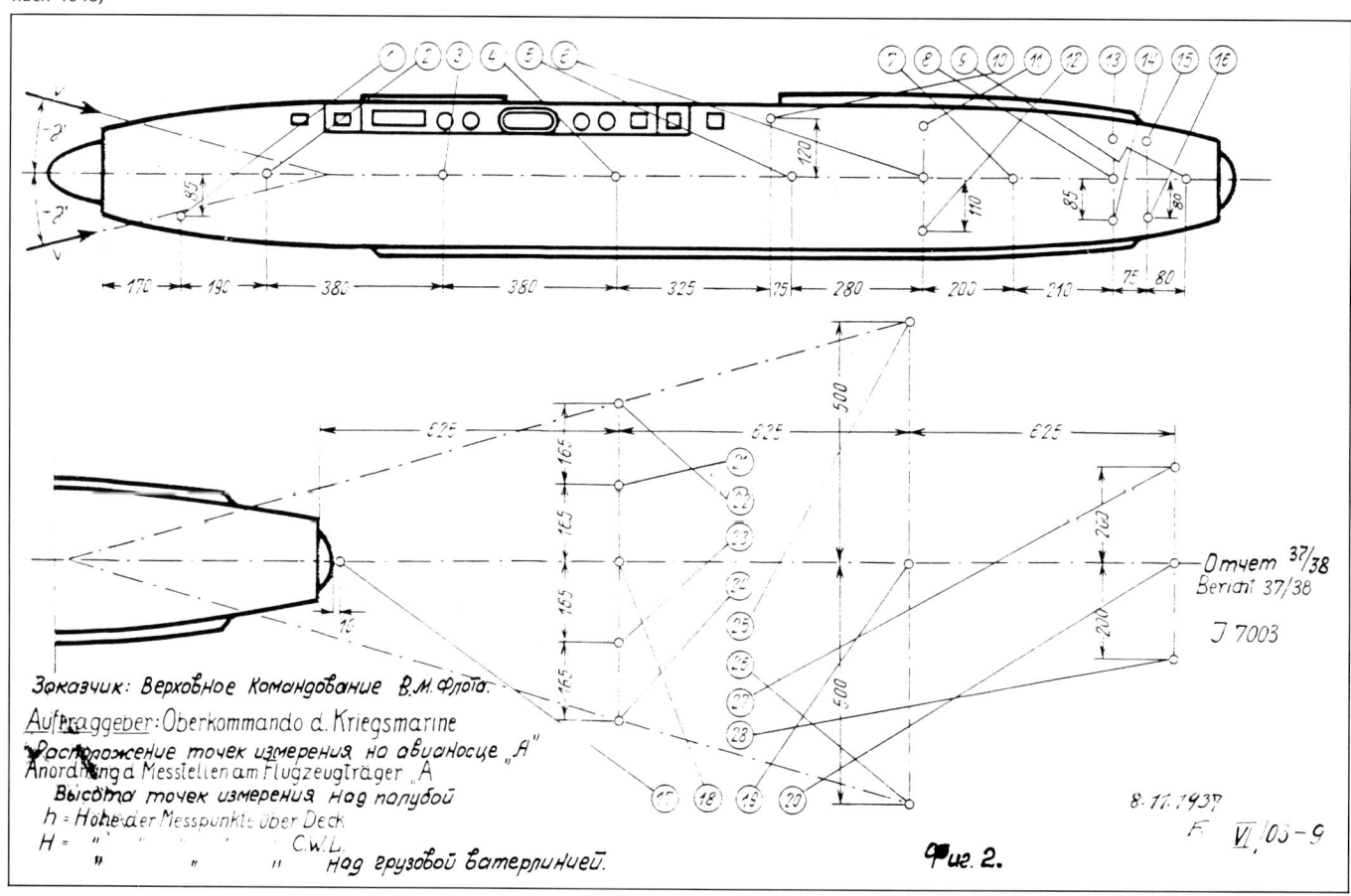

DWK-Windkanal-Modell des Flugzeugträgers A (*Graf Zeppelin*) im Maßstab 1 : 100 von Steuerbordseite (28. Juli 1937) (unten). – Die gleiche Situation von der Back-bordseite (oben). – Das Windkanal-Modell von vorn. Unterhalb der Flugdeckvorderkante ist das Gerät für die abwärtsfahrenden Startwagen vorgesehen (rechts)

Obgleich das Schiff von seinen Dimensionen und von seiner Bauart her im deutschen Kriegsschiffbau absolut erstmalig (und einmalig!) war, wuchs der mächtige Rumpf zusehens.

Parallel dazu liefen die Konstruktionsarbeiten weiter, mußten die Aufträge für die Zulieferindustrie bearbeitet werden. Eine Schwerpunktfrage war die Antriebsanlage des Trägers.

Die Schleppversuche

Da für das große Schiff eine hohe Geschwindigkeit gefordert wurde, wählte das Konstruktionsamt einen Vier-Wellen-Antrieb.

Dazu war die Ermittlung der Gesamtantriebsleistung und deren Aufteilung auf die Außen- und Innenschrauben erforderlich. Bevor der Schleppversuch mit seinen Ergebnissen geschildert wird, sei kurz der Zweck eines solchen Versuches erläutert.

Um für ein zu bauendes Schiff die Antriebsleistung berechnen zu können, ist die Ermittlung seines Widerstandes erforderlich.

Der britische Schiffbauer William Froude (1810 bis 1879) schuf durch Modellschleppversuche die Grundlage für die Berechnung des Schiffswiderstandes. Die nach ihm benannte Froudesche Zahl ist eine Kennzahl für die Ähnlichkeit des Wellenbildes von Flüssigkeiten mit freien Oberflächen.

Das Froudesche Ähnlichkeitsgesetz gibt dem Schiffbauer die Möglichkeit, in einer Schleppversuchsanstalt durch Schleppen von Schiffsmodellen, welche dem Neubau geometrisch ähnlich gemacht werden, zunächst den Gesamtwiderstand des Modells zahlenmäßig zu bestimmen.

Der Reibungswiderstand, welcher nicht dem Ähnlichkeitsgesetz folgt, wird für Modell und Originalschiff nach Erfahrungswerten aus der benetzten Oberfläche errechnet und von dem Gesamtwiderstand des Modells abgezogen. Der verbleibende Formwiderstand des Modells wird nach dem Froudeschen Gesetz für das Originalschiff umgerechnet und hierzu dessen Reibungswiderstand hinzugeschlagen. Auf diesem Wege, der hier nur vereinfacht dargestellt ist, kann aus dem Modellversuch der Gesamtwi-

derstand des zu bauenden Schiffes und damit die erforderliche Antriebsleistung schon vor Baubeginn mit beträchtlicher Genauigkeit vorausbestimmt werden.

Im Auftrag des Konstruktionsamtes der Kriegsmarine führte die Preußische Versuchsanstalt für Wasser- und Schiffbau Berlin (Abt. Schiffbau) am 20. Juni 1936 einen Schleppversuch mit der erwähnten Zielstellung durch.

Das Schiffskörpermodell des Flugzeugträgers A war aus Paraffin im Maßstab 1 : 45 hergestellt und wurde mit seinen vier Schrauben geschleppt.

Die Bezugswerte des Schiffes waren: 250 m Länge (WL), 27,10 m Breite (WL), 6,60 m mittlerer Tiefgang, 23.601 m³ Deplacement (auf Spanten), 23.955 t Deplacement (in Seewasser).

Da sich das Interesse des Auftraggebers lediglich auf den Geschwindigkeitsbereich von 28 bis 36 kn bezog, erfolgten die Messungen bei einer korrespondierenden Schiffsgeschwindigkeit von 28, 30, 32, 34 und 36 kn.

Aus dem Versuch 5593 mit dem Modell 1304 wurde unter Anwendung des Froudeschen Gesetzes ermittelt, daß der Flugzeugträger für eine Geschwindigkeit von 36 kn eine Wellen-PS-Leistung an den Schiffspropellern von 177.730 WPS benötigen würde (bei 272 U/min). Bei einer solchen ermittelten Gesamtleistung mußten die Außenschrauben 84.090 WPS und die Innenschrauben 93.640 WPS leisten.

Für eine Geschwindigkeit von 28 kn wurde eine Gesamtleistung von 68.570 WPS (bei 202 U/min) ermittelt, wobei die Leistungsanteile der Außenschrauben 32.000 WPS und der Innenschrauben 36.570 WPS betragen würden.

Diese Angaben sind dem Konstruktionsamt im Geheimen Vordruckblatt CK 3006/36 übermittelt worden.

Der Neubau *K 252* bekam die leistungsstärkste Schiffsantriebsanlage, die damals in Europa projektiert und gebaut wurde. So urteilte der erfahrene Kriegsschiffbauer W. Hadeler, und so besagten es auch Vergleichsberechnungen von Marineoberbaurat Wustrau.

Danach hatte bisher der Schnelldampfer *Queen Mary* mit 68.000 t Konstruktionsgewicht eine 160.000-WPS-Anlage gebraucht, um eine Geschwindigkeit von 30 kn zu erreichen.

Der als schnellstes Großkampfschiff der Welt bekannte Schlachtkreuzer *Hood* (46.000 t Konstruktionsgewicht) erzielte 31 kn mit 150.000 WPS.

Mit 200.000 WPS Nennleistung hatte der deutsche Flugzeugträger sogar eine stärkere Antriebsanlage, als die wesentlich größeren amerikanischen und japanischen Flottenflugzeugträger jener Zeit. Welche Höchstgeschwindigkeit *Graf Zeppelin* in der Praxis erreicht hätte, ist eine interessante, aber spekulative Frage.

Da das Gewicht und die Widerstandswerte des Trägers ständig zunahmen, und bis zu seiner möglichen Fertigstellung noch weiter angewachsen wären, hätte das Schiff die vorausberechnete Höchstgeschwindigkeit wohl nie erreicht. Zweifellos ist aber die Forderung des OKM an die Konstrukteure und an das Schiff, 36 kn zu erreichen, übertrieben hoch gewesen. Parallel zu den Arbeiten auf dem Stapelplatz von *K 252* wurden wissenschaftlich-technische Berechnungen und Teilerprobungen fortgesetzt.

Windkanaluntersuchungen

Das Fehlen eigener praktischer Erfahrungen im Betrieb von Trägerschiffen veranlaßten das Oberkommando der Kriegsmarine (OKM) in Zusammenarbeit mit wissenschaftlich-technischen Versuchseinrichtungen auf experimentellem Wege Daten und Angaben zu ermitteln, die zwar die Praxis nicht ersetzen konnten, so doch aber zu ersten Erkenntnissen verhalfen, mit denen man den Einstieg in die Praxis zu erleichtern hoffte. Ein Beispiel dafür waren die Windkanaluntersuchungen mit einem Modell des Flugzeugträgers.

Am 21. Juni 1937 erteilte das OKM der Aerodynamischen Versuchsanstalt (AVA) in Göttingen den Auftrag, ein Modell des Flugzeugträgers *A* strömungstechnisch zu untersuchen.

Die AVA war aus der Modellversuchsanstalt der Universität Göttingen hervorgegangen, an der Prof. Ludwig Prandtl, der Altmeister der deutschen Luftfahrtwissenschaft, schon seine frühen strömungstechnischen Studien betrieben und 1908 die Anstalt gegründet hatte.

Inselbereich des Modells in der Versuchsanordnung vom 28. Juli 1937 (Steuerbord bzw. Backbord)

Das stetige Anwachsen des Aufgabengebietes der experimentellen Aerodynamik hatte dazu geführt, an der AVA ab 1935 unter starker Förderung des Reichsluftfahrtministeriums einen Überdruck-Windkanal zu erbauen.

Die Versuche an dem Flugzeugträgermodell erfolgten vom 17. bis 30. September 1937.

Zweck der Untersuchung war es, die Strömungsverhältnisse auf dem Flugdeck und in der Anflugzone hinter dem Träger experimentell festzustellen.

Ferner war zu ergründen, wie sich die Rauchgasfahne des fahrenden Flugzeugträgers über das hintere Flugdeck ausbreiten und ob sie den Anflug der landenden Maschinen wesentlich behindern würde.

Das Modell wurde im Auftrag des OKM von der Bauwerft Deutsche Werke Kiel im Maßstab 1 : 100 hergestellt, d.h., es war 2,50 m lang und 0,27 m breit und hatte alle wesentlichen Merkmale des geplanten Schiffes. Die Versuche wurden im großen Windkanal der AVA durchgeführt, dessen Freistrahl einen elliptischen Querschnitt von 5,4 x 4,0 m hatte. In ihm konnten mit einer Antriebsleistung von 1800 kW alle gewünschten Luftgeschwindigkeiten bis zu einer Stärke von 105 m/s (380 km/h = 205 kn) erzeugt werden. Das Schiffsmodell wurde drehbar aufgestellt. An beiden Bordseiten waren Bügel angebracht, die mit Drähten verbunden waren. An den Drähten waren Seidenfäden befestigt.

Die Messung der Luftgeschwindigkeit erfolgte durch ein rechenförmiges Gestell mit kleinen Sonden, die an wichtigen Meßpunkten angeordnet waren. Die von den Sonden erfaßten Werte wurden auf ein Vielfachmanometer übertragen. Dadurch wurde es möglich, den Geschwindigkeitsverlauf in einer Senkrechten zum Deck bzw. zur Wasserfläche zu messen.

Bei den Rauchgasversuchen wurde aus dem Schornstein des Modells ein gut sichtbarer Rauch gleichförmig ausgeblasen. Bei den Tests wurden gleichbleibende, teils auch variable Anblasge-

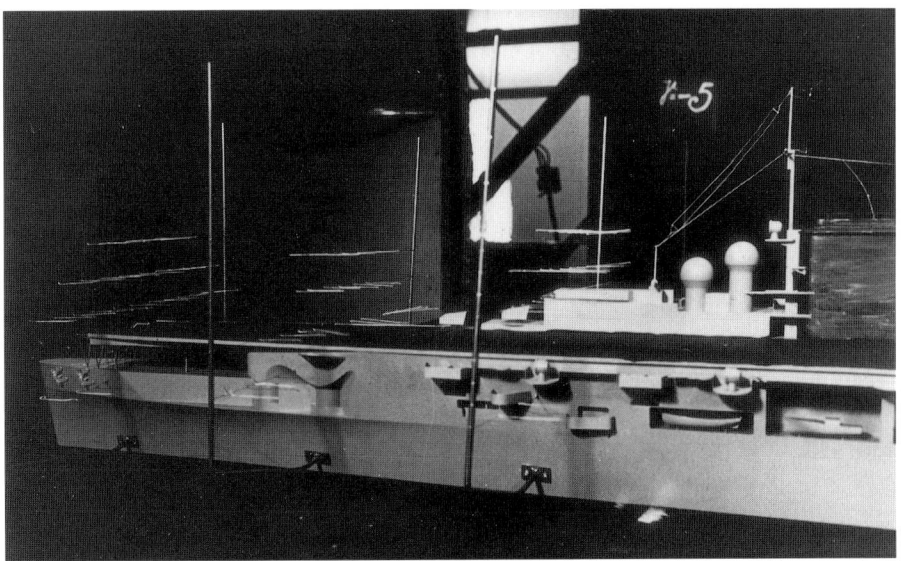

Strömungskanal der AVA Göttingen. Vordere Hälfte des Modells mit Meßeinrichtungen (oben)

Modell mit Meßeinrichtungen, die zur Untersuchung der Luftströmung und der Abgasfahne am und hinter dem Schiff (Wind aus Steuerbord 10°) im September 1937 dienen (Mitte)

Anblasung der Trägermodells von Backbord (Draufsicht) (unten)

schwindigkeiten von 10 bis 15 m/s gewählt, was einer relativen Geschwindigkeit von 20 bis 30 kn entsprach. Im Verlaufe der Versuche wurde festgestellt, daß bei einem Anblaswinkel von 0°, d.h. direkt von vorn, und bei Schräganblasungen beiderseits bis 5° über dem Vorschiff des Flugzeugträgers gleichmäßige Luftströmungen bestanden.

Dagegen traten bei größeren Anblaswinkeln (10° bis 20°) auf der Luvseite stark aufwärts gerichtete Strömungen auf, die über das vordere Flugdeck strichen und nach der Leeseite eine Abwärtsrichtung erhielten.

Man fand auch heraus, daß bei der Anblasrichtung 0° im Bereich der Startkatapulte ein gestörter Strömungsverlauf dadurch eintraf, daß die unter dem vorgezogenen Flugdeck eintretende Luft in Höhe der Katapulte seitlich austrat und an den Deckskanten Wirbelzonen bildete.

Die Strömungsverhältnisse auf dem hinteren Teil des Flugdecks wurden beim Anblaswinkel 0° nur unmittelbar hinter der Aufbauteninsel durch stärkere Wirbelbildung gestört. Untersucht wurden auch, wie schon angedeutet, die Strömungsverhältnisse hinter dem Schiff. Hierzu brachte man in einer Entfernung von 0,62 m, 1,25 m und 1,87 m hinter dem Modell Seidenfäden an.

Bei Winkeln von 5° nach beiden Seiten war keine wesentlich gestörte Strömung festzustellen. Daraus konnte geschlußfolgert werden, daß unter solchen Bedingungen auch beim realen Träger keine Probleme für die zur Landung auf dem Schiff anfliegenden Flugzeuge entstehen würden.

Die Versuche mit der imitierten Rauchgasfahne zeigten, daß bei einer backbordseitigen Anblasung die Verhältnisse für die Sicht auf dem Flugdeck am günstigsten lagen.

Schon bei einer geringfügigeren Schräganblasung von der Steuerbordseite legte sich die Rauchfahne auf das Flugdeck, was in der Realität zu Behinderungen führen konnte.

Das AVA schlug daher in seiner abschließenden Einschätzung die Anbringung von Leitblechen am Schornstein vor, etwa in der Art, wie sie bei Lokomotiven zur Anwendung kam.

In Abwandlung dieses Vorschlags erhielt der Schornstein des Flugzeugträgers später einen Aufsatz, der die Rauchgase in eine veränderte Strömungsrichtung zwang.

Die genauen Verhältnisse konnten nur bei den ersten Fahrterprobungen in Zusammenarbeit mit erfahrenen Flugzeugführern untersucht werden.

Aufgrund dieser Versuche gab die AVA am 08. Dezember 1937 in ihrem Abschlußbericht die Empfehlungen:

- Den Raum unter dem vorderen Flugdeck seitlich abzuschließen, um eine verbesserte Umströmung des Flugdecks zu erreichen und
- mit dem Flugzeugträger bei den ersten Probestarts nicht genau gegen den Wind zu dampfen, sondern je nachdem, auf welcher Seite der Katapultstart erfolgt, den Wind etwas seitlich einkommen zu lassen.

Der Bauablauf

Ein vom Konstruktionsamt erstelltes Verzeichnis der verbindlichen Terminstellungen für Kriegsschiffneubauten vom 28. Februar 1939 enthält (es ist im Original erhalten) für *K 252* und *G 555* (Flugzeugträger *B*) einige interessante Angaben, die Auskunft geben über die Einhaltung der Terminvorgaben.

Danach war das Stapellaufdatum 08. Dezember 1938 langfristig vorgegeben worden und mußte auch unbedingt eingehalten werden.

Es gehörte zum Traditionsverständnis der deutschen Marine, Neubauten nach Möglichkeit an einem 08. Dezember zu taufen.

So war es 1934 beim Leichten Kreuzer *Nürnberg* und 1936 beim Schlachtschiff *Gneisenau* gewesen.

Der erste deutsche Flugzeugträger sollte diesem Brauch folgen, so war es von Generaladmiral Raeder (ab 01. April 1939 Großadmiral) verfügt worden.

Am 08. Dezember 1914 war das ostasiatische Kreuzergeschwader unter der Flagge von Vizeadmiral Graf Spee, bei dem Versuch des Durchbruchs in die Heimat, von einem britischen Geschwader unter Vizeadmiral Sir Sturdee bei den Falkland-Inseln gestellt und nach hartem Kampf vernichtet worden.

Die deutsche Marine hatte an diesem Tag unter sehr hohen Besatzungsverlusten die Panzerkreuzer *Scharnhorst* (Flaggschiff) und *Gneisenau* sowie die Kleinen Kreuzer *Leipzig* und *Nürnberg* samt ihrem Troß verloren. Dem Kleinen Kreuzer *Dresden* gelang es zunächst zu entkommen, doch er wurde am 14. März 1915 von britischen Kreuzern in chilenischen Hoheitsgewässern gestellt und niedergekämpft.

Über die Art und Weise des Gedenkens am 08. Dezember hat es in Deutschland unterschiedliche Meinungen gegeben.

Die Marineführung jedenfalls entschied sich, aus Anlaß und in Würdigung dieses Ereignisses an diesem Tag Kiellegungen (so beim ersten deutschen Nachkriegskreuzer *Emden* im Jahre 1921) und Stapelläufe durchzuführen.

Für die Fertigstellung von *K 252* war im Schriftstück vom 28. Februar 1939 der 13. März 1940 vorgesehen worden, allerdings schon mit dem Berichtigungsvermerk »01. Juni 1940« versehen.

Wie aus Unterlagen des Flottenkommandos aus dem Jahre 1936 hervorgeht, die sich mit der Planung der Flottenfliegerkräfte beschäftigen, war zu dieser Zeit die Indienststellung des Flugzeugträgers *A* für April 1939 vorgesehen worden.

Nach dem bereits zitierten Schriftstück des Konstruktionsamtes vom 28. Februar 1939 sollte Flugzeugträger *B* am 01. Juli 1940 zu Wasser kommen und am 01. Juni 1941 in Dienst gestellt werden. Das letzte Datum wurde aber schon mit zwei Berichtigungsvermerken versehen: »28. November 1941« und »Jahresende 1941«.

Bauzustand am 22. März 1937. Im Vorschiff werden Quer- und Längsschotte eingebaut

Kiellegung am 28. Dezember 1936

Werftfoto vom 21. Juni 1937. Es zeigt die beiden übereinanderliegenden Hallendecks in Höhe von Spant 80 (rechts)

21. September 1937: Das Flugdeck wird aufgebaut. Hinter der großen Öffnung in der rechten Bildhälfte (mittl. Flugzeugaufzug) befinden sich drei Montageschächte über den Turbinen- und Getrieberäumen (unten rechts)

Bauzustand vom 28. November 1938: Blick zum Vorschiff und dem vorderen Flugzeugaufzug (unten links)

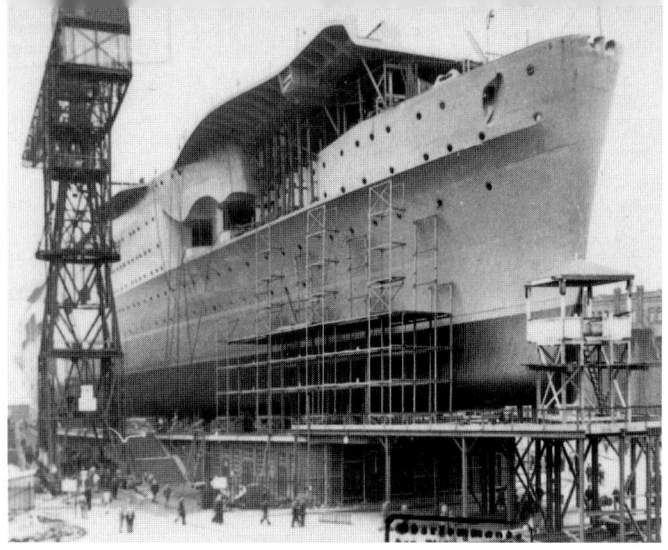

Blick von der Backbordseite (25. November 1938): zu bemerken ist der eigenartige Schnitt der Kasematten (oben rechts)

28. November 1938: Die Steuerbordseite noch teilweise eingerüstet. Die Bugzier (das Wappen der Familie Zeppelin) fehlt noch (oben links)

Blick von Steuerbord auf das Heck (28. November 1938): Zu beachten sind der Überhang des Flugdecks mit den Abstützstreben (Mitte)

Werkfoto vom 25. November 1938: Es zeigt die Doppelruderanlage und die vier Antriebswellen mit Wellenblöcken (unten)

Der Stapellauf

Der Stapellauf des ersten (und einzigen!) deutschen Flugzeugträgers wurde von allen damit befaßten Organisationen und Persönlichkeiten für den 08. Dezember 1938 vorbereitet.

Die Werft hatte alle Termine eingehalten, das Schiff lag fast auf den Tag zwei Jahre nach der Kiellegung bereit, in einem Staatsakt seinem Element übergeben zu werden.

Aus diesem Anlaß erschien der Führer und Reichskanzler, so seine Amtsbezeichnung, Adolf Hitler, mit großem Gefolge mit einem Sonderzug der Reichsbahn in Kiel und rollte dann in einer Fahrzeugkolonne über abgesperrte Straßen in die Werft.

Hier waren zahllose Gäste und hohe Parteifunktionäre, Persönlichkeiten aus Politik, Wirtschaft und Diplomatie versammelt. Anwesend waren auch die Führungsspitze und Generalität der Wehrmacht und ihrer Teile Heer, Luftwaffe und Marine, repräsentiert durch ihre Chefs Keitel, Brauchitsch, Göring und Raeder, zu denen wiederum eigenes Begleitpersonal gehörte.

In der Werft und im weiten Umkreis drängten sich nach zeitgenössischen Angaben einige Hunderttausend Schaulustige aus Kiel und Schleswig-Holstein. Viele waren sogar mit Sonderzügen aus entfernten Landesteilen angereist, um zusammen mit den Ortsansässigen das einzigartige Schauspiel des Stapellaufs des bis dahin größten deutschen Kriegsschiffs zu erleben.

Unter ihnen waren nicht wenige, dazu zählten vor allem Fachleute des In- und Auslandes, die schon häufig Augenzeugen von Stapelläufen großer Schiffe gewesen waren, die sich aber durchaus der Einmaligkeit des Ereignisses bewußt waren:

Hier ging nicht irgendein Kriegsschiffneubau zu Wasser, sondern der erste deutsche Flugzeugträger, der zugleich der erste Neubau-Träger Europas war.

Das politische Umfeld des Ereignisses, die sich zu diesem Zeitpunkt rasch erhöhenden Spannungen in der Innen- und

Zwei Wochen vor dem Stapellauf: Auf dem Flugdeck sind über den Aufzugsöffnungen Montagehäuser errichtet. Deutlich ist am Schiffsboden der breite Schlingerkiel an der Steuerbordseite zu sehen

Außenpolitik Deutschlands und der maßgebenden europäischen Staaten, werden wohl viele der Anwesenden nicht so deutlich als Gefahr und Menetekel empfunden haben.

Nachdem Hitler mit seiner Begleitung die angetretenen Ehrenformationen der Wehrmachtsteile, der SS und der SA abgeschritten hatte, bestieg er die Taufkanzel vor dem Bug des Schiffes.

Zu der Einmaligkeit des Ereignisses gehört, daß Feldmarschall Göring in seiner Funktion als Reichsminister der Luftfahrt und Oberbefehlshaber der Luftwaffe die Taufrede hielt.

Sie wird hier als Ausdruck des Zeitgeistes und weil sie einige Wesenszüge der politischen Meinungsbildung des NS-Regimes deutlich macht, im vollen Wortlaut wiedergegeben:

Flugzeugträger *A* am Vormittag des 8. Dezember 1938. Absperrungsmannschaften und Sicherungskräfte sind schon zu sehen. Der Neubau auf der Nachbarhelling ist das spätere Troßschiff *Franken*

»Mein Führer!

Der Stapellauf des ersten Flugzeugträgers unserer Kriegsmarine gewinnt durch Ihre Anwesenheit, mein Führer, besondere Bedeutung. Die stolze deutsche Wehrmacht zu Lande, zu Wasser und in der Luft ist Ihr Werk, dem Ihre stete Sorge gilt! Mit stahlharter Entschlossenheit haben Sie dem Reich ein Schwert geschmiedet, das, wie die jüngste Vergangenheit lehrt, stark genug ist, um dem Reich inmitten einer unruhigen zerklüfteten Welt die unabdingbaren Lebensrechte des deutschen Volkes und den Frieden zu wahren. Ihr Wille allein stellt der Nation die Aufgabe. Kein Volksgenosse, der heute nicht bereit ist, solcher Aufgabe zu dienen! Denn die weltbewegenden Ereignisse dieses Jahres sind allen unauslöschliches Erlebnis und Mahnung zugleich. Ergriffen stehen wir vor der überwältigenden Größe Ihrer Taten, deren unsterblicher Ruhm Jahrhunderte überstrahlen wird. Ihnen danken wollen wir aber nicht mit Worten, sondern allein durch erhöhten Einsatz und treue Gefolgschaft.

Diese Überzeugung bestimmt unseren Lebensinhalt für alle Zukunft.

Das stolze Schiff, das hier festgefügt und stark emporragt, ist Sinnbild deutscher Kraft und Ausdruck eines Strebens zu höchster Leistung, das alle beseelt, die es ersannen und erbauten.

Als monatelang eine Flut von Verleumdungen an die deutschen Grenzen brandete, als verantwortungslose Hetze eine gefährliche Kriegspsychose erzeugte, wurde hier in dieser Werkstatt mit Fleiß und doppeltem Eifer gearbeitet in dem untrüglichen Bewußtsein, daß unser Volk solcher Verteidigungswaffen bedarf, um sich zu behaupten.

Hier in den Hafenstädten, wo der Blick auf die weite See gerichtet ist, weiß jeder, wie notwendig der Schutz der deutschen Küste ist, und nirgends erkennt man klarer, daß Handel und Schiffahrt nur gedeihen, wenn sie von der Kraft der Nation gestützt und getragen werden. Die Meere stehen nur dem Starken offen.

Das Schiff, dieser gigantische Rumpf aus Eisen und Stahl, entstand dank der Zusammenarbeit von Technikern und Arbeitern verschiedener Vorbildung und mannigfaltiger Fähigkeiten.

Der Gemeinschaftsgeist, in dem es geschaffen wurde, lebt auch im Werke selbst. Sein späterer Einsatz in die Front der Reichsverteidigung erfordert ebenfalls gewissenhaftes Zusammenwirken vieler deutscher Männer. Ein Flugzeugträger vereinigt die Kampfkraft der Kriegsmarine mit der Luftwaffe. Seeoffizier und Flieger, Schiffsbesatzung und Mannschaft der Flugzeuge – sie sind in täglichem Dienst aufeinander angewiesen. Nur gemeinsam können sie die dauernde Gemeinschaft des Schiffes sichern und, wenn der Führer ruft, den Erfolg des Einsatzes gewährleisten.

Darum müssen auch auf diesem Schiff vorbildlich die Grundtugenden des Soldaten herrschen. Kameradschaft soll alle eng miteinander verbinden, in treuer und gewissenhafter Pflichterfüllung darf keiner zurückstehen. Opferbereit ein jeder bis zum letzten Atemzug! Alle, die Ihr hinfort das Glück haben werdet, auf diesem ersten deutschen Flugzeugträger Dienst zu tun, ehret die Flagge, die als herrliches Symbol des deutschen Aufstieges über dem Schiffe weht. Folgt dem Führer in blindem Gehorsam und unerschütterlichem Glauben an seine historische Sendung und an die ewige große Zukunft unseres großen Volkes. Zeigt Euch ruhmreicher Tradition würdig: Sie verpflichtet.

Ich erinnere daran, daß heute vor 24 Jahren ein deutsches Geschwader vor den Falkland-Inseln nach heldenmütigem Kampfe gegen einen weitüberlegenen Gegner mit wehender Flagge unterging.

Und ich erinnere an die heldenhaften Kriegsfahrten unserer Luftschiffe und besonders an die bei den letzten Angriffen gebliebenen Helden. Traditionsbewußtsein ist eine Quelle starker Kraft. Darum sollst du, stolzes Schiff, auch traditionsgebunden sein. Du sollst den Namen eines Mannes tragen, dessen Leben in großen klaren Linien vor uns liegt. Er war ein guter Deutscher und ein unerschrockener Soldat. Als Verfechter einer Idee, als Erfinder und Konstukteur hat er sich jahrelang gegen Mißtrauen und Unverstand durchsetzen müssen. Kein Rückschlag und keine Enttäuschung konnte seinen Mut brechen. Das Lebenswerk dieses leidenschaftlichen Kämpfers galt der Eroberung des Luftraumes, galt deutscher Größe. Seine Sorge galt bis zum letzten Atemzuge dem Vaterlande.

Der erste deutsche Flugzeugträger soll auf Befehl des Führers *Graf Zeppelin* heißen. Der Name birgt ein heiliges Vermächtnis. **Fahre stets glücklich, deutsches Schiff,** sei ein Hort kühnen Fliegergeistes und zäher Seemannsart und mehre Macht und Ansehen des Reiches. In dieser Stunde dankt das deutsche Volk mit heißem Herzen dem Manne, dem wir das verdanken, dem Manne, der die Wehrkraft Deutschlands schuf, unserem heißgeliebten Führer und Obersten Befehlshaber, Adolf Hitler. **Sieg-Heil! Sieg-Heil! Sieg-Heil!«**

8. Dezember 1938 13.00 Uhr. Göring hat seine Weiherede soeben beendet. Das Kommando »Stopper los!« wird gegeben

Taufakt, der dem Schiff seinen Namen gab.

Ihn vollzog Helene (genannt Hella) Gräfin von Brandenstein-Zeppelin, geb. Gräfin Zeppelin (1879 bis 1967), die einzige Tochter des berühmten Starrluftschiffkonstrukteurs, Luftschiffbauunternehmers und Kavalleriegenerals Ferdinand Graf von Zeppelin (1838 bis 1917). Mit dem Zerklirren der Sektflasche entrollten sich die Namensbänder am Schiffsbug und erschallten die Stapellaufkommandos.

Der Flugzeugträger — mit dem Familienwappen der von Zeppelins am Bug — glitt in einer geradezu vorbildlichen Weise in sein Element, das er, was damals niemand ahnen konnte, in den fast zehn Jahren seiner eigenartigen Existenz keine einzige Seemeile weit mit eigener Kraft durchfurchen sollte.

Unter Musikklängen und dem Jubel der vielen Tausenden, der auch von der gegenüberliegenden Seite der Kieler Förde herüberschallte, setzte sich der Schiffsrumpf sofort nach dem Lösen der Stopper in Bewegung, ohne daß er von den dafür vorbereiteten hydraulischen Pressen angeschoben werden mußte.

Göring, der sich selbst als den »treuesten Paladin des Führers« bezeichnete, hatte sich seiner Aufgabe zum Mißvergnügen vieler Marineangehöriger, aber auch anderer Soldaten, mit der Rabulistik des erfahrenen NS-Parteikämpfers entledigt. Nach Meinung vieler Gäste, die aber nur im kleineren Kreis und hinter vorgehaltener Hand geäußert wurde, wäre es wohl eher angebracht gewesen, die Stapellaufrede einem verantwortlichen Offizier der Seeluftstreitkräfte zu übertragen.

Als ein solcher hätte beispielsweise General der Flieger Konrad Zander (1883 bis 1945) zur Verfügung gestanden, der von 1901 an bis zu seiner Übernahme in die damals noch getarnte Luftwaffe im Jahre 1934 Marineangehöriger und Seeflieger war und seit dem 01. April 1938 die Dienststellung des Kommandierenden Generals der Luftwaffe-See (Abkürzung: Kogen Luft See) im Luftwaffenkommando See (ehemals Luftkreiskommando See bzw. Luftkreiskommando VI Kiel) innehatte.

Es war wohl doch so, wie damals vermutet wurde, daß Göring in seiner Funktion als Taufredner ein Zeichen dafür

setzen wollte, wer überhaupt das entscheidende Wort beim Einsatz des *Graf Zeppelin* sprechen würde.

Auf die »Weiherede« des Oberbefehlshabers der Luftwaffe folgte der eigentliche

13.15 Uhr: Deutschlands erster und einziger Flugzeugträger ist auf den Namen *Graf Zeppelin* getauft unf gleitet in sein Element

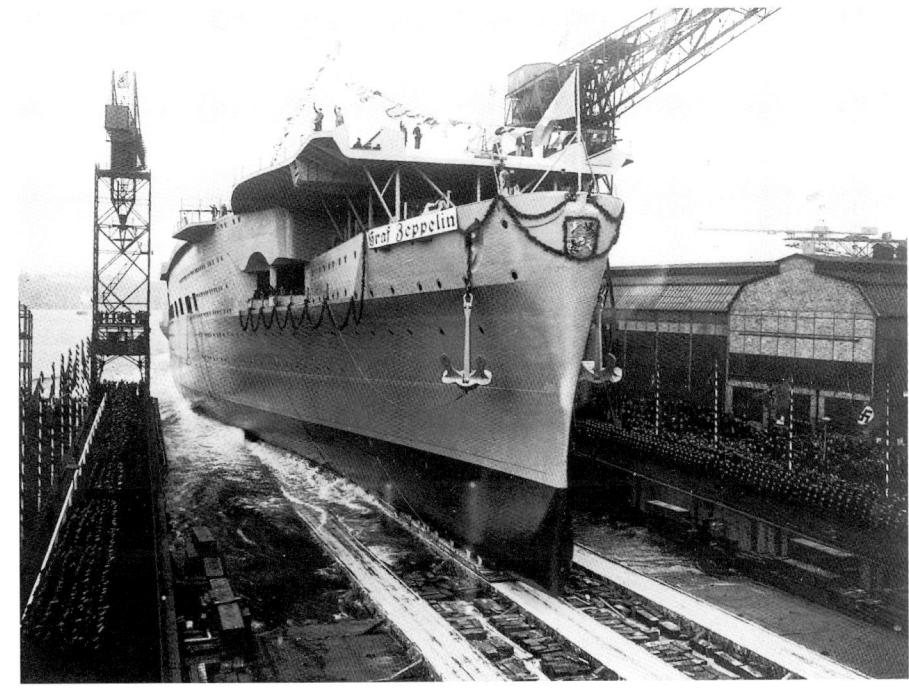

Graf Zeppelin lief ruhig und ohne den kleinsten Zwischenfall von Helling I ab, wurde von den bereitliegenden Schleppern eingefangen und zum Ausrüstungskai bugsiert.

Die Werftleitung und die für den Staatsakt verantwortlichen Personen sahen dies mit großer Erleichterung.

Während der Stapellaufvorbereitungen hatte sich Unsicherheit darüber verbreitet, ob der mächtige Trägerrumpf mit seiner einmaligen Länge und Höhe und der dadurch riesigen Angriffsfläche, die er seitlichem Wind bot, gut zu Wasser kommen würde.

Nach den Erfahrungen mit dem Schiffskörper der *Gneisenau* am 08. Dezember 1936, dessen Ablaufverhalten nicht richtig eingeschätzt worden war und der deshalb beim Ablaufen an allen Schleppdampfern, die ihn aufstoppen sollten, vorbeilief, bis er mit dem Heck in die gegenüberliegende Kaimauer stieß und rund 4 m tief in sie eindrang, gab es bei den Verantwortlichen Befürchtungen darüber, wie sich *Graf Zeppelin* verhalten würde.

Dies ging soweit, daß man für den Fall eines Wetterumschlages mit starkem Seitenwind den Trägerrumpf nach dem Taufakt ausnahmsweise nicht ablaufen lassen wollte, ehe nicht eine Wetterbesserung eintrat.

Der glattverlaufende Stapellauf machte alle diese Ängste und Befürchtungen gegenstandslos.

Die Baukosten

Flugzeugträger zählen unter den Kriegsschiffen zu den kostenaufwendigsten Investitionen.

Im allgemeinen werden aber nur die reinen Baukosten des Schiffes, mitunter auch die Entwurfskosten, in Betracht gezogen.

Selten wird daran gedacht, auch die dazugehörenden Flugzeuge in die Gesamtkosten einzubeziehen, die doch die Hauptwaffe des Trägers darstellen. Andererseits würde niemand auf den Gedanken kommen, bei der Berechnung eines anderen Kriegsschiffes, beispielsweise eines Schlachtschiffes, den Aufwand für dessen Hauptwaffe Artillerie auszulassen. Auch *Graf Zeppelin*, obwohl niemals fertiggestellt, war ein teures Schiff.

Möglicherweise hätte das Schwesterschiff, so es gebaut worden wäre, günstiger im Preis-Leistungsverhältnis gelegen, weil alle Beteiligten auf praktische Erfahrungen und Vorbilder hätten zurückgreifen können, was den Aufwand gesenkt haben würde. Unter den erhalten gebliebenen Aktenbeständen des OKM über den Flugzeugträger *Graf Zeppelin* gibt es einige amtlich beglaubigte Ausgabennachweisungen für die aufgewandten Kosten.

Sie sind unvollständig und umfassen lediglich den Zeitraum bis Mitte 1941. Der Anbau der Seitenwulste und weitere Teilausrüstungen fehlen ebenso wie Gutschriften für Ausrüstungen, die bereits in den Flugzeugträger eingebaut waren, aber dann zu Gunsten anderer Schiffe wieder demontiert wurden.

Am 18. Juni 1941 schloß das Verwaltungsressort Abt. E 2 der Kriegsmarine-Werft Kiel seinen Nachweis für *Graf Zeppelin* mit Gesamtausgaben in Höhe von 76.784.750,49 RM ab.

Die Aufschlüsselung der Kosten zeigt folgendes:

Ein wesentlicher Teil der Gesamtausgaben entfiel mit 7.264.843,07 RM auf die Turbinen- und Kesselanlagen.

Zieht man die noch bis zum Fertigbau und bis zur Indienststellung anfallenden Kosten für den weiteren Ausbau des Schiffes und die Endausrüstung in Betracht sowie für bereits erforderlich gewordene Umbauten und Modernisierungen, für Teilerprobungen und schließlich für die Erprobungs- und Abnahmefahrten einschließlich der danach in der Regel anfallenden Restarbeiten, so erscheint eine abschließende Gesamtsumme der Kosten von etwa 95 Millionen Reichsmark im Bereich des Möglichen zu liegen.

Der Aufwand für die Flugzeugausstattung wäre kein entscheidender Posten gewesen, denn zu jener Zeit kosteten einmotorige Frontflugzeuge aus der Großserienfertigung, wie sie die Me 109 und die Ju 87 darstellten, nur einen Bruchteil des Preises eines heutigen Trägerflugzeuges.

Es kann davon ausgegangen werden, daß bei den beiden Flugzeugtypen ein Stückpreis von etwa 250.000 bis 350.000 RM je nach Ausrüstung und Rentabilität der Fertigung zu Buche gestanden hätte. Die Erstausstattung der *Graf Zeppelin* mit zehn Me 109 und 30 Ju 87 könnte bei 12,5 Millionen RM gelegen haben.

Ausgaben	bis 1939:	70.605.615,66 RM
Ausgaben	1940:	5.679.134,83 RM
Unter den Einzelposten fallen besonders auf:		
Kosten	für Flugzeugschleudern:	1.076.959,57 RM
	Flugzeugaufzüge:	60.136,81 RM
	Bremsseilwinden:	133.533,82 RM
	Nachrichtentechnische Ausrüstung (einschl. Aggregate):	989.161,85 RM
	Nautische Geräte:	102.466,59 RM
	Kreiselkompaßanlage:	233.323,92 RM

Flugzeugträger *A* K 252
Berechnungsheft vom 15. Februar 1937
Aufgestellt von der Deutsche Werke Kiel AG, Büro SK 6

Länge über alles	257,20	m
Länge CWL	250,00	m
größte Breite über Mallkante Spant	27,00	m
größte Breite über Flugdeck (Inselbereich)	30,68	m
Konstruktionstiefgang	6,72	m
Tiefgang (bei 27.750 t)	7,29	m
Seitenhöhe von Oberkante Flachkiel bis Oberkante Flugdeckbalken	22,50	m
Verdrängung mit Anhängen und Außenhaut in Seewasser (Konstr.Verdr.)	24.984	t
Verdrängung in Seewasser, leeres Schiff	19.778	t
Typverdrängung	20.288	t
Verdrängung voll ausgerüstet (mit Decklast)	27.750	t

Gewichtsgruppen

Schiff (S I bis S IV)	14.054	t
Hauptmaschinenanlage mit Kesseln und Geräten (M I)	3.694	t
Hilfsmaschinen mit E-Anlage und Geräten (M II)	1.160	t
Artillerie (Geschütze und Feuerleitanlage)	870	t
Verdrängung leer:	19.778	t
Munition (Artillerie)	510	t
Typverdrängung:	20.288	t
Fliegermunition	270	t
Flugzeuge in den Decks	200	t
1/2 Wasser- und Ölvorräte	6.270	t
Restinventar	207	t
Besatzung, Ausrüstung, Proviant	515	t
Verdrängung voll ausgerüstet:	27.750	t

Die veränderte Gewichtszusammenstellung vom 01. September 1937 gegenüber den Berechnungen vom Februar gleichen Jahres ergab sich aus unterschiedlichen Gründen.

In der Hauptsache lag es daran, daß im Februar 1937 verschiedene Gewichte aufgrund mangelnder Erfahrungen im Bau eines Flugzeugträgers geschätzt werden mußten. Selbst einige Hersteller von neukonstruierten Anlagen, so z.B. der Katapulte, Bremsseilwinden, Flugzeugaufzüge und von Einrichtungen für die Wartung und Betankung der Trägerflugzeuge, konnten keine genauen Angaben darüber machen, wie schwer ihre Erzeugnisse ausfielen.

Es gab nur allgemeine Anhaltswerte, an die sie sich zu halten hatten, aber auch diese waren nicht immer real.

Hinzu kam, daß bei Kontrollen der Bauaufsicht die Materialstärke von einzu-

Anlage zum Berechnungsheft vom 24. Februar 1937

Einige Einzelgewichte:

- SI (Teile) Panzerdeck ... 2.200 t
  - Flugdeck (mit 235 t Holzbelag) ... 1.523 t
  - Seitenschutz (mit Kasematten und Panzerquerschotten) ... 1.425 t

- MI (Teile) Kessel ... 750 t
  - Heizölfeuereinrichtung ... 250 t
  - Hauptturbinen (mit Kondensat- und Kühlwasserpumpen, Dampfstrang) ... 1.000 t
  - Schraubenwellen ... 428 t
  - Schiffsschrauben ... 72 t

- Artillerie acht 15-cm-Doppellafetten ... 288 t
  - fünf 10,5-cm-Doppellafetten ... 122,5 t
  - elf 3,7-cm-Doppellafetten ... 40,7 t
  - zwölf 2,0-cm-Einzellafetten ... 7,2 t
  - Geschütze ... 458,4 t
  - Fla-Leitstände ... 225,0 t
  - Feuerleitanlage ... 180,0 t
  - 863,4 t

- Munition (Artillerie) 15,0 cm ... 254,7 t
  - 10,5 cm ... 130,9 t
  - 3,7 cm ... 93,4 t
  - 2,0 cm ... 11,0 t
  - Zubehör ... 20,0 t
  - 510,0 t

- Besatzung (1675 Mann) mit Kleidung, Wäsche und persönlichen Habseligkeiten (Zubehör)

1	Kommandant	mit		3.000	kg	Zubehör =	3.000 kg
103	Offiziere	mit	je	300	kg	Zubehör =	30.900 kg
94	Oberfeldwebel	mit	je	250	kg	Zubehör =	23.500 kg
30	Fähnrich	mit	je	150	kg	Zubehör =	4.500 kg

49	Zivilpersonen (Vertrag)		
147	seemännische Unteroffiziere		
116	technische Unteroffiziere		
102	Flieger-Unteroffiziere	je 60 kg Zubehör =	86.820 kg
522	seemännische Mannschaften		
332	technische Mannschaften		
179	Flieger-Mannschaften		

148.720 kg
(∼ 150,0 t)

- Proviantbedarf der Besatzung

		je Woche	bei acht Wochen
1	Kommandant	105 kg	840 kg
197	Offiziere und Oberfeldwebel je 35 kg	6.985 kg	55.160 kg
1477	Mannschaften und sonst. Besatzung je 12 kg	17.724 kg	141.792 kg
1675	Bottlevorräte für ges. Besatzung je 2 kg	3.350 kg	26.800 kg
		28.072 kg	224.592 kg

∼ 225 t

- Gewicht der Besatzung (1675 Mann) bei 75 kg je Mann ... 125,5 t

Gewicht von Besatzung, Ausrüstung und Proviant (150 + 225 + 126) ... 501 t

Flugzeugträger A   K 252
Gewichtszusammenstellung vom 01. September 1937

1.	Verdrängung leeres Schiff	22.087,94	t
	Tiefgang in Seewasser (1.015)	6,10	m
2.	Typverdrängung (Schiff wie 1 plus Munition)	22.561,76	t
	Tiefgang in Seewasser (1.015)	5,21	m
3.	Verdrängung voll ausgerüstet (Schiff wie 2 plus Ausrüstung, Besatzung, Vorräte)	30.209,76	t
	Tiefgang in Seewasser (1.015)	7,80	m

Gewichtsgruppen

S I	Schiffbauwerkstatt	13.891,60	t
S II	Schlosserwerkstatt (einschl. 30,69 t Wasser in Rohren und Tanks)	1.428,70	t
S III	Tischlerwerkstatt	224,00	t
S IV	Malerwerkstatt	190,00	t
		15.734,30	t
M I	Hauptmaschinen-und Kesselanlage mit Pumpen, Gebläse, Wellen und Schrauben, Rauchfängen und Schornstein, Zubehör (einschließlich 452,5 t Wasser und Öl in der Anlage)	3.741,56	t
M II	Hilfsmaschinen mit Leck-, Lenz-, Feuerlösch-, Seewasser-, Wasch- und Trinkwasserpumpen, Küche, Bäckerei, Kühlanlage, Schiffsheizung, Beleuchtung, Ruderanlage, Wäscherei, Wassererzeugung, E-Anlage (einschl. 53 t Wasser und Öl in Rohren und Tanks)	424,72	t
	Bauwerftlieferungen J, Ta, S, Wa	204,26	t

Marinelieferungen

Teil I	Artillerie			
		acht 15,0-cm-Doppelgeschütze	340,00	t
		fünf 10,5-cm-Doppelgeschütze	130,50	t
		elf 3,7-cm-Doppelgeschütze	43,40	t
		acht MG C/30	5,40	t
			519,30	t
Teil II	Artillerie-Gerätesoll, Zubehör, Ersatzteile		59,40	t
Teil III	Artillerie-Anlage		143,00	t
	vier Fla-Leitstände		152,00	t
	ein Em-Gerät 6 m RU		3,00	t
	zwei Em-Geräte 3 m RU		3,00	t
			301,00	t
Liste T	Torpedoeinrichtung für Flugzeuge		10,00	t
Liste F	Flugzeugeinrichtungen		63,00	t
Munition	(Artillerie)			
	15,0-cm-Munition		170,534	t
	10,5-cm-Munition		140,850	t
	3,7-cm-Munition		140,250	t
	MG C/30-Munition		7,490	t
	Gewehrmunition		0,543	t
	Signalmunition		0,684	t
	Salutmunition		4,977	t
	Exerziermunition		7,496	t
	Besondere Munition		1,000	t
			473,724	t
Munition (Flieger)			270,00	t
Flugzeuge in den Decks			200,00	t
Restinventar (Marinelieferungen)			230,00	t
Besatzung			526,00	t
Wasser und Ölvorräte			6.422,00	t

---

bauenden Teilen und Verbänden beanstandet wurde und in der Regel verstärkt werden mußte, was wiederum zu veränderten Gewichten führte.

So erforderte allein der Einbau der beiden Startkatapulte auf der Vorderkante des Flugdecks wegen unbedingt notwendig werdender Verstärkungen des Flugdecks und von konstruktiven Veränderungen an der vorderen Flugdeckabstützung ein Mehrgewicht von über 40 t.

Um beträchtliche Mehrgewichtsforderungen ging es auch bei den damals noch als Hebebühnen bezeichneten Flugzeugaufzügen. Sie wurden von der Berliner Firma Flohr hergestellt, ein sehr erfahrenes Unternehmen, das aber auch noch keinen Flugzeugträger mit Spezialaufzügen ausgerüstet hatte und daher zunächst keine genauen Gewichtsangaben machen konnte.

Ähnlich war es mit den Aufzügen für Fliegerbomben und Torpedos sowie mit anderen Transporteinrichtungen, die bisher auf keinem deutschen Schiff eingesetzt worden waren.

Kein geringeres Problem war die Berechnung und Bauausführung der umfangreichen Lüftungseinrichtungen für die beiden Hallendecks, in denen unbedingt eine Ansammlung von giftigen und hochexplosiven Dämpfen und Gasen zu verhindern war. Hier sollten daher 40 leistungsstarke Lüftermaschinen mit einer vielverzweigten Zu- und Abluftführung installiert werden, für die es ebenfalls noch kein Vorbild gab, nach dem genaue Berechnungen hätten angestellt werden können.

In einigen Fällen ergaben sich durch generell veränderte Ansichten oder Forderungen Mindergewichte, also Gewichtseinsparungen.

Ein solcher Fall ergab sich durch kon-

Aufnahme vom 22. März 1937. Einsetzen der Schotten im Hinterteil des Schiffes

struktive Veränderungen an der Brems-seilanlage des hinteren Flugdeckab-schnitts.

Infolge der Anlehnung an englische und andere ausländische Vorbilder sollten anfänglich acht Bremsseilwinden mit den dazugehörenden Seilen eingebaut werden.

Angesichts der auf ausländischen Flug-zeugträgern eingetretenen Veränderun-gen verringerten die Konstrukteure des deutschen Trägerschiffes aber im Herbst 1937 die Bremsseile und ihre Winden um die Hälfte, was zu einer beträchtli-chen Gewichtseinsparung führte. Und so gab es viele Fälle, die aufzuführen aber zu weit gehen würde, von nicht nur ein-maligen, sondern mehrfachen Gewichts-veränderungen.

Zur Zeiteinsparung und auch zur Be-grenzung der Baukosten beschritten Werft und Marinebauaufsicht bei einer ganzen Reihe technischer Einrichtungen des Flugzeugträgers den durchaus legi-timen Weg, bei anderen Schiffen bereits praktizierte und bewährte Lösungswege zu übernehmen. In den Bauvorschriften namentlich erwähnt wurden vor allem das Panzerschiff *Lützow*, das Schlacht-schiff *Gneisenau*, der Schwere Kreuzer *Blücher* und der Leichte Kreuzer *Nürn-berg*, die von der gleichen Kieler Werft gebaut worden waren.

Das Schiff

Der Schiffskörper

Der Rumpf des Flugzeugträgers wurde in Quer- und Längsspant-Bänder-Stahlbauweise hergestellt.

Für alle Bauteile von vier Millimeter Dicke und darüber, sofern im Detail nicht andere Werkstoffe vorgeschrieben waren, kam Schiffbaustahl St 52 KM zur Anwendung. Es war für den Kriegsschiffbau entwickelt worden und ließ sich gut elektrisch schweißen.

In der geheimen Bauvorschrift des Trägers, herausgegeben vom Chef des Konstruktionsamtes des OKM und bestätigt vom Oberbefehlshaber der Kriegsmarine im Jahre 1936, war gefordert worden, das Schiff in allen seinen Teilen zu schweißen soweit nicht für einige wenige Bauteile eine Nietung nach gesonderter Festlegung zu erfolgen hatte. Dadurch wurde ein sehr hoher Prozentsatz an Schweißarbeiten und somit eine beträchtliche Gewichtsreduzierung möglich.

Nietarbeiten kamen vor allem bei der Einbringung des Panzerdecks und im Bereich des Seitenschutzes zur Anwendung.

Der Schiffskörper erhielt im unteren Bereich zehn Längsspanten (auf jeder Schiffsseite fünf) von unterschiedlicher Länge und Dicke. An Stellen, die örtlichen Dockdruck aufnahmen, waren diese Längsverbände aus 14 mm starken Platten hergestellt; im Bereich der Turbinenräume hatte man die Materialstärke für die Längsspanten auf 18 bis 20 mm erhöht.

Zur wasserdichten Längsunterteilung des Unterschiffs wurden unterhalb des Panzerdecks auf jeder Schiffsseite folgende Längsschotte errichtet:

Hallenlängsschotte (Spant 30 bis 218)
Wallgangslängsschotte (Spant 56,5 bis 176)
Innere Tunnellängswand (Spant 10 bis 66,6)
Äußere Tunnellängswand (Spant 10 bis 72,5)
Mittellängsschott (Spant 111 bis 120,5)
Vorderes Mittellängsschott (Spant 168,5 bis 238)

Torpedoschotte hatte der Träger nicht; deren Funktion mußten die Wallgangslängsschotte übernehmen. Sie wurden aus 20 mm dicken Panzermaterial Wh n/A errichtet.

Zur wasserdichten Querunterteilung des Unterschiffs unterhalb des Panzerdecks wurden 21 Hauptquerschotte eingebracht. Zwei dieser Schotte, auf Spant 10 und 218, waren Panzerschotte, die das Schiffsinnere nach hinten und vorn schützten. Sie bestanden aus 80 mm dicken gehärteten Panzermaterial Wh n/A. Das Querspantengerippe war relativ eng, die Abstände zwischen den Querspanten betrugen im allgemeinen 1500 mm. Im Vorschiff wurden diese Werte ab Spant 238 bis zum Vorsteven halbiert (750 mm).

Der Querfestigkeit des Schiffes mußte eine besondere Beachtung geschenkt werden. Im Gegensatz zu einem herkömmlichen Schiff, das bis zum obersten Deck reichende Querschotte besitzt, hat der Flugzeugträger im Oberschiff im Bereich der Hallendecks keine solche Zwischenwände.

Aus diesem Grund wurden schwere Rahmenspanten eingezogen, die zwischen Außenhaut und Hallenlängsschotte u-förmig um die Flugzeughallen bis unter das Flugdeck reichten und gut mit den Decksbalken des Flugdecks und der Hallendecks verbunden waren.

Durch einen öldichten Innenboden mit einer allgemeinen Plattenstärke von 14 mm erhielt das Schiff zwischen Spant 43,5 und Spant 218 einen Doppelboden, der sich in einer Höhe von 1500 mm über Kiel auf rund 68% der Schiffslänge erstreckte und die Stabilität und Sinksicherheit des Trägers erhöhte.

Die Außenwand des Schiffes hatte im Bereich des Mittelkiels und unter den Längsspanten für die Aufnahme des Kieldruckes eine Materialstärke von 16 mm. Im übrigen waren die Plattengänge unterhalb des Seitenschutzes 14 mm dick. Oberhalb des Seitenschutzes hatte die Außenhaut nur eine Dicke von 10 mm. An Stellen erhöhter Belastung war die Beplattung erheblich verstärkt. Unterhalb der Turbinenräume betrug die Plattenstärke zwischen 23 und 30 mm. Auch im Bereich der Ruderlager und Wellenhosen bzw. -böcke sowie in der Gegend der Voight-Schneider-Schachtpropeller waren die Platten 20 mm dick.

Um den Verlust an Scherquerschnitt auszugleichen und Materialüberanstrengungen vorzubeugen, wiesen die Bereiche um die Ausschnitte für die Kasematten, die Boots- und Fallreepnischen, Luftschächte und dergleichen Verstärkungen auf.

Beim Entwurf des Flugzeugträgers war diesen Schwachstellen nicht die gebührende Aufmerksamkeit geschenkt worden. Die Folge war, daß die Verstärkungen erst nachträglich, als der Bau des Schiffes schon weit fortgeschritten war, eingebaut werden mußten, was Mehrgewicht und Verdrängungszunahme und damit wiederum eine Erhöhung der Beanspruchung verursachte.

Es kann schon an dieser Stelle erwähnt werden, daß neben den vertikalen Verbänden auch die horizontalen verstärkt werden mußten.

Bei den Decks traten durch die großen Ausschnitte der drei Flugzeugaufzüge, zunächst waren nur zwei vorgesehen, sowie den Schornsteinschacht strukturelle Schwächungen auf.

Die Aufzugsöffnungen nahmen fast die halbe Decksbreite ein.

Im Schiffsboden und im Doppelboden wurden Ein- und Austrittsöffnungen für das Kühlwasser der Kondensatoren erforderlich, die aufgrund der Leistungsstärke der Antriebsanlage erhebliche Ausmaße erhielten.

An allen diesen Stellen mußten entsprechende Verstärkungen angebracht werden, die im Endergebnis einen größeren Gewichtsanteil beanspruchten, als vorgesehen war.

Nachträgliche Verstärkungen waren auch erforderlich an Fundamenten von Haupt- und Hilfsmaschinen, bei Geschütz- und Katapultunterzügen, an mehreren der seitlichen Ausbauten (Schwalbennester) und in einigen Bereichen der Aufbauten. Der Seitenschutz des Flugzeugträgers, sein vertikaler Schutz gegen seitliche Treffereinwirkung, bestand aus Panzermaterial Wh n/A, das im Bereich von Spant 72,5 bis Spant 176 die größte Dicke von 100 mm erreichte. Hier befanden sich die Turbinen- und Kesselräume, der Hilfsmaschinenraum und ein Teil der Munitions- und Treibstoffvorräte. Der Seitenschutzplattengang war 3875 mm breit, wovon sich ein Drittel (1350 mm) unter und etwa zwei Drittel (2525 mm) über der Konstruktionswasserlinie (WL 12) erstreckten.

28. Dezember 1936: Auf der Bodenplatte entstehen die Längs- und Quereinteilungen für den Doppelboden

Der Seitenschutzgang verjüngte sich nach Breite und Stärke im Hinter- und Vorschiff ungleichmäßig. Bis zum Vorsteven nahm die Dicke der Panzerplatten bis zu 20 mm ab, während sie am Hintersteven, nicht zuletzt zum Schutz der Ruderanlage und der im Hinterschiff untergebrachten Vorräte an Flugzeugbenzin und der Torpedo- und Bombenkammern, noch 60 mm Dicke maß.

Die Konstrukteure bedachten bei der Berechnung des Seitenschutzes, daß er über eine möglichst große Länge in der Maximalstärke ausgeführt wird, um außer der Maschinenanlage auch anderen lebenswichtigen Einrichtungen den erforderlichen Schutz zu geben.

Weiter sollte die Dicke des Seitenschutzes im Hinter- und Vorschiff nicht zu stark herabgesetzt werden, da größere Wassereinbrüche in diesen Bereichen starke Trimmänderungen hervorrufen könnten, wodurch Geschwindigkeit und Steuerfähigkeit sowie die Einsatzmöglichkeit der Trägerflugzeuge herabgesetzt würden. Die Ruderanlage wurde eben aus diesem Grund besonders gut geschützt — im Rahmen der Möglichkeiten eines solchen Schiffes.

Im Prinzip mußte man sich an Maßstäbe halten, wie sie vom Kreuzerbau her bekannt und üblich waren.

14. September 1937: Einbringung des Panzerdecks (der beiden »Böschungen«)

Im Inneren des Schiffes waren oberhalb des Panzerdecks die sich von Spant 10 bis Spant 218 erstreckenden Hallen-längsschotte mit einer allgemeinen Dicke von 30 mm, an Verstärkungen im Bereich der Aufzüge bis 20 mm, die wichtigsten vertikalen Längsträger des Schiffes, die in dieser Funktion die Außenhaut wesentlich unterstützten. Horizontal unterteilt war der Schiffskörper durch Innenboden und zehn Decks. Nicht alle Decks durchzogen das Schiff in seiner gesamten Länge, die Plattform-decks waren z.B. im Bereich der Kessel- und Turbinenräume auf großen Strecken unterbrochen.

Unteres Plattformdeck
Plattenstärke 8 mm

Oberes Plattformdeck
Plattenstärke 7 mm

Panzerdeck
Es verlief von Spant 10 bis Vorsteven. Im Bereich von Spant 56,5 bis Spant 176 war es seitlich in einem Bogen bis zur Oberkante des Seitenschutzes herunter-geführt. An diesen Böschungen war das Panzerdeck 60 mm, im übrigen 40 mm dick.

Zwischendeck
Es lag über den Böschungen des Panzer-decks und verlief von Spant 21,25 bis Spant 218, 6 mm Plattenstärke.

Unteres Hallendeck
Es reichte vom Hintersteven bis zum Vorsteven. Im Bereich der Halle 10 mm, sonst 6 mm Plattenstärke.

Mittcldcck (D-Dcck)
Es verlief vom Hintersteven bis zum Vorsteven, 6 mm Plattenstärke.

Batteriedeck (C-Deck)
Es reichte vom Hintersteven bis zum Vorsteven.
Auf seinen freiliegenden Bereichen (Achterdeck, Fallreeps- und Bootsni-schen) mit 55 mm dickem Holzbelag.

Oberes Hallendeck
Es verlief von Spant 17,25 bis Spant 202, Plattenstärke 10 mm.

Backdeck (B-Deck)
Es zog sich von Spant 10 bis zum Vor-steven. Auf seinem freien Teil, d.h. von Spant 218 bis zum Vorsteven, hatte es einen 60 mm dicken Teakholzbelag. Im Bereich des Kettenlaufes (Ankerkette) war die Beplankung 70 mm dick.

Aufbaudeck (A-Deck)
Es reichte von Spant 10 bis Spant 218.

Flugdeck
Es bildete den oberen Abschluß des Schiffskörpers und wurde für den Flug-betrieb völlig freigehalten. Er reichte vom Spant (minus) 2,5 bis Spant 239,5. Bis Spant 27,5 war der hintere Teil des Flugdecks in einer flachen Kurve herun-tergezogen, so daß die Hinterkante 1,5 m tiefer lag als mittschiffs. Der Überhang des Flugdecks war durch Kragträger in Rohrkonstruktion abgestützt. Die Vor-derkante des Flugdecks war zwischen den beiden Katapulten in einer stark ge-krümmten Kurve heruntergebogen. Die ebene Fläche des Flugdecks zwischen

Spant 27,5 und Spant 234,7 lag 22,8 m über Oberkante Kiel.
Für die Beplattung des Flugdecks im Be-reich von Spant 17,25 bis Spant 218 wurde Panzermaterial Wh n/A (Platten-stärke 20 mm) verwendet; im übrigen Schiffbaustahl St 52 KM.
Nach dem Einbau von Verstärkungen war das Flugdeck im Bereich der Auf-züge bis zu 45 mm dick.
Für die Schweißung des Flugdecks hatte die Bauvorschrift an Stelle der Doppel-kehlschweißung eine reine Nichro-thermschweißung nach einer damals neuen Schweißnahtform gefordert.
Das Flugdeck erhielt über seine ganze Länge an der Unterseite Längsbalken im Abstand von 550 mm, mit denen die Stabilität erhöht wurde.

Die Bauvorschrift von 1936 schrieb ei-nen fast senkrechten Vorsteven vor, der an seinem Fuß wulstförmig gestaltet war.
Dieser Wulstbug war im damaligen deutschen Kriegschiffbau üblich und bei allen größeren Einheiten anzutreffen. Entwickelt hatte diese Form des Vorste-vens der amerikanische Kriegschiff-bauer Rear-Admiral D.W. Taylor.

Die Höhe des Flugdecks ist erreicht. Blick auf das Vorschiff

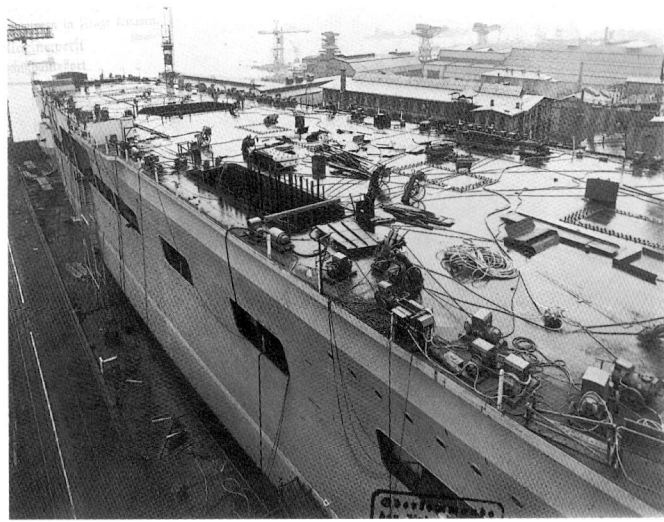

Die Backbordseite in Höhe Schiffsmitte am 22. Juni 1939. Ausbauarbeiten am Flugdeck

28. November 1938: Deutlich ist der Schornsteinschacht für die Hauptantriebsanlage zu erkennen

Im Ergebnis von systematischen Modellschleppversuchen hatte er Anfang des 20. Jahrhunderts herausgefunden, daß mittels einer wulstförmigen Verdickung des Stevenfußes die Widerstandsverhältnisse verbessert und die Bugwellenbildung verringert werden könnten. Eingeführt wurde der Taylor-Bug im Großschiffbau aber erst in den 30er Jahren.

Nach den Panzerschiffen des *Deutschland*-Typs und den beiden Schlachtschiffen *Scharnhorst* und *Gneisenau* erhielt auch *Graf Zeppelin* einen solchen Vorsteven.

Noch während des Baus des Flugzeugträgers stellte sich aber in der Praxis der Vorgänger heraus, daß die Wirksamkeit des Wulstbugs zu wünschen ließ. Bei den Erprobungsfahrten von *Scharnhorst* und *Gneisenau* wurden starke Spritzwasserbildung und ungünstige Lage der Bugwelle verzeichnet. Bei stärkerem Seegang und höherer Fahrt kam viel Wasser auf das Vorschiff und behinderte den Waffeneinsatz der Schiffe durch Überflutung des Turms A.

Die Deutschen Werke Kiel erhielten im Herbst 1938 den Auftrag, den vorderen Teil des Vorschiffes der *Gneisenau* umzubauen und einen sichelförmigen Atlantiksteven anzufügen.

Aufgrund seiner schärferen Formgebung und des stärkeren Spantenfalls

sollte er das Wasser wirksamer seitlich abweisen, das Eintauchen des Vorschiffs im Seegang weicher gestalten und das Vorschiff trocken halten.

Im Juli 1939 durchlief das Schwesterschiff *Scharnhorst* bei seiner Bauwerft in Wilhelmshaven einen analogen Umbau. Daraufhin wurde auch eine entsprechende Veränderung des Flugzeugträgers ins Auge gefaßt, bei dem es ja ebenfalls auf ein günstigeres Seeverhalten beim Einsatz seiner Flugzeuge ankommen würde.

Bei *Graf Zeppelin* diente die zweite, verbesserte Ausführung des *Gneisenau*-Vorstevens als Vorbild. Man ging gleich zum Klippersteven mit Stevenklüse und seitlichen Bügelklüsen über und verzichtete auf modifizierte Klüsenrohre, wie sie bei der *Gneisenau* vorübergehend verwendet worden waren.

Nach den Seeerprobungen der Schlachtschiffe stand fest, daß die infolge der wachsenden Geschwindigkeit der Schiffe größer werdende Bugwelle dazu zwingt, an ihrem Bug den unteren Klüsenrand möglichst hoch anzuordnen und den Anker mehr waagerecht zu lagern, damit ein Überfluten der Back von der Klüse aus und Spritzwasserbildung durch das Eintauchen der Ankerarme in die Bugsee verhindert wird.

Durch den Einbau der Bügelklüsen, bei denen die offene Klüsenmulde lediglich

von einem kräftig dimensionierten Bügel geschlossen wurde, erfüllte man die Forderungen nach sicherer Handhabung und zweckmäßiger Lagerung der Buganker ebenso wie die Verbesserung der Seefähigkeit durch das Trockenhalten der Back.

Außerdem unterstützte der Einbau eines Klippersteven mit Stevenklüse die geforderte scharfe Formgebung des Vorstevens und ermöglichte den Einsatz eines Mittelankers beim Zuankerliegen des Schiffes in strömenden Gewässern. Durch den Umbau des Vorstevens verlängerte sich der Schiffskörper des Trägers um 5,20 m auf nunmehr 262,50 m. In der überarbeiteten Vorschrift von 1942 wurde vermerkt, daß der neue Steven durch das Biegen und Schweißen von Platten aus Schiffbaustahl St 42 und die Verwendung von Schmiedeeisen St 50.11 hergestellt wurde.

Der Hintersteven, als Gegenpol des Schiffes, wurde nach dem Entwurf als eine Art Kreuzerheck gebaut und blieb unverändert.

Die Ruderanlage des Trägers ist wegen des Einbaus einer Vierwellenanlage und der geforderten guten Ruderwirkung als Doppelruderanlage ausgeführt worden. Dazu wurden zwei freischwebende Balanceruder mit einer Fläche von je 20,4 m^2 parallel eingebaut, deren Schäfte in der Ebene von Spant 12 lagen.

Die Ruderanlage wurde im Bereich von Spant 10 bis Spant 21,25 durch 60 mm dicke Panzerquerschotten und gleichstarke Horizontalplatten aus Panzermaterial besonders geschützt.

Die letzten größeren Veränderungen am Schiffskörper des Flugzeugträgers erfolgten im Zusammenhang mit dem Anbau seitlicher Schutzwulste, die oberhalb des Schlingerkiels von außen an die Bordwand angesetzt wurden. »Nachbesserungen« solcher Art hatte es auch schon bei ausländischen Flugzeugträgern (z.B. in den USA und Japan) gegeben. In verschiedenen Ausgaben der

Die Werftaufnahme zeigt das Vorschiff mit dem Klippersteven von der Backbordseite (26. März 1940): Das vordere Doppelgeschütz in der Kasematte ist zu erkennen

Dienstvorschrift »Material für die Konstruktion von Kriegsschiffen« war darüber detailliert berichtet worden.

Das Konstruktionsamt des OKM hatte eine solche bauliche Veränderung am Träger *Graf Zeppelin* schon seit März/April 1942 vorbereitet, noch bevor auf Hitlers Weisung am 13. März 1942 der Weiterbau veranlaßt wurde.

Ursprünglich war für den Anbau der Wulste eine Frist von fünf Monaten gesetzt und der Einsatz von mindestens 260 Facharbeitern geplant worden, wobei vorübergehend daran gedacht wurde, die Arbeiten in Wilhelmshaven oder Gotenhafen ausführen zu lassen.

Letztendlich fiel aber die Entscheidung, den Träger in seine Bauwerft nach Kiel zu schaffen. Da dort die Kapazität ausgeschöpft war, zog sich dieser Vorgang bis Ende 1942 hin.

Am 05. Dezember 1942 traf *Graf Zeppelin* zum letzten Mal in seiner Kieler Bauwerft ein. Die mit hoher Einsatzbereitschaft antretenden Baukolonnen schafften den Wulstanbau in etwa der Hälfte der vorgeplanten Zeit.

Zuzüglich beschäftigten sich Arbeitskommandos mit der Entkonservierung und Vorbereitung zur Inbetriebnahme der Kessel- und Maschinenanlagen. Es war vorgesehen, den Träger mit den Getriebe-Turbinensätzen 1 und 2, die auf die inneren Schrauben wirkten, für eine Höchstgeschwindigkeit von 25 bis 26 kn fahrbereit zu machen. Damit hätten,

Geheim

Dieses Planheft ist ein geheimer Gegenstand im Sinne des § 1 des Gesetzes gegen den Verrat militärischer Geheimnisse vom 3. Juni 1914 (Reichs-Gesetzblatt S. 195/199)

Das Heft ist bei Nichtgebrauch unter Verschluß zu halten. Bei Verlust, auch bei zeitweiligem Abhandenkommen des Planheftes oder einzelner Pläne desselben ist sofort, spätestens jedoch innerhalb 24 Stunden die Dienststelle, die der Verwaltung der Planhefte obliegt, zu benachrichtigen.

Bau Nr. K 252

Bauwerft

Deutsche Werke Kiel Aktiengesellschaft

Nr. des Planheftes:

7

Inhaltsverzeichnis

1. Bezeichnung der Deckräume
2. Hinterschiff, Hauptspant und Vorsteven
3. Stauung
4. Unteres Plattformdeck
5. Oberes Plattformdeck
6. Panzerdeck
7. Zwischendeck
8. Unteres Hallendeck
9. D-Deck
10. C-Deck
11. B-Deck
12. A-Deck
13. Aufbauten
14. Obere Ansicht
15. Hintere Querschnitte
16. Vordere Querschnitte
17. Längsschnitt

Oberkommando der Kriegsmarine
Amt für Kriegsschiffbau
Archiv u. Planf. K I
Geh nr. 541.

wenn auch sehr spät und nun schon unter den drohenden Zeichen einer sich ständig verschärfenden Heizölverknappung, etwa im Herbst 1943 die Erprobungen anlaufen können.

Die letzten Kontrollfotos der Bauaufsicht wurden im Schwimmdock der DWK am 24. März 1943 gemacht. Das war sechs Wochen nach dem zweiten und endgültigen Baustopp und dem Führungswechsel an der Spitze der Kriegsmarine. Kurz danach wurde der Träger ausgedockt und trat am 21. April 1943 seine letzte Schleppfahrt an. Dieses Mal nach Stettin, wo er fast auf den Tag zwei Jahre später durch Sprengkommandos auf Grund gesetzt wurde.

Für den Anbau der Wulste gab es mehrere Gründe: die Beseitigung einer permanenten Steuerbordschlagseite und die Verbesserung der Querstabilität und des Unterwasserschutzes. Die Konstrukteure hatten die durch die Aufbauteninsel hervorgerufene asymmetrische Belastung des Schiffes schon vom Entwurf her ins Kalkül gezogen, weil das eine typische Erscheinung bei Flugzeugträgern des Inseltyps war.

Sie hatten mit einer inneren Asymmetrie des Schiffes, d.h. mit einer bewußt um 0,8 m aus der Schiffslängslinie nach der Backbordseite verlagerten Anordnung

der beiden Hallendecks und des Flugdecks, erreicht, das Gewicht der Insel annähernd auszugleichen.

Dieses »Gleichgewicht« war aber inzwischen gestört worden.

Im Verlaufe der Bauzeit hatte sich das vor allem im Bereich der Aufbauteninsel angehäufte Gewicht über die ursprünglichen Berechnungen hinaus stark vermehrt. Aber gerade hier waren im Zuge der geplanten Umbauten und Erweiterungen zusätzliche Mehrgewichte zu erwarten.

Hauptsächlich durch die bisher eingetretenen Gewichtsüberschreitungen bei der artilleristischen Bewaffnung (einschließlich der vier Kugel-Fla-Leitstände) krängte das Schiff ohne Gegenfluten permanent nach Steuerbord.

Im praktischen Einsatz hätte das Gegenfluten die Treibstoff- und andere Vorratskapazitäten des Trägers erheblich eingeschränkt.

Werft und Bauaufsicht befürchteten außerdem eine erheblich verminderte Querstabilität und forderten entsprechende Gegenmaßnahmen. Das krängende Moment konnte beseitigt werden, indem die Wulst der Backbordseite wesentlich schwerer als jene auf der Steuerbordseite ausgeführt wurde. Erreicht wurde dies durch die Verwendung des

schweren Schiffbaustahls St 52 KM, während die Wulst der Steuerbordseite aus dünnem und leichterem Panzerblech entstand.

Paul Küchler führte in seinen Aufzeichnungen aus dem Jahre 1946 aus, daß die Backbordwulst zudem größer als die Wulst der Gegenseite gewesen wäre. Die dadurch entstandene Asymmetrie des Unterwasserschiffes habe man bewußt in Kauf genommen. Da P. Küchler für beide Wulste eine Breite von 2,25 m angibt, ist es durchaus möglich, daß die Backbordwulst in der Länge größer als die der Steuerbordseite war.

Mit der durch die seitlichen Anbauten erreichten Verbreiterung des Schiffskörpers in der Schwimmlinie wurde zugleich eine Vergrößerung der Metazentrischen Höhe (MG) erreicht. Dies ist der ausschlaggebende Wert für die Anfangsstabilität eines Schiffes. Er gibt darüber Auskunft, bis zu welchem Krängungswinkel das Schiff eine Schräglage erhalten kann, aus der es sich nach Aufhören der neigenden Kraft wieder aufrichten kann oder aber seitlich umschlägt und kentert.

P. Küchler nannte dafür die Werte 2,46 m vor dem Wulstanbau und 4,52 m danach. Ein Wert von MG = 2,46 m wäre in der Tat sehr knapp und kennzeich-

Flugzeugträger *Graf Zeppelin* am 22. März 1939

nend für eine ungenügende Stabilität gewesen. Denn es galt damals als Lehrsatz, daß die Stabilität eines Schiffes genügend ist, wenn die Metazentrische Höhe mindestens 1% der Schiffslänge beträgt, was aber MG = 2,62 m bedeutet haben würde.

Demnach wäre die Stabilität des Trägers, die durch die einseitigen Gewichtsvermehrungen erheblich beeinträchtigt war, durch den Anbau der Seitenwulste nicht nur wiederhergestellt, sondern auch bedeutend verbessert worden.

Zuletzt wurde, wiederum nach den Aufzeichnungen von Paul Küchler zu urteilen, durch den Wulstanbau der Unterwasserschutz des Schiffes, der im Bereich der Kesselräume infolge mehrfacher Durchbrechung der als Torpedoschotte dienenden Wallgangslängs-schotte stark herabgesetzt war, wieder wesentlich verbessert.

Letztendlich wirkte auch positiv die Einrichtung von zusätzlichen Heizölvorratszellen in den Wulstanbauten.

Insgesamt gesehen veränderten sich einige der wichtigsten taktisch-technischen Daten des Trägers:

Erhöhung der Einsatzverdrängung von 31.220 t auf 34.000 t,
Zunahme der Rumpfbreite von 27 m auf 31,5 m,
Steigerung des Heizölvorrates von 5380 m³ auf 6500 m³,
Erweiterung des Fahrbereichs (bei 19 kn Marschfahrt) von 6500 sm auf 7800 sm,
Verringerung der theoretischen Höchstgeschwindigkeit von 34,25 kn auf 33,80 kn.

Die schiffstechnische Anlage

Die taktischen Forderungen für den Flugzeugträger, datiert vom 23. November 1935, schrieben eine Höchstgeschwindigkeit von 35 kn vor. Sie wurde in einer solchen Höhe für erforderlich gehalten:

1. Im Hinblick auf die Verwendung des Trägers im Zusammenwirken mit schnellen Überwasserkräften (Schweren Kreuzern und Schlachtkreuzern bzw. schnellen Schlachtschiffen).

2. Wegen seiner leichten Verletzlichkeit und geringen artilleristischen Kampfkraft.

3. Wegen des erforderlichen Abweichens vom Generalkurs beim Starten und Landen der Flugzeuge und dem schnellen Heranschließen an den Verband.

4. Wegen der Erleichterung des Flugbetriebs (je höher die Geschwindigkeit des Trägers, umso kürzer die Anlauf- und Auslaufstrecke der Flugzeuge).

Von den ausländischen Flugzeugträgern liefen zu der Zeit, als die Graf Zeppelin projektiert und gebaut wurde, nur jene Schiffe deutlich über 30 kn Geschwindigkeit, die ursprünglich als Schlachtkreuzer konzipiert worden waren.

Das waren die amerikanischen Träger Lexington und Saratoga mit einer Gesamtlänge von jeweils 270,7 m, einer Rumpfbreite von 31,9 m und einem mittleren Tiefgang von 8,4 m, die ein offizielles Typdeplacement von 31.000 ts hatten. Das galt auch für das japanische Gegenstück Akagi, annähernd gleich groß, aber nicht so schnell. Andere schnelle Träger, wie die Einheiten des amerikanischen Yorktown-Typs und die beiden japanischen Träger Soryu und Hiryu, die über 34 kn erreichen sollten, befanden sich noch im Bau. Von den englischen Schiffen, die ihren Ursprung in Schlachtkreuzern bzw. Großen Kreuzern hatten, wie Furious, Courageous und Glorious, lief im praktischen Einsatz keines über 31 kn.

So gesehen entsprach keiner der ausländischen Flugzeugträger der sehr weit gespannten Forderung, der Graf Zeppelin zu folgen hatte.

Obwohl es so eindeutig in den taktischen Forderungen nicht formuliert wurde, kann es als Indiz für eine geplante Kreuzerkriegsverwendung gesehen werden.

Im Hinblick auf eine solche Aufgabenstellung mußte das Schiff schnell genug für einen Ausbruch in den Atlantik sein, um gegen Zufuhrtransporte des potentiellen Gegners operieren zu können, und überlegen schnell, um gegnerischen Handelsschutzkreuzern und anderen Flottenkräften auszuweichen bzw. ihnen entkommen zu können.

So gesehen hatte sogar die ungewöhnliche Bewaffnung des Schiffes mit Mittelartillerie zur Seezielbekämpfung einen gewissen Sinn. Die geforderte überdurchschnittlich hohe Geschwindigkeit bedingte eine ebenso ungewöhnlich große Antriebsleistung, was wiederum hohen Gewichts- und Raumbedarf für Haupt- und Hilfsmaschinenanlagen sowie Brennstoffvorräte notwendig machte. Ein wirksamer Unterwasserschutz und ein entsprechender Seiten- und Horizontalschutz beanspruchten ebenfalls Raum- und Gewichtsanteile und schließlich sollten auch mindestens 42 Flugzeuge mit entsprechender Ausrüstung und Bewaffnung, die dazu erforderliche Besatzung und ausreichende Vorräte untergebracht werden. All das führte auch dazu, daß der Entwurf zwei übereinanderliegende Hallendecks vorsah und der Rumpf im Oberteil überdurchschnittlich hoch wurde.

Demgegenüber war der Tiefgang vergleichsweise unterdurchschnittlich, weil in dieser Hinsicht mehr an die heimischen Küstengewässer, als an das ozeanische Operationsgebiet gedacht wurde. Ausgehend von den Modellschleppversuchen wurde entschieden, eine Gesamtantriebsleistung von rund 200.000 WPS zu installieren. Erzeugt werden sollte diese, für die damalige Zeit enorme und bisher im europäischen Schiffbau noch nicht praktizierte Leistung durch eine über Zahnrädergetriebe auf vier Wellen wirkende Dampfturbinenanlage (Vierwellenmaschinenanlage).

Als Vierschraubenschiff stellte der Flugzeugträger (und das vorgesehene Schwesterschiff) eine Ausnahme unter den großen Einheiten der Kriegsmarine dar. Man war nach 1933 wieder zum Dreischraubensystem zurückgekehrt, das auch bis 1918 angewandt worden war und sich gut bewährt hatte.

Auch im Kriegsschiffbau des Auslandes war eine solche Antriebsleistung ungewöhnlich und zuvor nur bei den amerikanischen Flugzeugträgern *Lexington* und *Saratoga* annähernd erreicht worden.

Die Gesamtantriebsleistung für den deutschen Flugzeugträger *A* wurde auf vier Turbinensätze mit jeweils 50.000 WPS aufgeteilt.

Für eine solche schiffstechnische Anlage legte die Bauvorschrift folgende Gewichte als verbindlich fest:

- Hauptdampfturbinen mit Zahnrädergetrieben, Kondensatoren, Pumpen und sämtliche Leitungen und Hilfsmaschinen, die zum Betrieb der Hauptturbinen gehören, nebst Wasser und Öl in der Anlage: 1364 t
- Kessel mit Ausrüstung, Kesselbekleidung, Luftvorwärmern, Überhitzern, Rauchgasfängen, Ölfeuerungsanlage und sämtlichen Leitungen und Hilfsmaschinen, die zu ihrem Betrieb gehören, nebst Wasser in der Anlage: 1825 t
- Wellenleitungen mit Lagern und Kupplungen nebst Zubehör: 400 t
- Schiffsschrauben: 76 t
- Maschinengeräte für Turbinenanlage mit Kesselanlage: 180 t

Hersteller der Turbinensätze des Curtis-Typs war die Firma Brown, Boverie & Cie in Mannheim, die schon für andere große Einheiten der Kriegsmarine ähnliche Anlagen entwickelt und hergestellt hatte (z.B. für *Scharnhorst*).

Als erste der 1937 für Flugzeugträger *A* in Auftrag gegebenen Turbinenanlagen machte die Steuerbordaußenturbine im Februar und März 1938 die Probeläufe und die Abnahmeerprobung im BBC-Prüfstand Neckarau.

Gespeist wurde sie mit Frischdampf von 475 °C Temperatur, dessen Überdruck von 100 kg/cm² für die Erprobung auf 50 kg/cm² gedrosselt worden war. Nach erfolgreicher Erprobung und Abnahme folgten nacheinander auch die anderen Turbinen.

Die vier Turbinensätze wurden an Bord in drei Räumen untergebracht.

Im Turbinenraum 3/4 (von Spant 97,5 bis Spant 111) befanden sich die Turbinensätze für die Backbord- und Steuerbordaußenturbinenanlagen.

Im Turbinenraum 2 (von Spant 85 bis Spant 97,5 reichend) war der Turbinensatz für die Steuerbordinnenturbinenanlage installiert.

Im Turbinenraum 1 (zwischen Spant 72,5 und Spant 85) befand sich analog dazu der Turbinensatz für die Backbordinnenturbinenanlage.

Von der Bauart her waren es Curtis-Turbinen, eines Gleichdruckturbinentyps mit einer Druckstufe und mehreren Geschwindigkeitsstufen.

Auf jeder Schraubenwelle arbeitete ein viergehäusiger Turbinensatz, bestehend aus:

2 Hochdruckturbinen,
1 Mitteldruckturbine,
1 Niederdruckturbine und
2 Rückwärtsturbinen.

Von den letzteren befand sich je eine in den Gehäusen der Mittel- und Niederdruckturbinen. Spezielle Marschturbinen waren nicht vorhanden.

Die Gehäuse der vier Teilturbinen befanden sich um ein dazugehörendes Getriebe herumgruppiert. Bei allen vier Turbinensätzen handelte es sich um pfeilradverzahnte Zahnrädergetriebe, die die Leistung der schnellaufenden Turbinen (je nach Druckstufe etwa 2400 bis 2900 U/min) untersetzt auf die jeweilige Schraubenwelle übertrugen, so daß diese auch bei Höchstleistung nicht schneller als mit 300 U/min rotierte.

Die Getriebe waren mit der Schraubenwelle durch eine Kupplung verbunden, die durch Dampf, Druckluft oder Handpumpenbetrieb aus- bzw. eingerückt werden konnte.

Die beiden Steuerbordschraubenwellen waren rechtsgängig, die Backbordschraubenwellen linksgängig.

Zur Erzeugung des hochgespannten und überhitzten Wasserdampfes für den Antrieb der Turbinensätze dienten 16 La-Mont-Kessel, die zu jeweils vier in einem Kesselraum aufgestellt waren.

Die Kesselräume waren voneinander getrennt, aber unmittelbar hintereinander

liegend angeordnet, was als sehr nachteilig zu bewerten ist.

Als wesentlich vorteilhafter für den Fall einer Beschädigung gilt eine gestaffelte Anordnung der Turbinen- und Kesselräume, wobei diese in Gruppen (Staffeln) gegliedert sind, zu denen jeweils ein Turbinensatz mit den dazugeschalteten Kesseln gehört.

Die Kesselräume lagen zwischen Spant 120,5 bis Spant 132,5, Spant 132,5 bis Spant 144,5, Spant 144,5 bis Spant 156,5 und Spant 156,5 bis 168,5. Außer jeweils vier Kesseln nahm ein solcher Raum die dazugehörenden Hilfsmaschinen (Pumpen u. dergl.) und einen Kesselfahrstand mit Regeleinrichtung auf. Bei dem gewählten Kesseltyp La Mont handelte es sich um einen engrohrigen Wasserrohrkessel (Einender) für 75 kg/cm² Genehmigungsdruck und 70 kg/cm² Betriebsdruck sowie 450 °C Dampftemperatur (gemessen am Kesselaustritt). Der Wasserinhalt eines solchen Kessels umfaßte 3,5 t Kesselspeisewasser. Jeder Kessel war mit zwei Ölbrennern mit Rotationszerstäubern bestückt. Die vorgeschriebene Dampfleistung jedes Kessels betrug 60 t je Stunde. Auf 16 Kessel bezogen ergab dies die gewaltige Dampfmenge von 960 t je Stunde. Davon verbrauchten die mit Vollast laufenden Hauptturbinen des Schiffes rund zwei Drittel, und ein Drittel wurde für den Betrieb der Hilfsmaschinen benötigt.

Fuhr das Schiff mit kleinen Fahrstufen, wurde nur ein Teil der Kessel unter Betriebsdruck auf die Hauptturbinen geschaltet, damit die erzeugte Dampfmenge annähernd dem Verbrauch entsprach und Heizöl gespart werden konnte.

Im Unterschied zu anderen Kesseltypen arbeiteten die La-Mont-Kessel mit einem Zwangsumlauf des Speisewassers. Ein kompliziertes Pumpensystem mit schnellaufenden, mit direktem Dampfturbinenantrieb versehenen Zubringepumpen, Haupt- und Ersatzspeisepumpen und Speisewasserförderpumpen, führte den Kesseln unabhängig unter hohem Druck vorgewärmtes (95 °C) Destillat zu, wobei es verdampfte.

Das Speisewasser erreichte in den Zuführungsleitungen vor den Kesseln eine Geschwindigkeit von 2,84 m/sec (10,2 km/h). Das Kesselspeisewasser wie auch das Trink- und Waschwasser wurden von drei getrennten Frischwassererzeugeranlagen hergestellt, die mit dem Abdampf der Hauptturbinen betrieben wurden.

Die Bauvorschrift forderte, daß diese drei Anlagen zusammen eine Leistung von 450 Tonnen in 24 Stunden erzeugen konnten.

Jede Störung in der Speisewasserversorgung und im Verdampferkreis der Kessel konnte bei einem Zwangsumlaufsystem zu schwerwiegenden Folgen führen. Es liegt auf der Hand, daß die Ausbildung des Kesselpersonals, aber auch des Maschinenpersonals, besonders gründlich und umsichtig erfolgte. Von jedem einzelnen Mann an Kesseln und Maschinen wurde verlangt, daß er in jeder Lage alle erforderlichen Griffe und Handlungen beherrschte.

Natürlich lagen dem Einbau solcher Anlagen bestimmte Überlegungen zugrunde. Die wichtigste Erwägung fußte auf der Theorie, daß der Brennstoffverbrauch einer solchen, damals sehr modernen Hochdruck-Heißdampfanlage mit Getriebeturbinen nicht wesentlich über dem spezifischen Verbrauch von Großdieselmotoren liegen würde.

Unter den späteren Einsatzbedingungen erfüllten sich diese Erwartungen bei den anderen deutschen Kriegsschiffen, die mit Hochdruck-Heißdampf-Turbinenanlagen ausgerüstet waren (Schlachtschiffe, Schwere Kreuzer, Zerstörer), nicht.

Die Anlagen erwiesen sich unter den harten Bedingungen des Kriegseinsatzes als zu empfindlich und störanfällig. Sie erreichten zwar in allen Fällen die geforderten Leistungen, aber mit einem wesentlich höheren Ölverbrauch als vorgesehen, so daß die Seeausdauer viel zu gering ausfiel und in einigen Fällen gefährliche Brennstoffknappheit eintrat.

Eine andere Überlegung war, und diese führte zu besseren praktischen Ergebnissen, die Gewichtsverringerung beim Einbau von Hochdruck-Heißdampfanlagen gegenüber anderen Antriebssystemen. Außer den Kesseln für die Dampferzeugung zum Betrieb der Turbinenanlage war noch eine Hilfskesselanlage an Bord, die während der Hafenliegezeit das Schiff mit Dampf versorgte. Die Anlage befand sich in der Stauung zwischen Spant 168,5 und Spant 176 im Hafenbetriebsraum und wurde ebenfalls ölbeheizt. Der eigentliche Vortrieb des Schiffes geschah über die Schiffsschrauben bzw. Propeller.

Die Bauvorschrift vom 26. April 1937 sah dreiflüglige Schrauben mit einem Durchmesser von 4,40 m vor.

Nach der überarbeiteten Fassung vom 23. Mai 1939 sollten vierflüglige Schrauben gleichen Durchmessers verwendet werden.

Aufgrund einer Festlegung vom 14. August 1939 erfolgte dann aber endgültig der Einbau von dreiflügligen Propellern. Ihre nominelle Steigung (d.h. die mittlere mathematische Steigung der Propellerdruckfläche) betrug 4,6 m.

Die Schraubennabe mit den Flügeln wurden in einem Stück hergestellt. Die Schrauben bestanden aus Sondermessing BF 55 KM.

Für die Erprobung der Kessel- und Turbinenanlagen an Bord vor der Indienststellung des Schiffes lag bereits das komplette Programm des Ablaufes vor.

Während der achtstündigen Übergabeprobefahrt sollten die Turbinen zwei Stunden lang mit Höchstleistung (200.000 WPS) laufen.

Der Turbinenhersteller hatte bei einer solchen Leistung einen stündlichen Dampfverbrauch von 167 t berechnet.

Für die Meilenfahrten zur Ermittlung der Geschwindigkeit war die sechs Seemeilen lange abgesteckte Fahrtstrecke bei Neukrug vorgesehen, da ein Schiff von der Größe des Flugzeugträgers eine Wassertiefe von etwa 65 m brauchte, um seine höheren Geschwindigkeitsstufen ohne Beeinflussung durch die Tiefenverhältnisse zu erreichen. Die Meilenfahrten sollten unter Einsatz der gesamten Turbinenanlage, also mit allen vier Schraubenwellen, ebenso erfolgen wie mit ausgekuppelten Innen- bzw. Außenwellen. Während einer dreistündigen hochgesteigerten Fahrt war eine Volldauerleistung der Turbinenanlage von 170.000 WPS vorgeschrieben (je Turbineneinsatz 42.500 WPS bei 290 U/min.) mit einem stündlichem Dampfverbrauch von 155 bis 158 t.

Daran hätte sich eine dreistündige Fahrt mit Höchstleistung angeschlossen, bei der die Turbinenanlage die vorgegebene Maximalleistung von 200.000 WPS zu erbringen hatte.

Analog zur Höchstbeanspruchung der Vorausturbinen war eine Leistungsmessung der Rückwärtsturbinen vorgesehen. Dabei sollten insgesamt 72.000 WPS (je Turbinensatz 18.000 WPS) für die Dauer von zwei Minuten mit 215 bis 230 Umdrehung je Minute erreicht werden. Da diese Leistung nicht übergangslos geschafft werden konnte, war die Gesamtdauer der Rückwärtsfahrt mit 30 Minuten festgelegt worden.

Bei diesen Probefahrten war vorgesehen, den Heizölverbrauch und die Leistung der Turbinen in WPS zu messen. An die Probefahrten des Schiffes sollten sich Brennstoffmeßfahrten anschließen, und zwar insgesamt zwölf, wobei jeweils vier mit der gesamten Turbinenanlage und mit den Außen- bzw. Innenwellen auszuführen waren. Dazu gab es Bestimmungen über die zulässige Windstärke und Wassertiefe.

Seitens der Marine waren dazu die Obergrenzen des jeweiligen Brennstoffverbrauches vorgeschrieben, die als toleranzlose Garantiewerte galten und von der Werft und den Maschinenherstellern unbedingt einzuhalten waren.

Leistung und Ölverbrauch bei Höchstlast (4 x 50.000 WPS) bezogen sich auf einen Dampfdruck von 58 kg/m^2 und etwa 420 °C Dampftemperatur vor dem Manöverventil der Turbinen. Davon ausgehend sollten mit 16 in Betrieb befindlichen Kesseln und bei 300 U/min. ein Brennstoffverbrauch von maximal 340 Gramm je WPS und Stunde eingehalten werden: 68 t.

Man ging davon aus, daß eine Marschgeschwindigkeit von etwa 21 kn bei einer Leistung von rund 20.000 WPS (4 x 5000 WPS) unter Inbetriebnahme von vier Kesseln und bei 145 U/min. erreicht worden wäre. Dies wäre dann mit einem theoretischen Brennstoffverbrauch von 525 Gramm/WPS/h zu erreichen gewesen, also mit 10,5 Tonnen Öl je Stunde bzw. mit 252 Tonnen Öl in 24 Stunden. Grau ist alle Theorie – da es für den Fahrbetrieb eines Flugzeugträgers keine praktischen Erfahrungen gab, wären im praktischen Einsatz des Schiffes Überraschungen jeglicher Art nicht ausgeblieben.

Für die Handhabung eines jeden Schiffes ist es für die Schiffsführung unerläßlich zu wissen, welche Zeiträume für die Ausführung der Maschinenmanöver und für die Reaktion des Schiffes zu erwarten sind.

Die Bauvorschrift verlangte beispielsweise, daß die Turbinenanlage innerhalb von 20 Sekunden vom Manöver »Alle Kraft voraus« auf »2 mal Stopp« (d.h. die Antriebswellen durch Gegendampf zum Stehen zu bringen) gebracht werden konnte, ohne die Turbinen zu gefährden. Mit einer zusätzlichen Steuereinrichtung war der Flugzeugträger für Fahrten in engem Fahrwasser, zur Unterstützung von An- und Ablegemanövern, für das Ein- und Ausdocken sowie für andere Fälle mit zwei Voith-Schneider-Anlagen ausgerüstet. Bezeichnet wurden sie in den Bauvorschriften entweder als VS-Steuerschraube oder als Schachtpropeller.

Diese Vortriebseinrichtung, bei der mittels einer horizontal drehenden Scheibe und vier oder mehr darauf senkrecht angebrachten Spatenflügeln über eine Exzentersteuerung der Anstellwinkel verändert wird, um bei gleichbleibender Drehrichtung der Scheibe, vorwärts, rückwärts oder seitwärts Schub erzeugen zu können, war 1926 vom österreichischen Ingenieur E. Schneider entwickelt worden. Gebaut wurde sie ab 1931 von der Firma Voith.

Für den Träger hatten sich die Konstrukteure entschieden, zwei Anlagen der Größe 16 (Werk-Nr. 104 und 105) einzubauen, die einen Scheiben- bzw. Läuferdurchmesser von 1,96 m hatten.

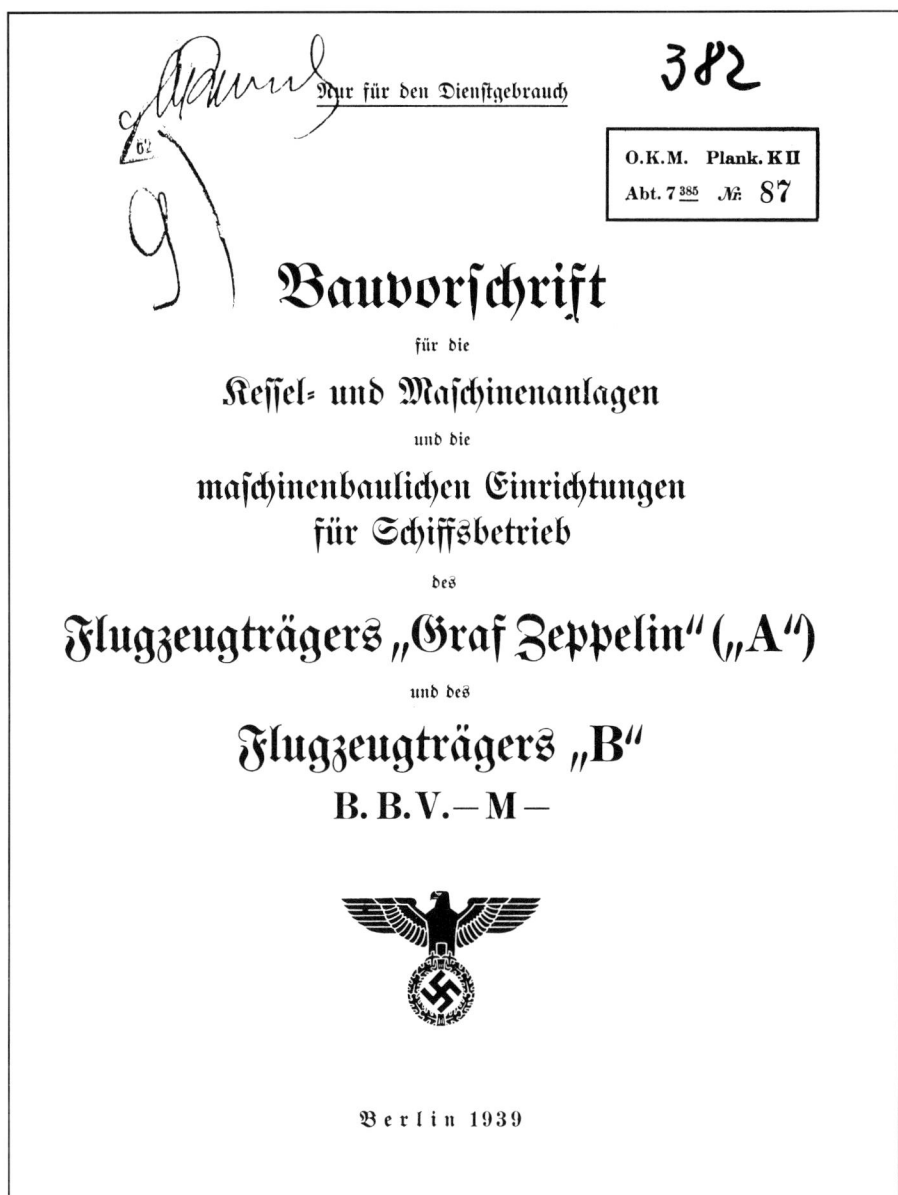

Jede Anlage wog rund 11 Tonnen. Die Antriebsleistung betrug 450 PS, wobei AEG-Gleichstrommotoren die Energie lieferten. Die mit sechs Spatenrudern versehenen Läufer drehten mit 129 U/min. Sie waren in der Lage, einen seitlichen Schub von 7,5 t bzw. einen Vor- oder Achterausfahrtschub von 3,8 t je Anlage (bei 6 bis 8 kn Schiffsgeschwindigkeit) zu entwickeln.

Die Bauvorschrift klassifizierte die Anlagen als eine Hilfssteuereinrichtung, die das Manövrieren des Schiffes unter erschwerten Bedingungen unterstützen sollte.

Beide Anlagen waren im Boden des Vorschiffs in der Längsachse im Abstand von 10 m hintereinander eingebaut. Mittels elektrisch angetriebener Hubwerke konnten die VS-Propeller ein- und ausgefahren werden. Die Schächte lagen auf Spant 216,5 und 230 und waren begehbar eingerichtet.

Im Unterschied zu modernen ausländischen Flugzeugträgern ist bei dem deutschen Träger auf Stabilisatoren zur Dämpfung der Schlingerbewegungen verzichtet worden.

Das wirkt nicht zuletzt deshalb verwunderlich, weil im deutschen Schiffbau die

Verwendung solcher Anlagen durchaus nicht als Besonderheit galt, vorausgesetzt natürlich, daß eine Notwendigkeit dafür erkannt wurde.

Und wenn diese Notwendigkeit bei Fahrgastschiffen erkannt wurde, dann hätte sie auch hier gesehen und durchgesetzt werden müssen. Nicht zuletzt deswegen, weil es sich um den ersten deutschen Flugzeugträger handelte und weil bekannt war, daß einige der eingebauten flugtechnischen Einrichtungen keine hohen Krängungswinkel vertrugen.

Dies betraf einmal die Aufzüge für die Flugzeuge und zum anderen auch die durch die Verwendung der Vorsetz- und Startwagen komplizierten Transport- und Startvorgänge.

Die Bauwerft und die Erprobungsstelle See in Travemünde hatten bei der gemeinsam betriebenen Erprobung der Katapulte und der Startwagen festgestellt, daß ein reibungsloser Ablauf der Vorgänge vorerst nur bis zu Krängungswinkeln von 8° garantiert werden konnte.

Es ist nicht verwunderlich, daß aus den Reihen der Konstrukteure und Erprobungsleiter die Anregung kam, an Stelle der VS-Hilfssteuereinrichtung eine aktive Stabilisatorenanlage einzubauen. Der von dieser Seite geäußerte Gedanke, daß sich ja der Flugzeugträger bei Flugoperationen mehr auf offener See zu befinden habe, wo es auf eine Dämpfung der Schlingerbewegungen zu Gunsten der Einsatzbereitschaft von Schiff und Fliegergruppe ankam, als in engen Fahrwassern der heimatlichen Küste, wo es für den Träger ausreichend Schlepperassistenz gab, wurde wohl nicht ernst genommen.

Es gab, vor allem von Seiten der mit dem Einsatz der Träger-Fliegergruppe befaßten Experten, kritische Stimmen, die darauf aufmerksam zu machen versuchten, daß dem Träger und seinen Fliegern durch den Einbau der beiden VS-Schachtpropeller der Raum für bis zu 50.000 Liter Flugzeugbenzin verlorengeht.

In dieser wie auch in anderer Hinsicht trat eben immer wieder der Mangel an

18. August 1939: Detail des Drehstromumformerraumes für die Waffenleitanlage in Abt. XIV an Steuerbord. Im Hintergrund das Schott auf Spant 177,55

eigenen Erfahrungen als erhebliches Erschwernis zutage.

Tatsache ist, den Bau eines Flugzeugträgers ohne Vorversuche, sei es nun mit mehr oder weniger provisorisch hergerichteten Versuchsschiffen oder auf eine andere Art und Weise zu betreiben, und gleich mit einem von vornherein dafür bestimmten Spezialbau zu beginnen, hatte es weltweit noch nicht gegeben. Das war für alle Beteiligten eine unerhörte Herausforderung. Zweifellos wären bereits bei einem zweiten deutschen Flugzeugträger, dabei vorausgesetzt, daß *Graf Zeppelin* seine intensive Erprobung absolviert und der Bauauftrag eines Nachfolgebaus die Genehmigung erhalten hätte, eine Vielzahl von Erfahrungen und Verbesserungen berücksichtigt worden.

So wahrscheinlich auch bei der Berechnung der elektrischen Stromerzeugungsanlage, bei der zunächst davon ausgegangen wurde, daß sie dem hohen Bedarf an Elektroenergie an Bord eines Flugzeugträgers ausreichend gerecht wird.

Nach der überarbeiteten Bauvorschrift von 1939 waren einzubauen:

Im E-Werk 1:
Zwei Turbo-Generatoren von je 460 kW (625 PS) und ein 10-KVA-Wechselstrom-Umformer.

Im E-Werk 2:
Zwei Turbo-Generatoren von gleicher Leistung wie im E-Werk 1, dazu zwei

Diesel-Generatoren von je 350 kW (475 PS) und ein 100-KVA-Wechselstrom-Umformer.

Im E-Werk 3:
Je ein Turbo-Generator mit 460 kW (625 PS) und 230 kW (315 PS) Leistung, letzterer mit angehängtem 400-KVA-Synchron-Generator sowie eine 480-KVA-Wechselstrom-Maschine, die von einem Dieselmotor angetrieben wurde.

Im E-Werk 4
befanden sich ausschließlich Dieselaggregate: zwei Generatoren mit je 350 kW (475 PS) und eine 360-KVA-Wechselstrom-Maschine.

Von den Generatoren wurde Gleichstrom mit 230 Volt Klemmspannung erzeugt.

Die Antriebsturbinen der Turbo-Generatoren wurden mit 50 kg/cm² Dampfdruck (bei 420°C Eintrittstemperatur) gespeist.

Der von den installierten Umformern erzeugte Einphasen-Wechselstrom 50 Hz, 230 Volt wurde vor allem für den Betrieb der Befehls- und Meldeanlagen, der Waffenbetriebsanlagen und der nachrichtentechnischen Ausrüstung benötigt. Möglicherweise wäre aber gerade der nachrichtentechnische Bereich des Schiffes nicht mit der projektierten Energieerzeugung ausgekommen, denn innerhalb von wenigen Jahren erhöhte sich der Energiebedarf sprunghaft.

Die »Bauvorschrift für die Kessel- und Maschinenanlagen und die maschinenbaulichen Einrichtungen für Schiffsbetrieb des Flugzeugträgers *Graf Zeppelin* (A) und des Flugzeugträgers B – B.B.V.-M–«, Ausgabe 1939, sah den Einbau folgender nachrichtentechnischer Anlagen vor:

Funkanlage
Funkpeilanlage
Rundfunkanlage
Sondergeräte (FuMG)
U.T.-Anlage (Unterwassertelefone)
Horchanlage (Gruppenhorchanlage)
Ortungsanlage (S-Gerät)
Lotanlage
Fernschreibanlage
Bordwetterdienstanlage

Detailaufnahme vom 18. August 1939. Vordere Artillerieschaltstelle an Steuerbord auf dem unteren Plattformdeck zwischen Spant 176 und Spant 179,5

Da noch keine eigenen Erfahrungen für die funktechnische Ausrüstung eines Flugzeugträgers vorlagen, erbat das OKM von der japanischen Marine entsprechende Angaben.

Am 17. Juli 1941 übermittelte der Leiter einer in Deutschland weilenden japanischen Studienkommission, Fregattenkapitän Ito, die gewünschten Hinweise. Danach war ein Flottenflugzeugträger der japanischen Marine mit folgenden funktechnischen Geräten und Anlagen ausgerüstet:

2 oder 3 Kurzwellensender
2 Langwellensender
20 Allwellenempfänger im Bereich von 15 m bis 7500 m
1 70-W-UK-Gerät
4 1-W-UK-Geräte
3 oder 4 Langwellen-Peilgeräte
2 oder 3 30-W-Mittelwellensender für den Funkverkehr auf kurze Enfernung.

Als neue Entwicklung war die Ausrüstung mit 300-W-UK-Geräten in Vorbereitung. Die Informationen der japanischen Marine wurden am 02. September 1941 an das Nachrichtenmittelversuchskommando Kiel weitergeleitet, wo die funktechnische Umrüstung von *Graf Zeppelin* vorbereitet wurde.

Unterlagen für die geplante Ausrüstung des Flugzeugträgers mit, wie man damals sagte, Sondergeräten, sind bisher noch nicht aufgefunden worden.

Unter dem Begriff »Sondergeräte« war die Ausstattung mit Funkmeßgeräten (FuMG, heute Radar) zu verstehen. Für sie gab es das Kürzel Fu MG. Üblich war eine Unterteilung in vier verschiedene Aufgabenbereiche:

● Funkmeß-Ortungsgeräte (FuMO) dienten der Entfernungsmessung und, wenn sie entsprechende Zusatzgeräte hatten, zur Bestimmung der Seiten- und Höhenrichtung. Wichtig wären FuMO vor allem für die artilleristische Bewaffnung des Trägers gewesen. 1942/43 sollte eine entsprechende Ausrüstung eingebaut werden.

● Funkmeß-Beobachtungsgeräte (FuMB) waren Empfangsstationen zur Feststellung gegnerischer Funkmeßortungen. Sie hatten die Aufgabe, deren Impulse zu empfangen, das Bedienungspersonal vor der gegnerischen Ortung zu warnen und ihre Wellenlänge, Impulsfrequenz, Ortungsrichtung und Energiegröße anzuzeigen.

● Funkmeß-Kenngeräte oder -Erkennungsgeräte (FuMKG oder FuME) dienten der Unterscheidung von Freund und Feind.

● Luftraumüberwachungs- und Fliegerleit-Funkmeßgeräte ließen schon durch ihre Bezeichnung den vorrangigen Verwendungszweck erkennen.

Auf dem Gebiet der Marine-FuMG, die zuerst mit der Tarnbezeichnung »Dete« (von Dezimeter-Telegraphie) und dann als »Seetaktische Geräte« bezeichnet wurden, hatte die deutsche Marine schon 1938 Entwicklungsaufträge und Erprobungsprogramme vergeben. Ab 1939/40 waren alle größeren Einheiten der Kriegsmarine entsprechend ausgerüstet, wobei die Geräte und die Ausbildung des Bedienungspersonals ständig verbessert wurden.

Auf dem Gebiet von bordstationierten FuMG, die der Früherkennung von anfliegenden Flugzeugen und der Fliegerführung dienten, sah es in der deutschen Marine erheblich schlechter aus. Ungeachtet dessen hätten aber die Probleme der funktechnischen Luftraumüberwachung, der Zielerfassung und -unterscheidung sowie der Fliegerführung bei Indienststellung des Flugzeugträgers geklärt werden müssen.

Dafür in Frage gekommen wäre eine Ausrüstung mit FuMG der Typen *Freya* und *Würzburg* aus Luftwaffenbeständen, wie sie 1943 beispielsweise zusammen mit speziellen Funksende- und -empfangsgeräten auf dem Nachtjagdleitschiff *Togo* (ex HSK *Coronel*, Schiff 14) installiert worden sind.

Hinweise auf eine vorgesehene funktechnische Nachrüstung des Trägers von beträchtlichem Ausmaß gibt die in den Zeichnungen von 1942 zu erkennende Beschaffenheit der Masten und die geplante Einrichtung von fünf Funkräumen (ohne Wetterfunkraum).

Funkraum A war, wie üblich, für den Funkbeobachtungssdienst (B-Dienst) vorgesehen. Er lag auf dem oberen Plattformdeck. Von den Funkräumen B (Zwischendeck) und C (Backdeck) aus wäre der normale Funkverkehr und der Schlüsseldienst (Ver- und Entschlüsseln der Nachrichten) erfolgt. Für die Belange der Fliegerkomponente war die Einrichtung eines Taktischen Funkraumes und eines Funksenderaums Luftwaffe in der Aufbauteninsel vorgesehen. Hier sollten auch die Gefechtsnachrichtenzentrale (GNZ) und der Flugsicherungsraum Platz finden, ebenso der Wetterfunkraum der Bordwetterwarte.

Zum Zweck der Unterwasserortung war auf *Graf Zeppelin* im Schiffsboden, neben dem Mittelkiel an Steuerbord in Höhe von Spant 190 bis Spant 191,5 ein ausfahrbares S-Gerät vorgesehen.

Im Arbeitsregime aktives Senden und passives Empfangen sollten mit dieser Anlage Unterwasserziele nach Richtung, Entfernung, Art und Verhalten geortet werden.

Vom Prinzip her entsprach die S-Anlage einem horizontalen Echolot.

Außerdem war im Vorsteven der Einbau eines Gruppenhorchgerätes (GHG) vorgesehen. Dazu wäre die Installation von einer Mikrofongruppe, halbkreisförmig im Vorschiff angeordnet, erforderlich gewesen. Auch andere große Überwassereinheiten der Kriegsmarine waren mit einem GHG ausgerüstet.

Die Bedienung und Auswertung der Unterwasserortungstechnik erfolgte im Horchraum, der auf dem oberen Plattformdeck eingerichtet war.

Die in den Bauvorschriften und Schiffsplänen erwähnte UT-Anlage in der Stauung war eine Tarnbezeichnung für die dort tatsächlich einzubauenden Bedienungspulte der Unterwasserhorchanlage.

Zur schiffstechnischen Anlage des Schiffes gehörte auch die Kompaßausrüstung. Für *Graf Zeppelin* sah die Bauvorschrift von 1942 vor:

● Drei selbständige Magnetkompasse: ein Peilkompaß (Regelkompaß), ein Steuerkompaß (Plath T 5) im Schiffsführungsstand der Kommandobrücke, ein Steuerkompaß im Backbordhandruderraum.

● Zwei Kreiselmutterkompasse: aufgestellt in der Kommandozentrale (Aufbauteninsel) und auf dem oberen Plattformdeck, gespeist von getrennten Umformern.

● 23 angeschlossene Kreiseltochterkompasse, von denen der überwiegende Teil auf wichtigen Positionen der Aufbauteninsel zu installieren war.

In den Bauvorschriften war der Einbau einer Mineneigenschutz-(MES)-Anlage bis zum Jahre 1942 nicht vorgesehen. Eine Nachrüstung des Schiffes mit einer solchen Anlage wäre aber mit Sicherheit erforderlich geworden, um das vom Schiff erzeugte Magnetfeld aufzuheben oder weitgehend abzuschwächen und es vor Minen und Torpedos zu schützen, deren Zündgeräte auf Störungen des Erdmagnetfeldes durch das Schiff ansprechen.

Ein für Schiff und Besatzung gleichermaßen lebenswichtiger Teil ist bei einem Kriegsschiff die Ruderanlage.

Die Rudermaschine gehört zur schiffstechnischen Anlage. Für die Doppelruderanlage des Flugzeugträgers waren zwei gleichartige elektrisch betriebene Rudermaschinen in getrennten Räumen zwischen Spant 21,5 und Spant 25,75 nebeneinander auf dem oberen Plattformdeck angeordnet.

Die beiden Rudergeschirre waren durch eine querschiffs verlaufende Welle so verbunden, daß beide Rudermotoren sowohl parallel als auch jeder von ihnen einzeln auf beiden Spindelsteuerapparaten arbeiten konnten. Es wurden Kupplungen eingebaut, um beim Verklemmen des einen Ruders das andere noch bewegen zu können. Es sollte auch möglich sein, bei einer entsprechenden Beschädigung der Ruderanlage beide Ruderblätter auszukuppeln, um dann lediglich mit den Schrauben das Schiff steuern zu können.

Diese beiden Rudermotoren waren zusammen mit dem dazugehörenden Umformer in getrennten wasserdichten Räumen aufgestellt.

Bei der Konstruktion der Rudermaschinen wurde die Forderung zu Grunde gelegt, die Ruder in 15 Sekunden aus der Mittschiffslage nach Hart Backbord bzw. Hart Steuerbord legen zu können. Von einer Hartlage zur anderen sollten nicht mehr als 30 Sekunden verstreichen. Unter Hartlage wurden 40° verstanden, die Begrenzung dieser Lage wurde durch Endlageschalter erreicht, um Beschädigungen zu vermeiden.

Wie bei den meisten deutschen Kriegsschiffen wurde zur Bedienung der Ruderanlage eine Druckknopfsteuerung eingebaut.

Eine solche gab es an zwei Stellen im Schiff:

● Auf der Kommandobrücke, im Schiffsführungsstand,

● in den Handruderräumen, die sich unmittelbar vor den Rudermotorenräumen befanden.

Die Ruderumformer wurden umschaltbar von zwei E-Werken über besondere Kabelstränge gespeist, um bei einem unglücklichen .Treffer eine Ausweichvariante zu ermöglichen.

Mit elektromotorischer Kraft wurden auch die beiden Bugankerspille des Schiffes sowie seine beiden Heckverholspille angetrieben.

Ein spezielles Heckankerspill war nicht vorhanden. Die Ankerausrüstung umfaßte zwei Buganker und einen Mittelanker des Hallschen Systems von je 8500 kg Gewicht.

Der Heckanker von 4250 kg Gewicht lagerte in einer versenkten Heckklüse. Seine Bedienung erfolgte mittels der Heckverholspille.

Elektrischen Antrieb hatten ebenfalls die Aussetzvorrichtungen für die Beiboote. Anstelle von Ladebäumen und Davits wurden waagerechte feste Barrings mit Laufkatzen und Windwerken verwendet, um die Boote aus- und einsetzen zu können.

Auf *Graf Zeppelin* sollten nachstehende Beiboote eingesetzt werden:

	Anzahl	Länge	Breite	Höhe	Einzelgewicht
Verkehrsboote	2	11,52 m	3,10 m	1,82 m	7140 kg
Motorbarkassen	2	11,25 m	2,42 m	1,60 m	5875 kg
Motorpinnassen	2	9,20 m	2,50 m	1,63 m	5345 kg
Motorjollen	2	7,70 m	2,10 m	1,28 m	3180 kg
Kutter (Klasse II)	2	8,50 m	2,10 m	0,82 m	1787 kg
Dinghi	2	3,60 m	1,30 m	0,55 m	216 kg
Scheuerprähme	2	4,80 m	1,50 m	0,65 m	450 kg

Das Gesamtgewicht der Bootsausrüstung betrug 47,98 t. Hinzu wäre bei Indienststellung eine größere Anzahl Rettungsflöße und Schlauchboote gekommen.

Wie auch im Ausland üblich, wurden die Beiboote des Trägers in Bordwandnischen gefahren, in denen die Beiboote in Gruppen untergebracht waren. Für die einzelnen Bootsgruppen sind Bedienstände vorgesehen worden.

Die Aufbauteninsel

Um es gleich vorweg zu sagen, die Aufbauteninsel war jener Bereich des Flugzeugträgers, der von der praktischen Bauausführung und nicht von den Zeichnungen des Jahres 1942 her beurteilt, bis zum Schluß am stärksten den Eindruck des Unfertigen bzw. des Improvisierten vermittelt. Wahrscheinlich lag es auch daran, daß hier am stärksten englische und japanische Einflüsse aufeinanderprallten und mit eigenen deutschen Überlegungen und Schiffbautraditionen vermischt worden sind. Es ist anzunehmen, und in dieser Hinsicht kann von den Projektzeichnungen des Jahres 1942 ausgegangen werden, daß sich in diesem Bereich des Schiffes bei dem für 1943 vorgesehenen Umbau die optisch auffälligsten Veränderungen am Schiff vollzogen hätten.

Von den beiden möglichen Bauausführungen *Inseltyp und Glattdecktyp* wurde für die beiden deutschen Trägerschiffe *A* und *B* der Inseltyp gewählt.

In einer Studie über die damals herrschenden Auffassungen zum Flugzeugträgerbau (Ob.d.M AIL 2852/35 GKdos vom 23. November 1935) wurde diese

Stand der Arbeiten an der Aufbauteninsel am 20. Juni 1939

Entscheidung mit den Vorteilen begründet, die die Anordnung einer Aufbauteninsel auf der Steuerbordseite des Flugdecks mit sich brachte:
- gute Schiffsführungsmöglichkeit,
- gute Bedingungen für den Signaldienst (der damals noch größtenteils optisch abgewickelt wurde),
- ungehinderter Überblick über den Flugdienst,
- konzentrierte Aufstellung von Fla-Waffen und Feuerleittechnik.

Zusätzlich wurden die Ansichten der japanischen Marineflieger ins Spiel gebracht, wonach die Aufbauteninsel den Flugzeugführern in der Phase des Anschwebens bessere Schätzmöglichkeiten für die Höhe über Flugdeck und die Geschwindigkeit bieten würde.

Nachteile für die Aufbauteninsel waren die durch sie in Schiffsmitte einge-

schränkte Flugdeckbreite und die Wirbelbildung hinter der Insel. Dies konnte aber in Kauf genommen werden, zumal auch die japanische Marine Mitte der 30er Jahre vorhatte, die noch vorhandenen Trägerschiffe des Glattdecktyps mit einer Aufbauteninsel, wenn auch einer sehr viel kleineren als wie sie auf ameri-

kanischen und englischen Schiffen zu verzeichnen war, zu versehen.

In der erwähnten Studie wurde der Konzentration von Fla-Waffen und von moderner Feuerleittechnik im Inselbereich ein besonderes Augenmerk geschenkt. Es wurde hervorgehoben, daß sich deutsche Flugzeugträger beim Einsatz in einem Kriege im Unterschied zu amerikanischen und japanischen Trägern häufiger und auch für längere Zeit einer gegnerischen Bedrohung aus der Luft ausgesetzt sehen würden. Dies erfordere, so führte die Studie aus, die in Deutschland vorhandenen guten Voraussetzungen auf dem Gebiet der modernen Marine-Flak und der stabilisierten Leitstände entsprechend zu nutzen. Deshalb sollten im Bereich der Insel fünf (im Original der Studie handschriftlich verändert auf sechs) 10,5-cm-Doppelflak und vier stabilisierte Fla-Feuerleitstände Aufstellung finden.

Zugleich sollte aber die Insel so klein wie möglich bleiben und noch in der vorderen Schiffshälfte angeordnet sein, um gerade den hinteren Teil des Flugdecks als Landezone in der Breite nicht einzuschränken.

Seitlich der Aufbauteninsel wurde eine Mindestbreite des Flugdecks von 24 m für angemessen gehalten. Die Insel sollte selbst nicht länger als 80 m (später verändert auf 93 m) ausfallen.

Demnach blieben für die Breite der Insel an ihrem Fuß rund vier Meter übrig, und dies war sehr knapp im Vergleich zu anderen Trägerschiffen.

Auf der *Graf Zeppelin* erstreckte sich die Insel zwischen Spant 113 und Spant 192 und schloß sogar noch drei Geschützplattformen ein (die der drei 10,5-cm-Doppelflak 3, 4 und 5).

Die eigentliche Insel nahm, so gesehen, das Hirn des Schiffes in sich auf. Die Führung des Schiffes in ihrer Vielfältigkeit war hier auf engstem Raum mit der Einsatzleitung der Artilleriebewaffnung und des Flugdienstes konzentriert. Die Räumlichkeiten wurden eng bemessen.

Mit Sicherheit war dies ein Zeichen dafür, daß zeitweise und in verschiedener Hinsicht japanische Einflüsse ein größeres Gewicht hatten als englische. Zumindest trifft dies zu für die Zeit nach der Rückkehr der 2. Japan-Studienkommission (September bis Dezember 1935) und die danach zu verzeichnende engere Zusammenarbeit zwischen den Marinen Deutschlands und Japans.

Es zeigte sich in der Praxis schon bei den ersten Umbauten und Nachrüstungen auf *Graf Zeppelin*, daß mit dem zu knapp bemessenen Volumen der Aufbauten ebenso wenig auszukommen war, wie mit den ursprünglich vorgesehenen drei dünnen Pfahlmasten.

Zweifelsohne hätte der praktische Einsatz des Schiffes 1941 oder 1942, so es dazu gekommen wäre, gerade im Bereich der Aufbauten zu erheblichen Nachbesserungen und Erweiterungen geführt.

Natürlich ist die Gestaltung der Aufbauteninsel, und das ist bis auf den heutigen Tag so geblieben, in erster Linie ein Gewichtsproblem, das zu Kompromissen zwingt.

Der Vorteil der konzentrierten Aufstellung der 10,5-cm-Flak und der Feuerleittechnik wurde mit dem Nachteil einer einseitigen Belastung des Schiffes erkauft. Jede der sechs 10,5-cm-Doppelflak wog 27,85 t. Von den vier stabilisierten Kugel-Fla-Leitständen hatte jeder ein Gewicht von über 40 t.

Englische und japanische Konstrukteure verteilten außer der leichten auch die schwere Schiffsflak rund um das Flugdeck. Die Japaner gingen bei ihren neueren Trägerschiffen und bei Umrüstung älterer Schiffe Ende der 30er Jahre dazu über, auch die ebenso schwere wie auch empfindliche Feuerleittechnik auf beiden Seiten des Flugdecks in Anbauten anzuordnen.

Aber dies war nicht allein eine Frage der Gewichtsverteilung, sondern auch der Feuerführung nach beiden Bordseiten. Bei der Konzentration auf die an Steuerbord befindliche Insel gab es Probleme bei der Abwehr von Angriffen von der Gegenseite — aber diese Eigenart trat in ihren Auswirkungen erst während des Krieges im Pazifik ab Mitte 1942 zutage und konnte wahrscheinlich in dieser praktischen Auswirkung von den deutschen Konstrukteuren nicht vorhergesehen werden.

Auf *Graf Zeppelin* bestand vom Entwurf her der für die Leit- und Führungsfunktionen nutzbare Teil der Insel aus zwei Deckshäusern, die durch den Schornsteinschacht voneinander getrennt wurden.

Das hintere Deckshaus stand zwischen Spant 118,95 und Spant 137,5, das vordere reichte von Spant 156 bis 184,5. Unmittelbar dahinter bzw. davor befanden sich die erhöhten Plattformen des dritten und des fünften 10,5-cm-Fla-Geschützes.

Die Decken beider Häuser bildeten zusammen mit den um den Schornstein herumreichenden Verbindungsflächen das Inseldeck. Es erhielt in seinen freien

Bereichen einen 50-mm-Teakholzbelag. An ihrem Fuß reichte die Insel von 8,90 m aus der Schiffsmitte bis zur Außenkante Flugdeck (ohne die Ausbauten gerechnet).

Obwohl die Insel an sich sehr schmal war, engte sie den Platz für den Flugbetrieb gerade im Mittschiffsbereich stark ein, in dem der Lande- und Startbetrieb ineinander übergreifen sollten.

Aber das war zu dieser Zeit auf vielen Flugzeugträgern so.

Die sich daraus ergebenden Probleme und Mängel führten erst im Verlaufe des Krieges und danach dazu, das Flugdeck durch einen vor allem an der Backbordseite größeren seitlichen Überhang in der Breite auszudehnen, was aber immer noch nicht alle Fragen löste, weil die Flugzeuge zugleich immer größer, schwerer und schneller wurden.

Eine weitgehende Trennung von Start- und Landebetrieb gelang in einer optimalen Weise erst durch das von den Briten eingeführte Winkeldeck, das ab 1952 auch auf amerikanischen Flugzeugträgern Anwendung fand. Dieser Entwicklungsschritt war gekoppelt mit der ebenfalls von den Briten ausgehenden Einführung des Dampfkatapults und von neuartigen Landekontrollverfahren und schuf die Voraussetzungen für den Einsatz von strahlgetriebenen Trägerflugzeugen. *Graf Zeppelin* wurde aber 15 Jahre eher erbaut — und das auch noch ohne eigene Erfahrungen.

Dies sollte immer beachtet werden, wenn einige konstruktive Lösungen auf dem deutschen Träger kritisch untersucht werden.

Die Kommandobrücke des Flugzeugträgers wurde auf dem vorderen Deckshaus errichtet, sie bildete den vorderen Teil des Inseldecks. Gemessen an der Größe des Schiffs war sie auffallend klein, zweifellos ein Zeichen dafür, daß die Konstrukteure das Gewicht der Insel in bestimmten Grenzen halten wollten.

Auf der Brücke befanden sich, aneinander anschließend, Schiffsführungsstand, Schiffskartenhaus, Flieger- bzw. Luftkartenhaus mit Luftmeldestand sowie vorderer Artillerieleitstand. Auf der

2-cm-Vierling in Feuerbereitschaft

Decke des letzeren war das 6-m-E-Meß-Basisgerät zur optischen Feuerleitung gegen Seeziele installiert. Seitlich vom Stand befand sich je ein Artilleriezielgeber (AZG), da diese Positionen als Nachtleitstände gedacht waren. Auf beiden Seiten des Schiffsführungstandes stand je ein Peiltochterkompaß.

Eine erhalten gebliebene Ausrüstungsliste des Schiffsführungsstandes läßt erkennen, daß es nach dem Ausrüstungsstandard von 1942 recht beengt zugegangen wäre:

Rudertelegrafen- und Ruderzeigeranlage
Rudernebenzeigeranlage (RuNZ)
Maschinenhaupt- und Nebentelegrafenanzeige (MHT und MNT)
Schiffswellenumdrehungsmeßanlage
Schottendichtalarmklingelanlage
Steuersäule der Ruderanlage
Tochter der Kreiselkompaßanlage
Magnetsteuerkompaß
Echolotanlage
Nautische Fahrtmeßanlage
Trimm- und Krängungszeigeranlage
Schiffsführungsfernsprechanlage
Schiffsnachrichtenfernsprechanlage
Schiffshorchfernsprechanlage
Maschinenbetriebsfernsprechanlage
Leckwehrhauptfernsprechanlage

Schiffswachdienstfernsprechanlage
See- und Luftzielbefehlsfernsprechanlagen
Waffenverkehrsfernsprechanlagen

In der Frontseite und in den Seitenwänden der Brücke waren Klappfenster mit der üblichen Scheibengröße 450 x 300 mm eingelassen, die durch 17 mm dicke Panzerblenden mit Sehschlitzen verdeckt werden konnten.

Die vorderen und seitlichen Brückenfenster hatten rotierende Klarsichtscheiben (280 mm Durchmesser).

An den vorderen Artillerieleitstand schloß sich ein Raum für Funk- und Funkmeßtechnik (Radar) an.

Zwischen den leichtgepanzerten Unterbauten der beiden vorderen Kugel-Fla-Leitstände (dreiachsig stabilisierter Typ SL 6) A und B war für den Trägerkommandanten eine Brückenkammer eingerichtet. Daneben befanden sich ein Lüfterraum, eine Funksprechstelle und eine Fernsprechzelle. Unmittelbar vor dem Schornstein waren eine Brückentoilette und ein geschützter Stand für Signalpersonal aufgebaut.

Dieser Bereich des Inseldecks diente als Signaldeck. Hier befanden sich die Signalmittel und die Flaggenstells, nach hier verliefen auch die Signalleinen von

den Rahen und Stengen. Hinter dem Schornstein, auf dem hinteren Teil des Inseldecks, befanden sich die beiden Kugel-Fla-Leitstände C und D, vom gleichen Typ wie die vorderen, ein weiterer geschützter Stand für Brückenpersonal sowie der hintere Artillerieleitstand. Auch hier waren seitlich zwei Richtungsgeber aufgestellt, um bei einem Nachtgefecht das Feuer im hinteren Sektor leiten zu können.

Für die Wände und Decken aller Leit- und Schutzstände des Inseldecks sah die überarbeitete Bauvorschrift die Verwendung von 17 mm dickem Panzermaterial Wh oder Ww n/A vor, um das Personal und die Einrichtungen vor dem Gasdruck der in direkter Nähe befindlichen 10,5-cm-Doppel-Flak und vor Splittereinwirkung zu schützen.

Die Unterbauten und Schutzhauben der stabilisierten Fla-Leitstände waren aus 14-mm-Panzermaterial Wh n/A hergestellt. Die installierte Meßtechnik war gegen Erschütterungen und Vibrationen besonders sorgfältig abgestützt.

Die Räume des vorderen Deckshauses nahmen unter dem Inseldeck nach der Raumeinteilung von 1942 folgende Einrichtungen auf (von vorn nach hinten):

● Nachrichtenzentrale
● Flugsicherungszentrale
● Taktischer Funkraum mit seitlich angegliederten Räumen für Horch- und Funkmeßpersonal
● Karten- und Instrumentenkammer
● zwei Funksenderäume (Luft und See)
● Unfallstelle

Die Unterbauten der Fla-Leitstände, die durch das Deckshaus hindurchgingen, nahmen Schalträume und Aggregate auf (dies betraf die vorderen wie auch die hinteren). Im hinteren Deckshaus befanden sich in der Flugdecksebene:

● Metereologenraum
● Technikraum der Bordwetterwarte
● Arbeitsraum der Bordwetterwarte
● zwei Arbeitsräume für Flak- und Scheinwerferpersonal

In der 1942 überarbeiteten Bauvorschrift (3. Vorabdruck) war vorgesehen, auf der unteren Schornsteinplattform, die auf der Steuerbordseite um den Schornstein herumgeführt war, mehrere Stände einzurichten.

Zur Kontrolle und Überwachung des Flugbetriebs auf dem Flugdeck war vor und hinter dem Schornstein je ein Flugleitstand geplant.

Auf dem seitlichen Ausbau der Plattform an der Steuerbordseite sollte ein Reserveschiffsführungsstand eingerichtet werden. Daneben befand sich einer der fünf Scheinwerfer des Typs G 150, die zur Ausrüstung des Flugzeugträgers gehörten. Die anderen Scheinwerfer dieses Typs waren auf Scheinwerferpodesten an der Hinterkante des Schornsteins und am mittleren Mast sowie in Schwalbennestern an der Backbordseite des Schiffsrumpfes in Höhe des Laufganges installiert.

Die Masten des Schiffes waren in die Aufbauteninsel integriert. Die Art der Bemastung veränderte sich mehrmals. Vom Entwurf her war nur ein Mast vorgesehen, der unmittelbar vor dem Schornstein auf Spant 154,4, etwa 13,10 m aus der Schiffsmittellinie, auf dem Flugdeck stand.

Er sollte an der Vorkante eine etwa 12 m lange Stenge erhalten, die ausgefahren bis in 44 m über Oberkante Kiel reichte. Eingefahren schloß sie mit der waagerechten Oberkante des Schornsteins ab. An der Vorkante dieser Stenge lief in einer Schiene eine 9,7 m lange Funkstenge, die ausgefahren mit ihrem Kopf eine Höhe von 51,5 m über Oberkante Kiel erreichen sollte. Eingefahren überragte sie nicht die Schornsteinoberkante.

Die ausgefahrene Funkstenge trug 3,5 m unterhalb ihres Tops eine 5,5 m lange Funkrah. An ihr sollten drei nach hinten laufende Doppelsendeantennen und zwei nach vorn laufende Einzelempfangsantennen befestigt werden. Als untere Haltepunkte der Antennen waren zwei Signal- und Antennenspreizen an der Hinterkante des Schornsteins und eine 4 m lange Funkstenge auf der 6-m-E-Meßbasis des vorderen Artillerieleitstandes gedacht.

Von dieser ersten Form der Bemastung wurden zuerst die Spreizen am Schornstein aufgegeben.

Ihre Funktion übernahm ein Schrägmast, der an der Steuerbordseite neben dem Schornstein angeordnet wurde. Er stand mit seinem Fuß auf Spant 145,9, etwa 13,40 m aus der Schiffsmittellinie und ragte wie eine überdimensionierte Gaffel schräg nach hinten oben aus der Silhouette der Aufbauteninsel heraus. Auch bei diesem Mast sollte die obere Hälfte als ein- und ausfahrbare Funkstenge konstruiert werden, die mit ihrem Top im eingefahrenen Zustand den Schornstein nicht überragte. Der Schrägmast trug eine Signalrah, die 8,5 m nach Steuerbord, aber nur zwei Meter nach Backbord reichte, um den Flugbetrieb nicht zu behindern.

Nach der überarbeiteten Bauvorschrift wurde der Schrägmast in Höhe von Spant 137,46 durch die nun angebrachte obere Scheinwerferplattform an der Hinterkante des Schornsteins hindurchgeführt und erreichte mit seinem Top eine Höhe von 16,55 m über dem Flugdeck.

Bei den ersten Veränderungen des Entwurfs verzichtete man auch auf die Funkstenge auf der E-Meß-Basis. An ihrer Stelle trat ein stählerner Mast, der unmittelbar vor dem Schifführungsstand an der Vorkante des Brückenhauses angeordnet wurde. Er stand auf Spant 183,27 um 12,84 m aus der Schiffsmittellinie nach Steuerbord versetzt. Seine Oberkante lag in einer Höhe von 16,55 m über dem Flugdeck. In ihm war eine hölzerne Stenge eingesteckt.

Eigentlicher Hauptmast des Flugzeugträgers war der Mittelmast, etwas seitlich der Schornsteinvorkante, dessen Bauausführung ebenfalls vom Entwurf abwich. Er wurde durch die obere Schornsteinplattform hindurchgeführt. Seine Oberkante lag nun 27,76 m über dem Flugdeck. Im Inneren waren Führungsschienen für die einfahrbare Stenge angeordnet, die aus einem neun Meter langen Stahlrohr mit eingesteckter 9,5 m langer Holzstenge bestand. Die

ausfahrbare Gesamtlänge der Stenge betrug 16,55 m. Etwa 2,5 m unter dem Flaggenknopf war eine 4,6 m lange Funkrah angeordnet. Eine 15 m lange Funk- und Signalrah trug der Mittelmast an der Oberkante seines festen Unterteils. In etwa gleicher Höhe (16,55 m) trugen auch der vordere und der Schrägmast 12 m lange Rahen.

Diese Rahen waren so angeordnet, daß ihre Backbordnocken nicht über die Backbordseite der Insel hinaus in den Raum über dem Flugdeck hineinragten. Diese Art der Bemastung trug *Graf Zeppelin* bis 1942.

In der Umbauplanung von 1942/43 war vorgesehen, an die Stelle des Mittelmastes eine schwere Röhrenmastkonstruktion (Durchmesser der Maströhre etwa 1,80 m) zu setzen, die in etwa an die Kreuzer der K-Klasse erinnerte. Der etwa 16,50 m hohe Röhrenmast sollte ein Scheinwerferpodest und mehrere Konsolen für die matratzenförmigen Antennensysteme der auf dem Träger zu installierenden Funkmeßgeräte tragen.

Im Oberteil war die Anordnung eines zweietagigen Marsstandes für die Unterbringung der Flugdienst-Einsatzleitung und anderer Einrichtungen vorgesehen. Die an der Rückseite des Mastes angebrachte fierbare Stenge sollte beibehalten werden.

Zusammen mit dem Einbau des Röhrenmastes wäre der vordere Mast auf dem Brückenhaus verstärkt und für die Aufnahme weiterer Antennenkonsole eingerichtet worden.

Zu der erheblichen optischen Veränderung der Schiffssilhouette hätte auch der hohe Schornsteinaufsatz beigetragen, der installiert werden sollte, um die Stände und Antennen auf dem Röhrenmast vor der Belästigung durch Rauchgase des Schornsteins zu schützen.

Die artilleristische Bewaffnung

Die Bestückung eines Flugzeugträgers mit Seezielartillerie war zum Zeitpunkt der Entwurfsarbeiten für den Flugzeugträger *A* bereits ein Sonderfall. Im Ausland gab es eine solche Bewaffnung zur Bekämpfung von leichten Überwasserstreitkräften nur auf jenen mehr oder weniger alten Schiffen, die durch einen Umbau zum Flugzeugträger geworden waren.

Es hatte sich inzwischen in Fachkreisen die Meinung durchgesetzt, daß ein Flugzeugträger den Kampf mit einem Seegegner ausschließlich mit seiner Hauptwaffe, den Trägerflugzeugen, führen soll. Für den Kampf mit einem Gegner, der aus dem Luftraum heraus das Schiff bedrohte, war ein Teil oder die Gesamtheit der mitgeführten Jagdflugzeuge bestimmt.

Die artilleristische Bewaffnung eines Flugzeugträgers war allein zu seiner Selbstverteidigung gedacht.

Dazu konnten die Gegebenheiten des Schiffes am besten ausgenutzt werden, wenn schnellfeuernde Geschütze mittleren Kalibers möglichst rund um das Schiff verteilt wurden.

Anfänglich wurden dabei noch Geschütze bis zu einem Kaliber von 14 bis 15,5 cm als optimal angenommen. Die Forderung nach verringertem Gewicht und erhöhter Feuergeschwindigkeit senkte aber die Kalibervorstellungen im Verlaufe der 30er Jahre auf 12 bis 13 cm, bis sich dann als neueste Schnellfeuergeschütze von universeller Verwendbarkeit gegen Luft- und leichte Seeziele die Kaliber 12,7 cm in den USA und Japan und 11,4 cm in England herausbildeten. In der deutschen Marine gab es inzwischen ebenfalls das Kaliber 12,7 cm, aber es wurde vorrangig zur Bewaffnung von Zerstörern, aber nicht für die Schiffsflak, verwendet.

Flugzeugträger *A*, die spätere *Graf Zeppelin*, war zur Zeit der Entwurfsarbeiten und des Baus das einzige moderne Trägerschiff, auf dem eine ausgesprochene Seezielartillerie installiert wurde.

Die Bestückung des Schiffs mit 16 modernen 15-cm-Schnellfeuergeschützen führte dazu, daß die *Graf Zeppelin* im Ausland als ein besonderer Schiffstyp gewertet wurde.

Französische Fachleute, wie Paul Barjot, ein exzellenter Kenner des internationalen Trägerbaus und Marineflugwesens, vermutete damals, daß der deutsche Flugzeugträger-Erstling eine Kombination von Kreuzer und Trägerschiff sein könnte.

Sein Kollege Roùgeron, 1936 Technischer Direktor im französischen Luftfahrtministeriums, rühmte den deut-

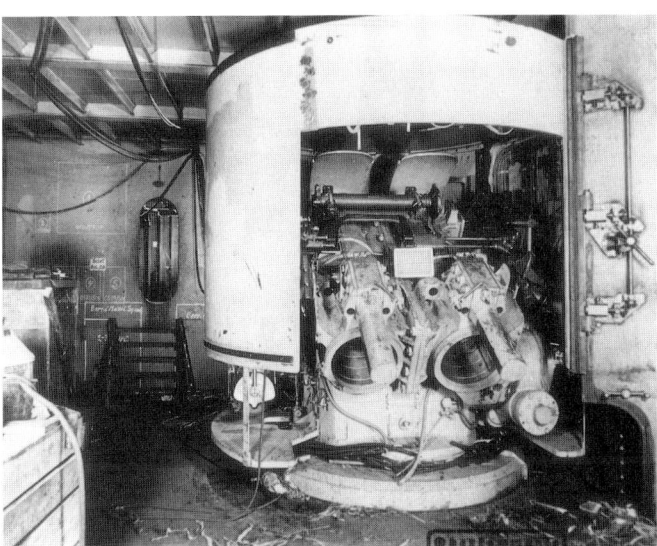

21. August 1939: Vordere Doppellafette der Steuerbordkasematte. Ansicht der Verschlußseite der 15-cm-Geschütze

schen Trägerentwurf als eine gute Lösung auf dem Weg zum modernen Träger und empfahl auf einer Tagung, die sich Anfang Juni 1936 mit der für Frankreich geeigneten Flugzeugträgerkonstruktion beschäftigte, ein ähnliches Schiff zu entwickeln.

Die tatsächlichen Gründe, die zu der Wahl der Seezielartilleriebestückung für den deutschen Trägerentwurf führten, konnten bisher nicht geklärt werden, sie gehen auch nicht aus den Aufzeichnungen von W. Hadeler und P. Küchler hervor.

Von Letzterem wurde die Vermutung geäußert, daß die Bestückung mit Seezielartillerie aus den militärischen Forde-

Backbordkasematte beim Stapellauf

rungen des Oberkommandos der Kriegsmarine heraus entstanden sei, um das Schiff im Handelskrieg einsetzen zu können. Zu einer Auseinandersetzung mit dem dabei zu erwartenden Gegner in Gestalt von Handelsschutz-Kreuzern wäre aber die Bestückung wieder nicht ausreichend gewesen.

Dagegen ist von P. Küchler überliefert worden, wie es zu der eigenartigen Bewaffnung gekommen ist, für die ja weder die Munitionsförderung noch das Bedienungspersonal ausgereicht haben sollen.

Danach waren ursprünglich nur acht 15-cm-Schnellfeuergeschütze in Einzellafetten als Seezielartillerie des Trägers vorgesehen. Da ihre Aufstellung sehr viel Raum beanspruchte, der für die Unterbringung der Besatzung dringend benötigt wurde, regte der damalige Konstrukteur, dessen Name von P. Küchler nicht erwähnt wurde, an, diese acht Rohre in Doppellafetten zu vereinen, um so Platz zu gewinnen. Die zuständige militärische Stelle im Konstruktionsamt griff die Anregung mit Freude auf und benutzte sie, um die Feuerkraft des Schiffes zu verstärken.

Nach Küchler hat das dann dazu geführt, daß mit dem Bedienungspersonal (einschließlich der Munitionsmänner), dessen Kopfstärke nicht ohne weiteres verdoppelt werden konnte, nur die Hälfte der Doppellafetten gefechtsmäßig besetzt werden konnte.

W. Hadeler, der einzige Akteur beim Entwurf und Bau des deutschen Flugzeugträgers, der über seine Arbeit und das Ergebnis publizierte, erwähnt den gleichen Fakt des Personalmangels der eingebauten starken Seezielbatterie infolge der Konstruktionsmängel und fügt die aus Raummangel notwendig gewordene Herabsetzung des Gefechtssatzes der Seezielgeschütze auf 115 Schuß je Rohr als weitere beträchtliche Schwäche hinzu. Wieso dann die aufgefundene Bestückungs- und Munitionierungsliste des Trägers *Graf Zeppelin* vom 06. Mai 1940 je Rohr der Seezielbatterie 258 Schuß angibt, kann zur Zeit nicht geklärt werden.

Auf alle Fälle war, ob diese Entscheidung nun beabsichtigt oder durch den Zufall entstanden war, die Kombination von Artillerieträger und Flugzeugträger ein untaugliches Konzept.

Es wurde auch dadurch nicht lebensfähiger, daß es in verschiedenen Flotten immer wieder aufs Neue und den ganzen Krieg hindurch diskutiert wurde, wie eine im Nachhinein angestellte Analyse der 30er und 40er Jahre zeigt.

Im konkreten Fall auf *Graf Zeppelin*, wurde der Bau und die Ausrüstung des Schiffes durch die deplazierte Seezielbatterie kompliziert. Es ging viel Raum für die Besatzung und für das Flieger-

personal verloren durch die Einrichtung der Kasematten und der speziellen 15-cm-Munitonsaufzüge, wodurch nachträgliche bauliche Veränderungen nicht so ohne weiteres korrigiert werden konnten. Die Kasematten für die Seezielbatterie wurden, der Bauvorschrift zufolge, aus ungehärteten Panzermaterial Wh n/A angefertigt.

Die hinteren Kasematten reichten von Spant 56,5 bis Spant 72,5 und erforderten Ausbauten in Form von Schwalbennestern wie bei Panzerschiffen und Kreuzern vergangener Zeiten.

Die vorderen Kasematten lagen zwischen Spant 202 und Spant 218 und fie-

Vordere Doppellafette in der Backbordkasematte. Ansicht der Außenseite. Links Spant 210.25, das beide vorderen Geschützstände voneinander trennte

Detailaufnahme vom 20. März 1940: Blick auf die vordere Kasematte der Backbordseite

len durch die komplizierte Formgebung ihrer Schartenöffnung auf.

Angeordnet waren alle Kasematten zwischen dem Backdeck (B-Deck) und dem Batteriedeck (C-Deck), wobei ihr Boden 800 mm unter dem Niveau des letzteren lag.

Die Decke der Kasematten bildete das Backdeck. Als Panzerschutz waren die Außenwände der Kasemattenstände 30 mm dick ausgeführt, während Boden, Deck, Hinterwand und Trennschott 20 mm dick waren. Die Stützzylinder der Geschützunterbauten, die laut Angaben der Geschützhersteller einen Rückstoß je Geschützrohr von 60 t aufnehmen sollten, wurden aus 12 mm dicken Platten hergestellt.

Alle senkrechten Plattenstöße wurden durch Lichtbogenschweißung untereinander verbunden.

Die Bauvorschriften forderten von der Werft Einbaumöglichkeiten für 14 Munitionsförderwerke mit senkrechter Ein- und Ausgabe. Sie sollten mit einer Höchstleistung von 16 Schuß/Minute die 15-cm-Munition direkt aus den Munitionskammern zu den Kasematten bringen.

Bemerkenswert erscheint, daß die Vorschrift dafür eine konstruktive Lösung forderte, wie sie bei den geänderten 15-cm-Aufzügen von Admiral Scheer angewandt worden war.

Bekanntlich handelte es sich bei diesen Geschützen um Einzellafetten, während die Kasemattgeschütze des Trägers in Doppellafetten aufgestellt waren. Für den Not- bzw. Störungsfall war vorgesehen, die 15-cm-Munition durch Reservewindenaufzüge in das Batteriedeck zu fördern und von dort über die nächstgelegenen Niedergänge in das Backdeck zu mannen.

Bei den einzubauenden Seezielgeschützen handelte es sich um Schnellladekanonen (SK) des Konstruktionsjahres 1928 in einer Mittelpivot-Doppellafette C/36, die speziell für den Einbau auf den Flugzeugträgern A und B entwickelt worden war. Der Geschütztyp war im Prinzip der gleiche, der auf den drei Panzerschiffen des Typs Deutsch-

Die Graf Zeppelin auf der Schleppfahrt nach Kiel. 2-cm-Vierlingsflak an Backbord oberhalb der Kasematte beim Übungsschießen

land und den beiden Schlachtschiffen Scharnhorst und Gneisenau in Einzel- bzw. in Einzel- und Doppellafetten verwendet wurde. Bei den Doppelgeschützen für die Kasemattstände der Flugzeugträger befanden sich die beiden Rohre in einem sehr geringen Abstand voneinander in der Wiege, so daß sich ihre Bodenstücke fast berührten.

Ihre Rohrlänge war L/55 (8,25 m). Die Reichweite gegen Seeziele betrug etwa 23.000 m bei 35° Rohrerhöhung.

Die Granaten der Gefechtsmunition wogen je nach Ausführung jeweils 43 bis 45,3 kg. Die Feuergeschwindigkeit je Rohr erreichte im Höchstfall acht Schuß/Minute. Wegen der Raumenge in den Kasematten und der schmalen Lafettierung war die gefechtsmäßige Bedienung der Doppelgeschütze kompliziert. Gerichtet wurden sie entweder durch die Geschützführer (GF) mit Hilfe von Visieren (direktes Richten) oder aber indirekt

durch die Verwendung von Folgezeigersystemen, wobei an den Geschützen ein vom Artillerieleitstand her bewegter Zielrichtungszeiger mit dem Zeiger des jeweiligen Geschützes in Deckung gebracht und gehalten werden mußte.

Die Seezielartillerie des Trägers wurde von einer speziellen Rechenstelle aus dirigiert, während für die Fla-Waffen zwei eigene Rechenstellen vorhanden waren.

Alle drei Rechenstellen waren unterhalb des Panzerdecks (Zwischendeck) auf dem unteren Plattformdeck in Höhe der Aufbauteninsel untergebracht.

Bei einem massierten Flugzeugangriff sollten die 15-cm-Geschütze durch sogenanntes Zonenschießen (Sperrfeuer) die Fla-Waffen unterstützen.

Aufgestellt waren die acht Doppellafetten auf folgende Positionen:

Einbau		Bestreichungswinkel
auf Spant 60	Steuerbord	53° bis 175°
	Backbord	192° bis 314°
auf Spand 68,1	Steuerbord	41° bis 163°
	Backbord	197° bis 319°
auf Spant 206,8	Steuerbord	12° bis 134°
	Backbord	226° bis 348°
auf Spant 214,5	Steuerbord	0° bis 122°
	Backbord	238° bis 360°

14 Förderwerke für die 15-cm-Munition waren an beiden Seiten des Schiffes, jeweils zwei auf gleicher Höhe, eingebaut:

bei Spant 57, 63, 65, 72, 202,8, 209,5, 211.

Nach der Seezielartillerie waren die Fliegerabwehrwaffen (Fla-Waffen) die zweite Gruppe der Artilleriebewaffnung des Flugzeugträgers.

Sie setzte sich aus der schweren, mittleren und leichten Schiffsflak zusammen. Als schwere Flak führte das Schiff zuerst zehn, nach einer Überarbeitung der Bau- und Bestückungsvorschrift zwölf 10,5-cm-Schnelladekanonen (SK) des Typ C/33 in dreiachsig stabilisierten 8,8-cm-Doppellafetten C/31 unter leichtem Panzerschutz. Die Rohrlänge betrug 5,25 m (L/50).

Die Reichweite gegen Seeziele betrug etwa 17.000 m, die Steighöhe gegen Luftziele 12.000 m.

Hergestellt wurden diese Geschütze von der Firma Rheinmetall Borsig in Düsseldorf. Eine Doppellafette wog 27,8 t.

Mit der 15,1 kg schweren Gefechtsmunition konnte eine gut ausgebildete zehn Mann starke Geschützbedienung eine Feuergeschwindigkeit von etwa 15 Schuß je Rohr und Minute erzielen. Zur Bedienung gehörten je Lafette drei Richtleute für Seiten-, Höhen- und Kantwinkel.

Die Richtgeschwindigkeit in der Horizontalen lag bei 8°/Sekunde, in der Vertikalen bei 10°/Sekunde.

Die höchstmögliche Verkantung der Lafette durch Trimmung oder Krängung des Schiffes konnte 17 Grad nach jeder Seite betragen. Bei der 10,5-cm-Flak waren (wie bei der mittleren und leichten Flak) die Granaten und die Treibladungen zu Patronen vereint, was Munitionslagerung und -transport vereinfachte und die Feuergeschwindigkeit erhöhen half.

Für das Verschießen der mitgeführten 10,5-cm-Leuchtgranaten war vor allem das erste Geschütz bestimmt. Bei einer solchen Verwendung (»Leuchtgeschütz«) wurde es von der Artillerieleitanlage mit Hilfe eines Leuchtgranatgebers geführt.

Für die Aufstellung dieser damals sehr modernen Geschütze waren folgende Positionen vorgesehen:

Geschütz 6 auf Spant 109,2 auf dem Flugdeck hinter der Insel,

Geschütz 5 auf Spant 115,75 etwa 1 Meter über dem Flugdeck erhöht auf dem hinteren Absatz der Insel,

Geschütz 4 auf Spant 122,3 etwa 2 Meter über dem Flugdeck erhöht auf dem Hinterteil der Insel,

Geschütz 3 auf Spant 188,3 etwa 1 Meter über dem Flugdeck erhöht vor dem Brückenhaus,

Geschütz 2 auf Spant 196,7 auf dem Flugdeck vor der Insel,

Geschütz 1 auf Spant 205,2 ebenfalls auf dem Flugdeck.

Das zuletzt aufgeführte Geschütz war im ursprünglichen Entwurf nicht vorgesehen und fehlte auch in der Bauvorschrift von 1936.

Den Schiffbauern war vorgegeben, bei den Geschützunterbauten von einem Rückstoß je Geschützrohr von 15 t auszugehen.

Für die Munitionsförderung zu den 10,5-cm-Fla-Waffen wurden acht Einzelförderwerke mit senkrechter Ein- und Ausgabe eingebaut, die der Ausführung wie auf dem Schlachtschiff *Gneisenau* entsprachen. Außerdem war ein Schrägförderwerk besonderer Konstruktion vorgesehen, über das aber keine näheren Einzelheiten bekannt geworden sind. Als Höchstleistung der Förderwerke waren 16 Schuß/Minute vorgeschrieben.

Es soll nicht unerwähnt bleiben, daß die überarbeitete Schiffbauvorschrift von

1937 noch die Einrichtung von vier Doppelförderwerken für die schweren Fla-Waffen vorsah, die eine Förderleistung von 32 Schuß/Minute erreichen sollten.

Möglicherweise sollten durch den Einbau der Einzelförderwerke der Munitionstransport zu den besonders wichtigen schweren Fla-Waffen mehr dezentralisiert werden, um den problematischen Folgen von Gefechtsschäden vorzubeugen.

Hinsichtlich der elf mittleren Fla-Waffen war die Werft angehalten, an folgenden Stellen Geschützunterbauten anzuordnen:

● In Höhe des Aufbaudecks (A-Deck) auf Konsolen an beiden Seiten des Flugdecks jeweils auf Spant 17,25, 30 und 85, außerdem nur an Backbord auf Spant 120,5, 168,5 und 190;

● auf dem Backdeck in der Schiffsmittellinie auf Spant 247;

● auf der Aufbauteninsel auf Spant 162,5 an der Steuerbordseite in Höhe der Kugel-Fla-Leitstände A und B.

Bei der Anordnung der Unterbauten sollte von einem Rückstoß von 1050 kg je Rohr ausgegangen werden.

Die Munitionszufuhr für die 3,7-cm-Waffen C/30 war insofern kompliziert,

3,7-cm-Doppelflak an Steuerbord des Hinterschiffes unterhalb des Flugdecks

daß es für sie keine direkte Förderung aus Aufzügen gab.

Der Bauvorschrift von 1942 zufolge sollte die Munition aus den hinteren Munitionskammern durch Windenaufzüge bis zum Mitteldeck (D-Deck) gebracht, dort umgeladen und dann auf das Aufbaudeck zu den Waffen gemannt werden.

sehen, leichte Fla-Waffen des Kalibers 2,0 cm an acht Stellen auf Konsolen anzuordnen, die sich 1200 mm unterhalb des Flugdecks in der Ebene des umlaufenden Ganges befanden:

● An beiden Seiten jeweils auf Spant 16,5, 132,5 und 206;

● außerdem nur an Backbordseite auf Spant 144,5 und 190.

Stellen für den Einbau von 2-cm-Vierlingsgeschützen vor. Dies machte beträchtliche Verstärkungen der dafür vorgesehenen Positionen erforderlich (Rückstoß je Waffe 1,16 t).

Sechs Vierlingsgeschütze sollten in Konsolen um das Flugdeck positioniert werden:

● An beiden Seiten auf Spant 63,7 und 132,5;

● lediglich an Backbord auf Spant 144,5 und 206,8.

Eine weitere Vierlingswaffe stand auf dem Achterdeck.

Die Munitionsförderung der 2-cm-Fla-Waffen sollte auf dem gleichen Wege erfolgen wie für die 3,7 cm.

Für alle Gefechtsstationen der Artillerie war, unabhängig vom Kaliber der dort aufgestellten Geschütze, der Einbau von Bereitschaftsschränken vorgesehen. In ihnen lagerte vorgeförderte Munition zur schnellstmöglichen Feuereröffnung. Dabei wurde folgende Kapazität der B-Schränke berechnet:

Für jedes 15-cm-Rohr fünf Schuß,
für jedes 10,5-cm-Rohr zehn Schuß,
für jedes 3,7-cm-Geschütz 200 Schuß,
für jeden 2-cm-Vierling 1200 Schuß.

An beiden Bordseiten befand sich auf Spant 175 ein konsolenartiger Ausbau (Schwalbennest) in Höhe des Batteriedecks (C-Deck), der einen Nachtleitstand zur dezentralisierten Feuerleitung aufnahm. Vorgegeben war seine Einrichtung wie auf den Zerstörern des Typs 1934, d.h. vor allem mit einer Zielsäule und Befehlsübermittlungstechnik (BÜ). Außerdem nahmen diese Stände je zwei Scheinwerferrichtgeräte auf, mit denen die G 150-Scheinwerfer der betreffenden Schiffsseite fernbedient eingesetzt werden konnten.

Zur Unterstützung des batterieweisen Feuereinsatzes nach einer Schiffsseite war auf seitlichen Plattformen in Höhe des Backdecks (B-Deck) an Steuerbord auf Spant 171,5, an Backbord auf Spant 183,8 je ein 3-m-E-Meßgerät aufgestellt. Der heutige Stand der Erkenntnisse belegt, daß die artilleristische Bewaffnung des Flugzeugträgers zu keiner Zeit komplett an Bord war. Durch Werftfotos

3,7-cm-Flak auf der Insel des Trägers (1942 eingebaut)

Ein ähnlicher Förderweg war aus den mittleren und vorderen Munitionskammern beabsichtigt.

Bei den vorgesehenen mittleren Fla-Waffen SK 3,7 cm L/83 C/30 handelte es sich ebenfalls um Erzeugnisse von Rheinmetall-Borsig. Der Höhenrichtwinkel reichte von − 10° bis + 85°. Die Grenze der horizontalen Schußweite (bei etwa 37° Rohrerhöhung) lag bei 8500 m, die der Steighöhe bei größter Rohrerhöhung bei 6800 m. Die theoretische Feuergeschwindigkeit betrug 30 bis 40 Schuß/Minute je Rohr, da mit der Hand geladen wurde.

Die Feuerleitung erfolgte geschützweise oder in Gruppen je nach Aufstellung und Gefechtslage durch Unteroffiziere. Vom Entwurf her war anfänglich vorge-

Weitere leichte Fla-Waffen waren auf dem Schornsteinpodest auf Spant 145,9 und 150, auf dem Deckshaus auf Spant 158,7 und auf dem äußersten Achterdeck vorgesehen.

Dabei sollte mit einem Rückstoß von 0,4 t je Geschütz gerechnet werden.

Vorgesehen war als Waffentyp die 2-cm-Maschinenkanone L/65 C/30 in Sockellafetten L C/30. Das Gewicht einer komplett lafettierten Waffe betrug etwa 420 kg.

Die nach Kriegsbeginn mehr und mehr zunehmende Gefährdung aller Schiffe durch Flugzeuge führte dazu, auch die leichte Fla-Bewaffnung des Flugzeugträgers wesentlich zu verstärken.

Die überarbeitete Bauvorschrift sah schließlich die Einrichtung von sieben wird aber bestätigt, daß die Pivots und Wiegen der 15-cm-Kasemattgeschütze ab August 1939 eingebaut wurden. Bis Ende Juni 1940 sind diese Geschütze komplett installiert gewesen.

Wenig später ist der Ausbau der Kasemattgeschütze erfolgt. Sie wurden gemäß einer »Führerweisung« nach Norwegen und Nordfinnland transportiert. Annähernd sicher ist bisher nur der Einbau von je zwei Doppellafetten bei den stationären Marine-Küstenbatterien 2/512 (Petsamo) und 6/514 (bei Alta) bzw. nach Umsetzung der letzteren bei der 5/512 (Karlsöy).

Die Geschütze der MKB 5/512 wurden nach dem Krieg von norwegischen Streitkräften im Grötavaer Fjord bei Harstad aufgestellt und sollen sich dort noch heute (1993) befinden.

In der provisorischen Aufstellung der Kriegszeit befand sich jede Doppellafette unter einem zylindrischen Panzerturm freistehend in Feuerposition. Der Einbau in Beton- und Felskasematten, der die Besonderheiten der Lafettierung berücksichtigte, erfolgte offenkundig erst in norwegischen Diensten.

Die schwere Flak befand sich dagegen zu keiner Zeit an Bord des Trägers. Die vorgesehenen sechs Doppelgeschütze wurden aber für den Einbau bereitgehalten. Sie sind erst nach dem endgültigen Baustop vom 02. Februar 1943 für eine anderweitige Verwendung freigegeben worden.

Mit der Herstellung der Feuerleitanlage für *Graf Zeppelin* war die Firma Siemens Apparate und Maschinen GmbH (A-Werk in Berlin Marienfelde) beauftragt worden. Zur Mitwirkung waren die Unternehmen Rheinmetall (z.B. Sicherheitsschußmeldeschalter), Zeiss (z.B. Scheinwerferrichtscheiben) und Thomsen & Schwarzkopf (z.B. Richtwertegeber) verpflichtet worden.

Die Bauvorschriften sahen die Einrichtung und Geräteausstattung von folgenden Räumen bzw. Ständen vor:
- vorderer und hinterer Artillerieleitstand
- oberer und untere Nachtleitstände
- hinterer Scheinwerferrichtstand

Flakscheinwerfer (Aufnahme in Gotenhafen 1941)

- Artillerierechenzentrale
- vorderer und hinterer Mutterrichtraum
- Luft-Kartenhaus (auf der Insel)
- acht 15-cm-Geschützkasematten

Das OKM hatte der Leitfirma Siemens am 04. Januar 1939 folgende verbindliche Termine für die Erledigung des Auftrages vorgegeben:
1. Prüfung der Artilleriefeuerleitanlage im Siemens-Werk (für Flugzeugträger *Graf Zeppelin*) am 15. März 1939.
2. Beendigung des betriebsfertigen Einbaus der Gesamtanlage an Bord des Trägers bis 01. Februar 1940.

Offensichtlich sind diese Termine vom OKM verändert oder abgesetzt worden, denn am 29. April 1940 erwähnte Großadmiral Raeder bezüglich des Baustops für *Graf Zeppelin* einen Lieferverzug bei der Seezielfeuerleitanlage.

Ungeachtet dessen ist der Flugzeugträger dann doch noch einmal bewaffnet worden, wenn auch nur zeit- und teilweise.

Bevor *Graf Zeppelin* zur Fertigstellung im November 1942 von Gotenhafen nach Kiel zu seiner Bauwerft geschleppt wurde, entschlossen sich die verantwortlichen Marinedienststellen das

Geschütz-typ	Rohr-länge m	Geschoß-gewicht kg	Mündungsge-schwindigkeit m/s	Reichweite/ Steighöhe m	Feuergeschwin-digkeit Schuß/Rohr/Minute
15 cm L/55 SK C/28	8,25	43–45,3	875–890	23.000	6–8
10,5 cm L/50 SK C/33	5,25	15,1	900	18.000/ 12.000	15
3,7 cm L/83 SK C/30	3,07	0,75	1.000	8.500/ 6.800	30
2 cm L/65 MG C/30 (Einzel)	1,30	0,13	835	4.400/ 3.200	120
2 cm L/65 MG C/38 (Vierling)	1,30	0,13	900	4.400/ 3.200	150

Schiff wegen der inzwischen permanenten Gefährdung durch Luftangriffe zu bewaffnen.

Die entsprechenden Arbeiten führte der Zweigbetrieb der Deutsche Werke Kiel AG in Gotenhafen aus. Auf einigen Konsolen an der Bordwand, auf Positionen vor und hinter der Insel sowie auf den Aufbauten wurden insgesamt drei 3,7-cm-Doppellafetten, sechs 2-cm-Vierlings-Lafetten und vier Fla-Scheinwerfer provisorisch eingebaut. Außerdem befand sich ein Sperrballon an Bord. Das Bedienungspersonal bestand aus Marineartilleristen in der üblichen feldgrauen Heeresuniform der Wehrmacht. Fotos belegen eine gleiche oder sehr ähnliche Bewaffnung des Schiffes während seiner letzten Schleppfahrt von Kiel nach Stettin im April 1943.

Nicht sicher ist dagegen, ob danach eine Mindestbewaffnung an Bord verblieben ist.

In der vorläufigen Sonderanlage zur Bauvorschrift S für den Flugzeugträger *Graf Zeppelin* vom 06. Mai 1940 wurde die zu dieser Zeit gültige Bestückung und Munitionierung (Artillerie) des Schiffes aufgeführt (BA – MZA W – 04/10 669).

Bestückung:

16	15-cm-SK	C/28 C/36	in 8	15-cm-Doppellafetten
12	10,5-cm-SK	C/33 C/31	in 6	8,8-cm-Doppellafetten
22	3,7-cm-SK	C/30 C/30	in 11	3,7-cm-Doppellafetten
28	2-cm-Flak	38 C/38	in 7	2-cm-Vierlingslafetten

Munitionsbevorratung:

15-cm-Kaliber
912 15-cm-Sprenggranaten L/4,5
    Bodenzünder (mit Haube)
    Gesamtgewicht: 41.314 kg (je 45,3 kg)

912 15-cm-Sprenggranaten L/4,6
    Kopfzünder (mit Haube, 50 % mit eingeschraubter Lichtspurhülse)
    Gesamtgewicht: 41.314 kg (je 45,3 kg)

240 15-cm-Leuchtgranaten L/4,3
    Gesamtgewicht: 9.768 kg (je 40,7 kg)

1824 15-cm-Hülsenkartuschen C/28 mit Gefechtsladung
    Gesamtgewicht: 52.349 kg (je 28,7 kg)

240 15-cm-Hülsenkartuschen für Leuchtgranaten
    Gesamtgewicht: 5.184 kg (je 21,6 kg)

Gesamtmunition für 15-cm-Kaliber:
    4.128 Schuß (je Rohr 258)
Gesamtgewicht (mit Kopfzünder, Bodenzünder, Zeitzünder für 60 und 30 Sekunden): 152.941 kg

10,5-cm-Kaliber
4.000 10,5-cm-Sprenggranat-Patronen C/33 L/4,4 Gefechtsladung
    Gesamtgewicht: 127.280 kg (je 31,82 kg)

300 10,5-cm-Leuchtgranat-Patronen C/33 L/4
    Gesamtgewicht: 9.570 kg (je 31,9 kg)

Gesamtmunition für 10,5-cm-Kaliber:
    4.300 Schuß (je Rohr 333 bzw. 25)
Gesamtgewicht (mit 9.650 Zündern verschiedener Art): 141.073 kg

3,7-cm-Kaliber
44.000 3,7-cm-Leuchtspur-Sprenggranat-Patronen C/30 L/4,1 (je Rohr 2.000)
    Gesamtgewicht: 131.120 kg

2,0-cm-Kaliber
56.000 2,0-cm-Leuchtspur-Sprenggranat-Patronen (je Rohr 2.000)
    Gesamtgewicht: 25.368 kg

Außer der Gefechtsmunition sollten mitgeführt werden:
10,5-cm-Salutmunition: 1.002 Schuß (mit Zwischenschrauben)
    Gesamtgewicht: 4.975 kg
15-cm-Exerziermunition: 72 Schuß
10,5-cm-Exerziermunition: 72 Schuß
3,7-cm-Exerziermunition: 150 Schuß
    Gesamtgewicht: 7.982 kg

Sonstige Waffen mit Munition an Bord (ohne Flieger):
6 MG 34 (bzw. 2 MG 08 und 4 MG 08/15) mit 36.000 Schuß
200 Karabiner 98 K mit 12.000 Schuß
55 Pistolen 08 mit 3.500 Schuß
30 Pistolen 7,65 Mauser mit 1.800 Schuß

Gesamtgewicht der Munition: 1.672 kg

2 Sander-Leinenpistolen mit 200 Schuß (86,4 kg) Signalmunition (ES) und Knallkörper für Elektrolote (888 kg)

Daraus ergab sich für das Schiff ein Munitionsgewicht von insgesamt 466.105 kg (ohne Flieger).

Die flugtechnische Anlage (Fluganlage)

Alle Einrichtungen und Räumlichkeiten, die es dem Flugzeugträger überhaupt erst ermöglichen seiner Bestimmung gerecht zu werden, werden unter der Bezeichnung flugtechnische Anlage zusammengefaßt. Wilhelm Hadeler verwendete auch den Begriff Fluganlage. Aus dem bisher Dargelegten sollte ersichtlich geworden sein, daß ihre Herausbildung und Komplettierung schrittweise zusammen mit der Entwicklung des Flugzeug- und Kriegsschiffbaus sowie der Waffentechnik erfolgt ist.

Außerdem fanden auch taktische Kriterien ihren Niederschlag bei der Konzipierung und dem Bau der flugtechnischen Anlage.

Gerade auf diesem Bereich des Baus und der Ausrüstung von *Graf Zeppelin* hatten die deutschen Konstrukteure und Techniker schwierige Aufgaben zu bewältigen, weil es ganz einfach an eigenen praktischen Erfahrungen im Flugdienst auf Trägerschiffen mangelte, bei dem die einzelnen Komponenten der flugtechnischen Anlage gemeinsam zur Wirkung kommen. Ein nicht unbeträchtlicher Teil von praktischen Hinweisen, die technische und organisatorische Lösungswege vermittelten, kam aus der japanischen Marine.

Die ersten Wege wurden offensichtlich gebahnt durch die Entsendung von Marineoffizieren mit Fliegerausbildung. Später wurde ein Informationsaustausch über die Marineattachés und durch die zeitweise Kommandierung von Fachoffizieren beider Marinen eingerichtet.

Nach der Unterzeichnung des Dreimächtepaktes Deutschland-Italien-Japan (Achse Berlin-Rom-Tokio) am 27. September 1940 befanden sich ständig 20 bis 30 japanische Marineoffiziere in Deutschland, die Technologien in der Rüstungsindustrie studierten und an Erprobungen teilnahmen. Gewissermaßen als Gegenleistung konnte eine Anzahl von ihnen in Fragen des Flugzeugträgerbaus und der Organisation des Bordflugdienstes konsultiert werden.

Die erste Kontaktaufnahme zum Zwecke einer Fachkonsultation wurde von deutscher Seite von einer Gruppe unter dem ehemaligen Marineflieger Joachim Coeler (1891 bis 1955) im Auftrag der Marineleitung durchgeführt.

Coeler, der 1934 Kommandeur der Marinefliegerschulen und Leiter des Ausbildungssektors war (im Verlaufe des Zweiten Weltkrieges erreichte er den Dienstgrad eines Generals der Flieger), brachte 1935 nicht viele Ergebnisse von seiner Reise mit, die sich für den ersten deutschen Flugzeugträger verwenden ließen. Er bemängelte die Kürze seines Japanaufenthalts und daß er einen im Stützpunkt liegenden Flugzeugträger nur unter Zeitdruck besichtigen konnte.

Bedeutend ergiebiger war die Reise, die eine Studienkommission von Marine und Luftwaffe von September bis Dezember 1935 nach Japan unternahm.

Sie war besser vorbereitet und widmete sich ausschließlich ausgewählten Schwerpunkten der Flugzeugträgerproblematik. Zwei Mitglieder der Delegation waren ebenfalls ehemalige Marineflieger, die bereits seit längerer Zeit wichtige Funktionen beim Aufbau neuer Seeluftstreitkräfte bekleideten.

Ernst August Roth (1898 bis 1975) war nach vielseitiger fliegerischer und organisatorischer Tätigkeit bei den getarnten Marinefliegern der Reichsmarine zum Chefpilot und stellvertretenden Leiter der Erprobungsstelle See Travemünde aufgestiegen und hatte hier in 3 1/2 Jahren 1002 Starts mit 872 Flugstunden absolviert. 1931/33 erfolgte seine Verwendung als Referent der Marineleitung für die Bodenorganisation der Marineflieger, danach der Übergang zur entstehenden Luftwaffe.

1935 war er als Major Referent im Reichsluftfahrtministerium und als solcher der Leiter der Studienkommission (er stieg später zum Generalleutnant auf).

Auch Hans-Arnim Czech (1898 bis 1970), zu dieser Zeit Korvettenkapitän, war eine fachkompetente Persönlichkeit der deutschen Marineflieger. Nach dem Ersten Weltkrieg hatte er wie J. Coeler und E.R. Roth in der Reichsmarine seine Marinefliegerlaufbahn diskret fortgesetzt und ab 1924 an vielen Erprobungs- und Ausbildungsflügen teilgenommen. 1933/35 fand er als Referent für Luftfahrtwesen in der Flottenabteilung der Marineleitung Verwendung (auch er trat 1936 zur Luftwaffe über, stieg bis zum Generalleutnant auf und war bei Kriegsende als General des Seewesens der Luftwaffe für die allerletzten Relikte der deutschen Seefliegerei zuständig).

Der Dritte im Bunde der Expertenkommission während der zweiten Japanreise war Marinebaurat Dipl.-Ing. Ohlerich, dem bisher die Studienarbeiten am Flugzeugträger *A* als Referent unterstanden hatten. Er hatte im Sommer 1935 während der Navy Week in Portsmouth, als die Royal Navy einige Schiffe zur Besichtigung freigab, den Flugzeugträger *Furious* in Augenschein genommen.

In Japan bemühte er sich vor allem um technische Lösungen der flugtechnischen Anlage auf dem Flottenflugzeugträger *Akagi*, die ihm in ihren Einzelheiten erläutert wurde.

Major Roth erhielt die Gelegenheit, bei einem Seetörn der *Akagi* am 08. Oktober 1935 als Beobachter eines Trägerflugzeuges an Starts und Landungen am Tage wie auch bei Nacht teilzunehmen und den Flugbetrieb im Detail kennenzulernen.

Korvettenkapitän Czech widmete sich insbesondere den Fragen der Führung, Ausbildung und Stationierung des Trägers. Ob Zufall oder Absicht: Noch im Oktober 1935 ging die *Akagi* für nahezu drei Jahre zu einem Totalumbau in die Werft.

In seinen Erinnerungen an die Zeit der Konstruktion und des Baus des Flugzeugträgers *Graf Zeppelin* ist Wilhelm Hadeler im Detail auf Schwierigkeiten und ihre Überwindung beim Einbau der flugtechnischen Anlage eingegangen.

Letztendlich ist es den Beteiligten trotz aller Hemmnisse doch gelungen, diese komplizierte Aufgabe zu lösen.

Zu einer Erprobung des Zusammenspiels aller Komponenten ist es nicht gekommen.

Eine Vorstellung davon, wie es hätte funktionieren können, wenn *Graf Zeppelin* fahr- und erprobungsbereit geworden wäre, gibt die folgende, im Originaltext wiedergegebene Beschreibung vom 05. März 1941:

»Unterbringung der Flugzeuge

Es sind untergebracht:

Mz (Fi 167)-Maschinen (Mehrzweckflugzeuge)
in oberer Halle — hinter der hinteren Hebebühne — = 2 Stück
in unterer Halle — zwischen hinterer und mittlerer Hebebühne — = 8 Stück
— zwischen mittlerer und vorderer Hebebühne — = 10 Stück

Me 109 T (Bf 109 T) Jagdflugzeuge
in oberer Halle — zwischen hinterer und mittlerer Hebebühne — = 10 Stück
(davon 2 Stück in Reserve)

Ju 87-Maschinen
in oberer Halle — zwischen mittlerer und vorderer Hebebühne — = 13 Stück

Summe der Flugzeuge = 43 Stück«

»Zurrung der Flugzeuge in den Staustellungen und Förderung auf das Flugdeck

Mz (Fi 167)-Maschinen

Diese, die untere Halle voll ausfüllenden Flugzeuge und die beiden im hinteren Teil der oberen Halle aufgestellten Maschinen können je nach Lage und Einsatzbereitschaft mit allen drei Hebebühnen zum Flugdeck befördert werden. In den Hallen werden sie ohne Startwagen unmittelbar auf Deck gezurrt. Das gleiche gilt in der Bereitschaft auf Flugdeck. Diese Maschinen starten vom hinteren Flugdeck durch Radstart. Hierbei werden die Schleudern abgedeckt, um auch in diesem Bereich eine glatte Startbahn zu haben.

Me 109 T (Bf 109 T)-Jagdflugzeuge

Von den zehn Stück dieser Maschinen in der oberen Halle zwischen hinterer und mittlerer Hebebühne stehen acht Stück in Startwagen gelagert auf Vorsetzwagen, die an Deck gezurrt sind. Für den Start werden die Flugzeuge mittels der Vorsetzwagen an die Einfädelungsschienen gefahren und hier auf die Einspurschienen abgesetzt, um mit den Startwagen auf die mittlere Flugzeug-Hebebühne gefahren zu werden. Die leeren Vorsetzwagen verbleiben in der Halle. Auf dem Flugdeck werden die Maschinen in den Decksschienen je nach Bedarf vor und auf die Schleudern verfahren. Die Startwagen gelangen mittels der Rückbringanlage wieder in die Hallen zurück, wo sie dann seitlich gestaut werden. Rückkehrende und neue Flugzeuge werden mittels Hallendekkenkräne wieder wie oben beschrieben auf die Wagen gesetzt und damit auf Deck gezurrt.

Die beiden Reserve-Flugzeuge 9 und 10 können in der geräumten Halle zusammengestellt und nach Aufsetzen auf die erforderlichen Wagen zum Start gefahren werden.

Ju 87-Stukas

Die Betriebsvorgänge für das Starten dieser Flugzeuge sind sinngemäß die gleichen wie bei den Jagdflugzeugen (Katapultstart mit Startwagen).
Die Flugzeuge stehen mit beigeklappten Tragflächen in der Halle, die erst auf der Hebebühne ausgeschwungen und darauf auch wieder vor dem Einfahren in die Halle beigeklappt werden.
Alle Flugzeuge werden gefechtsmäßig in den Hallen mit gefüllten Tanks und angehängter Munition gefahren. Auf dem Flugdeck wird nur nachgetankt. Zum Schutz gegen Feuergefahr sind die Hallen mit den nötigen Sicherheitseinrichtungen versehen wie Feuerschutzschotte, Ardex-Feuerlöschgeräte, Berieselungsanlage usw. – Die Einzelheiten und die Arbeitsweise für die flugtechnischen Betriebseinrichtungen, soweit sie für das Klarmachen der Flugzeuge und die Sicherheit des Schiffes benötigt werden, sind den Sonderbeschreibungen zu entnehmen. Diese haben auch als Unterlage für die Aufstellung der Betriebsvorschriften für die Arbeitsgänge beim Startbereitmachen der Flugzeuge usw. zu dienen.

Die Stauplätze für Flugzeuge und Vorsetzwagen sind auf den Hallendecks mit 200 mm breiten Blechstreifen aus verzinktem Blech gekennzeichnet.

Landeeinrichtungen

a) Bremsseile
Nach dem Aufsetzen fängt sich das Flugzeug mittels seines Fang- oder Landehakens in einem der quer über das Flugdeck gespannten Bremsseile und läuft auf einem bestimmten Bremsweg 25 bis 32 m aus. Die Bremsseile haben die Bezeichnung I bis IV und sind bei den Spt. 25,55, 44,48, 54,125 und 65,91 angeordnet. Die Bremsseile ruhen beiderseits auf Klappstützen derart, daß sie im gespannten Zustand in einer Höhe von etwa 145 mm über Mitte Deck gehalten werden. Beim Ausziehen oder Überfahrenwerden der Seile werden die Stützen niedergelegt. Jedes Bremsseil hat seine eigene Winde, die unter Deck aufgestellt ist. Für jedes der vier Bremsseile ist außerhalb der Windenräume auf dem Bb-Laufgang Gallerie ein Bedienungsstand vorgesehen.

b) Fangnetze
Da die Möglichkeit besteht, daß ein Flugzeug zu weit seitlich auf dem Flugdeck landet und Gefahr läuft, über Bord zu gehen, sind an beiden Bordseiten Fangnetze vorgesehen, in denen sich das Flugzeug fangen soll. Die seitlichen Fangnetze reichen auf Bb-Seite von

Spt. 34 bis 112 und auf Stb-Seite von Spt. 34 bis 80.

Ferner ist ein Fangnetz an der Hinterkante des Flugdecks angebracht, um ein rückwärtsrollendes Flugzeug aufzufangen.

c) Windschutzschirme

Das Schiff ist mit zwei elektrisch betriebenen Windschutzschirmen ausgerüstet, von denen der vordere bei Spt. 192,77 und der hintere bei Spt. 122,77 vor dem jeweiligen Flugzeugaufzug angeordnet ist.

Die Windschutzschirme haben die Aufgabe, die dahinterstehenden einsatzbereiten Flugzeuge sowie das möglicherweise an den Maschinen arbeitende Personal gegen den Fahrtwind zu schützen. Im beigeklappten Zustand liegen die Schirme in Aussparungen des Holzdecks, so daß sie von den Flugzeugen ungehindert überrollt werden können. Der hintere Windschutzschirm kann durch einen Zusatzschirm um 5 m nach Bb-Seite verbreitert werden, um zwei einsatzbereite Flugzeuge für Radstart (Fi 167) dahinter aufstellen zu können. Alle Schirme lassen sich von den Bedienungsständen auf dem Bb-Laufgang sowie vom Flugleitstand aus steuern. Bleiben die Schirme für längere Zeit stehen, so werden ihre Antriebshebel so festgesetzt, daß die vom Wind hervorgerufenen Schirmschwingungen nicht auf das Getriebe übertragen werden und letzteres entlastet wird. Im Notfall können die Schirme auch von Hand bewegt werden.

d) Anfluglinien für den Start- und Landebetrieb bei Tage

Zur Erleichterung des Anfliegens ist die Achterkante des Flugdecks durch einen zwei Meter breiten gelben Querstreifen versehen. Ferner sind auf dem Flugdeck Landesichtstreifen vorgesehen, von denen der 350 mm aus Mitte Schiff angeordnete Längsstreifen 200 mm breit ist und über das ganze Flugdeck verläuft. Die beiden seitlichen Streifen haben eine Breite von 400 mm und reichen vom hinteren Querstreifen bis zur Ver-

zweigung der vorderen Deckschienen, wobei ihre Außenkanten in 7700 mm Abstand von Mitte Schiff verlaufen. Die Vorkante des Flugdecks ist durch einen fünf Meter breiten Querstreifen begrenzt. Sämtliche Farbstreifen sind in hellgelber Farbe aufgetragen.

e) Aufsetz-Landepunkt

Zur Kennzeichnung der Landestelle sind auf dem hinteren Flugdeck hinter Bremsseil I an Bb-Seite zwei grüne Deckslampen hintereinander und 11 m aus Mitte Schiff vorgesehen. Diese Einrichtung gilt für Tag- und Nachtlandungen.

Beleuchtung

a) Landedeckbeleuchtung

Auf dem Flugdeck ist eine Landedeckbeleuchtung zur Abrenzung des Rollfeldes vorgesehen und zwar für die Seitenbegrenzung an Bb und Stb je sieben rote Einzellampen etwa 26 m voneinander entfernt und für die Heckbegrenzung eine rote Strichleuchte über die ganze Decksbreite. Sämtliche Leuchtkörper sind in das Holzdeck eingelassen.

b) Bremsseilbeleuchtung

Innerhalb und außerhalb der seitlichen Anfluglinien sind vor jedem Bremsseil gelbe Strichleuchten im Holzdeck eingelassen, damit sich die Lage der Bremsseile auch bei Nacht abhebt.

c) Startlampen

Der Beginn der Schleudern ist durch je eine innenseitig dazu angeordnete weiße Startlampe gekennzeichnet. Diese Lampen sind wie alle übrigen Decksbeleuchtungen in das Holzdeck eingelassen.

d) Windstärkeanzeiger

Auf der Decke des vorderen Deckshauses sind zur Anzeige der jeweils herrschenden Windstärke vier hintereinander angeordnete rechtwinklige Strichlampen vorgesehen, wobei die Scheitel der Winkel nach vorne zeigen. Je nach Windstärke brennen eine, zwei, drei oder alle vier Winkellampen.

e) Ringlampen um die Masten

Um alle drei Masten sind 3 m von der Spitze je eine zwölfeckige rote Ringlampe angebracht.

f) Flugdeckarbeitsbeleuchtung

Es sind 18 Arbeitsleuchten im Abstande von etwa 20 m an beiden Seiten des Flugdecks in etwa 1/2 m Höhe vorgesehen.

Sandkasten

Zum Schutz gegen Rutschen bei gefrorenem oder durch Öl beschmutztem Deck dient Streusand, der in Sandkästen gefahren wird, die vorn und hinten auf dem Flugdeck unter den Geschützplattformen der überhöht aufgestellten III. und V. 10,5-cm-Flak angeordnet sind.

Pilotballons

Für die täglichen Beobachtungen von Wind und Wetter in den oberen Regionen der Atmosphäre läßt man Pilotballons aufsteigen. Diese Ballons werden mit Wasser- und Sauerstoff gefüllt. Je zwei Flaschen sind auf dem Laufgang vor dem Bb VI. – 3,7-cm-Geschütz untergebracht.

Stände

a) Stand für den Startoffizier der Schleuder

Der Start erfolgt von hier aus auf Anweisung des Startoffiziers, der seinen Stand auf einer versenkten Plattform an der Vorkante des Flugdecks in der Mitte des Schiffes hat. Telefonverbindung (Steckeranschluß) von hier aus nach:

1. Schiffsführungstand
2. vorderer Flugleitstand
3. Stand des Landedeck-Offiziers
4. zu den Schleudermeistern Stb und Bb

b) Bedienungsstand für Schleuderanlage

Stb und Bb je ein Stand, der im Flugdeck versenkt eingebaut ist etwa bei Spt. 233. Die Schleudermeister hatten Fernsprechverbindung zum:

1. Flugleitstand
2. Stand des Startoffiziers

c) Bedienungsstand für den vorderen Windschutzschirm
Auf dem Laufgang Bb Spt. 193 und dem Flugleitstand auf dem unteren Scheinwerferpodest nach hinten.

d) Bedienungsstand für den hinteren Windschutzschirm mit Zusatzschirm
Auf dem Laufgang Bb Spt. 115 und dem Flugleitstand auf dem unteren Scheinwerferpodest nach hinten.

e) Stand für den Landedeckoffizier
Auf dem Laufgang Bb Spt. 50.
Von hier aus Telegraf nach den vier Bremsseilwinden,
Sprachrohrverbindung nach Bremsseilwinde I und II.

f) Bremsseilwinden-Fahrstände I bis IV
Neben den Bremsseilen I bis IV auf dem Laufgang Bb.
Von hier aus werden die Bremsseilwinden bedient.
Als Verbindung ist je ein Durchrufrohr vorhanden.

g) Stand für Seilstützen
Beim Fahrstand I ist auch der Stand zum Aufrichten der Seilstützen für die Bremsseile. Die vier Stützenpaare sind durch Gestänge miteinander verbunden.

h) Stand für den Radstart
Dieser ist auf der Geschützplattform der IV-10,5-cm-Flak. Fernsprechverbindungen (Steckeranschluß) wie beim Stand für den Schleuderstartoffizier.

i) Flugleitstand
Auf dem unteren Scheinwerferpodest am Schornstein nach hinten. Von hier aus geht eine Verbindung nach dem Stand für den Landedeckoffizier, und zwar ein Telefon und ein Lichtzeichenkabel, welches klar oder unklar durch grünes und rotes Licht anzeigt. Diese Verbindung verläuft gleichzeitig nach dem Luftmelderaum.

k) Res.-Flugleitstand
Dieser befindet sich auf demselben Podest nach vorne.

l) Hallenwachstände
Für den Hallenbetrieb befinden sich in der oberen und unteren Halle vor dem vorderen Endschott an dem Bb-Hallenlängsschott je ein Wachstand, in dem alle Apparate und Anlagen für die Sicherheit der Hallen untergebracht sind.

m) Fahrstand für die Flugzeug-Hebebühne
Dieser befindet sich unterhalb der Hebebühne Stb nach hinten und ist von oben durch ein Luk begehbar. Der Fahrstand-Leiter kann durch einen durchsichtigen Korb die Bühne nach oben und unten für den Fahrbetrieb beobachten.

Nachrichtenmittel

Die für den Flugbetrieb und für das Flugwesen erforderlichen Sondereinrichtungen sind größtenteils in Räumen der Insel untergebracht.
Hierzu gehören:

22. März 1939: Auf dem hinteren Teil des Flugdecks ist mit dem Auflegen der Decksbeplankung begonnen worden

Inseldeck:	Luftkartenhaus und Luftmelderaum
	Funkpeiler
Flugdeck:	Nachrichtenzentrale
	Flugsicherungsraum
	Taktischer Funkraum
	Funksenderaum
	Wetterfunkraum
	Meteorologen-Arbeitsraum
Zwischendeck:	Bildstelle Abt. VIII Stb
Oberes Plattformdeck:	Funkraum A in Abt. XIV

Hallenbetrieb

Die einzelnen Phasen des Hallenbetriebes ergeben sich aus den Sonderbeschreibungen für die eingangs aufgeführten flugtechnischen Betriebsanlagen und dem Munitionsförderplan.

Fallschirme

In der unteren Halle sind vor dem vorderen Aufzug an Stb die Fächerregale für die Fallschirme vorgesehen (119 Stück).

Ein Fallschirm-Packtisch von 12 m Länge und 0,9 m Breite ist vorhanden.

Sonderkleidung und Ausrüstung

Es sind folgende Ausrüstungen an Bord:
1. Bekleidung und Ausrüstung (allgemein) für das Fliegende und Bodenpersonal in den Bb-Wohndecksgängen (Backdeck und Aufbaudeck).
2. Sonderbekleidung und Sonderausrüstung für Seeflieger einschließlich Offiziere in den Wohngängen wie zu 1.).
3. Dienst- und Sonderbekleidung für das start- und fliegertechnische Personal in den Hallendecks. Das Ölzeug für das vorgenannte Personal ist in gesonderten Spinden untergebracht.«

Diese Aufstellung läßt nicht den ganzen Umfang aller Einrichtungen und Räume sichtbar werden, die zur flugtechnischen Anlage gehörten.

Die Bauvorschriften des Konstruktionsamtes des OKM machten dazu noch detaillierte Angaben, woraus ersichtlich wird, wie kompliziert das »Innenleben« eines Flugzeugträgers bereits vor mehr als 50 Jahren war. Gewiß wären auch in diesem Bereich des Schiffes nach den ersten Erprobungen umfangreiche Veränderungen und Umbauten erforderlich geworden.

Für die Bekämpfung von Bränden, die man unter Beachtung der Erfahrungen in ausländischen Marinen als die mit Abstand größte Gefahr auf einen Trägerschiff einschätzte (obwohl noch keine Kriegserfahrungen vorlagen!) wa-

ren auf *Graf Zeppelin* unterschiedliche Systeme vorgesehen.

Naturgemäß bildeten die Hallendecks dabei einen deutlich erkennbaren Schwerpunkt.

Hier war der Einbau leistungsstarker Wasserschleier- und -berieselungsanlagen ebenso vorgesehen wie die Verwendung von Dampf- und Gaslöschanlagen. Diese Anlagen konnten in mehrere, nach Bedarf selbständig oder gemeinsam zu betreibende Brandbekämpfungsabschnitte eingeteilt werden.

Zu diesem Zweck konnten in beiden Hallendecks schnell herablaßbare Feuerschutzschotte aus Wellblech und Asbestmatten nach Art der eisernen Feuerschutzvorhänge auf Theaterbühnen betätigt werden (elektrische Betätigung).

Sie befanden sich auf Spant 44,5 (vor dem hinteren Aufzug), auf Spant 97 (hinter dem mittleren Aufzug), auf Spant 111,5 (vor dem mittleren Aufzug) und auf Spant 176 (hinter dem vorderen Aufzug). Damit konnten die Hallendecks sektionsweise verschlossen werden.

Vorgesehen war eine gemeinsame wie auch eine separate Auslösung dieser Feuerschutzschotte von mehreren Stellen in den Hallendecks von der Brücke und vom Batteriedeck aus. Zum Ablöschen in Brand geratener Kleidungsstücke dienten in den Flugzeughallen spezielle Brausen neben den Ausgangs- und Nottüren.

Auf dem Flugdeck war bei Brandgefahr an den Flugzeugen und an den Betankungsanschlüssen der Einsatz von Schaumfeuerlöscheinrichtungen vorgesehen.

Für die gefahrenträchtige Betankung der Flugzeuge in den Hallendecks hatte die Firma Martini & Hüneke, Maschinen- und Apparatebau AG, Salzkotten, eine spezielle Kraftstoffanlage mit Schutzgassicherung entwickelt.

Sie arbeitete nach einem patentierten Niederdruckverfahren unter Verwendung von doppelwandigen Rohren. Das abschirmende Schutzgas war ein Stickstoff-Kohlensäuregemisch und wurde von je einer Gaserzeugungsanlage VK 915 im Vor- und Hinterschiff geliefert.

Der Flugzeugkraftstoff in einer Gesamtmenge von zuerst 192 t (254.000 l bei einem spezifischen Gewicht von 0,76 kg/l), 1939 reduziert auf 160 t, wurde in fünf Tanks im Vor- und Hinterschiff (in den Abteilungen XVIII, XVII und II) unterhalb des Panzerdecks gefahren. Für die Wandungen der Tanks war die Verwendung von korrosionsbeständigem Stahl V 4 A und Doppelwandung vorgeschrieben. Für das Kraftstoffleistungssystem wurde Kupfer gefordert.

Für die speziellen Belange der Flugzeugwartung und -instandsetzung wurden eingerichtet:
- Eine Flugzeugersatzteillast im Mitteldeck des Hinterschiffs,
- eine Flugzeugmotorenersatzteillast im Batteriedeck des Vorschiffs (unterhalb der vorderen Kasematten),
- eine Fallschirmlast in der Stauung des Hinterschiffs,
- Tanks für Flugmotorenschmierstoffe und Kühlmittel im Mitteldeck des Vor- und Hinterschiffes (zusammen 14,7 t).

Viel Raum- und Gewichtsplanung erforderte die mitzuführende Munition der Fliegergruppe.

In Abhängigkeit von der mehrfach veränderten Zusammensetzung und Stärke der Flugzeugausstattung des Trägers schwankten die Angaben über die unterzubringende Menge der Fliegermunition. 1937 sollte bei einer Trägergruppe, bestehend aus jeweils acht Jagd- und Sturzkampfflugzeugen sowie 24 Mehrzweckmaschinen, an Bord mitgeführt werden:

98,5 t an 500- und 250-kg-Bomben,
52,0 t an Flugzeugtorpedos (80 F 5),
41,6 t an Flugzeugminen (64 LMA).

Außerdem waren 200.000 Schuß MG-Munition für die 40 Flugzeuge (jeweils 5000 Schuß) vorgesehen.

1939 einigten sich Marine- und Luftwaffenberater des Baustabes auf die Unterbringung von:

130 Stück 500-kg-Bomben im Gesamtgewicht von 65 t
640 Stück 50-kg-Bomben im Gesamtgewicht von 32 t

80 Stück 650-kg-Torpedos im Gesamtgewicht von 52 t
64 Stück 650-kg-Flugzeugminen LMA im Gesamtgewicht von 41 t

In der Niederschrift der Besprechung vom 26. Januar 1939 wurde festgelegt, daß in den beiden Torpedokammern auf dem oberen und unteren Plattformdeck des Hinterschiffs auch Minen zu stauen sind.

24. März 1940: Blick auf den Katapulteinbau und die Kasematte Backbord

Aufgrund der veränderten Bevorratung mit Fliegerbomben (die 50-kg-Bomben waren vorrangig zur U-Boot-Bekämpfung gedacht), sollte ein Teil dieser Munitionsart außer in der dafür vorgesehenen Bombenkammer auch in anderen Munitionskammern gestaut werden und zwar so, daß sie schnell gefördert werden konnte.

Im Hinterschiff waren drei Aufzüge eingebaut, die Torpedos, Minen und Bomben aus den Munitionskammern auf den Plattformdecks in die beiden Hallendecks transportierten.

Speziell dem Transport von Bomben diente ein Aufzug im Vorschiff auf Spant 200 an Backbordseite, der eben-

falls die Kammern auf den Plattformdecks mit den Hallendecks verband.

Hersteller dieser Aufzüge war die gleiche Firma Carl Flohr AG, damals in Berlin N 4, Chausseestraße, von der auch die Flugzeugaufzüge entwickelt und gebaut wurden.

Für den vertikalen Transport der Flugzeuge zwischen den Hallendecks und dem Flugdeck wurden drei Aufzüge (ursprünglich als Hebebühnen bezeichnet) eingebaut. Die Windwerke der Aufzüge wurden durch E-Motoren angetrieben, die eine Hubgeschwindigkeit von 0,7 m/s gestatteten. Unter Beachtung der Gefährdung, die durch Benzindämpfe entstehen konnte, wurden die Motoren und Schaltvorrichtungen (wie auch andere elektrische Einrichtungen in den Hallendecks) gasdicht abgeschlossen.

Die drei Aufzugsmaschinen standen auf dem Panzerdeck an Steuerbordseite.

Die erforderlichen Führungsschienen der Aufzugplattformen und die Aufhängeböcke für die Trageketten und Gegengewichte wurden an den Hallenlängsschotten eingebaut.

Die Aufzüge befanden sich:
Zwischen
Spant 30 und Spant 43,5,
Spant 97,5 und Spant 111 und
Spant 176 und Spant 190.

Als Tragkraft wurden dem Hersteller für jeden Aufzug 5 t vorgegeben. Es gelang, nachdem feststand, daß die ab 1942 zur Verfügung stehenden Trägerflugzeuge erheblich schwerer als wie ursprünglich vorgesehen ausfallen würden, die Tragkraft der Flugzeugaufzüge ohne wesentliche bauliche Veränderungen auf 6,5 t zu steigern.

Obwohl es für die Konstruktion und den Bau von Aufzügen dieser Art noch kein einheimisches Vorbild gab, gelang der Firma Carl Flohr der Bau der Flugzeugaufzüge nahezu auf Anhieb. Eine entscheidende Rolle dabei spielte, daß die Firma auf ihrem Werkgelände eine Versuchsanlage aufbaute, mittels der die technischen Vorgänge und auch besondere Belastungen, wie sie durch den Bordbetrieb unausbleiblich auftreten würden, erprobt werden konnten.

Wie Wilhelm Hadeler beschrieb, arbeiteten die Aufzüge bis zu einer Schräglage von 10° unbedingt zuverlässig.

Die Versuchs- und Erprobungsanlage der Firma Flohr sollte später der Schulung des Bedienungspersonal weiterer Träger dienen.

Da auf den Aufzugsplattformen die Flugzeuge, die keine Klapp- oder Faltflügel besaßen, in ihrer vollen Spannweite untergebracht werden sollten, mußten die Abmessungen der Aufzüge entsprechend groß sein.

Von vornherein war die eigenartige Form eines unregelmäßigen Achtecks von 13 m Länge und 14 m Breite festgelegt worden. Die Form der Aufzugsplattformen wurde gewählt, weil sie sich dadurch der idealen Form eines Kreises annäherten und so den für die Schiffsfestigkeit nachteiligen Einfluß der drei großen Schächte durch die Decks des Schiffes weitgehend begrenzen sollten.

Da Form und Abmessungen der Aufzüge nicht geändert werden konnten, die Flugzeuge (Ju 87) nicht nur schwerer, sondern auch größer wurden (Spannweite Ju 87 D: 13,80 m gegenüber Ju 87 B und C: 13,20 m), reichten die anfänglich für ausreichend gehaltenen Toleranzen kaum noch aus.

Auf ausländischen Flugzeugträgern, auf denen ausschließlich Flugzeuge mit klapp- oder faltbaren Flügeln stationiert wurden, konnten die Konstrukteure für die Breite der Aufzüge wesentlich kleinere Abmessungen (z.B. auf *Ark Royal* 7,3 bzw. 8,2 m) und für ihre Form rechteckige oder quadratische Flächen wählen.

Während aber auf einer ganzen Reihe Trägerschiffe unterschiedlich große Flugzeugaufzüge eingebaut wurden (besonders große Unterschiede gab es diesbezüglich auf japanischen Schiffen), waren jene des deutschen Trägers von gleicher Größe.

Die Firma Carl Flohr stellte auch jene Schrägaufzüge oder Absenkbühnen her, die es nur auf *Graf Zeppelin* und weltweit auf keinem anderen Trägerschiff gab.

Diese Einrichtungen waren unmittelbar vor beiden Katapulten angeordnet, um nach dem Start (Abschuß) der Flugzeuge die leeren Startwagen schräg nach unten bis in die Ebene des Aufbaudecks abzusenken, wo sie dann auf Gleispaaren nach hinten unter eigens zu diesem Zweck angeordneten Aufzügen rollten, von denen sie zur erneuten Verwendung wieder auf das Flugdeck gelangten.

Warum die damit befaßten Konstrukteure und ihre Fachberater ein so kompliziertes Startverfahren mit separaten Start- und Vorsetzwagen und mehreren Aufzügen entwickelten, ist nicht mehr im Detail nachvollziehbar. Dieses Verfahren hielt in seinen verwinkelten Abläufen viele zusätzliche Störquellen verborgen, die jede für sich (beispielsweise infolge Verklemmens der vorderen Aufzüge durch Brecher oder Vereisung, durch Entgleisen oder Deformierungen der Startwagen u.a.) den reibungslosen Schnellstart der Flugzeuge im Einsatz gefährden oder sogar in Frage stellen konnten.

Im Verlaufe der Schnellstarterprobungen, die auf der Versuchs- und Ausbil-

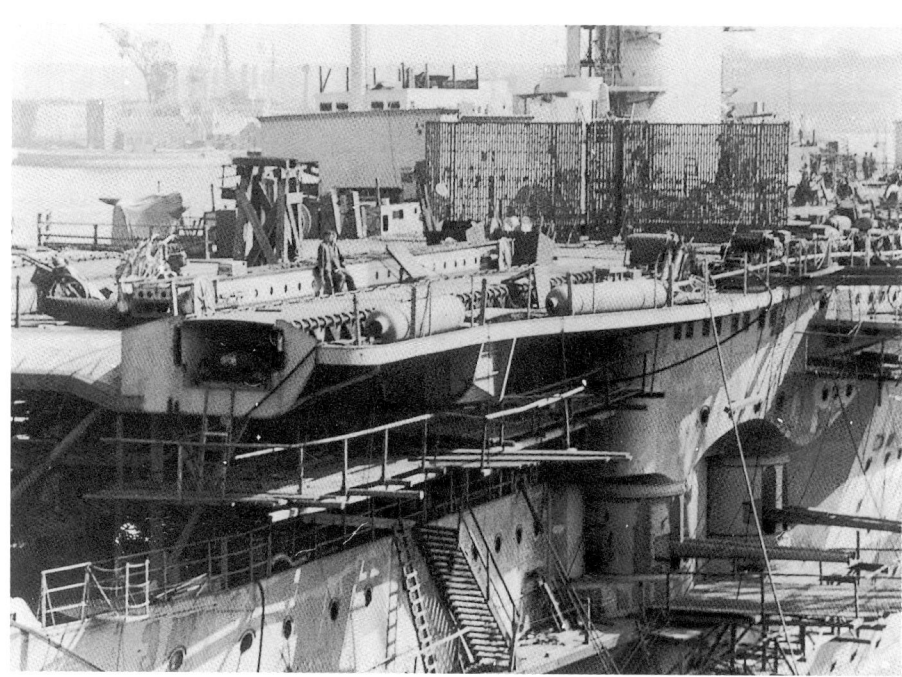

21. Juni 1940: Auf dem Flugdeck aufgerichtete Windschutzschirme (vordere Backbordkasematte)

dungsanlage in Travemünde bis in das Jahr 1944 hinein durchgeführt wurden, zeigte sich, daß die Startwagen recht empfindlich und anfällig gegenüber Bedienungsfehlern waren, wie sie jederzeit seitens des Katapultpersonals und der Flugzeugführer gemacht werden konnten.

Möglicherweise hätte dieses Startverfahren geändert werden müssen, wenn es zu einer wirklichen Einsatzerprobung auf dem fahrenden Träger gekommen wäre.

Entsprechende Startverfahren, bei denen die Trägerflugzeuge unter Verwendung ihres Fahrwerkes und eines ausklinkbaren oder abwerfbaren Zugstropps starteten, gab es im Ausland, und dies war auch bekannt.

Während dies für die Ju 87 ohne weiteres möglich gewesen wäre, setzte der Start der Me 109 mit eingezogenem Fahrwerk die Verwendung eines speziellen Startwagens oder -schlitten voraus. Die enge Spurweite des Fahrwerks dieses Flugzeugtyps kann aber nicht der alleinige Grund für das eigenartige Startverfahren gewesen sein, denn von der britischen Marine wurde auch das Jagd-

flugzeug Supermarine *Spitfire* (in der Trägerausführung als *Seafire* bezeichnet) im Trägereinsatz verwendet, obwohl es fast die gleichen Fahrwerkprobleme wie sein deutscher Kontrahent hatte.

Wie weit die Vorstellungen und auch die praktischen Vorbereitungen für die Komplettierung der flugtechnischen Anlage von *Graf Zeppelin* und des geplanten, aber bereits abgebrochenen Schwesterschiffes gediehen waren, zeigt eine Aufstellung von kompetenter Seite, die Ende 1941 auf Anforderung der italienischen Marine und nach erfolgter Genehmigung durch RLM und OKM entstand.

Dazu muß in notwendiger Kürze eingefügt werden, daß die italienische Marine unter dem Eindruck erlittener empfindlicher Schlappen Mitte 1941 dazu überging, Versäumnisse der Vorkriegszeit zu revidieren.

Obwohl noch immer durch ein Gesetz aus dem Jahre 1923 gehandicapt, wonach allein die Luftwaffe Italiens über die Gesamtheit der Luftstreitkräfte des Landes zu entscheiden hatte, wollte die Marine über Flugzeugträger verfügen, um die Operation der eigenen Flotte wirksamer als bisher aus der Luft unterstützen zu können.

Durch Umbau des schnellen Fahrgastschiffes *Roma* sollte der Flugzeugträger-Erstling *Aquila* entstehen. Von den deutschen Verbündeten erhofften sich die Italiener vor allem in Fragen der flugtechnischen Anlage Unterstützung. Nach politischen und diplomatischen Vorbereitungen reiste am 30. Oktober 1941 eine Studienkommission der italienischen Marine und Luftwaffe nach Deutschland, um an Ort und Stelle eine Einweisung über die Flugzeugträgerproblematik und den Stand der Entwicklung im Lande zu erhalten.

Das Programm dieser Studienreise ist aus der Anlage ersichtlich, die am 15. November 1941 zusammen mit einem Bericht an die Seekriegsleitung und an den Militärattaché übersandt wurde.

In Nachbereitung der Reise, die bis zum 07. November 1941 dauerte, kam es zu konkreten Verhandlungen, in denen den italienischen Partnern der Verkauf der flugtechnischen Anlage des abgebrochenen Flugzeugträgers *B* angeboten wurde.

Soweit sich dies noch verfolgen läßt, sind wesentliche Teile derselben im Frühjahr 1942 nach Italien verkauft worden, darunter auch vier Bremsseilwinden mit einem Stückpreis von 57.775,00 RM und zwei Flugzeugschleudern des Musters KL 5, zum Preis von jeweils 660.500,00 RM (mit Zubehör, aber ohne Montage).

In mehreren Sendungen erfolgte auch die Übergabe von Drucksachen und Schriftmaterial an die italienische Marine.

Eine Zusammenstellung des Hauptamtes für Kriegsschiffbau vom 21. November 1941 (Anlage zu K III Mf 15100/41 g) nannte folgende Einrichtungen und Anlagen für den Flugbetrieb und die dafür erforderlichen Betriebs-, Munitions- und Wohnräume, die auf dem Flugzeugträger *Graf Zeppelin* anzuordnen waren:

»I. Einrichtungen und Anlagen für den Flugbetrieb:

A. Auf dem Flugdeck:

1. Flugzeugschleudern (2) mit Startwagen, Luftflaschen usw.,
2. Schrägaufzüge (2) und Startwagenrückführung nach den Hallen.
3. Zubringegleise zu den Schleudern.
4. Windschutzschirme (2) mit Bedienungsständen auf dem Backbord-Laufgang.
5. Bremsseileinrichtung (4 Seile) mit Klappstützen. Fahrstände und Bedienungsstand für die Klappstützen auf dem Backbord-Laufgang. Bremsseilwinden in besonderen Räumen unter Deck.
6. Kraftstoff-Zapfstelle an der Insel.
7. Flüssigsauerstoff-Umfüllpumpe für die Versorgung der Flugzeuge.
8. Flugdeckbeleuchtung bestehend aus:
   a) Abschlußstrichleuchte (rot) an der Hinterkante des Flugdecks,
   b) Punktleuchten (rot) zu beiden Seiten des Flugdecks verteilt,
   c) Punktleuchten (Aufsetzleuchten) (grün), zwei Stück auf der Backbordseite vor Bremsseil I,
   d) Startlampen (weiß) am Hinterende beider Schleudern,
   e) Strichleuchten (gelb) hinter jedem Bremsseil,
   f) Windstärkenanzeiger (gelbe Winkelleuchten) für Nachtbetrieb auf der Decke des Schiffsführungsstandes (Brückenhaus),
   g) Flugdeck-Arbeitsbeleuchtung (18 Stück niederlegbare Spezialstrahler) an beiden Seiten des Flugdecks verteilt.
9. Rauchofen an Vorkante Flugdeck (Rauchfahne zur Anzeige der Windrichtung).
10. Flug- und Reserve-Flugleitstand auf der Aufbauteninsel.
11. Stand für den Landeoffizier in Höhe der Bremsseile II und III auf dem Backbord-Laufgang.
12. Fernsprech- und Sprachrohrverbindungen zwischen den verschiedenen Leit- und Bedienungsständen.
13. 10-t-Flugzeugkran (niederlegbar) an der Steuerbordseite des Flugdecks.

B. Im Schiff:

1. Flugzeugaufzüge (3) zwischen den Hallen und dem Flugdeck.
2. Aufzug für Nebelsäurebehälter.
3. Aufzüge für Bomben (1) und Torpedos (2).
4. Heißvorrichtungen (2) mit Laufkatzen für die Flugzeuge in den beiden Hallen.
5. Vorsetzwagen für die Startwagen zum Transport der Flugzeuge bis zu den Aufzügen.
6. Transportwagen für die Abwurfmunition und Nebelgeräte der Flugzeuge.
7. Kraftstoffzapfstellen in beiden Hallen.
8. Kühlmittelanlage für Flugzeuge (Mischer, Vorwärmer) in der oberen Halle.
9. Schmiermittelanlage (2) für die Flugzeuge (Vorwärme- und Abfüllvorrichtung, Transportwagen) im Mitteldeck (je eine im Vor- und Hinterschiff) mit Entnahmestellen (je vier) in beiden Hallen.
10. Motorenvorwärmung und Hallenheizung.
11. Betankungsanlage, -pumpen, -Schutzgasanlage (Kraftstofftanks im Vor- und Hinterschiff).
12. Enttankungsanlage.

13. Zurrungen für die Flugzeuge in beiden Hallen.
14. Deckenkräne in den Abwurfmunitionskammern

II. Sicherheitseinrichtungen für den Flugbetrieb:

A. Auf dem Flugdeck:
1. Fangnetz für Mannschaften an Hinterkante Flugdeck.
2. Fangnetze für Flugzeuge an beiden Seiten des Landedecks.
3. Handfeuerlöschgeräte.
4. Fangzaun.

B. Im Schiff
1. Für die Flugzeughallen:
   a) Hallenwachstände für die Überwachung und zentrale Betätigung der Sicherheitseinrichtungen.
   b) Feuerschutzschotte (Rollschotte) vor und hinter den Flugzeugaufzügen.
   c) Berieselungsanlage (Wasserschleier vor den Rollschotten und den Türen zur Halle, Regendüsen).
   d) Gasfeuerlöscheinrichtung (Ardex).
   e) Schaumfeuerlöscheinrichtung (Tornistergeräte mit Komet-Rohren).
   f) Wasser-Feuerlöschanlage (Hydranten).
   g) Hallenlüftung mit Sicherheitsverschlüssen an den Lüfterkanälen.
   h) Schutzgassicherung der Kraftstoffleitungen (Ummantelung).

III. Betriebsräume:
1. Obere Flugzeughalle.
2. Untere Flugzeughalle.

3. Flugmotorenwerkstatt.
4. Flugmotoren- und Ersatzteillager (Batteriedeck mittschiffs).
5. Flugzeugersatzteillager (Mitteldeck mittschiffs).
6. Luftmelderaum.
7. Luftkartenhaus.
8. Wetterwarte.
9. Funkräume.
10. Bildstelle.
11. Nebelsäurebehälter- und Abfüllraum.
12. Akku-Laderäume und Prüfschalttafeln für Flugzeugfunkgeräte.

IV. Munitionslager- und Betriebsräume:
1. Bombenlagerräume.
2. Minenlagerräume.
3. Minenklarmacheraum.
4. Torpedolagerräume.
5. Torpedo-Kopflast.
6. Raum für Torpedo-Gefechtspistolen.
7. Torpedo-Klarmacheräume.
8. Torpedo-Luftpumpenräume.
9. Torpedomechaniker-Werkstatt.
10. Fallschirmlagerraum (untere Halle am Steuerbord).

V. Wohnräume und -kammern:
— Unterbringung der Offiziere und Feldwebel in Einzel- bzw. Zweimannkammern.
— Unterbringung der Unteroffiziere und Mannschaften in Gemeinschaftsräumen.

Die Katapult- und Bremsanlagen

Die Katapult- und Bremsanlagen spielten im System der vielen technischen Einrichtungen, die auf dem Flugzeugträger allein mit dem Ziel eingebaut wurden, die mitgeführten Flugzeuge sicher zu starten und wieder an Bord zu nehmen, eine herausragende Rolle:

Katapulte, im deutschen Sprachgebrauch auch als Schleuder bezeichnet, sind mechanische Starteinrichtungen für Flugzeuge, die überall dort Verwendung finden, wo eine genügend lange Anlauf- oder Startrollstrecke zum Start des Flugzeuges nicht vorhanden ist.

Da es hierbei in der Hauptsache um eine zusätzliche Beschleunigung des zu startenden Flugzeuges geht, wurde eine solche Einrichtung in anderen Ländern lange Zeit als »accelerator« (Beschleuniger) bezeichnet.

Die Einführung von Katapultanlagen auf Kriegsschiffen begann in den 20er Jahren nach umfangreichen Versuchen und Erprobungen, um die physikalischen und technischen Vorgänge überschaubar, kontrollierbar und sicher zu gestalten, vor allem mit dem Ziel, Schlachtschiffe und Kreuzer mit Bordflugzeugen auszurüsten.

Es war eine allgemeine Tendenz, die sich aus der Entwicklung der Flugtechnik ableitete, daß auch Flugzeugträger ab Mitte der 30er Jahre mit Katapultanlagen ausgerüstet wurden. Dies hing vor allem mit der Einführung immer schnellerer und schwererer Flugzeuge zusammen, die beim Starten und Landen mit den begrenzten Längsabmessungen des Flugdecks ohne technische Hilfen nicht auskamen.

Die Idee der zusätzlichen Beschleunigung eines zu startenden Flugzeuges ist so alt wie der Motorflug selbst.

Schon die Gebrüder Wright benutzten eine etwa 30 m lange Holzschiene, auf der sie ihren Flugapparat mit Hilfe eines 700 kg schweren, aus 8 m Höhe herabfallenden Gewichtes, beschleunigten.

In Deutschland baute 1896 der bayerische Major von Parseval zusammen mit dem preußischen Militärluftschiffer Hauptmann Bartsch von Sigsfeld Preßluftkatapulte, mit deren Hilfe Flugzeugmodelle bis zu einer Spannweite von 6 m und 100 kg Gewicht gestartet wurden.

Dabei wurde der Arbeitszylinder der Preßluftanlage im Flugzeugrumpf angebracht, während die Kolbenstange auf der Erde befestigt war.

Die deutsche Marine begann sich 1915 mit der Problematik der Startkatapulte und katapultierbaren Flugzeuge zu beschäftigen. In diesem Jahr legte ein Dr. Stein, der im Fronteinsatz bei der Seeflugstation Zeebrügge in Flandern war, die Entwurfzeichnungen und Berechnungen für eine mit Preßluft betriebene mechanische Startanlage für Seeflugzeuge vor.

Ihm schwebte ein Schleuderstart von der hohen Mole aus vor. Nach den Steinschen Unterlagen begann die Kaiserliche Werft in Danzig im Jahre 1916 mit dem Bau der Anlage. Betriebsfertig wurde dieses Katapult aber erst 1917/18. Die Anlage hatte eine Länge von 23 m, von denen 18 m zur Beschleunigung ausnutzbar waren, und ließ eine Endgeschwindigkeit von 90 km/h zu.

Die zuerst mit einem Rumpler-Marinejagdeinsitzer (Doppeldecker) und im Oktober 1918 mit einem Hansa-Brandenburg-Eindecker von Leutnant z.S von Reppert ausgeführten Versuche verliefen erfolgreich.

Zu einer Verwendung bei der Truppe kam es aber nicht mehr. Im Ergebnis des Kriegsendes und der Bestimmungen des Versailler Vertrags wurde die Weiterentwicklung von Katapultanlagen in Deutschland unterbrochen.

Im übrigen wurde der Katapultstart auf eine sehr einfache, aber praktikable Weise von deutschen Segelfliegern in den Flugsport eingeführt und weiterentwickelt, indem sie ihre Gleiter durch den Gummiseil-Start zum Abfliegen beschleunigten.

Von den 20er Jahren an entwickelten sich prinzipiell drei Ausführungsarten der bei den Marinen in Gebrauch befindlichen Katapulte:

Druck- oder Preßluftantrieb
Pulverantrieb (mit den Gasen einer langsam abbrennenden Schießpulverkartusche)

Schwungradantrieb (nur auf den USA-Flugzeugträgern *Lexington* und *Saratoga*)

Der hydraulische und der Dampfantrieb für Flugzeugträgerkatapulte kamen erst später in Gebrauch.

Da der deutschen Marine der Besitz von Flugzeugen verboten war, setzte die Entwicklung des Katapultbaus in Deutschland erst Mitte der 20er Jahre ein. Sie schritt dann aber sehr rasant voran und ging auch sofort zu Großkatapulten über, weil die Deutsche Lufthansa sich entschloß, Postflugzeuge im Überseeverkehr unter Verwendung von Katapultschiffen einzusetzen.

Die Entwicklung der DLH-Flugstützpunkte für die Versorgung und den Start von 8- bis 10-t-Flugbooten des Typs Dornier *Wal* und später DO 18 sowie von viermotorigen Schwimmflugzeugen Blohm & Voß BV 139 sowie von Katapulten und Bordflugzeugen auf großen deutschen Fahrgastschiffen kann als bekannt vorausgesetzt werden.

Der Bau von Katapulten für Marineflugzeuge begann in Deutschland 1925/26 bei der Firma Ernst Heinkel in Rostock auf der Grundlage von Aufträgen der japanischen Marine. Danach wurde für die Reichsmarine 1927/28 das Katapult K 1 zusammen mit dem Doppeldecker-Flugboot He (HD) 15 entwickelt.

Diese Anlage, für die Chefkonstrukteur Karl Schwärzler von den prinzipiell möglichen Antriebsmitteln Preßluft wählte, die an Bord eines Schiffes immer vorhanden ist, wurde zum Ausgangspunkt einer langen Reihe von Katapultmustern für den Inlandbedarf und für den Export.

Vom Katapult K 1 führte im Grunde genommen auch der Weg zum Flugzeugträgerkatapult für *Graf Zeppelin*.

Bereits mit dem K 1 von 1928 konnte ein 2500 kg schweres Flugzeug in Sekundenschnelle auf einer Beschleunigungsstrecke von nur 11,85 m bis auf eine Abhebegeschwindigkeit von 100 km/h beschleunigt werden.

Die Weiterentwicklung der Preßluftkatapulte für die spezielle Verwendung auf Kriegsschiffen führten ab 1931 die Deutschen Werke Kiel aus, wobei für einige Baugruppen Lizenzen von Heinkel übernommen wurden.

Bei den DWK-Katapulten sind aber auch neue technische Lösungen zur Anwendung gekommen. Dadurch sind beispielsweise diese Anlagen kürzer und leichter als die Katapulte anderer Hersteller ausgeführt worden.

Im Unterschied zu den bisher bekannten Katapulten mit fester Gleitbahn wurde bei DWK eine Vorrichtung konstruiert, die eine Verkürzung der Gesamtlänge des Katapults durch die Mitbewegung der Gleitbahn beim Startvorgang bewirkte.

Der Schleudervorgang erfolgte auch hier mittels Preßluft, die einen beweglichen Zylinder gegenüber einem festen Kolben verschob. Mit dem Zylinder war der bewegliche Teil der Gleitbahn verbunden, auf deren hinterem Ende sich der Schlitten (oder Startwagen) mit dem aufgesetzten Flugzeug befand.

Nach Auslösen des Schleudervorgangs bewirkte die Einleitung der Preßluft in den Zylinder, daß sich bei gleichzeitiger Vorwärtsbewegung des Schlittens der bewegliche Teil der Gleitbahn über dem vorderen festen Teil des Katapults schob (daher die mitunter verwendete Bezeichnung Teleskopkatapult).

Dadurch addierten sich beide Bewegungen: die des Schlittens über die Baulänge der Gleitbahn, und jene des beweglichen Gleitbahnteils nach vorn. Nach Zurücklegen einer bestimmten Strecke wurde die Verriegelung des Flugzeuges auf dem Schlitten (Startwagen) gelöst, wodurch es nur noch unter dem Einfluß der Beschleunigung mit ihm in Verbindung blieb.

Mit dem Einsetzen der Abbremsung des Schlittens (mittels Bremsflüssigkeit und Preßluft) kam das Flugzeug vom Katapult frei und hob mit der erhaltenen Beschleunigung und der Kraft des mit Vollast laufenden Motors ab.

Durch eine geeignete Formgebung der Ventilschlitze im Zylinder verlief die Beschleunigung aus dem Ruhezustand bis zum Höchstwert allmählich zunehmend und dann bis zum Stillstand beim Abbremsen allmählich abnehmend.

Anstieg und Abfall der Beschleunigung bedingten eine um etwa 20% längere

Beschleunigungsstrecke, als von den technischen Möglichkeiten her erreichbar gewesen wäre.

Diese technischen Grenzen konnten aber nicht ausgenutzt werden:

● Zum einen durften für die Flugzeugbesatzung keine unangenehmen oder gar schädlichen Beschleunigungswerte (Andrücke) entstehen,

● zum anderen mußten auch für das Flugzeug, für seinen Motor und für seine Ausrüstung sowie Bewaffnung bestimmte Grenzwerte eingehalten werden und

● schließlich konnten auch die Verbände des Schiffes durch die Rückstoßkräfte des Katapultes nicht über ein bestimmtes Maß hinaus belastet werden, ohne Schaden zu nehmen.

Nach dem Startvorgang geschah das Zurückfahren der beweglichen Katapultteile in die Startstellung durch das Einlassen von Preßluft in den Bremsraum des Zylinders.

Das erste DWK-Katapult von 1931 verlieh einem 2200 kg schweren Schwimmerflugzeug eine Startgeschwindigkeit von 110 km/h, wobei die Gesamtstrecke für den Startvorgang 20,2 m (Baulänge der Gleitbahn 14,6 m plus Bewegung der Gleitbahn um 5,6 m) betrug.

Eine 3500 kg schwere Maschine konnte mit vergrößertem Betriebsdruck auf 105 km/h beschleunigt werden.

Berechnungen und empirische Untersuchungen ergaben, zum Vorteil der DWK-Katapulte, daß zur Erreichung gleicher Werte ein Katapult mit starrer Gleitbahn erheblich länger (5 bis 8 m) als die DWK-Konstruktion sein mußte.

In der ersten Fassung der Bauvorschrift für *K 252* von 1935/36 war der Einbau von Startkatapulten noch nicht vorgesehen.

Ein erheblicher Wandel in den konzeptionellen Gedanken zum Bau des Schiffes scheint 1936 oder 1937 eingetreten zu sein, weil vom 15. Juli 1937 ein Schreiben der Deutschen Werke Kiel vorliegt, das bereits detaillierte Angaben

Erste deutsche Großkatapultanlage K1 von Heinkel (1927) für Versuche. Urahn der deutschen Katapulttechnikentwicklung bis 1945

der vorgesehenen Trägerkatapulte enthält:

»1. Beschleunigungsweg   21,6 m
   Beschleunigung   3,8 g
   Geschwindigkeit des Startwagen
             37,3 m/Sek = 134,3 km/h
2. Startwagenspurweite etwa 1400 mm
   Radstand des Startwagens 2500 mm
   Vorgesehen sind zunächst für den Träger 10 Startwagen
3. Lagerung der Flugzeuge auf dem Startwagen:
   Dreipunktlagerung für Ar 197 und Bf 109
   Vierpunktlagerung für Ar 195, Fi 167 und Ju 87
4. Beim Aufsetzen der Flugzeuge auf den Startwagen Pendeln vermeiden!«

Grundlegend für den Einbau von zwei Katapultanlagen im vorderen Teil des Flugdecks des Flugzeugträgers *A* war die militärische Forderung der Marine an die Konstrukteure, dem Träger die Fähigkeit zum aufeinanderfolgenden Start von je einer Staffel Sturzkampf- und Jagdflugzeuge mit Mindestabständen von einer Minute zu geben.

Die Entscheidung, auf dem Flugzeugträger im Zuge der Endausrüstung zwei

DWK-Katapulte der modernsten Baureihe einzubauen, war logisch, zugleich bewirkte sie aber nachträgliche bauliche Veränderungen am Schiff, die zu zeitlichen Verzögerungen und wegen der erforderlichen Verstärkungen auch zur Gewichtsvermehrung führten.

Der E-Stelle See in Travemünde wurde 1939 im Auftrag 362 die Aufgabe erteilt, die DWK-Schnellade-Schleuder KL 5/2 (Werknummer FL 25) zu erproben, die zusammen mit der Anlage KL 5/1 (Werknummer FL 24) für *Graf Zeppelin* vorgesehen war.

Entstanden war dieser Katapulttyp im Auftrag des OKM und des Technischen Amtes der Luftwaffe nach folgenden Richtwerten:

● Start von Me 109 mit einem Maximalgewicht von 2500 kg bei einer Endgeschwindigkeit von 140 km/h,

● Start von Ju 87 C mit einem Maximalgewicht von 5300 kg bei mindestens 133 km/h.

Von der Erprobungsgruppe E 8 wurden im Interesse der technischen Sicherheit am 11. und 12. April 1940 in Travemünde in Gegenwart von Vertretern des OKM, der Bauaufsicht des OKM bei der

Werft, der Erprobungsstelle und der Bauwerft sechs Probeschüsse mit dem Katapult durchgeführt.

Dabei wurden an Stelle von Flugzeugen mit Wasser gefüllte Metallbehälter, die dem Startgewicht der Flugzeuge entsprachen, abgeschleudert. Es gab keinerlei Beanstandungen. Danach erfolgte eine nochmalige gründliche Überprüfung des Katapults.

Schließlich wurde die Anlage nach der Unterzeichnung eines Abnahmeprotokolls zur eigentlichen Erprobung freigegeben.

In deren Verlauf erfolgten zwischen dem 18. April und dem 06. Mai 1940 dann 36 Flugzeugstarts von der Anlage:

17 Starts mit Arado Ar 197
15 Starts mit Junker Ju 87 C
4 Starts mit Messerschmitt Me 109 D.

Man begann mit der als am sichersten eingeschätzten und auch leichtesten Maschine (Ar 197) bei einem Startgewicht von 2350 kg und steigerte die Belastung des Katapults bis zu einem Überlaststart der Ju 87 C mit 5300 kg.

Bei dieser Belastung wurde mit einer Preßluftaufladung von 60 at eine Endgeschwindigkeit von 133 km/h erreicht. Eine darüber hinausgehende Steigerung war nach Geschwindigkeit und Gewicht nicht möglich.

Dies wurde auch nicht gefordert, weil beim Start auf dem Flugzeugträger damit gerechnet wurde (praktisch erprobt mußte es noch werden!), daß eine relative Luftgeschwindigkeit als Summe von Katapultgeschwindigkeit, Windgeschwindigkeit und Fahrtgeschwindigkeit des Schiffes eine entsprechende Starthilfe leisten wird.

Erprobt wurden auch Starts bei unterschiedlich starkem Seiten- und Gegenwind.

Die Stärke des Gegenwindes war insofern von Bedeutung, weil er im praktischen Trägereinsatz die Regel ist. Es wurden im Ergebnis der Gegenwindstarts die Berechnungen bestätigt, wonach sich die Windstärke mit der Endgeschwindigkeit des Katapult addiert (z.B. bei 5 m/s = 18 km/h Windgeschwindigkeit plus 117 km/h Katapultgeschwin-

digkeit ergab sich eine relative Geschwindigkeit von 135 km/h).

Für die Beachtung von Gegenwind- und Seitenwindeinflüssen stellte die E-Stelle See Tabellen auf, die beim praktischen Einsatz auf dem Träger Anwendung finden sollten.

Es wurden auch Krängungsstarts bis zu einer Schräglage von 3° durchgeführt, indem der Katapultponton durch einseitige Belastung mittels Gewichte schräg gelegt wurde.

Das Erprobungskommando machte darauf aufmerksam, daß die Erprobungen mit größerer Schräglage unbedingt weitergeführt werden sollten, daß dies aber mit den verfügbaren Mitteln der E-Stelle nicht möglich sei.

Die mit 3° geringfügige Krängung hatte weder auf den Startvorgang selbst noch auf den Abgang der Flugzeuge vom Startwagen einen Einfluß.

Erhebliche Bedeutung wurde der Erprobung des Schnellstarts von aufeinanderfolgenden Maschinen beigemessen.

Man rechnete damit, daß sich in der Praxis des Trägereinsatzes die Notwendigkeit der schnellen Startfolge ergeben würde, wenn es z.B. darum ginge, die mitgeführten Jagdflugzeuge zur Abwehr eines gegnerischen Fliegerangriffs so rasch wie möglich in die Luft zu bekommen.

Es wurden daher zwei sogenannte Schnelladestarts mit jeweils zwei Ar 197 durchgeführt, wobei ein zeitlicher Abstand in der Startfolge von 1 min. 57 Sek. erreicht wurde, ohne daß dies mit dem Bedienungspersonal der Katapultanlage speziell exerziert wurde.

Daraufhin schätzte das Erprobungskommando ein, daß es bei etwas Übung und mit einer ausreichend starken Bedienungsmannschaft ohne weiteres möglich sei, die geforderte taktische Startfolge von einer Minute an Bord des Flugzeugträgers zu erreichen.

Mit den einzelnen Flugzeugtypen wurde auch das Einfahren des Startwagens mit dem darauf befindlichen Flugzeug in die Katapultanlage erprobt, d.h. die Flugzeugführer »zogen« ihre Flugzeuge mit eigener Propellerkraft in die Startbereit-

schaftsstellung auf dem hinteren Ende des Katapults.

Man war sich darüber im Klaren, daß dieses Verfahren an Bord des Trägers mit allen Flugzeugführern entsprechend geübt werden mußte und daß es auf die Einhaltung strenger Sicherheitsbestimmungen zur Vermeidung schwerer Unfälle ankommen würde.

Die Auswertung der Katapultstarts mittels eingebauter Beschleunigungsmeßgeräte ergab, daß alle Beschleunigungsvorgänge mit der geforderten Allmählichkeit, d.h. ohne schädliche stoßartige Belastungsspitzen, abliefen.

Die höchste Belastung wurde beim Start einer Ju 87 C gemessen, die mit einer 500-kg- und 4 x 50-kg-Bomben bei einem Startgewicht von 4330 kg abgeschleudert wurde.

In diesem Fall war eine Abgangsgeschwindigkeit von 140 km/h erforderlich, um die Maschine zum sicheren Abheben zu bringen.

Das Resultat war ein Beschleunigungshöchstwert von 4,37 g.

Nach Meinung der auswertenden Experten würden Beschleunigungen in dieser Höhe zwar den Flugzeugen und ihrer technischen und militärischen Ausstattung keinen Schaden zufügen, sie müßten aber mit Rücksicht auf die Flugzeugbesatzungen als zu hoch bewertet werden.

Für den praktischen Einsatz an Bord des Trägerschiffes ergab sich daraus die Schlußfolgerung, und das fand auch in späteren Betriebsanleitungen für die eingebauten Katapulte ihren Niederschlag, daß der Träger vor allem beim Start seiner schwer beladenen Kampfflugzeuge Ju 87 durch eine entsprechende Fahrtgeschwindigkeit den Startvorgang unterstützen mußte.

Die E-Stelle See in Travemünde kam in Ihrem Abschlußbericht vom 21. Juni 1940 zu der Einschätzung, daß mit der Entwicklung des Katapulttyps KL 5 die beste deutsche Schleuderanlage geschaffen wurde und diese zum Einbau auf *Graf Zeppelin* geeignet sei.

Die am 15. Mai 1940 von der Bauwerft herausgegebene Bedienungsvorschrift enthielt neben einer detaillierten Beschreibung aller Teile und Vorgänge auch die einzuhaltenden Grenzwerte. Die Katapultführer hatten unter anderem unbedingt zu beachten:

- Beide Katapulte durften nicht zur gleichen Zeit betrieben werden,
- die Mindestgeschwindigkeit des Katapultes KL 5 von 70 km/h sollte nicht unterschritten werden,
- im Höchstfall durfte gegen einen relativen Wind von 25 m/Sek. gestartet werden (25 m/Sek. als Summe von Fahrtwind und herrschender Windstärke),
- die seitliche Krängung durfte im Höchsfall 8°, betragen,
- bei fahrendem Schiff sollte der Seitenwind (bis zu 30° nach beiden Seiten) nicht stärker als 20 m/Sek. sein,
- bei gestoppt liegendem Schiff sollte nicht katapuliert werden, wenn der Seitenwind (90° zur Katapultachse) stärker als mit 5 m/Sek. Geschwindigkeit weht.

Die an Bord betriebsfertig installierten Bugkatapulte sollten von je zwei Schleuderführern bedient werden.

Dem Ersten Schleuderführer jedes Katapultes oblag die Bestimmung des Preßluftdruckes für jeden Start nach der Schießtabelle.

Zu beachten hatte er Angaben über die relative Windstärke, Kurs und Geschwindigkeit des Schiffes, Typ und Gewicht des zu startenden Flugzeugs.

Er hatte ferner das Anlasserschaltrad und die Starthebel zu bedienen sowie die Verständigung mit dem Flugzeugführer der zu startenden Maschine aufrechtzuerhalten.

Der Zweite Schleuderführer sollte alle Manometer und Anzeigevorrichtungen des Katapultes überwachen.

Nach der Bedienungsvorschrift hätte sich ein Startvorgang am Katapultstand wie folgt abgespielt:

- Der Erste Schleuderführer legte den Starthebel der Anlage auf »Bereitschaft«, wenn das Manometer der Schießflasche den vorgeschriebenen Schießdruck anzeigte.

- Nachdem der Flugzeugführer die Startbereitschaft optisch und akustisch angezeigt hatte, zog der Erste Schleuderführer den Starthebel in Stellung »Start«. Mit einer Verzögerung von 1 bis 1 1/2 Sek. setzte sich das Katapult in Bewegung und brachte das Flugzeug zum Abheben.

Die Zeit zwischen der Auslösung des Startvorganges durch Ziehen des Starthebels und dem Ende des Startvorganges beim Abheben des Flugzeuges sollte gemäß der Betriebsvorschrift die Gesamtdauer von 3 Sek. nicht überschreiten (etwa 1 1/2 Sek. Verzögerung innerhalb der Anlage und etwa 1 1/2 Sek. Beschleunigung).

- Nach dem Start des Flugzeuges legte der Katapultführer den Starthebel in Ruhestellung. Während er mittels der Rückholvorrichtung die beweglichen Anlagenteile in die Startbereitschaftslage in hinterster Stellung fuhr, schoben Bedienungsmannschaften den in vorderster Lage stehengebliebenen Startwagen seitlich auf den Absetzwagen des Schrägaufzuges und senkten ihn auf ein

Deutsche Werke Kiel AKtiengesellschaft	Seitenwindtabelle. (Schießtabelle 2.)																				Flugzeug-Schleuder Muster KL 5/1÷4 (Fl. 24/27)				
Seitenwind-Winkel	Windgeschwindigkeit in m/s.																								
	1	2	3	4	5	6	7	8	9	10	11	12	13	14	15	16	17	18	19	20	21	22	23	24	25
α°	Von der Endgeschwindigkeit des Startwagens abzuziehender Wert in Km/h.																								
0	3,6	7,2	10,8	14,4	18	21,6	25,2	28,8	32,4	36	39,6	43,6	46,8	50,4	54	57,6	61,2	64,8	68,4	72	75,6	79,2	82,8	86,4	90
10	3,5	7,1	10,6	14,2	17,7	21,3	24,8	28,4	31,9	35,5	39	42,5	46,1	49,6	53,2	56,7	60,3	63,8	67,4	70,9					
20	3,4	6,8	10,1	13,5	16,9	20,3	23,7	27	30,4	33,8	37,2	40,6	44	47,4	50,7	54,1	57,5	60,9	64,3	67,7					
30	3,1	6,2	9,4	12,5	15,6	18,7	21,8	25	28	31	34,3	37,4	40,5	43,6	46,8	49,9	53	56,1	59,2	62,4					
40	2,8	5,5	8,3	11	13,8	16,5	19,3	22	25	28	30	33													
50	2,3	4,6	6,9	9,3	11,6	13,9	16,2	18,5	20,8																
60	1,8	3,6	5,4	7,2	9	10,8	12,6																		
70	1,2	2,5	3,7	4,9	6,2	7,4																			
80	0,6	1,2	1,9	2,5	3,1																				
90	0	0	0	0																					

Bemerkungen!
Außer dem Bereich der Tabellenwerte und unter 70 Km/h darf nicht geschossen werden.
Falls sich nach Abzug der WindKomponente Abschußgeschwindigkeiten unter 70 Km/h ergeben muß mit dem für 70 Km/h erforderlichen Druck in der ND-Flasche geschossen werden.

Förderband ab, das die leeren Startwagen dicht unter dem Flugdeck nach hinten zu den Startwagenaufzügen zur nächsten Verwendung brachte.

● Danach war das Katapult zur Aufnahme des nächsten Startwagen (mit aufgesetztem Flugzeug) bereit.

Es gehörte zur Wartung und obligatorischen Sicherheitsüberprüfung der Katapulte, daß mit ihnen nach längerer (mehrwöchiger) Ruhepause ein oder zwei Leerstarts mit verringertem Preßluftdruck durchzuführen waren, ehe ein Flugzeug gestartet werden durfte.

Nach größeren Reparaturen, nach Grundüberholungen, aber auch zu Ausbildungs- und Übungszwecken, erfolgten mit den Katapulten Ballaststarts.

Dazu hatte der Hersteller für jede Anlage einen speziellen Ballastkessel mitgeliefert, der bei einem solchen »Start« die Rolle des Flugzeuges übernahm. Er wurde mit einer Wassermenge gefüllt, die dem Gewicht der verfügbaren Flugzeugtypen des Trägers entsprach.

Dafür hatte der Ballastkessel in seinem Inneren mehrere unterschiedlich große Ballastzellen. An der Außenwandung waren Katapultbeschläge wie bei den Trägerflugzeugen angebracht, mit denen er in den Startwagen eingehängt werden konnte.

Die Startwagen waren ein wichtiges Zubehör der für *Graf Zeppelin* verwendeten Katapulte.

25. November 1938: Flugdeckvorderkante von Steuerbord mit Ausnehmung für den Katapult

Sie stellten das Verbindungsglied zwischen Katapult und Trägerflugzeug dar. Es war im allgemeinen nur üblich, Schwimmerflugzeuge und kleinere Flugboote als Borderkunder von Schlachtschiffen und Kreuzern mit speziellen Startgestellen vom Katapult zu starten. Auf Flugzeugträgern startete man die Radflugzeuge in den meisten Fällen mit Hilfe eines bereits vorbereiteten Stahldraht-Stropps, je nach Flugzeugtyp von entsprechender Länge und mit eingespleißten Augen. Diese Stropps wurden am Mitnehmer des Katapults und an den Katapultbeschlägen des Trägerflugzeugs eingehakt.

Beim Katapultieren flogen diese Stropps in der Regel über Bord, wenn sich die

startende Maschine von Katapult löste und abhob.

Bei den deutschen Trägerkatapulten gab es wie bei den Anlagen der Schlachtschiffe und Kreuzer den Startwagen, der zwar ständig verwendet werden konnte, aber sehr empfindlich war und einen Stückpreis von 27.800,00 RM hatte.

Ein solcher Startwagen bestand aus dem rahmenförmigen Unterteil, der mit seinen Doppelrollen in entsprechenden Gleisen des Flugdecks und des Katapults lief, und dem Oberteil mit einer Anzahl Stützen und Streben, die das zu startende Flugzeug bis zum Abheben mit dem Schiff verbanden.

Im Grunde genommen waren dies zwei Stützenpaare, die in der Quer- und Längsrichtung mit Streben verbunden waren. Alle Stützen und Streben waren miteinander und mit dem Unterteil beweglich verbunden, damit sie nach dem verwendeten Flugzeugtyp eingestellt werden konnten.

Außerdem bewegten sich die vier Stützen zusammen mit beiden Diagonalstreben am Endpunkt des Katapultvorganges: Im Moment des Abbremsens des Startwagens klappte das vordere Stützenpaar in seiner ganzen Länge, und das hintere Stützenpaar in seiner oberen Hälfte nach vorn und gaben das Flugzeug zum Abheben frei.

Die beiden Diagonalstreben, die den Druck der Beschleunigung auf das Flug-

Startwagen eines Katapultes K7 auf dem Stützpunktschiff *Schwabenland* mit BV 139

zeug übertrugen, waren teleskopartig konstruiert und machten die Klappbewegung nach vorn mit, wobei sie um ein Fünftel länger wurde.

Eine weiter ins Detail gehende Erläuterung dieser und anderer Vorgänge erübrigt sich, sie soll aber verdeutlichen, daß dieses für *Graf Zeppelin* vorgesehene Startverfahren kompliziert und unter harten Einsatzbedingungen gewiß auch sehr anfällig war.

Es muß noch angefügt werden, daß die Startwagen je nach dem verwendeten Flugzeugtyp, seiner unterschiedlichen Größe und Form sowie nach dem für Me 109 und Ju 87 verschiedenen Anstellwinkeln für den Start eingestellt werden mußten.

Das war erforderlich, damit die Flugzeuge beim Einsetzen in die Startwagen genau in die entsprechenden Beschläge des vorderen und hinteren Stützenpaares paßten und beim Abheben problemlos vom Startwagen freikamen.

Für die Praxis des Trägereinsatzes war daher schon bei den Erprobungen und Schulungen auf dem Katapultponton der E-Stelle See die Regel entwickelt worden, grundsätzlich mit jedem der beiden Katapulte einen der beiden Flugzeugtypen zu starten, bis die jeweilige Staffel vom Schiff ist und erst danach (wenn noch erforderlich) die Startwagen anders zu justieren.

Aus diesem Grund wurden auf *Graf Zeppelin* für jedes Katapult acht Startwagen (plus zwei weitere als Reserve) mitgeführt, auf die alle Maschinen der zum Start befohlenen Staffel rechtzeitig aufgesetzt werden sollten, um einen Schnellstart zu ermöglichen.

Auf diese Besonderheit war auch die Preßluftkapazität des Schiffes zugeschnitten. Außer der an das jeweilige Katapult direkt angeflanschten ND-Preßluftflasche (60 kg/cm²) für einen Start (daher Schießflasche genannt = für einen »Katapultschuß«), gehörte zu den Katapultanlagen eine HD-Vorratsflasche (120 kg/cm²), die weitere Starts in kurzer Folge ermöglichte.

Zur Speisung der HD-Vorratsflaschen befand sich unter dem vorderen Flugdeck, gewissermaßen als dritte Stufe dieser Kaskade, eine HD-Flaschenbatterie (205 kg/cm²). Unter Verwendung der in diesen Stufen gespeicherten Preßluft, deren Druck bis zum Erreichen der Schießflasche über Reduzierventile gesenkt werden mußte, konnten 16 Katapultstarts (entsprechend zwei Staffeln zu je acht Flugzeugen) und zwei Leerstarts (zur Sicherheitsüberprüfung) durchgeführt werden, ohne daß Preßluft zusätzlich erzeugt werden mußte.

Zur ständigen Ergänzung des Preßluftvorrates waren auf *Graf Zeppelin* sogenannte Torpedo-Luftpumpen (Junkers-Hochdruckkompressoren) mit je 10 l Preßlufterzeugung/Minute bei 250 kg/cm² im Rahmen der Hilfsmaschinenausstattung des Schiffes installiert worden.

Sechs dieser Aggregate befanden sich in den Torpedoklarmacheräumen, wo sie auch zum Aufladen der mitgeführten Flugzeugtorpedos verwendet werden konnten.

Die drei anderen Kompressoren waren hauptsächlich zur ständigen Auffüllung der Katapultpreßluftvorräte eingebaut worden. Über eine entsprechende Schaltung der Preßluftleitungen konnten alle neun Preßlufterzeuger gemeinsam auf einen Verbraucher konzentriert eingesetzt werden.

Die Bremseinrichtungen auf dem hinteren Flugdeck stellten zu den Katapulten im vorderen Teil das Gegenstück dar.

Und dies nicht nur bildlich gesehen! Wurden die einen für notwendig angesehen, um mit einem Flugzeug vom Flugdeck starten zu können, waren die anderen unbedingt erforderlich, um auf dem Träger landen zu können.

»Fliegen heißt landen!« lautet seit den Anfängen des Menschenfluges eine der

Hauptdaten des Flugzeugkatapults KL 5/1-4

Hersteller:	Deutsche Werke AG, Kiel
	Baujahr 1940
	4. Baureihe mit Werknummern:
	FL 24 und 25 Flugzeugträger *A*
	FL 26 und 27 Flugzeugträger *B*
Antriebsmittel:	Preßluft

Länge des Katapultgerüstes:	21,05 m
Länge der Gleitbahn (Rollbahn):	20,58 m
Beschleunigungsweg der beweglichen Gleitbahn:	7,20 m
Bremsweg der Gleitbahn:	1,50 m
Übersetzungsverhältnis Gleitbahnweg zu Startwagenweg:	1:3
Beschleunigungsweg des Startwagens:	21,60 m
Bremsweg des Startwagens:	4,50 m
Höchster Ladedruck der Schießflasche: (geprüft auf 100 kg/cm²)	60 kg/cm²
Höchster Ladedruck der Vorratsflasche: (geprüft auf 180 kg/cm²)	120 kg/cm²
Endgeschwindigkeit für Flugzeuge bis 2500 kg Gewicht:	140–142 km/h
bis 5000 kg Gewicht:	133–137 km/h
Preßluftverbrauch (angesaugte Luftmenge) bei 2500 kg und 140 km/h:	42–43,5 m³
bei 5000 kg und 133 km/h:	60–70 m³
Gewicht einer Schleuderanlage: (ohne Startwagen) etwa	32 t
Gewicht eines Startwagens:	875 kg
Rückstoß der Schleuder beim Abschuß: etwa	77 t
Dauer der Beschleunigung bei 130–140 km/h: etwa	1,2 Sekunden

unumstößlichen Regeln des Fliegers, die auch durch die Einführung raffinierter Technik nicht entwertet werden kann.
In der Endphase eines jeden Fluges, wenn der selbst zum Fliegen untaugliche Mensch mit seinem technischen Fluggerät zur Erde zurück muß, werden, auch wenn es ihm aus Gewöhnung oder Unkenntnis nicht bewußt wird, die größten Anforderungen an ihn und seine Technik gestellt.

Verfahren der Decklandungen in ausländischen Marinen heranreiften und unter welchem Zeitdruck der sehr stark verkürzte Weg in Deutschland beschritten wurde.
Wie in vielen Bereichen der Technikgeschichte in Deutschland sind bedauerlicherweise auch diesbezüglich noch keine historischen Untersuchungen angestellt und inzwischen viele erstaunliche Leistungen vergessen worden.

In einem Schreiben des Technischen Amtes des RLM an den Baustab K 252 vom 08. März 1937 (LC/Nr. 1505/37 geh.) wurden schon detaillierte Angaben über eine projektierte Fang- und Bremsanlage für das Schiff gemacht:

»Seilwindenbremse:
a) Typ Atlas (Gewicht 8–9 t, Antrieb elektrisch, Seilzug ca. 2 x 10 t)
b) Typ DEMAG (Gewicht ca. 5 t)

Bremsseile:
Seilstärke   22 mm Durchmesser,
                      7 cm Umfang, max.
                            Bruchlast 21 t

Bremsseilabstände:
Zwischen Seil 1 und 2   16 m
                 Seil 2 und 3   10,5 m
                 Seil 3 und 4   10,5 m
                 Seil 4 und Stopdraht 31 m

Bremsseilhöhe über Flugdeck:
an der Bordkante   0,70 m
in Schiffsmitte   0,19 m

Landehaken:
ca. 0,40 m unter Verbindungslinie Hauptrad/Sporn
Kann zwei Bremsseile fassen.«

Heinkel-Katapult K2 von 1929 auf dem Lloyddampfer *Bremen* mit Postflugzeug He 12

In einer ganz besonderen Weise gilt dies für die Landung auf einem Flugzeugträger, wo der Landeprozeß gewissermaßen gewaltsam verkürzt und zusätzlich verschärften Bedingungen unterworfen wird.
Der Bau einer funktionssicheren Anlage zum Fangen und Bremsen der Flugzeuge für den ersten deutschen Flugzeugträger und die Entwicklung, der Bau und die Erprobung der dazugehörenden Komponenten stellte eine unerhörte Herausforderung für die daran beteiligten Konstrukteure, Techniker und Flieger dar.
Verdeutlicht wird dies, wenn man sich vor Augen führt, in welch langer Evolution die erforderliche Technik und die

Der Einbau einer technischen Anlage zum Auffangen und Abbremsen landender Trägerflugzeuge war auf dem Flugzeugträger *A* von Beginn an vorgesehen worden.
Unter Beachtung der ausländischen Praxis wurde in der ersten Fassung der Bauvorschrift für *K 252* sogar die Einrichtung von acht Fangseilen mit den dazu gehörenden Bremsen geplant.
Eine Änderung dieser Planung bis hin zur Halbierung der Anzahl der vorgesehenen Fang- und Bremsvorrichtungen ist offensichtlich 1936 nach der Auswertung von Besichtigungen ausländischer Flugzeugträger erfolgt, die bereits entsprechend der inzwischen modifizierten Decklandeverfahren umgerüstet waren.

Aus diesen Angaben ist zu ersehen, daß zu diesem Zeitpunkt die Entscheidung gefallen war, ein von der Praxis auf ausländische Flugzeugträgern abweichendes Bremsverfahren für die deutschen Trägerschiffe anzuwenden.
Es ist nicht mehr eindeutig festzustellen, was den Ausschlag gab, anstelle der üblichen pneumatischen oder hydraulischen Systeme ein elektrisch-mechanisches zu wählen.
Dieses bestand aus einer Kombination von elektrischer Wirbelstrombremse und mechanischer Doppelbackenbremse sowie einer elektrischen Spul- und Spannvorrichtung zum Aufspulen und Spannen des ausgezogenen Fang- und Bremsseils.
Beide Bremsvorrichtungen konnten separat und gemeinsam verwendet werden. Die mechanische Bremse diente zu-

gleich als Sicherheitsbremse, die automatisch bei Ausfall der Stromversorgung in Tätigkeit trat.

Das Gewicht, einschließlich des Bedienungsstandes mit den Schalteinrichtungen für beide Bremsteile, betrug, unterschiedlich nach Hersteller und Entwicklungsstufe, zwischen 6,5 und 9 t.

Die Leistung der Bremsen sollte so bemessen sein, daß relativ leichte Flugzeuge von etwa 2500 kg Gewicht und mit einer Einlandegeschwindigkeit zwischen 70 und 130 km/h ebenso wie Maschinen von doppelt so großem Gewicht und etwa gleicher Geschwindigkeit auf einer durchschnittlichen Bremsstrecke von 25 bis 35 m gefahrlos zum Stillstand gebracht werden.

Das dabei vom Flugzeug ausgezogene Fang- und Bremsseil sollte durch das besondere Spul- und Spannwerk innerhalb von zehn Sekunden wieder aufgespult und für die nächste Landung gespannt werden.

Zur Abkürzung der Darstellung kann vorausgeschickt werden, daß die Konstruktionsvorgaben erreicht wurden. Erreicht wurde auch, das Spul- und Spannwerk so miteinander zu kuppeln, daß die Umschaltung von Spulen des Bremsseils auf das Spannen des Seils in der Fangstellung automatisch erfolgte, sobald der Spulvorgang beendet war.

Die Einstellung der Vorspannung des Seils erfolgte nach dem abzubremsenden Flugzeugtyp (Gewicht und Geschwindigkeit).

Sicherheitsvorrichtungen an der Winde sorgten dafür, daß das Seil ständig in die Rillen der Trommel gedrückt wurde, um ein mögliches Abspringen beim schnellen Ab- und Aufspulen zu verhindern. Andere Einrichtungen bewirkten das Ausslipen des Bremsseils bei Überlastung und beim Erreichen der vollen Abspullänge.

Im Ergebnis der Entwicklung wurde ein solches Bremsseilwindenaggregat (so die damalige Bezeichnung) im geschlossenen Block auf einer Grundplatte montiert und konnte so in einfacher Weise komplett ausgewechselt werden, wenn größere Defekte auftraten.

Bis dahin war aber ein nicht einfacher Weg zurückzulegen.

Die Bestellung einer Versuchsbremsseilwinde bei der Firma DEMAG Aktiengesellschaft, Duisburg, durch das OKM trug das Datum des 01. März 1937. Annähernd gleichzeitig wurde eine weitere Anlage bei den Atlas-Werken in Bremen in Auftrag gegeben, um die beiden Konstruktionen in vergleichenden Erprobungen auf ihre Brauchbarkeit und zur Feststellung der Vor- und Nachteile in Travemünde testen zu lassen.

Zu diesem Zweck verfügte das RLM am 06. Juli 1937 den Aufbau eines Versuchsstandes für Bremsseilwinden in der Erprobungsstelle Travemünde.

Man war zu der Entscheidung gekommen, auf dem Gelände der E-Stelle See, wo es vor allem durch das hervorragend motivierte und erfahrene Flieger- und Technikerpersonal aus den Reihen der Marinefliegerei beste Voraussetzungen dafür gab, die komplexe Erprobung der Bremsseilwinden und der Trägerflugzeuge mit allem erforderlichen Zubehör durchzuführen.

Bis zum Frühjahr 1938 entstand auf dem Flugplatz der E-Stelle eine originale Landeanlage zur Simulierung von Trägerlandungen, die allen Forderungen weitestgehend gerecht wurde.

Mittig einer kreisförmigen Betonbahn von etwa 5000 m² Fläche war unter einer Drehbühne von 5,4 m Durchmesser der Erprobungsstand für die Bremsseilwinde eingelassen. Den Windrichtungen entsprechend waren um die Drehbühne fünf Landebahnen gemäß der Flugdeckbreite (24 m) errichtet worden, jeweils um 30° versetzt.

Sollten Bremslandungen erfolgen, so wurde entsprechend der Windrichtung, also etwa quer zum einfallenden Wind, zwischen der Bremsseilwinde und zwei Rollenböcken mit Umlenkrollen das Bremsseil gespannt.

Die Bedienung der Bremsseilwinde erfolgte von einem zentralen Steuerstand unterhalb der Drehbühne aus.

Zur Energieversorgung der Anlage mit 220 Volt Gleichstrom diente ein fahrbares 100-kW-Maybach-Dieselaggregat.

Bei den simulierten Decklandungen kamen mehrere Meßverfahren gleichzeitig zur Anwendung:

- Zur Geschwindigkeitsmessung eine Stereo - Zenith - Kamera für vier Aufnahmen/Sekunde,
- ein Beschleunigungsmeßgerät mit Aufzeichnungszusatz zur Ermittlung der Verzögerung in der Flugzeuglängsachse,
- ein Siemens-Oszillograf mit drei Meßschleifen für die Bestimmung
  - der Erregerstromstärke in der Wirbelstrombremse,
  - der Stabspannung im Anker der Seilwinde und
  - des Seilweges,
- eine Stoppuhr zur Bestimmung der Landegeschwindigkeit der Flugzeuge 20 m vor dem Bremsseil.

Nach den übereinstimmenden Festlegungen von RLM und OKM waren alle potentiellen Trägerflugzeugtypen zusammen mit den Bremsseilwinden beider Hersteller zu erproben.

Die Schilderung der Erprobungen im Einzelnen würde zu weit gehen. Einen hervorragenden Überblick über diese und andere einmalige Leistungen des Personals der Flugerprobungsstelle Travemünde vermittelt die dreibändige Geschichte der »E-Stelle See«.

Bevor Flugzeuge in die Bremsseilanlage hinein landeten, wurde ihre Sicherheit mit Lastkraftwagen überprüft, die bis zu einem Gesamtgewicht von 4000 kg mit allmählich gesteigerter Geschwindigkeit die Haltbarkeit der Seilbefestigungen und die Funktion der Bremswinde ermittelten.

Die Erprobungen mit den vorgesehenen Flugzeugtypen begannen am 10. März 1938 und wurden bis zum 15. Dezember 1938 fortgesetzt. In dieser Zeit von rund neun Monaten wurden 915 Bremslandungen verzeichnet.

Zur ersten Versuchsserie mit 110 »Träger«-Landungen (10. März bis 05. Mai 1938) wurde die DEMAG-Winde herangezogen.

Sie erwies sich in der Originalausführung für schwere Flugzeuge wie Fi 167 und Ju 87 (mit voller Belastung bis 4300 kg und erhöhter Landegeschwindigkeit) als zu schwach und wurde gegen die Atlas-Winde ausgetauscht.

Mit ihr sind zwischen dem 28. Mai und dem 20. August 1938 dann 219mal landende Flugzeuge abgebremst worden. Diese Konstruktion zeigte sich zwar den schwereren Maschinen gewachsen, zeigte aber bei den leichteren Typen (He 50, Ar 197 und Ar 195) Mängel. Seitens des OKM wurde aber nach der Erprobung beider Bremsseilwinden auf die gänzliche Umkonstruktion bzw. die Inauftraggabe einer völlig neuen Winde verzichtet.

Um einen entsprechenden Serienauftrag über 16 Winden für beide geplante Flugzeugträger schnellstens abschließen zu können, baute man die DEMAG-Winde nach Einbau neuer Erregerspulen und mehreren Verbesserungen wieder in die Versuchsanlage ein und begann am 05. September 1938 mit einer dritten Versuchsreihe.

Unter laufenden Verbesserungen, die in ihrer Gesamtheit einen beträchtlichen Leistungsanstieg der Windenanlage und die Lösung vieler Detailfragen (Landehaken, Bremsseile, Seilstützen für das Flugdeck u.a.m.) zum Ergebnis hatten, setzte man die Versuchslandungen bis zum Jahreswechsel 1938/39 fort.

Dabei wurde mechanisch, elektrisch und kombiniert gebremst, je nach Gewicht und Geschwindigkeit der benutzten Flugzeuge.

Die erreichten mittleren Bremswege lagen zwischen 20 und 35 m.

Die auftretenden Verzögerungen betrugen im Schnitt 2,6 bis 3,2 g, Spitzenwerte wurden mit 4 g gemessen.

Am 11. November 1938 erschien General Ernst Udet als Chef des Technischen Amtes in der E-Stelle. Er ließ sich über den Fortgang und die Ergebnisse der Erprobung Bericht erstatten und beobachtete u.a. die Bremslandungen von Ar 195, Ar 197 und Ju 87.

Wenig später ging man zu einem interessanten Teil der Erprobungen über, der ganz auf den praktischen Einsatz auf Graf Zeppelin abgestimmt war.

Mit rasch aufeinanderfolgenden Bremslandungen sollte festgestellt werden, in welchen Mindestabständen Flugzeuge in der Bremsanlage landen können. Mit zwei He 50 wurden für 24 Bremslandungen 38 Minuten benötigt.

Für eine Landung mit Abbremsen, Ausslipen des Seils aus dem Fanghaken, Aufspulen und Spannen des Bremsseils und Wegrollen der gelandeten Maschine wurden im Schnitt 1,58 min. benötigt.

Gegen Ende der Erprobungen wurden Bremslandungen unter Verwendung von vier Seilen durchgeführt, wobei die Flugzeugführer eingewiesen wurden, nach Möglichkeit das zweite Seil als das eigentliche Fang- und Bremsseil zu benutzen.

Als sich dabei herausstellte, daß im Schnitt bei jeder zehnten Landung die landende Maschine alle Bremsseile übersprang, wurde daraus der Vorschlag abgeleitet, auf Graf Zeppelin ein fünftes Bremsseil als »Stopseil« zum Auffangen einer Fehllandung einzurichten.

Mit Abgabe des Erprobungsberichtes am 28. Februar 1939 fand eine umfangreiche Versuchstätigkeit ihren vorläufigen Abschluß, mit deren Ergebnissen die Bordpraxis auf Graf Zeppelin hätte sehr wirksam vorbereitet werden können, sowohl hinsichtlich der Entwicklung der technischen Mittel für die Bremslandungen als auch in Betracht auf die Sammlung und Vermittlung von praktischen Erfahrungen.

Auch nach dem ersten Baustop sind die auf den Trägereinsatz orientierten Erprobungen in Travemünde fortgesetzt worden.

Eine bedeutende Aktivierung erfolgte im Zusammenhang mit dem angeordneten Weiterbau von Graf Zeppelin.

Am 05. Mai 1942 begann eine regelrechte Erprobungskampagne, die bis zum 15. April 1943 dauerte. In dieser Zeit von reichlich elf Monaten wurden 1354 Bremslandungen in der Trägerversuchsanlage durchgeführt.

Die Zielstellung dieser forcierten Erprobungstätigkeit mit vier Ar 96, je einer Ar 195 und Ar 197, zwei He 50, je drei

Fi 167 und Me 109 sowie vier Ju 87 beinhaltete:

● Erprobung der 3. bis 6. DEMAG-Bremsseilwinde für den Eigenbedarf bzw. für den Verkauf nach Italien,

● weiterführende Erprobung sämtlicher für den Einsatz auf deutschen Trägern und Hilfsträgern vorgesehenen Einsatz- und Schulflugzeuge,

● Eignungs- und Dauertests für Bremsseile unterschiedlicher Ausführung.

Von den zur Erprobung herangezogenen Bremsseilwinden einer verbesserten Ausführung waren ursprünglich drei für den Einbau auf Graf Zeppelin und die vierte zur Errichtung einer zweiten an Land einzurichtenden Übungs- und Ausbildungsanlage für Trägerpiloten vorgesehen.

Im Ergebnis der wiederum sehr aufwendigen Dauererprobungen ergaben sich keine grundsätzlichen Veränderungen an Flugzeugen, Winden und Zubehör sowie am Landeverfahren. Den Herstellern wurden Hinweise und Vorschläge zur Verbesserung, insbesondere zur strukturellen Verstärkung ihrer Erzeugnisse übergeben, obwohl ihre Durchsetzbarkeit nun schon illusorisch geworden war.

Durch den Bericht der E-Stelle zur Erprobung der 7. Serien-Bremsseilwinde (1. RLM-Langwegbremse) der DEMAG vom 23. Februar 1944 ist die Weiterführung der auf den Trägereinsatz orientierten Erprobungstätigkeit in Travemünde zumindest bis zu diesem Zeitpunkt belegt.

In den Richtlinien zum Auftrag 374/3 hieß es:

— »Es sind sämtliche für den Trägereinsatz und für die Schulungslandungen auf dem Träger vorgesehenen Flugzeugtypen zu bremsen.

— Die Flughöchstwerte sind:

— Ar 96 Landegewicht 1750 kg bei 100 km/h Landegeschwindigkeit (CD + OJ)

Me 109 Landegewicht 2500 kg bei 128 km/h Landegeschwindigkeit

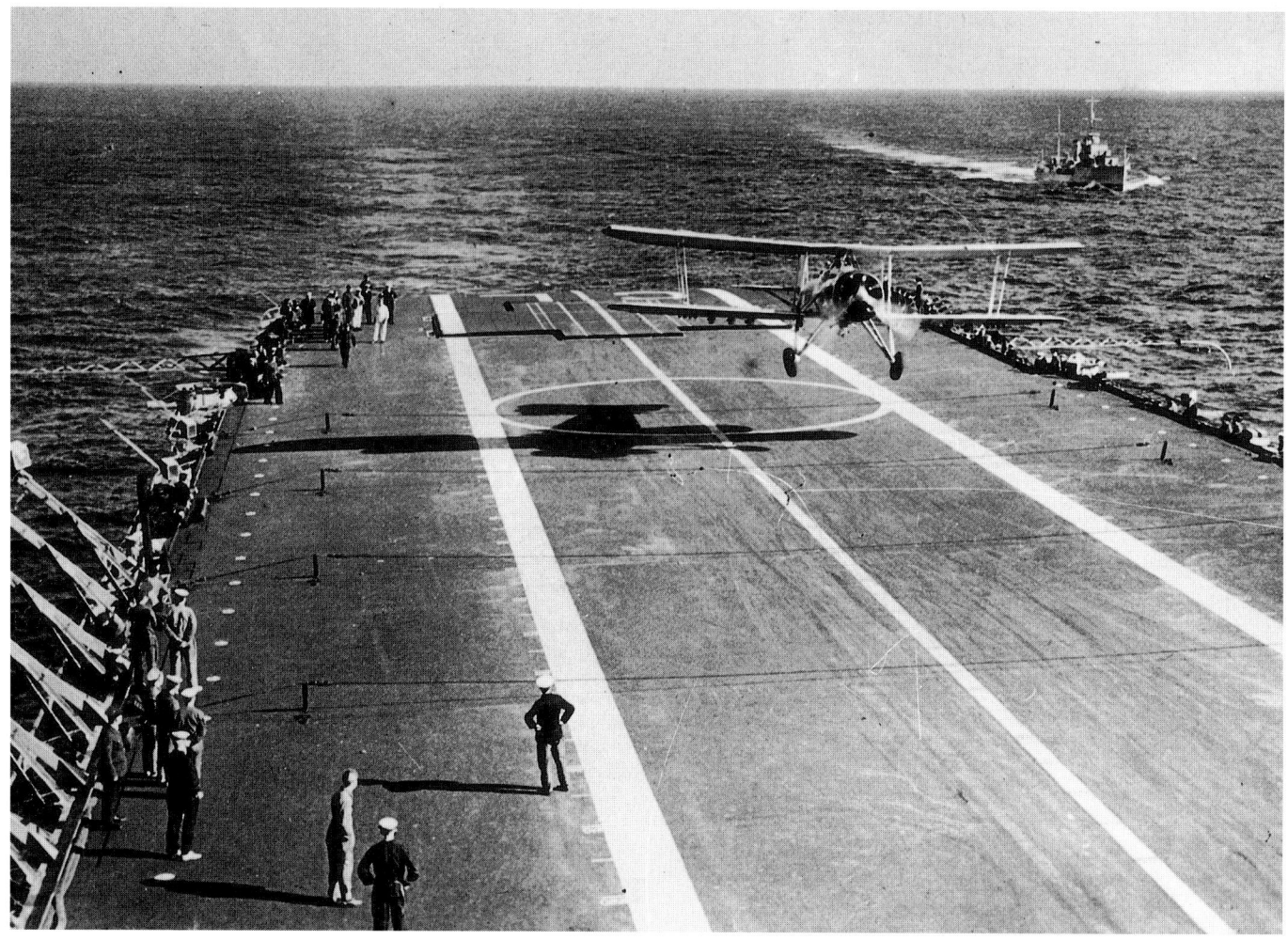

Vorbildliche Deckslandung einer Fairey »Swordfish« auf dem englischen Träger *Glorious* (die vier Fangseile sind deutlich zu erkennen)

bzw. 3500 kg bei 140 km/h (KD + KZ)

Ju 87 Landegewicht 4200 kg bei 130 km/h Landegeschwindigkeit bzw. 4850 kg bei 140 km/h (VD + LA).

— Weiterhin ist zu untersuchen, ob für 5800 kg Landegewicht bei 135 und 140 km/h Landegeschwindigkeit das Leistungsvermögen der Bremse nicht überschritten wird.

— Die Verzögerung soll den Wert von 3 g und der maximale Bremsweg soll 40 m nicht überschreiten.

— Die mechanische Bremse ist als Notbehelf bei Stromausfall zu erproben.«

Der Bericht vermerkt die Durchführung von 30 Bremslandungen, bis die Erprobungen wegen einiger technischer Mängel an der Bremsseilwinde abgebrochen wurden.

Die vorgegebenen Grenzwerte wurden unterschritten.

Die Besatzung

So alt wie der Seekrieg selbst ist der Leitsatz

>>Nicht Schiffe kämpfen,
sondern Männer!<<

Dieser Leitgedanke nimmt die Erfahrungen ungezählter Seegefechte und -schlachten zur Grundlage, in denen sich immer wieder bestätigte, daß letztendlich der Mensch die Verantwortung für den Kampf zur See trägt, daß nicht die Technik, sondern die Besatzungen mit ihrer Ausbildung und Motivation den Ausgang des Kampfes und ihr eigenes Schicksal entscheiden.

Das Personalamt der Kriegsmarine nahm die Auswahl und die Zusammenstellung der Besatzung für den ersten deutschen Flugzeugträger ernst. Die Zusammenstellung der Träger-Fliegergruppe 186 war Angelegenheit des Personalamtes der Luftwaffe, da gemäß der >>Seekriegsanleitung für die See-Luftstreitkräfte-S.A. Luft<< (Marine-Dienstvorschrift 121, Heft a) die See-Luftstreitkräfte Teil der Luftwaffe waren.

Die Schiffsbesatzung sollte sich aus erfahrenen seemännischem und technischem Personal der Flotte, der Werften und Schulen sowie verschiedener Erprobungskommandos zusammensetzen.

Schon während der Erprobungs- und Einfahrzeit der *Graf Zeppelin* war Personal für den Flugzeugträger *B* auszubilden und Sorge für einen ausreichenden Nachwuchs entsprechend Eigenbedarf zu tragen, damit das >>ausgeliehene<< Spezialpersonal anderer Schiffe und Landdienststellen schrittweise seiner ursprünglichen Verwendung wieder zugeführt werden konnte.

Erster Kommandant von *Graf Zeppelin* sollte nach der verspäteten Fertigstellung des Trägers ein erfahrener Kreuzerkommandant werden.

Im Gespräch war Kapitän zur See Helmuth Brinkmann, Kommandant des Schweren Kreuzers *Prinz Eugen*.

Bereits beim Entwurf des Schiffes gingen die Konstrukteure hinsichtlich der Unterbringung, Verproviantierung und Funktionsverteilung der Besatzung von Daten aus, die annähernd der Besatzung eines Schweren Kreuzers entsprachen. Es ging zunächst einmal darum, den Flugzeugträger als Kriegsschiff fahrbereit zu machen. Änderungen sollten nach dem Vorliegen der ersten Erfahrungen vorgenommen werden.

Eine Aufstellung vom 10. November 1938 gliederte die Schiffsbesatzung des Flugzeugträgers wie folgt:

57	Offiziere, Beamte und Angestellte
68	Portepee-Unteroffiziere
30	Fähnriche (zur Ausbildung)
260	Unteroffiziere
934	Mannschaften
29	Mann ziviles Vertragspersonal
1378	Mann

Der Schwere Kreuzer *Prinz Eugen* hatte, als Vergleich herangezogen, im Verlaufe des Krieges eine durchschnittliche Besatzungsstärke von 1350 Mann, allerdings in einer etwas anderen Zusammensetzung als der Flugzeugträger.

Die für 1942/43 in Aussicht genommenen baulichen Veränderungen am Schiff hätten zweifellos zu einer mehr oder

30 Seefähnriche der Crew *V/41* als zukünftige Seebeobachter zusammen mit fliegendem und technischem Personal der Luftwaffe während der Ausbildung für *Graf Zeppelin*

weniger veränderten Stärke und Struktur der Besatzung geführt.

Außerdem wäre auch die auf anderen Schiffen der Kriegsmarine praktizierte Regelung zum Tragen gekommen, jüngere Offiziere durch Portepee-Unteroffiziere, und Mannschaften durch spezialisierte Unteroffiziere zu ersetzen.

Für die Fliegerkomponente sollten

- 51 Offiziere und Beamte
- 53 Portepee-Unteroffiziere
- 83 Unteroffiziere und
- 155 Mannschaften (insgesamt 342 Mann)

an Bord kommandiert werden.

Je nach Zusammensetzung der Staffeln wären davon 80 bis 120 Mann fliegendes Personal gewesen (einschließlich Einsatzreserve und Führungspersonal des Fliegerstabes).

Die Werft war gemäß den Bauvorschriften von 1942 angewiesen, auf dem Schiff 1720 Mann (plus Reserve) unterzubringen.

Der Einrichtungsplan der Werft sah folgende Unterbringung für Besatzung und Fliegergruppe vor:

- 108 Offiziere, Beamte und Angestellte in 76 Kammern
- 121 Portepee-Unteroffiziere in 61 Kammern
- 30 Fähnriche in einem Wohndeck mit Hängematten, Tischen, Stühlen und Kleiderspinden
- 25 Flieger-Feldwebel in Wohn- und Schlafräumen mit Kojen
- 318 Unteroffiziere in Wohndecks mit Hängematten, Tischen, Stühlen und Kleiderspinden
- 1089 Mannschaften in Wohndecks mit Hängematten, Backstischen, Bänken und Kleiderspinden
- 29 Zivilpersonen (Köche, Schuster, Schneider, Frisöre u.a.) in Wohn- und Schlafräumen mit Kojen

Wegen ihrer funktionsbedingten Sonderkleidung waren für 515 Mann Spinde für Heizerkleidung und für 246 Mann Spinde für Flieger-Sonderkleidung einzubauen.

Für Offiziere und Portepee-Unteroffiziere wurden als Speise- und Aufenthaltsräume getrennte Messen für jeweils 125 Personen vorgesehen, für die Unteroffiziere und Mannschaften gab es Kantinen. In der Suite des Kommandanten stand ein Speisetisch mit 24 Sitzplätzen.

Die Zubereitung der Speisen erfolgte in je einer Kommandanten-, Offiziers- und Oberfeldwebel-Küche sowie in zwei Mannschaftsküchen.

Es befanden sich zwei Bäckereien an Bord, die ebenso wie die Küchen elektrisch beheizt wurden.

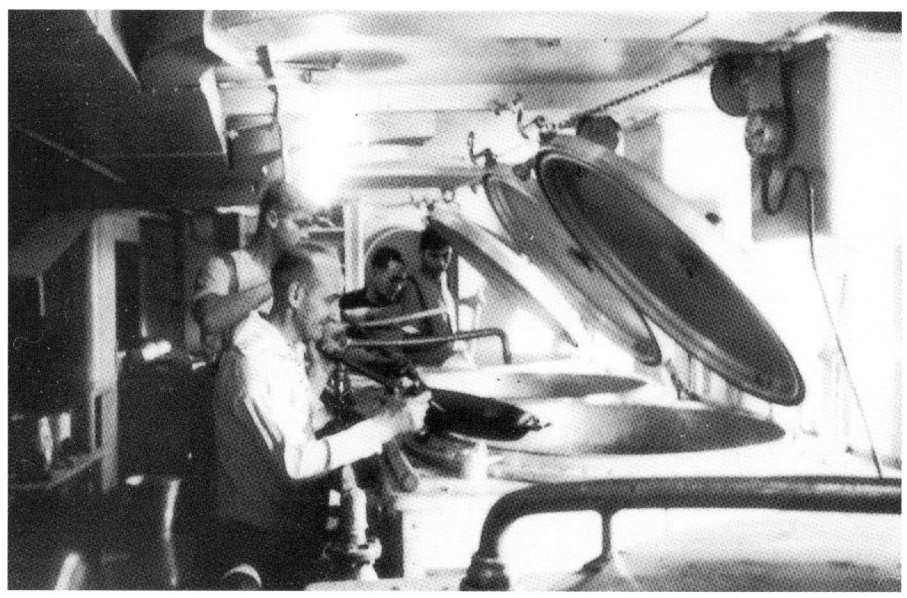

Eine der Bordküchen des Flugzeugträgers 1942

Auf dem unteren Hallendeck und auf dem Mitteldeck waren Aufenthalts- und Leseräume für Mannschaften und Unteroffiziere eingerichtet, in denen es die Möglichkeit zur Aufstellung von Lichtbild-Vorführgeräten gab. Hier war auch die Schiffsbücherei untergebracht.

Es kann davon ausgegangen werden, daß die Schiffsbesatzung wie bei einem Schweren Kreuzer auf zehn Divisionen zu jeweils 100 bis 170 Mann verteilt worden wäre.

Der Hauptteil der seemännischen Besatzung (Laufbahn I) hätte dann die 1. bis 4. Division gebildet, die Maschinen- und Kesselmannschaft (Laufbahn II) die 5. bis 7. Division, während alle Sonderlaufbahnen, das Spezialpersonal, Funktionäre, Zivilangestellten und Musiker in der 8. bis 10. Division vereint worden wären.

Gewöhnlich wurden die Bordflieger mit ihrem technischen Personal auf den großen Überwasserschiffen der Kriegsmarine, soweit diese Katapulteinrichtung und die dazugehörenden Bordflugzeuge hatten, zur 8. Division gerechnet, in der auch die Artillerie- und Torpedomechaniker sowie die Feuerwerker zusammengefaßt waren.

Angesichts der Personalstärke des Fliegerpersonals auf dem Flugzeugträger hätte die Bildung von zwei speziellen Divisionen für die Fliegerkomponente im Bereich des Möglichen liegen können.

K 252
Besatzungsstärke am 10. November 1938

Flugdeck (im vorderen Decksbau) — **Offiziere**

	See-	Ing.-	Flie-ger	Sani-täter	Ver-walt.	Be-amte	An-gest.	Summe
1 Einzelkammer f. Oberleutn.	1	—	—	—	—	—	—	
1 Doppelkammer f. Oberleutn.	2	—	—	—	—	—	—	
	3							3

A-Deck

	See-	Ing.-	Flie-ger	Sani-täter	Ver-walt.	Be-amte	An-gest.	Summe
1 Arbeits- u. 1 Schlafraum f. Admiral	1	—	—	—	—	—	—	
1 Arbeits- u. 1 Schlafraum f. Kommandant	1	—	—	—	—	—	—	
12 Einzelkammern f. Korv.Kapt.	4	2	4	1	1	—	—	
24 Einzelkammern f. Kapt.Lts.	10	5	6	1	1	1	—	
6 Einzelkammern f. Oberleutn.	1	1	2	2	—	—	—	
16 Doppelkammern f. Oberleutn.	—	—	26	—	1	2	2	
13 Doppelkammern f. Leutn.	7	4	13	—	1	—	2	
1 Dreimannsk. f. Leutn.	—	—	—	—	—	3	—	
76 Kammern	27	12	51	4	4	6	4	108

1 Schlafraum und Messe für **30 Fähnriche** — 30

Unteroffiziere

	seem.	techn.	Flieger	Summe	
C-Deck	—	—	58	58	
D-Deck	55	103	—	158	
U.H.-Deck	81	21	—	102	
	136	124	58	318	318

Mannschaften

	seem.	techn.	Flieger	Summe	
C-Deck	140	—	—	140	
D-Deck	75	—	111	186	
U.H.-Deck	249	95	44	388	
Zw.-Deck	100	275	—	375	
	564	370	155	1089	1089

Vertraglich angenommenes Personal

B-Deck	2 Barbiere	
C-Deck	5 Schneider	
D-Deck	4 Schuhmacher	
D-Deck	18 Köche und Kellner	
	29	29

		Oberfeldwebel			**Feldwebel**		
	see-män.	tech-nisch	Flie-ger	see-män.	tech-nisch	Flie-ger	Sani-täter/ An-gest.	Summe

A-Deck

	see-män.	tech-nisch	Flie-ger	see-män.	tech-nisch	Flie-ger	Sani-täter/An-gest.	Summe
1 Einzelkammer f. Feldwebel	—	—	—	—	—	—	1	

B-Deck

	see-män.	tech-nisch	Flie-ger	see-män.	tech-nisch	Flie-ger	Sani-täter/An-gest.	Summe
3 Einzelkammern f. Oberfeldw.	1	—	1	—	—	—	1	
40 Doppelkammern f. Oberfeldw.	10	26	44	—	—	—	—	
1 Dreimannsk. f. Oberfeldw.	—	—	3	—	—	—	—	
3 Doppelk. f. Feldw.	—	—	—	4	—	2	—	
2 Dreimannsk. f. Feldw. u. Angest.	—	—	—	3	—	3	—	

C-Deck

	see-män.	tech-nisch	Flie-ger	see-män.	tech-nisch	Flie-ger	Sani-täter/An-gest.	Summe
2 Einzelkammern f. Oberfeldw.	2	—	—	—	—	—	—	
5 Doppelkammern f. Oberfeldw.	4	6	—	—	—	—	—	
1 Dreimannskamm. f. Oberfeldw.	—	3	—	—	—	—	—	
2 Doppelkammern f. Feldwebel	—	—	—	4	—	—	—	
1 Dreimannskam. f.	—	—	—	3	—	—	—	
	17	35	48	14	—	5	2	121

	see-män.	tech-nisch	Flie-ger	see-män.	tech-nisch	Flie-ger	Sani-täter/An-gest.	Summe
1 Schlafraum für 25 Flieg.-Feldw. (U.Offz.)	—	—	—	—	—	25	—	25

Besatzungsstärke — 1720

Erläuterung:
A-Deck	Aufbaudeck
B-Deck	Backdeck
C-Deck	Batteriedeck
D-Deck	Mitteldeck
U.H-Deck	Unteren Hallendeck
Zw.-Deck	Zwischendeck

Die Stationierungsfrage

Im Zusammenhang mit dem geplanten Ausbau der Kriegsmarine wurde auch der Ausbau der Häfen und Stützpunkte zur Stationierung der vorhandenen und neuerbauten Schiffe in Angriff genommen.

Aus der Praxis ausländischer Flotten und aus eigenen Überlegungen heraus stellten Flugzeugträger spezielle Forderungen an ihre Liegeplätze bzw. Stationierungsorte, die sich deutlich von den Belangen der üblichen Flotteneinheiten abhoben. In der Hauptsache brauchten sie:

- Möglichkeiten für die Übernahme und Vonbordgabe der Trägerflugzeuge, ihrer Waffen, Vorräte und Ausrüstungen
- die Nähe eines Flugplatzes für die Aufnahme der an Land befindlichen Trägerstaffeln (z.B. während der Werftliegezeit ihres Trägers), für die Schulung und Ausbildung des fliegenden und technischen Personals, für die Formierung neuer Staffeln, für die Stationierung von Reservestaffeln, für das Überfliegen neuer bzw. überholter Maschinen von den Herstellerfirmen und Erprobungsstellen usw.
- die Nähe eines speziellen Luftzeugamtes zur Einlagerung von Nachschubmaterial für die Trägerstaffeln (einschließlich Sonderbekleidung, Verpflegung, Fallschirme usw.)
- die Nähe einer speziellen Luft-Munitionsanstalt (Luft-Muna) für die Bevorratung mit Munition (Bomben, Minen, Torpedo, Bordwaffenmunition)
- die Nähe von Lager- und Ausgabemöglichkeiten für Benzin unterschiedlicher Kategorien (Klassen), Öl, Kühlmittel und Flüssigsauerstoff.

Im Zusammenhang mit der Auftragserteilung für die Flugzeugträger *A* und *B* richtete das Oberkommando der Kriegsmarine (OKM) am 10. August 1937 ein Schreiben an das Flottenkommando und an andere Marinebehörden (AI Lz. 748/ 37 GKdos) mit der Forderung, die Unterbringung von Flugzeugträgern im Kieler Hafen in den Bereich der Planungen aufzunehmen und diese Frage großzügig zu bearbeiten.

Daraufhin sandte das Flottenkommando am 06. Oktober 1937 ein Schreiben an das OKM (B.Nr. GKds 708/37 A3), das die ersten praktischen Bemühungen erkennen läßt, den neuen Forderungen Rechnung zu tragen.

Es ging in dem Schreiben um die erbetene Zustimmung des OKM zur Einrichtung eines festen Pierplatzes für einen Flugzeugträger im Kieler Hafen. Dies sollte im bisherigen Tonnenhof Kiel-Holtenau, in der Nähe des dortigen Seefliegerhorstes erfolgen, um die Anbordnahme und Vonbordgabe der Trägerflugzeuge zu erleichtern. Außerdem wurde ein Bojenliegeplatz für den Träger für erforderlich gehalten, um seinen Flugzeugen Start- und Landemöglichkeiten bei stilliegendem Schiff, mit jeweils entsprechender Lage zur Windrichtung, zu ermöglichen.

Die Einrichtung eines neuen Tonnenhofes wurde in der Gegend des Jägerberges vorgeschlagen.

Auf der Grundlage dieser Vorbereitungen sah das Friedensumbau-Planendziel für Kiel die Stationierung eines Flugzeugträgers sowie von folgenden Einheiten vor:

vier Schlachtschiffe
zwei Schwere Kreuzer
fünf neue Leichte Kreuzer
sechs ältere Leichte Kreuzer (teilw. Schulschiffe)
drei Segelschulschiffe
zwei Zerstörer-Divisionen
eine Torpedoboots-Division
zwei Schnellbootflottillen mit Begleit- bzw. Wohnschiffen
eine U-Boot-Flottille mit Begleitschiff

zwei Minensuch-Flottillen
eine R-Boot-Flottille
eine Geleitflottille
ein Minenräumschiff
ein Flotten-Aviso
ein Flottentender

Hinzu kamen Fahrzeuge des Sperrversuchskommandos (SVK), der Torpedoinspektion (TI), der Sperrwaffenschule, der Nachrichtenversuchsanstalt (NVA) und der Taucherschule.

Angesichts einer derartig starken Belegung, die als Belastung auf Kiel zukam, plante die Marine ab Ende 1937 den Ausbau des schon einmal von der Kaiserlichen Marine in Betracht gezogenen »Rügenhafens« im Nordostteil von Deutschlands größter Insel.

Angelegt werden sollte ein großer Flottenstützpunkt, der es hinsichtlich der Bedeutung mit Wilhelmshaven und Kiel aufnehmen konnte, im Großen Jasmunder Bodden mit Durchstich der Landenge zwischen den Ortschaften Bobbin und Glowe.

Dieses große Boddengewässer bot eine geschützte Wasserfläche von rund 7 sm Längsausdehnung und 3 sm in der Breite bei recht günstigen Tiefenverhältnissen.

Die Erwägung von Umweltproblemen, die mit einer derart gewaltigen Veränderung auf Rügen entstanden wären, spielten zu damaligen Zeiten nicht eine solche Rolle wie es heute der Fall wäre. Die Einfahrt und der Vorhafen des neuen Ostseestützpunktes sollten auf 13 m Tiefe ausgebaggert werden, um auch den größten geplanten Einheiten wie Flugzeugträgern und Schlachtschiffen sicheres Passieren zu ermöglichen.

Rings um den Bodden waren großräumige Bebauungsflächen mit Werft-, Arsenal-, Kasernen- und Wohnanlagen geplant, die ein entsprechendes Schienen-, Straßen- und Brücken- bzw. Tunnelnetz miteinander verbinden sollte. Die erforderliche Energie- und Wasserversorgung sowie die Entsorgungsprobleme wurden als kompliziert, aber nicht als unlösbar eingeschätzt.

Die Luftwaffe bereitete für die Stationierung der Flottenluftstreitkräfte, zu denen außer den Trägerstaffeln der Flugzeugträger die Bordflieger der Schlachtschiffe und Kreuzer gehörten, ein Flugplatzprojekt südwestlich von Glowe vor. Der Transport der Rad- und Schwimmerflugzeuge zwischen den Liegeplätzen der Schiffe und dem Seefliegerhorst sollte mittels einer speziellen Bahn erfolgen. An der Westseite des Stichkanals war ein Liegeplatz für Flugzeugträger mit Übernahme- und Übergabevorrichtungen für Flugzeuge samt ihrer Bewaffnung und Ausrüstung vorgesehen.

Die Lage der Insel Rügen bot, rein militärisch gesehen, für die Stationierung von Trägerschiffen einige Vorteile. Dazu gehörte das Fehlen von Gezeiteneinwirkungen und der damit in Zusammenhang stehende Verzicht auf große Schleusenanlagen.

Hinzu kam die Nähe vieler wichtiger Ausbildungs- und Erprobungseinrichtungen der Seeluftstreitkräfte, wie in Warnemünde, Pütnitz und Stettin (Flugzeugführerschulen), Parow (Fliegerwaffenschule, Große Kampffliegerschule 5 bzw. Kampfbeobachterschule 4), Bug/Rügen (Fliegerwaffenschule), Dievenow/Usedom (Luftnachrichtenschule See), Travemünde und Tarnewitz (Erprobungsstelle See).

Das OKM hatte vor, das Rügenhafenprojekt etwa 1944 zu realisieren, wenn der Zulauf der Neubauten des Z-Planes erfolgte. Da es ein großes und kostspieliges Vorhaben sein würde, begann sich die Marine schon Ausgang der 30er Jahre die Unterstützung maßgeblicher staatlicher Einrichtungen zu sichern.

Am 21. Januar 1938 richtete das OKM ein diesbezügliches Schreiben (B-Nr. 207 geh. BB BIV) an das Oberkommando des Heeres (OKH), an den Reichsminister der Luftfahrt und Oberbefehlshaber der Luftwaffe (RdL/ObdL), an den Verkehrsminister, an den Ernährungs- und Landwirtschaftsminister, an die Reichsstelle für Raumordnung und an den General-

inspekteur des Deutschen Straßenwesens, alle in Berlin W 8 ansässig. Darin hieß es u.a.:

»Es hat sich die Notwendigkeit gezeigt, in der mittleren Ostsee einen neuen Stützpunkt zu schaffen. Da die vorhandenen Hafenanlagen für die Flottenverbände nicht ausreichen und auch nicht entsprechend ausgebaut werden können, hat sich das OKM entschlossen, einen neuen Marinehafen und zwar auf der Insel Rügen zu bauen.

Eingehende Erwägungen und Erkundungen auf der Insel Rügen und eine Reihe von Vergleichsentwürfen haben zu dem Ergebnis geführt, daß der Hafen aus militärischen, technischen und wirtschaftlichen Gründen am Besten im Großen Jasmunder Bodden zu schaffen und der Zugang zur Ostsee durch einen Durchstich östlich von Glowe herzustellen sei.«

Von den angeschriebenen Behörden wurden Stellungnahmen bis zum 01. April 1938 angefordert. Für die Ausführungen wurde ein Ministerialrat Eckardt zur Verfügung gestellt.

Zugleich blieb aber die Nordsee als Ausfalltor für Flottenunternehmungen in den Atlantik das vorrangige Stationierungsgebiet für die Kriegsmarine.

Für diesen Bereich gab es schon recht früh konkrete Vorstellungen betreffs der Dislozierung von Flugzeugträgern und Trägerstaffeln.

Nachdem das deutsch-britische Flottenabkommen am 18. Juni 1935 in London unterzeichnet worden war, stand dem Bau von zunächst zwei deutschen Flugzeugträgern, außer der Bewilligung der erforderlichen Gelder und der Lösung der entsprechenden technischen Fragen, kein Hemmnis mehr im Wege.

Zugleich wurden die Planungen für die Träger-Fliegerverbände und ihre Infrastruktur beschleunigt.

Im Spätsommer 1935 hatte das LKK VI Kiel im Verzeichnis seiner Nordsee-Seefliegerhorste nur Hage (bei Norden/Friesland), List (Sylt/Nord), Norderney und Wilhelmshaven.

Eine GKdos-Planungsrichtlinie vom 29. August 1935 sah bis zum 01. Oktober

1936 die Aufstellung weiterer Seefliegerhorstkommandanturen im Stationsbereich Nordsee vor:

Blexen
Borkum
Hörnum (Sylt/Süd)
Jever
Nordenham
Rostrup (Bad Zwischenahn)
Tönning (Eidermündung)

Hinzu kam noch der Ausbau von Landeinsatzhäfen für den Mobilmachungsfall (E-Häfen) in:

Aurich
Varel/Birkenfeld
Westerland (Sylt/Ost)

Das zentrale Luftzeugamt (ZA) der Seeluftstreitkräfte lag in Pötenitz. Als seine für den Nordseebereich zuständigen Luftparks waren Nordenham und Tönning vorgesehen. Die dazu gehörende Luftmunitionsanstalt (MA) lag südöstlich von Bremerförde in Hesedorf. Für die Bodenorganisation der Trägerstaffeln ergab sich ab 22. Juni 1936 ein spezieller Planungsschwerpunkt.

Danach war in Bremerhaven bis 1938 ein Seefliegerhorst/Land der Kategorie A auszubauen für die Aufnahme von:

drei Träger-Fliegergruppenstäben
zwei Träger-Mehrzweckstaffeln (mit Aufklärungs- und Torpedofliegern)
zwei Träger-Sturzkampfstaffeln
zwei Träger-Jagdstaffeln

Für einen Seefliegerhorst mit Landflugplatz der Kategorie A war ein voll ausgebauter Friedensstandort mit allen erforderlichen Einrichtungen vorgeschrieben. Dazu gehörten außer der auf festem Untergrund errichteten Start- und Landebahn feste Gebäude für Kommandantur, eine Werft mit unterschiedlichen Werkstätten, Flugzeughallen und Unterkünfte, eine Tankanlage, Schießstände und dergleichen mehr.

Als Grundvoraussetzungen galten gute Anbindung an Straßen- und Schienenverkehr sowie eine gesicherte Energieversorgung. Vorgeschrieben waren für die Seefliegerhorste der Kategorie A außerdem:

● große Nachrichtenstelle (A)
● kleine Bildstelle

- Peilstelle
- Munitionslagerhäuser (Bunker für Abwurf- u.a. Munition)
- Nebelfüllstellen
- Torpedobetriebsstelle
- Wetterstelle

Als nächster Ausweichflugplatz wurde Cuxhaven bestimmt.

Die Marine war sich darüber im Klaren, daß eine wesentliche Erweiterung und Verbesserung der Flottenstützpunkte eine zeit- und kostenaufwendige Aufgabe ist, die zu Übergangslösungen und Kompromissen zwingt.

Eine Aktenniederschrift vom 07. Januar 1938 hielt die Vorstellungen über die Stationierungsmöglichkeiten der Flugzeugträger *A* und *B* in der Nordsee fest. Dabei mußte in Betracht gezogen werden, daß es sich bei den Trägerschiffen, für die reichlich 250 m Länge und 19.250 t Typdeplacement als wichtigste Anhaltswerte gegeben waren, um die vorerst größten Schiffe der Kriegsmarine handeln würde.

So gesehen kamen nur wenige Möglichkeiten für das Docken und Stationieren in Frage:

- In Wilhelmshaven für Reparaturen das Schwimmdock A und das Trockendock der geplanten Nordwerft mit den Abmessungen 350 x 60 m (fertig nicht vor 1943).
- In Bremerhaven für das Eindocken das Kaiserdock II (Trockendock).
  Bis zur Fertigstellung eines speziellen Flugzeugträgerliegeplatzes in Wil-

helmshaven sollten die Träger *A* und *B* Liegeplätze in Bremerhaven erhalten.

Für den Fall, daß der Flugzeugträger *A* zunächst im Bereich der Ostseestation blieb, sollte der Träger *B* etwa ab Winter 1940 – eventuell ein weiterer Träger im Winter 1944/45 – Liegeplätze in Bremerhaven beziehen.

Am 11. Februar 1938 fand eine Beratung von Vertretern des OKM, der Luftwaffenführung und des Luftkreiskommandos VI Kiel statt, in der es hauptsächlich um die Flugzeugträgerstationierung im Nordseebereich ging. Das LKK VI war seit dem 01. April 1935 die Luftwaffenbehörde, die für alle Fragen der Seeluftstreitkräfte zuständig war.

Im Mittelpunkt der Beratung stand die Planung von zwei Liegeplätzen für Trägerschiffe nördlich des Überseehafengebiets von Bremerhaven. An der Nordwestecke des Wendebeckens wurde ein Stichkanal vorgesehen. Der Flugzeugträgerliegeplatz I sollte mit allen erforderlichen Landanlagen auf der Westseite des Beckens eingerichtet werden, der Flugzeugträgerliegeplatz II auf der Ostseite.

Die Unterbringung der Trägerschiffe in diesem Becken würde den Vorteil haben, daß jedes der Schiffe ohne Behinderung des anderen ein- und auslaufen konnte. Aufgrund der guten Anbindung dieses Hafengebietes zwischen den Stadtteilen Speckenbüttel und Weddewarden an das Schienen- und Straßennetz wurde es für

die Flugzeugträgerstationierung im Nordseebereich favorisiert.

Unmittelbar nördlich des Hafenbeckens wurde bis zur Straße nach Weddewarden ein Flugplatz vorgesehen, für den im LKK VI Kiel seit dem 01. Juni 1937 ein Plan vorlag. Danach hätte der Träger-Fliegerhorst Bremerhaven alles an Bauten, Anlagen und Einrichtungen erhalten, was man sich zu dieser Zeit von einem so spezialisierten Flugplatz vorstellen konnte – einschließlich von Anlagen für simulierte Starts und Landungen auf dem Trägerdeck.

Für die Einrichtung des für den Nachschub der Trägerstaffeln zuständigen Luftparks See wurde zunächst Nordenham geplant, westsüdwestlich von Bremerhaven auf dem Westufer der Weser gelegen.

Am 07. März 1938 wurde aber mit Wirkung vom 01. September 1938 die Auflösung des Luftparks See Nordenham ausgewiesen. Die bereits errichteten Anlagen waren an die Industrie zu übergeben, während Personal und Material in Verfügung des LKK VI Kiel verblieben.

Als Ersatz für Nordenham wurde die Einrichtung eines Luftparks See für Trägerstaffeln in Blexen auf dem Blexer Groden, also in nächster Nähe des Flugzeugträgerstützpunktes Nordsee, angewiesen. Der Ausbau des Luftparks See in Blexen sollte bis zum 01. Oktober 1940 abgeschlossen werden.

Die weitere Entwicklung machte einen dicken Strich durch alle diese Planungen.

Die Flieger der »Graf Zeppelin«

Die Entwicklung der Trägerflugzeuge

Die Entwicklung und der Bau von speziellen Marinekampfflugzeugen für den Einsatz an Bord von Flugzeugträgern, kurz, aber nicht ganz eindeutig, Trägerflugzeuge genannt, bereitete im Deutschland der 30er Jahre keine Probleme.

Es gab dafür gute Voraussetzungen durch wichtige Vorarbeiten in den 20er Jahren. Zunächst aber erst einmal ein kurzer Überblick über den allgemeinen Entwicklungsstand, nach dem sich die Konstrukteure, aber auch die Amtsstellen der Marine und der Luftwaffe richteten, als sie bei den deutschen Flugzeugwerken Trägerflugzeuge in Auftrag gaben.

Der weitaus größte Teil aller Trägerflugzeuge des Auslandes waren einmotorige, mehr oder weniger stark verspannte Doppeldecker von robuster Bauart mit starrem Fahrwerk. Vorherrschend war die Gemischtbauweise mit Stahlrohr- oder Leichtmetallgerippe, Sperrholz- oder/und Blechbeplankung sowie teilweiser Stoffbespannung.

Angetrieben wurden die Maschinen in der überwiegenden Zahl von Sternmotoren mit einer Leistung zwischen 550 PS (405 kW) und 850 PS (625 kW), wobei die Tendenz steigend war (nach Einführung der Eindecker-Ganzmetallbauweise), Ende der 30er Jahre die 1000-PS-Grenze (735 kW) rasch überschritt und schnell weiter anstieg.

Die Verwendung von flüssigkeitsgekühlten Motoren in Reihen- bzw. Doppelreihenbauweise blieb zunächst auf wenige Typen beschränkt und erweiterte sich erst mit dem Übergang zur Eindecker-Generation unter den Trägerflugzeugen.

Nach der Aufgabenstellung unterschieden sie sich in ein- und zweisitzige Jagdflugzeuge, Sturz- und Horizontalbomber, Torpedo- und Aufklärungsflug-

zeuge, Übungs- und Verbindungsmaschinen.

Die begrenzte Flugzeugkapazität der Trägerschiffe schloß aus, für jeden speziellen Verwendungszweck konstruierte Flugzeuge mitzuführen, wie es sich die Flottenbefehlshaber und ihre Stäbe eigentlich wünschten. Das wurde immer weniger möglich, je mehr sich die Aufgaben der trägergestützten Marineflieger auffächerten und die Flugzeuge größer und schwerer wurden.

Also mußten bestimmte Aufgabenbereiche miteinander kombiniert werden. Es wurde zur allgemein üblichen Praxis, die Trägerflugzeuge nach ihrer überwiegenden Verwendbarkeit zu bezeichnen, wie Torpedobomber, Aufklärungsbomber, Jagdaufklärer usw.

Eine solche Mehrfachverwendung setzte natürlich eine rasche Umrüstbarkeit der Bewaffnung und Sonderausrüstung voraus. Dabei waren aber bestimmte Grenzen gesetzt. So konnten zwar Torpedoflugzeuge im Bedarfsfall als Horizontalbomber und Aufklärer verwendet werden, aber nicht jeder Horizontalbomber und Aufklärer eignete sich als Torpedoflugzeug.

In der deutschen Marinefliegerei bürgerte sich seit der Reichsmarine die Bezeichnung »Mehrzweckflugzeug« ein.

Darunter wurde eine Verwendbarkeit als Aufklärer, Horizontalbomber, Torpedoflugzeug, Minenleger und Nebelflugzeug verstanden. Eine solche Multiverwendbarkeit stellte nicht nur die Konstrukteure vor schwierige Aufgaben, sie komplizierte auch die Ausbildung der Besatzungen ungemein.

Da die optimale Erfüllung jeder Aufgabe vom Flugzeug bestimmte Eigenarten und Leistungskennziffern und von der Besatzung neben dem allgemeinfliegerischen und -militärischen Können auch taktische Meisterschaft erfordert, war

eine wirkliche Mehrzweckverwendbarkeit von Mensch und Maschine utopisch.

Das typische Beispiel des trägergestützen Mehrzweckflugzeuges der mittdreißiger Jahre war die in jener Zeit soeben erst eingeführte englische Fairey Swordfish (Erstflug 21. März 1933, Serienbau ab Mai 1935, im Truppendienst ab Juli 1936), deren taktische Bestimmung mit dem Kürzel »TSR« umrissen wurde, im vollen Wortlaut hieß das »Torpedo-Spotter-Reconnaissance«. Dieses Flugzeug, von den Besatzungen liebevoll und mit Ironie »stringbag« (Einkaufsnetz) genannt, wegen der vielen Spanndrähte und der vielseitigen Beladung, die man außer der dreiköpfigen Besatzung in dem Flugzeug unterbringen konnte, wurde zum erfolgreichsten Trägerflugzeug der britischen Marine im Zweiten Weltkrieg. Die Swordfish überdauerte wesentlich modernere Spezialkonstruktionen für den Trägereinsatz, die eigentlich zu ihrer Ablösung entwickelt worden waren und stand bis zum letzten Kriegstag im Jahre 1945 im harten Fronteinsatz auf allen Meeren.

Zwar war der Torpedowurf gegen Schiffe die am meisten marinetypische Methode, mit der Trägerflugzeuge in ein Seegefecht eingreifen konnten, aber es war zugleich das schwierigste, aufwendigste und gefährlichste Verfahren.

Die Beladung eines relativ kleinen Trägerflugzeuges mit einem meist 5,3 bis 5,5 m langen und 750 bis 850 kg schweren Flugzeugtorpedo belastete die Maschine stark und schränkte ihre Geschwindigkeit, Reichweite und Wendigkeit erheblich ein.

Zudem war ein Torpedo teuer und empfindlich. Er mußte geradezu »sorgfältig«, bei verringerter Geschwindigkeit und Flughöhe, nicht zu steil und auch nicht zu flach, ins Wasser geworfen werden,

Blick auf den Aufzug des britischen Flugzeugträgers *Furious* mit Aufklärungsflugzeug »Nimrod« mit beigeklappten Flügeln

damit er funktionsfähig blieb. Und um sicher das fahrende Schiff zu treffen, sollte die Abwurfentfernung zum Ziel 400 bis 800 m nicht übersteigen. All dies erforderte von den Torpedofliegern eine gründliche und langwierige Ausbildung sowie viel Mut und Können beim Einsatz. Eine wesentliche Verbesserung der trägergestützten Torpedoflugzeuge und ihrer Torpedos setzte erst im Verlaufe des Krieges ein. Einzige Alternative zum Torpedoeinsatz war der Bombenwurf im Sturzangriff. Im Sturzangriff deshalb, weil es für Flugzeuge, die wie die Trägermaschinen nur eine schwere 500 kg oder zwei mittlere Bomben (250 kg) mitführen konnten, das einzig mögliche Verfahren war, ein fahrendes und Zick-Zack-Kurs steuerndes Schiff, das zudem noch stark bewaffnet und möglicherweise auch gepanzert war, wirkungsvoll zu bombardieren.

Die geforderte hohe Treffsicherheit gegenüber solchen hochbeweglichen und in der Regel gut verteidigten Zielen erforderte einen möglichst senkrechten Sturzflug mit hoher Geschwindigkeit aus einer Anflughöhe um 4000 m bis zu einer Abwurfhöhe von etwa 400 m und weniger.

Dazu eignete sich jedoch kein beliebiges Mehrzweckflugzeug.

Nachdem sich bei taktischen und technischen Erprobungen der 20er und 30er Jahre der Bombenwurf aus dem Sturzangriff als das optimale Verfahren erwiesen hatte, stationäre und mobile

Punktziele treffsicher mit einzeln geworfenen Bomben zu bekämpfen, strebten die Konstrukteure verschiedener Länder danach, spezielle Sturzbomber (Stubo) oder Sturzkampfflugzeuge (Stuka) zu entwickeln.

Eine solche Maschine mußte der höchsten Festigkeitsklasse angehören, denn sie sollte in einem steilen Bahnneigungsflug von 60° bis annähernd 90° in Richtung auf das Ziel zu stürzen, dabei 500 bis 600 km/h erreichen und stabil und steuerfähig bleiben und schließlich ein mehr oder weniger hartes Abfangen aus dem Sturz schadlos überstehen.

Damit ein solcher Sturzflug für die Besatzung nicht, ohne jede gegnerische Abwehr, zur Katastrophe wurde und das Flugzeug in jeder Phase des riskanten

Manövers voll steuerfähig blieb und eine technisch zulässige Geschwindigkeit nicht überschritt, erfanden die Konstrukteure Sturzflugbremsen und Abfangautomatiken.

Diese technischen Einrichtungen sorgten dann, wenn richtig eingestellt, ohne menschliches Zutun dafür, daß der Sturzflug mit gleichbleibender Geschwindigkeit und Bahnneigungswinkel vor sich ging und in einer bestimmten Höhe (bei Ju 87 D Sicherheitsmindesthöhe 450 m) in einer Abfangkurve endete und die Maschine zum Horizontalflug oder Steigflug überging. Beim Abfangen wurden dann regelmäßig positive Beschleunigungswerte von 4 bis 6 g erreicht.

Die Konstruktion solcher Flugzeuge war kompliziert, ihre Erprobung sehr aufwendig, ebenso die Ausbildung der für solche Flugzeuge ausgewählten Besatzungen.

Die Anzahl der »echten« Sturzkampfflugzeuge, die sich auch unter den unerhört harten Bedingungen des Kriegseinsatzes technisch und taktisch bewährten, war gering.

Die Entwicklung und der Bau solcher Flugzeuge gelang auch erst nach dem Übergang zur Eindecker-Ganzmetallbauweise, und zu den bekanntesten Typen zählten hier die Junkers Ju 87 »Stuka«, die Blackburn B.24 »Skua«, die Douglas SBD »Dauntless« und die Aichi

Eine beigeklappte »Martlett« im Lift des britischen Trägers *Illustrious*

Die erste Flugzeugablaufbahn baute Heinkel 1925 für die japanische Marine zur Verwendung von Flugzeugen He (HD) 26

D 3 A »Val«, deren überdurchschnittlich treffsichere Bombenabwürfe großen Schaden anrichteten und vielen Menschen Tod und Vernichtung brachten.

Daneben gab es eine größere Vielfalt an Trägerkampfflugzeugen, die begrenzt sturzflugtauglich waren, d.h., die ihre Bombenlast in flacheren Bahnneigungswinkeln (etwa 40 bis 60°) abwerfen konnten. Mitte der 30er Jahre waren auch die trägergestützten Jagdflugzeuge in ihrer übergroßen Zahl noch Doppeldecker.

Die Ausnahme machten einige französische Hochdeckermaschinen, die aber gegenüber dem Doppel- und Anderthalbdecker keine Verbesserung darstellten.

Jagddoppeldecker waren außerordentlich wendig und, bei Ausrüstung mit einem ausreichend starken Motor, auch sehr steigschnell. Da sich das Flugzeuggewicht auf die Gesamtfläche der doppelten Tragfläche verteilte, ergab sich eine relativ geringe Flächenbelastung je m². Doppeldecker kamen daher auch ohne Starthilfe durch Katapulte aus. Nachteilig war vor allem für die Jagddoppeldecker, daß bei ihnen aufgrund des hohen schädlichen Widerstandes ein Überschreiten der 400-km/h-Grenze kaum möglich war. Der beste europäische Marine-Jagdeinsitzer in Doppeldeckerbauweise war zu dieser Zeit der englische Typ Gloster »Gladiator«, der zwar 1934 seinen Erstflug absolviert hatte, aber erst 1938 als »Sea Gladiator« auf den Flugzeugträgern der Royal Navy erschien.

Als erster englischer Eindecker unter den Trägerflugzeugen kam der Sturzbomber »Skua« erst Ende 1938 in den Truppendienst, beim Jagdzweisitzer Fairey »Fulmar« (Erstflug 09. Februar 1937) dauerte es sogar bis Juni 1940.

Der Entwurf von Trägerflugzeugen stellte die Konstrukteure der betreffenden Flugzeugwerke vor eine Menge von Detailfragen, denen sie bei der Entwicklung der sonst üblichen Maschinen nicht begegneten.

Da die dem vertikalen Transport der Flugzeuge zwischen Hallendeck und Flugdeck dienenden elektrischen oder hydraulischen Aufzüge nur begrenzte Abmessungen und Belastbarkeitsgrenzen hatten, mußte auf die Beschränkung der Flugzeuge hinsichtlich ihrer Abmessungen und Gewichte geachtet werden.

Um im Hallendeck und auf dem Flugdeck die von den Flottentaktikern geforderte Flugzeugbelegung des Trägers unterzubringen, mußten nach hinten oder nach oben klappbare Flügel konstruiert werden, in der Regel dann, wenn die Maschine erheblich über 10 m Spannweite besaß. Der Klapp- oder Faltmechanismus wurde zuerst ausschließlich manuell vom Flugdeckpersonal, später aber auch zunehmend vom Flugzeugführer über elektrische oder hydraulische Mechanik betätigt.

Bei Flugzeugen mit geforderter Sturzflugtauglichkeit mußten diese klapp- oder faltbaren Tragflügel natürlich sturzflugfest gebaut und verriegelbar sein.

Als weitere Erfordernisse beim Entwurf von Trägerflugzeugen traten hohe Widerstandsfestigkeit gegenüber überdurchschnittlicher Startbeschleunigung (bei Katapult- bzw. Schleuderstart), kurze Anlaufstrecke, geringe Landegeschwindigkeit sowie hohe Belastbarkeit durch Stoßkräfte beim Landen hinzu.

Das Fahrwerk sollte möglichst robust und breitspurig sein, um ein seitliches Kippen der Maschine oder ein Wegscheren beim Aufsetzen auf schrägem Deck zu verhindern.

Für die Fahrwerkbeine wurden große Federwege verlangt, ebenso sicherfassende Bremsen.

Katapultbeschläge nahmen die Beschleunigungskräfte einer Schleuder bzw. eines Katapults auf und übertrugen sie auf die tragenden Verbände der Flugzeugkonstruktion.

Ähnliche Beschläge verbanden den absenk- oder ausfahrbaren Fanghaken mit den tragenden Konstruktionsteilen der Maschine, damit es bei der mehr oder weniger gewaltsamen Abbremsung des Landevorganges keinen Schaden nahm. Auf jeden Fall mußte die einlandende Maschine auf eine mittlere Entfernung vom 25 bis 35 m zum Stillstand gebracht werden. Das wurde immer schwieriger, je höher Landegeschwindigkeit und -gewicht anwuchsen.

Für die Sitzposition des Flugzeugführers wurde gefordert, daß er ein weitgehend freies Sichtfeld hatte. Dies war gerade in der Anflugphase zur geforderten Dreipunktlandung auf dem hinteren Flugdeck dringend erforderlich, aber wegen des überwiegend verwendeten Sternmotors nicht leicht umzusetzen.

Schwimmzellen in Rumpf und Tragflächen zählten schließlich ebenso zur Ausrüstung von Trägerflugzeugen wie vergrößerte Kraftstoffbehälter, Funkgeräte, erweiterte Blindfluginstrumentierung sowie die obligatorische Seenotausrüstung mit Schlauchboot und allem erforderlichen Zubehör zur Sicherung des Überlebens bei Notlandungen auf See.

Dies alles zusammengenommen läßt erkennen, daß nicht jedes für normale Einsatzbedingungen an Land konstruierte Flugzeug für den Einsatz auf dem Trägerdeck geeignet war.

Es überraschte daher, daß dies doch immer wieder versucht wurde. Erklärlich wird es lediglich durch den Druck, den der im September 1939 ausbrechende Krieg auszuüben begann. Viele bis dahin durch schlampige Planung, schlechte Organisation, abenteuerliche Fehleinschätzung der Lage und bürokratische Hemmnisse immer wieder verzögerte Aufträge mußten nun beschleunigt oder wegen zu langer Entwicklungszeit abgesetzt werden. Und so kamen Flugzeuge an Bord der Flugzeugträger, deren Konstrukteure nie an eine solche Verwendung gedacht hatten. Vor allem betraf dies die Jagdflugzeuge, die gerade für die in den europäischen Küstengewässern operierenden Flottenverbände angesichts einer rasch tödlich werdenden Bedrohung aus der Luft zum lebenswichtigen Faktor wurden.

Die Engländer machten in dieser Lage ab 1941 als Notlösung aus den Standardjagdflugzeugen der Royal Air Force die »Sea Hurricane« (Einsatz ab Juni 1942) und »Seafire« (Einsatz ebenfalls ab Juni 1942).

Zuvor mußten Lend-Lease-Lieferungen der USA mit Grumman F 4 F »Wildcat« (bei den Engländern »Martlet«) über die schwere Zeit des akuten Mangels an Trägerjagdflugzeugen hinweghelfen.

Britische Trägerflugzeuge 1939/40				
Typ	Jagdflugzeug	Jagdflugzeug	Sturzbomber	Torpedoflugzeug
	Gloster Sea Gladiator	Fairey Fulmar	Blackburn Skua	Fairey Swordfish
Triebwerk	Bristol Mercury VIII	Rolls Royce Merlin VIII	Bristol Perseus XII	Bristol Pegasus III
Leistung kW	618	794	666	570
PS	840	1.080	905	775
Spannweite m	9,85	14,14	14,07	13,87
geklappt m	–	5,40	4,90	5,26
Länge m	8,36	12,27	10,86	11,00
Flügelfläche m^2	30,00	31,7	28,90	56,30
Leergewicht kg	1.702	3.140	2.500	2.364
Startgewicht kg	2.177	4.384	3.740	3.945
maximal	2.463	4.444	4.000	4.205
Höchstgeschwindigkeit km/h	385	415	370	225
in m Höhe	4.500	2.200	2.000	1.500
Reisegeschwindigkeit km/h	280–300	310–385	230–285	180–220
Steiggeschwindigkeit m/s	11,7	6,2	4,8	5,0
Gipfelhöhe m	9.700	6.900	6.260	3.800
Reichweite km	690	1.350	1.225	870–1.675
Flugdauer h	1,5–2	4–5	4 –5	3 – 5,5
Bewaffnung mm	4 x 7,7	9 x 7,7	5 x 7,7	2 x 7,7
Besatzung	1	2	2	2–3
Bomben kg	–	227	227	227–800
Erstflug	12.09.1934	05.05.1938	09.02.1937	17.04.1934
Truppendienst	ab 1938 (Marine)	ab 1940	ab 1939	ab 1936

Die deutschen Trägerflugzeuge 1925 bis 1942

Theorie für Deutschland – Praxis für Japan

Der Bau deutscher Flugzeuge, deren Konstruktion und Erprobung wichtige Erfahrungen und Erkenntnisse vermittelten für die Entwicklung eigenständiger Trägerflugzeuge, begann 1925. Da die Verbotsbestimmungen des Versailler Vertrages für die noch bestehenden Teile der deutschen Luftfahrtindustrie die unerträgliche Lage schufen, im Inland keine Luftfahrzeuge bauen zu dürfen, die dem aktuellen Entwicklungsstand der Technik entsprachen und im Ausland konkurrenz- und verkaufsfähig waren, sahen sich namhafte Firmen und Konstrukteure ab 1920/21 veranlaßt, ins Ausland auszuweichen und sich dort vorübergehend niederzulassen.

Nur so war es möglich, frei von Einschränkungen und Zwangsbestimmungen die Entwicklung und Fertigung wettbewerbsfähiger Muster zu betreiben. Zu diesen Unternehmen und Einzelpersonen gehörten, wahrscheinlich nicht ganz zufällig, gerade diejenigen, die bis 1918 eine wesentliche Rolle für die technische Entwicklung der deutschen Marinefliegerei spielten.

Im Inland verblieben unter anderem zwei Flugzeughersteller, die beide in Warnemünde bei Rostock ansässig waren. Unter dem Schleier einer mehr oder weniger gelungenen Geheimhaltung entwickelten und bauten sie Flugzeuge für die verschiedensten Auftraggeber oder auch auf eigene Rechnung, um auf sich aufmerksam zu machen und Auftraggeber zu finden.

Für die Reichsmarine war wichtig, daß sich die Konstrukteure von Heinkel und von Arado, denn um diese beiden Firmen handelte es sich, mit der Entwicklung schiffsgestützter Marineflugzeuge beschäftigten.

Ernst Heinkel war während des Ersten Weltkrieges einer der Hauptlieferanten der deutschen und der österreichisch-ungarischen Marineflieger. 1921/22 arbeitete er als Chefkonstrukteur bei der Firma Caspar in Travemünde. Aber

lung von Startvorgängen unter gleichbleibenden Abflugbedingungen zu liefern.«

Wie heute bekannt ist, verlief diese Entwicklung etwas anders als wie es damals dargestellt werden konnte.

Heinkel erhielt Anfang 1925 vom Marineattaché Japans den Auftrag, eine stählerne Ablaufbahn von rund 21 m Länge zu konstruieren, von der die Bordflugzeuge mit eigener Kraft unter Benutzung eines kleinen Startwagens abfliegen konnten.

für die Startbahn geeignete Musterflugzeuge in jeweils zwei Exemplaren ein. Daraufhin baute Heinkel die Typen He (HD) 25 und He (HD) 26 mit den Werksnummern 222 bis 225.

Es waren zwei Doppeldecker in Gemischtbauweise mit leicht demontierbaren Tragflächen und Holzschwimmern. Bei den HD 25 handelte es sich um Aufklärungs-Zweisitzer mit Napier-Motoren »Lion« von 450 PS (331 kW) Leistung, während die HD 26-Jagdeinsitzer, gleichfalls in Gemischtbauweise, mit Hispano-Suiza-Motoren von 300 PS (220 kW) ausgerüstet waren.

He 23 mit abwerfbarem Fahrgestell und gekielter Rumpfunterseite

schon 1923 machte er sich selbständig und zog nach Warnemünde um, wo er sich in der Halle III des ehemaligen Seeflugzeugversuchskommandos der kaiserlichen Marine einrichtete.

Heinkel war einer der ersten deutschen Konstrukteure, der den Bau von Startanlagen auf Kriegsschiffen und von Bordflugzeugen als neue Aufgabe verstand, die er ohne Zögern im In- und Ausland in Angriff nahm. Er schuf wichtige Voraussetzungen für eine neue deutsche Marinefliegerei.

In einer Veröffentlichung der Ernst Heinkel-Flugzeugwerke GmbH Warnemünde vom 01. Dezember 1932 heißt es zu den ersten Schritten auf diesem Wege: »Eingeleitet wurden die diesbezüglichen Arbeiten durch den Entwurf eines Zweischwimmer-Bordstarters He 26 (mit Hispano Suiza-Motor von 300 PS/200 kW Leistung) im Jahre 1925. Dieser Einsitzer sollte in der Lage sein, mit eigener Motorkraft von einer künstlichen Heinkel'schen Startbahn zu starten und dadurch Werte für die Beurtei-

Die Japaner wollten Startbahnen dieser Art auf ihren Schlachtschiffen installieren, um auf diese Art und Weise Flugzeuge zur Aufklärung und zur Feuerkorrektur der Schiffsartillerie einzusetzen. Untersucht werden sollte auch die Mitführung von Jagdflugzeugen zur Abwehr gegnerischer Bomben- und Torpedoflugzeuge.

Vom Prinzip her war eine solche Ablaufbahn eine Vorstufe zum Katapult (in Deutschland lange Zeit als Schleuder bezeichnet). Der wesentliche Unterschied bestand darin, daß von der Ablaufbahn das Flugzeug allein durch seine volle Motorkraft starten mußte, während es beim Katapult durch eine Beschleunigungseinrichtung zusätzlichen Vortrieb erhielt.

Der Auftrag der japanischen Marine schloß die Entwicklung von zwei Typen

Die Erprobung beider Typen auf der Ablaufbahn verlief am Breitling-Ufer erfolgreich, sobald ein ausreichend starker Wind entgegen der Startrichtung wehte (an Bord wurde der den Start erleichternde Wind durch das fahrende Schiff erzeugt).

Die japanische Marine erwarb die Nachbaurechte für die Startbahn ebenso wie für die beiden Flugzeugtypen, deren Reihenbau bei der Firma Aichi erfolgte. Eine der Startbahnen wurde, auf dem vorderen Geschützturm des Schlachtschiffs *Nagato* montiert, womit eine Entwicklung wie in der britischen, französischen und amerikanischen Marine beschritten wurde.

Diesen Mustern folgte dann 1926 ein weiterer Versuchstyp, es war der als Radflugzeug ausgebildete Bordstarter He 23. Dieses einsitzige Flugzeug wurde als Doppeldecker in der bewährten Heinkel'schen einstieligen Bauart ausgeführt und erhielt einen ganz mit Sperrholz beplankten Rumpf. Die Anforderungen waren außerordentlich hochgeschraubt, besonders hinsichtlich der Leistungen. Der Entwurf sah vor, daß das Flugzeug auf einer Startbahn von 10 m Länge bei einem Gegenwind von 20 Seemeilen (d.h. 37,04 km/h = 10,3 m/s) abfliegen konnte. Das Flugzeug hatte ein abwerfbares Fahrgestell und war durch besondere Ausbildung von Rumpf und Tragwerk bei einer Notlandung auf See schwimmfähig. Die Maschine erfüllte mit BMW-VI-Motor (Höchstleistung 750 PS/552 kW) die gestellten Anforderungen glänzend und unterschritt die Startlänge noch um 10 %. Sie bildete soweit eine gute Grundlage für die weiteren Entwürfe für noch höhere Geschwindigkeits- und Steigleistungen.

Als technische Neuerungen hatte dieser Flugzeugtyp, von dem nur das Musterflugzeug mit der Werksnummer 257 gebaut wurde, außer der flugbootartigen Gestaltung der Rumpfunterseite Störklappen an der Vorderkante der Tragflächen, die beim Ausfahren die Strömung abreißen ließen und beim Landeanflug die Ausschwebestrecke auf 130 m verkürzten.

Außerdem war für den Fall einer Notlandung im Wasser und an Bord die Luftschraube im Flug in horizontaler Stellung arretierbar.

Die He 23 war für die damalige Zeit eine interessante Entwicklung für den Trägereinsatz, mit der Heinkel erheblich über die von der Reichsmarine praktisch nutzbare Grenze hinausging.

Da sie für den inländischen Bedarf nicht angeschafft werden konnte, wurde sie an die japanische Flugzeugfirma Aichi verkauft.

Da die Verbotsbestimmugen des Versailler Vertrages Deutschland noch immer die Unterhaltung von Marinefliegern und den Bau entsprechender Flugzeuge untersagten, wurden die ersten Entwicklungsschritte bei Heinkel gut getarnt getan.

Das erste deutsche Marinejagdflugzeug He 38

Für Heinkel und die deutsche Marine war es außerordentlich wichtig, mit der He 25, He 26 und He 23 erste eigene Erfahrungen sammeln zu können, die später, nach einer Lockerung der Versailler Verbotsbestimmungen, zur Grundlage des Wiederaufbaus deutscher Marineflieger genommen werden konnten.

Nach einer Zwischenentwicklung mit den Versuchstypen He 37 und He 43 mit nur unbedeutenden Veränderungen wurde das Jagdflugzeug He 38 eine völlige Neukonstruktion. Es entstand bereits als Auftragserteilung der Reichsmarine, aber noch immer unter mehr oder weniger strenger Geheimhaltung. Die He 38 war das erste deutsche Marinejagdflugzeug, daß nach dem Ersten Weltkrieg entstand. Im Interesse eines vertretbaren Kostenaufwandes wurde dieses Flugzeug so entwickelt, daß es als Schwimmerflugzeug in der Rolle als Küstenjagdflugzeug, aber auch als katapultfähiger Bordjäger von Schiffen aus eingesetzt werden konnte, während es als Radflugzeug für küstennahe Landflugplätze ebenso wie für Flugzeugträger geeignet war.

In den Heinkel-Werksmitteilungen hieß es dazu:

»Bei der He 38 war gleichzeitig Brauchbarkeit für See- und Landverwendung bei beiden Wandlungsformen zu verbinden. Das Gesamtbild des für Beschleunigungsmessungen, Höhenforschung und ähnliche Zwecke bestimmten Versuchsdoppeldeckers He 37 (1928) wurde beibehalten. Der Rumpf wurde aber zur Aufnahme der Katapultkräfte neu und wesentlich verstärkt entworfen und das gegeneinander austauschbare Land- und Seerollwerk mit Heinkel'schen Katapultstreben versehen. Um die hierbei nicht zu vermeidende Erhöhung des Leergewichts (von 1267 kg auf 1445 kg als Rad- und auf 1585 kg als Schwimmerflugzeug) auszugleichen, wurde die tragende Fläche von 26,71 m² auf 30,15 m² vergrößert, indem ein dem Oberflügel gleicher Unterflügel vorgesehen wurde. Die Leistungen der He 38 waren infolge-

dessen bei gleichem Motor BMW VI etwas geringer als die der He 37 bzw. He 43 ...«

Die Leistungen der He 38 wurden von den Fachleuten der E-Stelle See als gut eingeschätzt, natürlich unter Beachtung der damaligen Technik und der Maßgabe, daß die Bestimmungen des Versailler Vertrages die Entwicklung der Marineflugzeuge doch erheblich, vor allen hinsichtlich des Motorenbaus, gegenüber dem Ausland beeinträchtigt haben.

Die He 38 war als erster deutscher Jagdeinsitzer für einen geplanten Flugzeugträgereinsatz mit einem voll betriebsfähigen Bord-Bord- bzw. Bord-Boden-Funksprechgerät der Firma Lorenz ausgerüstet, das unter Regie der Marine entwickelt und in Travemünde ausgiebig erprobt worden ist.

Nach verschiedenen Verbesserungen wurde der Flugzeugtyp als He 38 b und 38 c mit der Aussicht auf Export nach China und Japan sowie auf eine begrenzte Inlandverwendung in kleiner Serie bei Heinkel sowie bei den Firmen Focke-Wulf in Bremen und Arado in Warnemünde in Lizenz gebaut.

1933/34 wurde die He 38 im Rahmen des Luftrüstungsprogramms für die Reichsmarine geliefert.

Zwölf Flugzeuge dieses Typs bildeten so die Erstausstattung der am 27. April 1934 aufgestellten Marinestaffel J, aus der später die erste Staffel der Küstenjagdfliegergruppe 136 entstand. In dieser Gruppe kamen auch 14 Marinejagdflugzeuge He 51 B auf Schwimmern zum Einsatz.

Ein Teil des Personals ging 1938 bei Aufstellung der Trägergruppe 186 in die erste Jagdstaffel über, die für die Einschiffung auf der *Graf Zeppelin* vorgesehen war.

Die Konkurrenz der Arado-Flugzeugwerke

Die ab 1925 ebenfalls in Warnemünde ansässige Firma Arado Handels GmbH (ab 1933 unter der Bezeichnung Arado-Flugzeugwerke bekannt) hatte in Kon-

He 38 – das erste deutsche Trägerjagdflugzeug

stelle von 380 PS/279 kW) eingehenden Erprobungen unterzogen. Sie wurden Ende 1932 in der E-Stelle Travemünde vorgestellt.

Die deutschen Marineflieger hielten die verbesserte He 50 im Gegensatz zu den Vertretern der getarnten Luftwaffe für ein Flugzeug, das für die Erprobung im Sturzangriff geeignet sei. In Travemünde erfolgte deshalb zunächst bevorzugt die Sturzbombererprobung und erst zu einem späteren Zeitpunkt die trägergemäße Erprobung mit Katapulten und Bremsseilanlage.

Zunächst konnte die He 50 jedoch ins Ausland verkauft werden. Die japanische Marine erwarb das verbesserte Musterflugzeug und gab bei der Firma Aichi zwei Serien unter der Bezeichnung D1 A in Auftrag.

Außerdem verkaufte Heinkel das Flugzeug nach geringfügigen Veränderungen als He 66 Mitte 1934 nach China. Im Frühjahr 1933 wurden die ersten beiden Prototypen in die deutsche Luftfahrzeug-Rolle eingetragen und trugen danach offiziell Kennungen (Werksnummer 406 als D-2326; Werksnummer 408 als D-2471). Die V-1 trug ab 1934 die Kennung D-ISIH und erwies sich als besonders langlebig: Sie flog noch während des Krieges als TH + TJ Trägererprobungen in Travemünde.

Als für den beschleunigten Aufbau der Luftwaffe Flugzeuge in der Kategorie

kurrenz zur He 38 ihr Marinejagdflugzeug SSD-I entwickelt, das für eine analoge Verwendung an der Küste und auf Schiffen vorgesehen und gleichfalls katapultfähig war. In der Schwimmerausführung war die SSD-I eines der wenigen deutschen Seeflugzeuge mit Zentralschwimmeranordnung. Bei den vergleichenden Erprobungen in Travemünde unterlag das Arado-Flugzeug der He 38 und wurde von der Marine für die Beschaffung nicht weiter in Betracht gezogen.

gen Doppeldeckers auf Schwimmern, der eine Bombenlast von 250 bis 500 kg tragen konnte. Mitte 1931 war der Prototyp fertig, erreichte aber mangels eines ausreichend starken Motors nicht die geforderten Leistungen und machte schließlich auf dem Breitling bei Warnemünde eine Bruchlandung. Eine zweite und schließlich auch eine dritte Maschine des nun He 50 L genannten Typs wurden mit Radfahrwerk ausgerüstet und mit wesentlich gesteigerter Motorenleistung (490 PS bzw. 360 kW an-

Heinkel setzt sich durch

Es war auf die Geschäftsverbindungen Heinkels zur japanischen Marine zurückzuführen, daß auch das erste in Serienproduktion gefertigte deutsche Marinesturzkampfflugzeug in dieser Zeit unter Ausschluß der Öffentlichkeit gebaut und erprobt werden konnte.

Die Firma stand zu Beginn der 30er Jahre in Verhandlungen mit der japanischen Marine und mit japanischen Flugzeugwerken, die Heinkel-Flugzeuge für die Marine Nippons in Lizenz bauen wollten.

Heinkel erhielt den Auftrag zur Entwicklung eines einmotorigen zweitieli-

He 50 – das erste deutsche Sturzkampfträgerflugzeug (Zeichnung)

»Schwerer Jäger und Sturzbomber« benötigt wurden, machte Heinkel mit seiner He 50 ein für die damalige Zeit angemessenes Geschäft.

Anfang 1935 lief im neuen Heinkel-Werk in Rostock-Marienehe der Serienbau an, denn nach dem Luftrüstungsprogramm vom 01. Juli 1934 waren bis zum 30. September 1935 immerhin 50 Stück He 50 zu beschaffen. Flugzeuge dieses Typs waren in der Grundausstattung einiger Jagdgeschwader (z.B. JG 132 in Döberitz) ebenso zu finden wie bei einigen der ersten Stuka-Gruppen.

Zwischen Marine und Luftwaffe

Nach dem raschen Übergang zu moderneren Typen flogen He 50 in verschiedenen Flugzeugführer- und Fliegerwaffenschulen sowie Erprobungsstellen.

Die aus der Marinefliegerei hervorgegangene Trägergruppe 186 setzte den Typ zur Schulung ihrer Stuka-Piloten ein. Eine größere Zahl der He 50 trug die Bezeichnung T-1 und T-2 und war speziell für die Schulung und Einweisung von Flugzeugführern bestimmt, die an Bord der geplanten Flugzeugträger eingesetzt werden sollten.

Ein Schreiben der Luftwaffeninspektion (L.In.) 8, die für den Bereich der Seeluftstreitkräfte zuständig war, verzeichnete unter dem Datum 10. Oktober 1940 den Bestand von 30 Maschinen He 50 T-1 und T-2, die als Träger-Schul- und Übungsflugzeuge eingelagert waren.

Die zunehmende Luftkriegstätigkeit über der Deutschen Bucht bewog die Seekriegsleitung unter Einschaltung der Seefliegerinspektion L.In.8 für 18 der vorhandenen He 50 eine vorgeschobene Stationierung auf der Insel Helgoland zu fordern, um von dort aus im verstärkten Maße Sicherungs- und Aufklärungsflüge durchzuführen.

Die verbleibenden zwölf He 50 sollten zur Wiederaufnahme der Ausbildungstätigkeit für die Trägerstaffeln der *Graf Zeppelin* bereitgehalten bleiben.

In der Endphase des Krieges, als von deutscher Seite alle Kräfte mobilisiert wurden, erinnerte man sich auch der letzten noch verbliebenen He 50, ganz

gleich welcher Baureihe sie entstammten.

Im Oktober 1944 wurde im Baltikum die Nachtschlachtgruppe 11 formiert, von der mindestens eine Staffel zwölf He 50 erhielt.

In einem Schreiben vom 20. Januar 1936 unterrichtete das OKM das Flottenkommando als die künftige vorgesetzte Marinedienststelle für Flugzeugträger und Trägerstaffeln über eine am 11. Januar zusammen mit dem für die Beschaffung der Flugzeuge verantwortlichen Technischen Amt des Reichsluftfahrtministeriums getroffene Vereinbarung, in der es um abgeänderte Verwendungsrichtlinien, Typenfestlegungen u.a. Details der Trägerflugzeuge gegangen war.

Demzufolge hatte die Marine gegenüber der Luftwaffe ihre bisher erhobenen Forderungen nach speziellen trägergestützten Aufklärungsflugzeugen aufgegeben und zugestimmt, daß diese Aufgabe den zu entwickelnden Träger-Mehrzweck-Flugzeugen übertragen wird. Aus diesem Grunde wurde von diesen nun eine Mindestreichweite von 650 km (mit Bomben- und Torpedolast) bzw. von 1200 km als Aufklärer mit Zusatzkraftstoffbehälter verlangt.

Außerdem verzichtete die Marine auf die bislang erhobene Forderung nach der Kombination Sturzbomber/Jagdeinsitzer bei einem Flugzeug und stornierte die getrennte Entwicklung spezieller Sturzkampf- und Jagdflugzeuge für die geplanten Flugzeugträger.

Es wurde vielmehr auf Drängen der Luftwaffe vereinbart, die für den Trägereinsatz erforderlichen Maschinen beider Gattungen aus den für die Luftwaffe entwickelten und gebauten Standardmustern abzuleiten.

Als Endziel sollte aber, eine Jahreszahl wurde nicht genannt, und in dieser Hinsicht hatte das Technische Amt des RLM der Marine sogar zugestimmt, der expandierenden Flugzeugindustrie die Entwicklung spezieller Trägerflugzeuge zur Aufgabe gemacht werden.

Mit gleichem Datum wurde dem Flottenkommando eine Dreistufenplanung

für die Aufstellung der Trägerstaffeln für den Flugzeugträger *A* zur Kenntnis gegeben. Danach sollten die nach der Planung von 1936 aufzustellenden Trägerstaffeln bis zum 01. Januar 1939 als Führungsgliederung, bis zum 01. April 1939 mit halber Stärke und bis zum 01. Oktober 1939 im vollen Bestand formiert werden. Diese Terminstellung ging von einer Indienststellung des Flugzeugträgers *A* im April 1939 aus.

Parallel zu den Entwurfsarbeiten für die Flugzeugträger *A* und *B* liefen Untersuchungen über die in Auftrag zu gebenden Trägerflugzeuge. Nach Auswertung der Studienreisen nach England und Japan entschied sich die Kriegsmarine mit Zustimmung des RLM für drei Kategorien Trägerflugzeuge:

● Träger-Jagdflugzeuge (Einsitzer)
● Träger-Sturzkampfflugzeuge (mit einer 500-kg-Bombe)
● Träger-Mehrzweck-Flugzeuge (in erster Linie bestimmt für den Torpedoeinsatz und als Aufklärer)

Für die wichtigsten Aufgaben der Ausbildung und Schulung sollten zunächst die vorhandenen Heinkel-Doppeldecker He 50, mit Ausrüstung für den Trägereinsatz versehen (T-1 und T-2), verwendet werden.

Über die Beschaffung eines modernen Schul- und Ausbildungsflugzeuges wollte man zu einem späteren Zeitpunkt entscheiden.

In der Tat ist die Entscheidung auch getroffen worden. Nachdem sich herausgestellt hatte, daß das 1936 von Arado herausgebrachte moderne Übungsflugzeug Ar 96 A zur stärkeren B-Baureihe weiterentwickelt werden kann, wurde aus dieser durch entsprechende Umbauten (Fanghaken, Katapultbeschläge, Schwimmzellen u.a.) die Version Ar 96 T abgeleitet.

Wettlauf zwischen Arado und Fieseler

Ende 1936 vergab das Technische Amt des RLM an zwei Flugzeugwerke Aufträge zur Entwicklung von Träger-Mehrzweck-Flugzeugen:

Arado Ar 197 A-0 beim Katapultstart in Travemünde im Juni 1940

An die Arado-Flugzeugwerke GmbH in Potsdam-Babelsberg mit Zweigwerken in Warnemünde und Brandenburg/Havel und an die Gerhard Fieseler-Werke GmbH in Kassel.

Bei dieser Wahl hat wohl eine Rolle gespielt, daß Arado für die Entwicklung von Marineflugzeugen schon einen guten Namen hatte und daß Gerhard Fieseler für den Bau von wendigen Maschinen mit Kurzstart- und Kurzlandeeigenschaften bereits bekannt war.

Auch waren beide Firmen in die Luftrüstung noch nicht in einem so hohen Maße eingespannt wie das bei anderen Werken (z.B. bei Heinkel) der Fall war. Außerdem drängte das Technische Amt auf eine verbindliche Spezialisierung der deutschen Flugzeugwerke und hatte die Heinkel-Werke auf den Bau von Bombenflugzeugen (He 111 und He 177) festgelegt.

Die Vorgaben des Technischen Amtes an die Konstrukteure lauteten verkürzt:

Fieseler 167 A-0 – das deutsche Träger-Mehrzweckflugzeug

Entwicklung eines zweisitzigen Doppeldeckers nach vorgegebenen Abmessungen und Gewichten für den Trägereinsatz, versehen mit Fanghaken, aber ohne Katapultfähigkeit, einsetzbar als Torpedoflugzeug, Aufklärer, Horizontalbomber und Nebelleger.

Daraufhin konstruierten die Arado-Werke 1937 das Mehrzweckflugzeug Ar 195. Unter Verwendung der Erkenntnisse aus dem Bau eines Vorgängertyps, Ar 95, der in einer Rad- und in einer Schwimmerversion gebaut worden war aber nicht den Vorstellungen des RLM entsprochen hatte, entstand ein wuchtiger und robuster Doppeldecker in Gemischtbauweise.

Die Ar 195 war in vielen Details besonders auf die Bedingungen des Trägereinsatzes zugeschnitten. So war der Sitz des Flugzeugführers unmittelbar hinter dem Motor noch vor den Tragflächen und recht hoch angeordnet, damit der Pilot beim schwierigen Start- und Landevorgang gute Sichtverhältnisse nach vorn unten hatte.

Der Beobachter (zugleich Funker und Bordschütze) saß wie gewöhnlich bei den zweisitzigen Flugzeugen jener Zeit in der verglasten Kabine hinter dem Flugzeugführer und bediente entweder Navigationsmittel, Funkgerät oder das bewegliche Maschinengewehr. Ober- und Unterflügel konnten nach hinten an den Rumpf geklappt werden, womit die geforderte Parkbreite von etwa 5,50 m erreicht wurde.

Durch den weitgehenden Verzicht auf Streben und Spannkabel war der ungünstige Luftwiderstand des Doppeldeckers nicht so hoch wie bei vergleichbaren Konstruktionen des In- und Auslandes.

Wegen der zu erwartenden hohen Stoßbelastungen bei Deckslandungen war das Fahrwerk sehr robust gestaltet worden. Die Federbeine hatten eine zusätzliche Strebe. Zur Vermeidung eines Überschlags bei einer Notlandung auf See war das Fahrwerk abwerfbar konstruiert.

Das Leitwerk war von einer Konstruktion, wie sie seit dem Jagdeinsitzer Ar 79

131

aus dem Jahre 1932 für Arado-Flugzeuge typisch geworden war.

Bei dieser Bauart war das Seitenleitwerk gegenüber dem Höhenleitwerk vorverlegt angeordnet. Dies verminderte beim Trudeln die gegenseitige Abdeckung der Ruder, und sie blieben auch bei diesem gefährlichen Flugzustand, bei dem ein Flugzeug leicht außer Kontrolle geraten kann, wirksam.

Die bestellten drei Versuchsmuster V 1 bis V 3 (Werksnummern 2439 bis 2441) wurden 1938 fertiggestellt und eingeflogen.

Als sich beim Vergleichsfliegen mit dem Konkurrenztyp von Fieseler eine deutliche Unterlegenheit der Ar 195 ergab, verzichtete man auf den Serienauftrag. Die drei gebauten Maschinen wurden im weiteren zu verschiedenen Erprobungen verwendet.

Als Konkurrenzentwicklung der Fieseler-Werke im Ausschreiben um das Träger-Mehrzweck-Flugzeug entstand die Fi 167.

Wie die Ar 195 war auch dieses Flugzeug ein zweisitziger Doppeldecker mit nach hinten an den Rumpf klappbaren Ober- und Unterflügeln, mit verkleidetem, abwerfbarem Fahrwerk, Schwimmzellen im Unterflügel und geeignet für den Freistart vom Flugdeck (d.h. ohne Katapulthilfe abflugfähig).

Rein äußerlich zeigte aber die Fieseler-Konstruktion eine wesentlich modernere Linienführung des Rumpfes, ein Eindruck, der durch die Verwendung eines Daimler-Benz-Reihenmotors verstärkt wurde.

Außerdem wurde die Fi 167 in Ganzmetallbauweise hergestellt. Über die gesamte Spannweite der oberen und unteren Tragfläche hatte sie zudem selbsttätige Vorflügel zur Erzielung von guten Kurzstart- und Kurzlandeeigenschaften, eine Besonderheit, die sie mit der berühmten Fi 156 »Storch« gemeinsam hatte. Spaltwölbungsklappen an den Unterflügeln dienten als zusätzliche Landehilfen.

Die Ausrüstung mit Fanghaken und Federbeinen mit extrem großem Federweg war obligatorisch.

Die drei bestellten Prototypen V 1 bis V 3 mit den Werksnummern 2501 bis 2503 wurden 1938 gebaut und zur Flugerprobung freigegeben.

Die V 2 erschien bereits im August 1938 zur Erprobung in der Bremsseil-Windenanlage in Travemünde.

Nachdem der Fi 167 bei der Absolvierung des Erprobungsprogrammes hervorragende Eigenschaften bescheinigt worden waren und die Konkurrenz ausgeschieden war, erteilte das Technische Amt dem Herstellerwerk den Bauauftrag für zwölf Vorserienmaschinen. Es gehörte damals zur Regel, bei Neukonstruktionen mit einer Anzahl sogenannter Null-Maschinen eine erweiterte Erprobung durchzuführen, ehe über eine Serienherstellung des neuen Flugzeugtyps entschieden wurde.

Es lag letztendlich an der zunächst verzögerten und schließlich gestoppten Fertigstellung des Flugzeugträgers Graf Zeppelin, daß der Bau der Nullserie der Fi 167 keiner Dringlichkeitsstufe zugeordnet wurde und praktisch nebenbei erfolgte. So wurde das Flugzeug A-01 (Werksnummer 167.005) erst am 22. Mai 1940 vom Flugzeugführer Riedinger eingeflogen.

Ungeachtet dessen war die Fi 167 aber zunächst als ein Haupttyp der trägergestützten Seeluftstreitkräfte vorgesehen. Im Rahmen der am 04. April 1939 befohlenen, bis zum 01. November 1939 und danach aufzustellenden und umzuformierenden Staffeln der Seeluftstreitkräfte sollten sechs Trägerstaffeln mit Mehrzweckflugzeugen des Typs Fi 167 ausgerüstet werden.

Der Anfang war danach mit den Staffeln 1./186 und 2./186 zu machen, die zum 01. November 1939 in Bremerhaven zunächst mit Ju 87 aufzustellen waren. Im Zuge einer Umstellung bei den Staffeln sollten sie bis zum 01. November 1940 im Austausch gegen die Ju 87 neue Fi 167 übernehmen.

Die am 01. November 1939 mit Me 109 aufzustellende Trägerjagdstaffel 5./186 sollte bis zum 01. November 1941 in eine Träger-Mehrzweckstaffel umgebildet und mit Fi 167 ausgerüstet werden. Im Zuge

der Neuformierung des Trägergeschwaders 286 (Wilhelmshaven) für den Flugzeugträger B bis zum 01. November 1941 sollten von Beginn an die Träger-Mehrzweckstaffeln 1. bis 3./286 den Flugzeugtyp Fi 167 erhalten.

Bei einer Normstärke einer Mz-Staffel von zwölf Einsatzmaschinen und sechs Flugzeugen Reserve (die im zuständigen Luftpark einzulagern waren) hätte dies einen Mindestauftrag über 108 Fi 167 bedeutet.

Diese Planung des Jahres 1939 war aber schon ein Jahr später null und nichtig, da die Seekriegsleitung die Fertigstellung von Graf Zeppelin stoppte und das Schwesterschiff zum Abbruch freigab.

Es sprach letztendlich für den Flugzeugtyp Fi 167 und seine Schöpfer, daß in der von der Seekriegsleitung erbetenen Bestandsmeldung des Generalquartiermeisters der Luftwaffe vom 31. Dezember 1941, trotz anhaltender und verschärfter Erprobungstätigkeit, noch immer zwölf Fi 167 einsatzbereit zur Verfügung gestanden hätten, wenn ihre Bereitstellung für Graf Zeppelin befohlen worden wäre. Auch als daraus nichts wurde und die Luftwaffenführung entschied, die Flugzeugausstattung von Graf Zeppelin und aller weiteren (damals noch geplanten!) Flugzeugträger und Hilfsflugzeugträger ausschließlich mit den beiden Typen Me 109 und Ju 87 zu bestreiten, wurde die Erprobungstätigkeit mit den Fieseler-Maschinen, vor allem in Travemünde, fortgesetzt.

Einige Fi 167 sind auch 1943 noch bei verschiedenen Erprobungsstellen verwendet worden, während der größere Teil (etwa neun) vermutlich nach Rumänien verkauft wurde.

In letzter Zeit ist bekannt geworden, daß sich auch die italienische Luftwaffe für die zwölf Fi 167 interessiert hat, als ab 1941/42 Pläne entstanden, in Italien schiffsgestützte Fliegerkräfte aufzustellen.

Die Fieseler-Maschinen waren als erste Ausrüstungsquote für den Träger Aquila vorgesehen, für den auch ein Teil der flugtechnischen Anlage des abgebrochenen Flugzeugträgers B gekauft wurde.

Die Ausbildung der Flugzeugführer sollte an der Fliegerschule Perugia/S. Egidio (Velivoli Imbarcati) mit sechs zu beschaffenden Arado Ar 96 B 2 erfolgen. Die Entwicklung in Italien im Sommer und Herbst 1943, die zum Sturz der Mussolini-Regierung führte, zog auch den Abbruch dieser Planung nach sich.

Fast parallel zum Träger-Mehrzweck-Flugzeug Ar 195 hatte die Firma Arado vom Technischen Amt des RLM auch den Auftrag zur Entwicklung eines Träger-Jagdeinsitzers erhalten. In einer Aufstellung der für den Flugzeugträger *A* vorgesehenen Trägerflugzeuge, die am 15. Juli 1937 der Bauwerft und dem Baustab K 252 zugeleitet wurde, wurden als zu erwartende Träger-Jagdflugzeuge die Typen Ar 197 und Bf 109 (ab August 1938 Me 109) genannt.

Auf den ersten Blick mag das Nebeneinander so unterschiedlicher Jagdflugzeugmuster verwundern. Ursächlich dafür wird wohl die Schwierigkeit gewesen sein, sich zu einem Zeitpunkt für den Doppeldecker oder den Eindecker zu entscheiden, als noch gar nicht zu übersehen war, ob und wann die Bf 109 als revolutionierende Neukonstruktion den altbewährten Doppeldecker im Trägereinsatz ablösen und ersetzen kann.

Es muß auch in Betracht gezogen werden, daß die frühe Bf 109 aus der B-2-Serie, wie sie 1937 zur ersten Trägererprobung für die Staffel 2.(J)/Tr.G.186 (Schreibweise für 2. Träger-Jagdstaffel der Trägergruppe 186) zur Verfügung stand, dem Doppeldecker Ar 197 bei weitem noch nicht so hoch überlegen war, wie Maschinen späterer Baureihen (beispielsweise der E-Serie von 1939/40 oder der F-Serie von 1941/42).

Ein Grund für die Entwicklung der Ar 197 kann auch gewesen sein, daß man die Einweisung der Flugzeugführer von Jagdflugzeugen in den Trägereinsatz und die Ausbildung von Nachwuchs für die Träger-Jagdstaffeln eher mit einem gutmütigen Doppeldecker als mit einem schnellen und hochsensiblen Eindecker durchführen wollte, der den Ruf hatte, daß er seinen Piloten keinen Bedienungsfehler verzieh.

Es liegt auch nahe, daß man im Bestand der trägergestützten Seeluftstreitkräfte einen Trainer (Schul- und Übungsflugzeug) haben wollte, der sich sowohl für die Jagdflieger als auch für die Sturzbomberpiloten eignete.

Beim Entwurf der Ar 197 gingen die Konstrukteure bei Arado von den Erfahrungen beim Bau der Jagd-Doppeldecker Ar 65 und Ar 68 aus, die 1930/33 für die Luftwaffe entstanden waren. Nach ihrer Meinung gab es kaum noch eine Möglichkeit einen Jagd-Doppeldecker noch besser zu machen als die H-Version der Ar 68 gewesen war, die eine Höchstgeschwindigkeit von 400 km/h erreichte und bereits eine geschlossene Kabine hatte.

Die Neuentwicklung Ar 197 ähnelte äußerlich der Ar 68, war aber ein spezielles Trägerflugzeug. Sie hatte ein robustes Fahrwerk mit aerodynamischer Verkleidung sowie Fanghaken und Katapultbeschläge. Da die Spannweite nicht größer als 11 m war, wurde aus Festigkeitsgründen auf Klappflügel verzichtet.

Dic Erprobung der auftragsgemäß gelieferten drei Versuchsmuster V 1 bis V 3 mit den Werksnummern 2071 bis 2073 ergab 1938 gute Resultate, so daß sich der Auftrag für eine Nullserie anschloß. Von den A-0-Maschinen nahmen einige 1939/40 an den verstärkten Katapult- und Bremsanlagenerprobungen in der E-Stelle See teil. Ausgangspunkt für diese Maschinen war der 3. Prototyp der Ar 197 mit einem BMW-Sternmotor 132, der die Einbaumöglichkeiten für je zwei Maschinenkanonen (20 mm) und Maschinengewehre (7,9 mm) hatte und außerdem noch zwei oder vier leichte Bomben tragen konnte.

Bei dem ausgewählten Motor handelte es sich um einen zuverlässigen Neunzylinder von 815 bis 880 PS (599 bis 647 kW), je nach Ausführung, der von dem amerikanischen »Hornet«-Triebwerk abstammte und bei deutschen See- und Landflugzeugen (u.a. bei Ar 195, Ar 196, He 114, He 115) breite Verwendung fand. Es konnte noch immer nicht geklärt werden, wie viele Ar 197 gebaut worden

sind. Möglicherweise ist es bei den Prototypen und der Nullserie nicht geblieben, da sich die Ar 197 als sehr zuverlässige und strapazierfähige Erprobungsflugzeuge erwiesen, die bis in das Jahr 1943 hinein, und nicht nur in Travemünde, hohen Anforderungen gerecht wurden.

Neue Forderungen an die Trägerflugzeuge

Mit den kurz vorgestellten speziellen Trägerflugzeugen hatten sich die Möglichkeiten der deutschen Flugzeugindustrie bereits erschöpft.

Das RLM war nicht gewillt, weitere Zugeständnisse zu machen.

Durch den selbstverhängten Baustop für *Graf Zeppelin* und den Abbruch von Flugzeugträger *B*, ob nun aus dem Blickwinkel der Seekriegsleitung berechtigt oder nicht, soll hier nicht weiter untersucht werden, war auch die Zusammenarbeit zwischen Kriegsmarine und Luftwaffe in Fragen der technischen und ausbildungsmäßigen Sicherstellung der trägergestützten Seeluftstreitkräfte auf einem Tiefstand angekommen.

Abgebrochen wurde die Zusammenarbeit nicht, das zeigt die Weiterführung der Erprobungstätigkeiten in Travemünde ebenso wie die Aufrechterhaltung von Kontakten zwischen Stäben und Einzelpersonen verschiedener Ebenen in Fragen der operativen und taktischen Planung sowie der Ausbildung und Personalergänzung.

Das vielfach ausgezeichnete Verhältnis unterer und mittlerer Befehlsstellen von Kriegsmarine und Luftwaffe in Fragen Seeluftstreitkräfte blieb im großen Ganzen auch weiterhin wirksam.

Dies trug dazu bei, die komplizierte Situation erträglicher zu machen, als sich gegen Ende des Jahres 1941 die Anzeichen häuften, daß von den höchsten Instanzen her der Weiterbau von *Graf Zeppelin* angeordnet und darüber hinaus ein Befehl zum beschleunigten Ausbau einer Flottenluftwaffe erlassen wird. So willkommen eine solche Entscheidung zu einem früheren Zeitpunkt, etwa

Mitte 1940, gewesen wäre, zum Jahreswechsel 1941/42 fiel sie in eine ungünstige Zeit.

Die Seekriegsleitung, die seit dem Frühjahr 1941 verstärkt Anstrengungen unternahm, den Weiterbau des Flugzeugträgers *Graf Zeppelin* und den Umbau anderer Einheiten zu Trägerschiffen zu aktivieren, wandte sich an die Luftwaffe um Unterstützung in Fragen der Trägerflugzeuge, nachdem das Technische Amt, das für alle Fragen der technischen Luftrüstung verantwortlich war, bereits Bereitschaft signalisiert hatte zu gemeinsamen Vereinbarungen.

Am 04. November 1941 übermittelte die Operationsabteilung der Skl dem Generalluftzeugmeister und dem Technischen Amt des RLM ein Schreiben über die militärischen Forderungen an die Trägerflugzeuge des Flugzeugträgers *Graf Zeppelin* für den Fall, daß dessen Weiterbau von Hitler angeordnet wird (OKM 1. Skl. 22686/41 g.K).

»I. Die Schwierigkeiten, die in der Beschaffung der erforderlichen Flugzeuge gemäß Besprechungsniederschrift vom 28. September 1941 für die Luftwaffe erwachsen, werden nicht verkannt. Trotzdem ist die Skl gezwungen, nachstehende grundsätzliche Forderungen zu übermitteln:

Es wird gebeten:

a) für die Trägererprobung das noch greifbare fliegende Material der bisherigen Trägerausrüstung aus dem Einsatz herauszuziehen, für den Träger einsatzbereit zu machen bzw. in dem aufgezeigten Umfang fertigzustellen (Fieseler Fi 167).

b) für den Fronteinsatz des Trägers Flugzeuge für Jagd, Aufklärung und Kampfeinsatz (Torpedo und Stuka) in erforderlichem Umfang zu erstellen.

Diese hierdurch bedingte Spezialentwicklung ist nicht nur, wie in der Sitzungsniederschrift irrtümlicherweise zum Ausdruck gebracht, für den einen Flugzeugträger *Graf Zeppelin* zu leisten, sondern bildet gleichzeitig die Grundlage für die Ausrüstung aller Nachfolgebauten von Flugzeugträgern, die im Flottenbauprogramm vorgesehen sind.

Die Kriegserfahrungen haben bewiesen, daß sich die Flugzeugträger des Feindes hervorragend bewährt haben.

Die landgebundenen Kampfluftwaffen haben den Flugzeugträger nicht ausgeschaltet.

Die Gefährdung des Trägers in See ist keinewegs größer anzusehen, als die der Schlachtschiffe und Kreuzer.

Zweifellos ist der Träger in mancher Hinsicht besonders verletzlich, wenn auch bei weitem nicht so verletzlich wie bisher vielfach angenommen wurde (Versenkung von Trägern bisher nur durch U-Boot-Torpedos und schwere Artillerie).

Demgegenüber besitzt der Träger eine außerordentliche Abwehrkraft.

II. Der im Verlaufe der Jahre entstandene Trägertyp stellt in seiner heutigen Form einen gewissen Abschluß in der Entwicklung flugzeugtragender Einheiten dar, der unter den gegebenen Deplacementsgrößen in den Grundzügen eine ähnliche Gestaltung behalten wird.

Diese damit schiffbaulich und einsatzmäßig gegebenen Normen zwingen dazu, seine Waffe, das Flugzeug, hiernach und unter Ausnutzung aller technischen Gegebenheiten möglichst leistungsfähig zu gestalten.

A) Dem Wunsch des Technischen Amtes entsprechend werden nochmals die Bindungen übermittelt, die hinsichtlich Größe, Gewicht, Start und Landung usw. gegeben sind, sowie die grundsätzlichen Forderungen, die entsprechend der taktischen Leistungen gestellt werden müssen.

Schleudern, Bremsanlage, Belastungsmöglichkeit der Hallendecks, Fahrstuhlgrößen und verfügbarer Stauraum bedingen, ausgehend vom Flugzeugträger *A*, folgende Gewichte und Größenangaben für Trägerflugzeuge.

a. **Gewichte:**

Größte Gewichte für Schleuderstart:

2,5 t bei 140 km/h Abgangsgeschwindigkeit

5 t bei 120 km/h Abgangsgeschwindigkeit

beide Werte bei 0 m/sek. Wind.

Erreicht ist hierbei eine Beschleunigung von 4,2 g.

Belastungsmöglichkeit der Hallendecks und aufnehmbarer Landestoß der Landedecks bedingen ein Höchstlandegewicht von 5 t (damit Landestoß etwa 20 t).

Bremswindenleistung beschränkt das Flugzeuggewicht auf 5 t bei 120 km/h Landegeschwindigkeit bei 0 m/sek. Wind.

b. **Größen:**

Für klappbare Flugzeuge maximale Spannweite 13,5 bis 13,6 m, maximale Länge 12 m. Maximale Höhe: die Höhe darf die des bisherigen Mz-Flugzeuges Fi 167 bzw. für ein katapultfähiges Flugzeug die der bisherigen Ju 87 T nicht überschreiten.

Für die nicht klappbaren Flugzeuge, speziell Jäger, sind nach Möglichkeit die Ausmaße der bisherigen Me 109 T nicht zu überschreiten, um die gleiche Anzahl Jagdflugzeuge (für Träger *A* bei Normalausrüstung zehn Jäger) unterbringen zu können.

c. **Bindungen für den Start:**

Aus Einsatzgründen muß für Jäger Startmöglichkeit bei 0 m/sek. Wind gefordert werden.

Aufgrund einsatztaktischer Aufstellung der Flugzeuge stehen für Radstart ungünstigstenfalls (Aufstellung bei mittlerem Fahrstuhl hinter dem Windschutzschirm) 120 m, in Normalfall bei Aufstellung auf dem Achterdeck 160 bis 170 m Startbahn für das jeweils vorderste Staffelflugzeug zur Verfügung.

Mit Ausnahme der Jagdflugzeuge kann für Rad- und Katapultstart der übrigen Typen eine Gegenwindkomponente von 6 m/sek. in Anschlag gebracht werden, wobei zu berücksichtigen ist, daß diese Windkomponente beim Schleuderstart sich wohl hinsichtlich der Abgangsgeschwindigkeit, nicht aber hinsichtlich des Abgangsgewichtes auswirkt.

d. Bindungen für die Landung:

Aus Einsatzgründen muß für Jäger Landemöglichkeit bei 0 m/sek. Wind gefordert werden.

Die Bremsanlage läßt zu:

2,5 t Landegewicht bei einer Einfallgeschwindigkeit von 140 km/h.

5 t Landegewicht bei einer Einfallgeschwindigkeit von 120 km/h.

Hierbei ist der Landevorgang abgestimmt auf eine maximale Verzögerung von 2 g bei 0 m/sek. Wind. Im allgemeinen kann mit einer zur Verfügung stehenden Gegenwindkomponente von 4,5 m/sek. gerechnet werden, die sich entsprechend verzögernd auf die Einfallsgeschwindigekeit auswirkt (siehe Ausnahme oben für Jagdflugzeuge).

B) Leistungsforderungen

a. Grundsätzlich werden gefordert:

Jagdflugzeuge

Bombenträger (Stuka)

Torpedoflugzeuge

Aufklärer

Ob und wie diese grundsätzliche Forderung in zwei oder drei Flugzeugtypen zu vereinen ist, wird der technischen Entwicklung überlassen.

Ferner wird grundsätzlich gefordert, daß der Torpedoträger im Radstart eingesetzt werden kann.

Da es aus Einsatzgründen notwendig ist, bei Eintritt in das Operationsgebiet Jagdflugzeuge startfertig auf und hinter den Schleudern zu halten, bei gleichzeitiger Startbereitschaft der Aufklärer oder Torpedoträger auf dem Achterdeck, erscheint es zweckmäßig, Torpedoträger und Aufklärer in einem Mehrzwecketyp (Mz) zu vereinen oder aber bei Vereinigung aller drei Einsatzeigenschaften (Torpedo, Stuka, Aufklärer) dieses Flug-

zeug für Radstart und Schleuderstartverwendung vorzusehen, da die Mitbenutzung der Schleuderanlage im laufenden Einsatz den Einsatztakt erheblich steigert.

Weiterhin muß daran festgehalten werden, daß die Flugzeuge, soweit manuell klappbar, auf dem Fahrstuhl geklappt werden können.

Automatische maschinelle Klappbarkeit, vom Flugzeugführer bei 15 m/sek. Gegenwind zu betätigen, läßt diese Bindung in Fortfall kommen.

b. Für den taktischen Einsatz werden gefordert:

Unter den mit II A a und b angegebenen Bindungen ist allgemein größte taktische Leistungsfähigkeit anzustreben.

Anliegend werden die Leistungen moderner englischer Trägerflugzeuge (aus: »The Fleet Tactical Instruction«, Appendix C, 15. März 1939) als unterste Grenze der taktischen Forderungen übermittelt. Auf die Flugdauer der Jäger wird besonders hingewiesen. Jede Steigerung der angegebenen Leistungen wird von Seiten der Skl begrüßt, wobei beim Aufklärungs- und Kampfflugzeug der Schwerpunkt der Leistungssteigerung auf die Eindringtiefe, bei dem Jäger auf die Bewaffnung zu legen wäre.

Da die zur Zeit auf Träger A mögliche Flugzeuganzahl als ein taktisches Mindestmaß für Flugzeugträger dieser Größe anzusehen ist, kann die Skl einer Vergrößerung der Dimensionen künftiger Trägerflugzeuge, falls dies zwangsläufig die Folge einer möglichen Gewichtssteigerung sein sollte, nicht zustimmen.

III. Da nach Äußerungen des Generalluftzeugmeisters Flugzeugmuster neuer Entwicklung unter günstigsten Umständen vor Ende 1944 nicht greifbar sein können, der Flugzeugträger *Graf Zeppelin* jedoch etwa 1 3/4 Jahre nach Beginn seines Weiterbaus seine Erprobungen beendet haben und in den Frontdienst eingegliedert werden könnte, bittet die Skl darum, kein Mittel unversucht zu lassen und nochmals zu prüfen, den Flugzeugträger *Graf Zeppelin* gegebenenfalls als Zwischenlösung mit Frontflugzeugen auszurüsten, die durch mögliche Aptierung von Motoren und Zellen aus der laufenden Fertigung gewonnen werden können.

An der Notwendigkeit der Aufnahme einer Spezialentwicklung von Trägerflugzeugen ändert sich hierdurch nichts.

i.A. gez. Fricke«

Das Schreiben, unterzeichnet von Vizeadmiral Kurt Fricke (1889 bis 1945, Crew 10), von Oktober 1937 bis Juni 1941 Chef der Operationsabteilung der Skl und zu diesem Zeitpunkt Chef des Stabes der Skl, läßt die Möglichkeit einer gedeihlichen Zusammenarbeit zwischen Marine- und Luftwaffenbehörden erkennen, auch im Falle des angebotenen Kompromisses.

Ohne die Bereitschaft der Marineführung, für *Graf Zeppelin* und andere Trägerschiffe die Bereitstellung von an den Trägereinsatz angepaßte Standardflugzeuge der Lufwaffe zu akzeptieren, war die gesamte Trägerfrage illusorisch.

Die in der Vorkriegszeit entwickelten speziellen Trägerflugzeuge konnten zu diesem Zeitpunkt nicht mehr gebaut werden. Die technische Entwicklung hatte sie inzwischen entwertet.

Schon 1935 hatte das RLM die Ansicht vertreten, an Stelle der spezialisierten Trägerflugzeuge, die in geringer Anzahl unter weitgehender Beachtung von Wünschen und Vorschlägen der Marine entwickelt und gebaut worden waren, grundsätzlich Standardmuster der Luftwaffe einzuführen.

Begründet wurde dieses Verlangen mit einer notwendigen Verringerung der Typenvielfalt, der Ersatzteilhaltung und der Reservebestände sowie der Kostensenkung für Produktion und Lagerhaltung.

Es erforderte natürlich eine entsprechende technische Anpassung an die Besonderheiten der Unterbringung und Wartung sowie an den Einsatz auf einem Flugzeugträger, ehe typische Landflugzeuge wie Me 109 und Ju 87 eine »Trägertauglichkeit« erlangten.

Ende 1939 erhielten die Fieseler-Werke in Kassel den Auftrag aus vorhandenen Jagdflugzeugen Me 109 der Baureihe E-3 vorläufig zehn Nullserien-Flugzeuge Me 109 T-0 herzustellen, mit denen die entsprechenden Versuche und Erprobungen durchgeführt werden konnten, um einen begrenzten Serienbau von Trägerjagdflugzeugen einzuleiten.

Die Fieseler-Werke modifizierten die zehn Maschinen durch Vergrößerung der Spannweite, manuell an den Rumpf anklappbare Tragflächen, Fanghaken und Katapultbeschläge, verriegeltes Spornrad und Spoiler an der Flügeloberseite (um die Anflugstrecke bis zum Aufsetzen zu verkürzen) sowie Seenotausrüstung. Grundsätzliche Besonderheiten der Me 109, die von den Flugzeugführern schon beim üblichen Einsatz an Land beachtet werden mußten, wie schwieriges Verhalten im Langsamflug, schmalspuriges Fahrwerk und Festigkeitsmängel im hinteren Rumpfteil, konnten nicht wesentlich verändert werden.

Das betraf auch solche negativen Eigenarten wie Leitwerksschwingungen beim Vollastlauf des Triebwerks und die Neigung zum plötzlichen seitlichen Ausbrechen beim Starten und Landen.

In den Erprobungsberichten ist von Testpiloten vermerkt worden, daß die umgebauten Maschinen wegen ihrer Eigenarten für den Trägereinsatz nur bedingt geeignet sind.

Auf alle Fälle erforderten sie die Verwendung sehr erfahrener Flugzeugführer und von gutem Wartungspersonal.

Eine Möglichkeit, die Me 109 durch ein anderes, für den Trägereinsatz besser geeignetes Jagdflugzeug zu ersetzen, bestand nicht, nachdem das RLM den Abbruch der Parallelentwicklung Heinkel He 112 verfügt hatte.

Nach der Erprobung der T-0 und der Behebung kleinerer Mängel vergab das Technische Amt an Fieseler den Auftrag, in einer entsprechenden Weise 60 Jagdflugzeuge Me 109 T-1 fertigzustellen.

Diese entsprachen dem inzwischen erreichten Leistungsstand des Jagdbombers Me 109 E-4 B/N, waren mit einem Daimler-Benz-Einspritzmotor DB 601 N von 1175 PS (815 kW) Startleistung ausgestattet und konnten an einem Bombenträger ETC 250 unter dem Rumpf entweder eine 250-kg-Bombe oder, was wegen des allgemein sehr knappen Aktionsradius der Me 109 für den Einsatz über See besonders wichtig war, einen tropfenförmigen Zusatzbehälter mit 300 Liter Kraftstoff mitführen.

In der engen Rumpfzelle dieses Flugzeugtyps war kein Raum für größere

Kraftstoffreserven, wie sie bei einem Marinejäger eigentlich notwendig gewesen wären.

Die Bewaffnung bestand wie bei der Arado Ar 197 aus jeweils zwei Maschinenkanonen und -gewehren.

Während der Produktion der Me 109 T-1 wurden die Arbeiten am Flugzeugträger *Graf Zeppelin* eingestellt. Daraufhin ließ das Technische Amt die vorhandenen T-0- und T-1-Maschinen von ihrem »Marineballast« befreien.

Unter der Bezeichnung T-2 wurden sie vor allem Jagdstaffeln zugeteilt, die in Norwegen und Nordfinnland im Bereich der Luftflotte 5 bzw. auf der Insel Helgoland stationiert waren.

Wie ein Schreiben der Seefliegerinspektion L.In. 8 des RLM vom 10. Oktober 1940 nachweist, wurde ab November 1940 die Auslieferung und Bereitstellung von 70 Trägerjagdflugzeugen Me 109 T erwartet.

Die Seekriegsleitung nahm die zunehmende Luftkriegstätigkeit über der Deutschen Bucht zu diesem Zeitpunkt zum Anlaß, unter Einschaltung der L.In. 8 vom Führungsstab der Luftwaffe die vorgeschobene Stationierung der Trägerjagdflugzeuge auf der Insel Helgoland zu fordern.

Auf diese Weise wollte man die unzureichende Luftverteidigung der nordwestdeutschen Häfen und Marinestützpunkte vor den Angriffen der Royal Air Force verbessern. Lediglich zwölf Me 109 T hielt die Skl für die spätere Wiederaufnahme der Trägererprobung für erforderlich.

Als der Weiterbau von *Graf Zeppelin* verfügt wurde, informierte der Generalquartiermeister der Luftwaffe die Seekriegsleitung über folgende Verteilung der noch verfügbaren Me 109 T:

  5 T-1 eingelagert im Luftzeugamt Erding,

15 T-2 in Reparatur bei den Fieseler-Werken in Kassel,

Me 109 D bei einer Katapultstartübung in Travemünde am 21. Juni 1940

30 T-2 bei Luftflotte 5, bereit zur Übergabe an die Fieseler-Werke.

Nach dem erneuten und endgültigen Baustop für *Graf Zeppelin* erfolgte, soweit bekannt ist, eine Weiterverwendung der Flugzeuge in Norwegen und auf Helgoland.

Tatsache ist, daß ein Teil der für die *Graf Zeppelin* vorgesehenen Jagdflugzeuge erneut auf Helgoland stationiert worden ist. Noch im November 1943 und Februar 1944 war dort eine Staffel des Jagdgeschwaders JG 11 mit Me 109 T-2 ausgerüstet. Schwedische Behörden verzeichneten am 06. Dezember 1943 und 23. März 1944 das Auffinden von toten deutschen Jagdfliegern an der Westküste des Landes.

Nachforschungen ergaben, daß es sich dabei um die Unteroffiziere Ernst Breton (geboren 18. Januar 1921 in Jengscho/China) und Erich Naujokat (geboren 11. September 1922) handelte, die mit ihren Me 109 T (Werksnummern 7735 und 7757) am 18. November 1943 bzw. 22. Februar 1944 über dem Skagerrak abgestürzt waren. Sie fanden in schwedischem Boden ihre letzte Ruhestätte.

Von anderen Me 109-Jagdflugzeugen der Trägerversion ist bekannt, daß sie ab 1940 beim JG 77 und bei JG 5 an der norwegischen Küste sowie 1942 beim JG 300 in der Heimatluftverteidigung zum Einsatz gekommen sind.

Entgegen aller vorangegangenen Erklärungen leitete das Technische Amt des RLM die Entwicklung eines neuen Trägerjagdflugzeuges bei Messerschmitt ein, als die »Führerweisung« zum Weiterbau von *Graf Zeppelin* und zum beschleunigten Umbau von Hilfsflugzeugträgern im Mai 1942 die Bereitstellung einer größeren Anzahl Jagdflugzeuge erforderlich machte, die besser den Bordbedingungen entsprechen konnten als »navalisierte« Me 109 G.

Eine Bedarfsermittlung des für die Seeluftstreitkräfte zuständigen »Generals der Lufwaffe beim Oberbefehlshaber der Kriegsmarine« ergab im Juli 1942, daß zur Ausrüstung von *Graf Zeppelin* und

der vier geplanten Hilfsflugzeugträger zur Aufstellung einer Trägerergänzungsgruppe und zur Bereitstellung einer Einsatz- und Ausbildungsreserve mindestens 220 Jagdflugzeuge gebraucht wurden, wenn die Aufstellung von Flottenfliegerkräften Sinn haben sollte.

Zu dieser Zeit kam die Einsicht in die praktische Unbrauchbarkeit des Muster Me 109 für den Einsatz auf Trägerschiffen zu spät.

Eine von den Messerschmitt-Werken im Mai 1942 vorgelegte Entwurfsstudie für die Me 109 ST (ST für Spezial-Trägerflugzeug) sollte die charakteristischen Schwächen überwinden und im Prinzip zu einem neuen Flugzeug mit größerer Spannweite, verbesserten Auftriebswerten, Breitspurfahrwerk und den üblichen Attributen an den Trägereinsatz (Fanghaken, Katapultbeschläge, Klappflügel, Seenotausrüstung) führen.

Das Technische Amt legte die neue Bezeichnung Me 155 A fest und bestimmte als Fertigungsstätte die Messerschmitt-Hauptwerke in Augsburg.

Um unter den inzwischen entstandenen komplizierten Bedingungen der deutschen Luftrüstung den neuen Flugzeugtyp rasch herausbringen zu können, sollten möglichst viele Teile aus dem Großserienbau der Me 109 Verwendung finden.

Das Ende der Flugzeugträgerpläne schloß auch die Entwicklungsabsichten für Trägerflugzeuge ab.

Aus dem ursprünglichen Entwurf für einen Trägerjagdeinsitzer wurde das Projekt eines Höhenjägers Me 155 B, das vom RLM der Firma Blohm & Voß übergeben und dort als BV 155 bis zum Erprobungsstadium realisiert wurde.

Ähnlich legendär wie das Jagdflugzeug Messerschmitt Bf/Me 109 war auch das Sturzkampfflugzeug Junkers Ju 87.

Nicht zuletzt wegen intensiver Planungs- und Erprobungsarbeiten hatte die Ju 87 zeitweise die besten Aussichten das zahlenmäßig stärkste Trägerflugzeug auf *Graf Zeppelin* und den anderen geplanten Trägerschiffen der deutschen Kriegsmarine zu werden.

Die Ju 87 war 1933/34 als das Sturz-kampfflugzeug (Stuka) schlechthin ent-wickelt worden und wurde für eine ganze Kampfflugzeuggattung der 30er und 40er Jahre zu einem festen Begriff. Die Firma Junkers hatte seit dem Jahre 1928 in enger Zusammenarbeit mit der Fliegertruppe der Reichswehr und den Luftstreitkräften Schwedens mit dem Ganzmetall-Jagdzweisitzer und -Sturz-bomber Junkers K 47 umfangreiche wis-senschaftlich-technische Grundlagen für eine solche spezielle Flugzeugkonstruk-tion und seine taktische Verwendung geschaffen.

Der Entwurf des Flugzeuges mit seinen charakteristischen Merkmalen (freitra-gender Tiefdecker mit Knickflügeln, starres Fahrwerk mit auffallender Ver-kleidung, verglaster Kabine für zwei Mann Besatzung) war schon fertig, als das Technische Amt des RLM 1935 die Firmen Arado, Heinkel und Junkers so-wie die Flugzeugabteilung der Blohm & Voß-Werft zur Entwicklung eines Sturz-kampfflugzeuges aufforderte.

Der Verlauf und das Ergebnis des nach-folgenden harten Wettbewerbes sind in der Luftfahrtliteratur ausgiebig darge-stellt worden.

Die Ju 87 gewann die Ausscheidung, ob-wohl sie nicht ohne Mängel war und selbst in der Luftwaffenführung starke Gegner hatte.

Vor allem die einmaligen Sturzflugei-genschaften, durch die das Flugzeug in der Hand von erfahrenen und entschlos-senen Flugzeugführern eine hohe Treff-sicherheit im Bombenabwurf erzielte, entschied im Verein mit Zuverlässigkeit und Robustheit über den Erfolg.

Sein härtester Gegner war die Heinkel-Maschine He 118, die als Projekt 1030 ab Juli 1935 im Auftrag der japanischen Marine entwickelt worden war.

Durch ihre sehr elegante Linienführung und moderne Konstruktionsmerkmale (u.a. einziehbares Fahrwerk) sammelte die He 118 eine ganze Reihe Wertungs-punkte, unterlag aber vor allem wegen unzulänglicher Sturzflugeigenschaften. Die Charakteristik der Ju 87 ließ sie auch für den Trägereinsatz als geeignet er-

scheinen, denn für die effektivere Be-kämpfung fahrender und manövrieren-der Schiffe wurde ein Höchstmaß an Treffsicherheit gefordert.

Ab 1937 hatte dieser Flugzeugtyp einen festen Platz in den Aufstellungen der geplanten Trägerflugzeuge, die das Tech-nische Amt der Luftwaffe dem Baustab K 252 zukommen ließ.

Ab 1938 nahm die Erprobungstätigkeit mit verschiedenen Versuchsmustern des Typs Ju 87 einen nicht unbeträchtlichen Platz in der vielschichtigen Erprobungs-arbeit der E-Stelle See in Travemünde ein. Es begann mit Maschinen der A-Baureihe, die aber militärisch nicht zu überzeugen vermochten und daher rasch durch die B-Großserie abgelöst wurden.

Mit der Dringlichkeitsstufe I versehen wurde mit mehreren Flugzeugen eine Vielzahl von Katapultstarts und Brems-landungen absolviert und dabei Schritt um Schritt eine zweckmäßige Ausrü-stung mit Katapultbeschlägen, Fanghaken, Startwagen und anderem Zubehör für den Trägereinsatz entwickelt.

Die erzielten Ergebnisse trugen dazu bei, aus der inzwischen von den Junkers-Werken in Dessau herausgebrachten, wesentlich verbesserten Serie Ju 87 B-1 eine spezielle Trägerausführung Ju 87 C (mitunter auch Ju 87 T genannt) abzu-leiten und für diese auch Ausrüstungs-standards der Ju 87 R (R für Reichwei-tenvergrößerung durch 2 x 300-Liter-Kraftstoffzusatzbehälter) zu überneh-men.

Im Frühjahr 1939 waren zwei Prototy-pen der Träger-Stukas verfügbar, und noch im Sommer des gleichen Jahres sollen im Junkers-Montagewerk Ber-lin-Tempelhof zehn Vorserienflugzeuge Ju 87 C-0 entstanden sein.

Auffallendstes Merkmal dieser Maschi-nen waren die manuell innerhalb von zwei Minuten nach hinten an den Rumpf klappbaren Tragflächen, wo-durch die Parkbreite von 13,20 m auf 5,0 m reduziert werden konnte. Insge-samt gesehen hatten die Ju 87 C die kompletteste Trägerausrüstung, die man sich damals denken konnte:

- Einrichtung für Katapultstart mit Signalanlage,
- Schnellablaßvorrichtung an bei-den Kraftstoffhauptbehältern (ge-samt 500 Liter Kraftstoff B 4) mit einer Minute Entleerungszeit,
- abwerfbares Fahrwerk für Notlan-dung im Wasser mit mechanischer Auslösung,
- Fanghaken-Sporn für Trägerlan-dung, zusätzlich konnte ein nor-maler Landehaken montiert wer-den,
- Heißvorrichtung zur Befestigung am Rumpfmittelstück,
- vier aufblasbare Gummisackbehäl-ter von insgesamt 2500 Liter Inhalt in den Tragflächen und im Rumpf zur Erhöhung der Schwimmfähig-keit des im Wasser notgelandeten Flugzeuges (bei ruhiger See maxi-mal drei Tage),
- Rettungsschlauchboot mit Signal-munition, Farbmarkierungsbeuteln, Notproviant und Sanitätspack.

Natürlich gab es auch Schwachpunkte, die von den Praktikern bemängelt wur-den. Die aus der Marinefliegerei kom-menden Flugzeugführer fanden es als belastend, daß die Instrumentierung nur für einen kurzen Blindflug, beispiels-weise zum Durchstoßen einer Wolken-schicht, ausreichte.

Das technische Personal bemängelte das zum Klappen der Tragflächen erforderli-che Abnehmen der Kraftstoffzusatzbe-hälter.

Als am 01. September 1939 der Zweite Weltkrieg mit dem Angriff auf Polen be-gann, wurden die Vorserienmaschinen C-0 von der für *Graf Zeppelin* bestimm-ten Träger-Stuka-Staffel 4./186, mit ex-akter Truppenbezeichnung 4.(St.)/186 (T), unter Hauptmann Erich Blattner (1908 bis 1940), zusammen mit einigen Ju 87 B-1 eingesetzt.

Von den ursprünglich für den Serienbau 1940/41 vorgesehenen 170 Maschinen Ju 87 C-1 sind auf der Basis der inzwi-schen weiter verbesserten Ju 87 B offen-sichtlich nur fünf Flugzeuge fertigge-stellt worden, ehe die Skl Ende April 1940 den Weiterbau von *Graf Zeppelin* stoppen ließ. Davon waren Ende 1941 nach einer Bestandsmeldung des Generalquartiermeisters der Luftwaffe noch vorhanden:

Eine Ju 87 C bei den Junkers-Werken in Dessau und

drei Ju 87 C beim Luftzeugamt Travemünde, das für die Nachschubführung der Seeluftstreitkräfte zuständig war.

Als der Weiterbau des Flugzeugträgers angeordnet wurde, war das Flugzeugmuster Ju 87 C technisch von der Entwicklung überholt.

Die Sturzkampfstaffeln der Luftwaffe hatten schon 1940 eine Weiterentwicklung des Stukas gefordert.

In Dessau erfuhr die Ju 87 umfassende strukturelle, aerodynamische und leistungsmäßige Veränderungen. Umfangreiche Erprobungen mit mehreren Versuchsmaschinen in verschiedenen Erprobungsstellen führten zur Entwicklung der Ju 87 D, die gegenüber der Ju 87 B eine Vielzahl von veränderten Merkmalen aufwies.

Sie wurde zur größten Serie der Ju 87, kam aber erst zu einer Zeit heraus, als der Höhepunkt der herkömmlichen Sturzkampffliegerei überschritten war und die der Schlachtfliegerei mit schnellen Jagdbombern begann.

Anfang 1942 begann die Umrüstung der Frontverbände mit der Ausführung D-1, auf der die D-3 mit veränderter Funkausrüstung und zusätzlicher Panzerung folgte.

Erst die nächste Version, die D-4, sollte eine maritime Verwendung erhalten. Sie war als küstengestütztes Torpedoflugzeug gedacht, es blieb aber bei der Erprobung von Prototypen in der Ostsee und in der Adria.

Ju 87 T auf dem Katapult

Für die Indienststellung von *Graf Zeppelin* und anderer Trägerschiffe war als neues Trägerflugzeug die Ju 87 E durch die Erprobung von Maschinen der verbesserten D-Serien vorbereitet worden. Im Prinzip sollte die Ju 87 E eine wesentlich leistungsverstärkte Ju 87 C sein mit Klappflügel, Katapultbeschlägen und anderen für den Trägereinsatz typischen Ausrüstungsdetails. Neu wäre für dieses Flugzeug die zusätzliche Rüstmöglichkeit mit Starthilfsraketen geworden, die ihm bei Überlaststart und in anderen erschwerten Einsatzsituationen ein sicheres Abheben vom Flugdeck ermöglichen sollten. Dabei wurde in erster Linie an die Verwendung an Bord von Hilfsflugzeugträgern gedacht, die möglicherweise kein Startkatapult besaßen. Den Einsatz von Flüssigkeitsraketen zur Startunterstützung, die nach dem Ausbrennen abgeworfen wurden, gab es bereits für schwerbeladene Torpedoflug-

zeuge He 111 und Ju 88 auf Küstenflugplätzen und für Flugboote des Typs BV 138.

In England lief die gleiche Entwicklung mit Pulverraketen unter der Bezeichnung RATOG (Rocket Assisted Take-Off Gear) und wurde auch für Trägerflugzeuge beim Überlaststart verwendet (z.B. für Fairey »Swordfish«).

Während die Freigabe für den Weiterbau von *Graf Zeppelin* bereits erfolgt war, die Arbeiten am Schiff aber aus diesen und jenen Gründen noch immer nicht begonnen, liefen die Erprobungen für die schnellstmögliche Bereitstellung von Trägerflugzeugen, Ausrüstungsdetails und Komponenten der flugtechnischen Anlage in Travemünde auf Hochtouren. Ein Auszug aus dem Auftragsbericht der E-Stelle Travemünde von 01. September 1942 wird hier als Beispiel angeführt:

»Mustererprobung Fi 167 A-0 (Erpr.-Nr. E 2-13/4; Dringlichkeit S). Die Mustererprobung ist im wesentlichen abgeschlossen bis auf die zur Zeit laufende Bremslandedauererprobung.
Mustererprobung Bf 109 T-1 (Erpr.-Nr. E 2-48/6; Dringlichkeit SS). Die Mustererprobung ist bis auf die Landehakenerprobung abgeschlossen. Ein neuer Landehaken ist bei MLL in Konstruktion.

Kühlstoffheizung: Serienmaschine wurde überprüft und in Ordnung gefunden.
Kaltstart: Versuche mit 15 % Schmierstoffverdünnung (im Behälter) wurden abgeschlossen.
Leistungsmessung Bf 109 T mit gekürzter Metallschraube 9/ 11081 C (Erpr.-Nr. E 2-48/8; Dringlichkeit 1). Die Luftschraube ist aufgesetzt. Wegen vordringlicher Kalt-

starterprobung mit Versuchsträger konnten die Leistungsmessungen bisher nicht durchgeführt werden.

Mustererprobung Ju 87 C-1 (Erpr.-Nr. 371/3; Dringlichkeit S).
Die Mustererprobung ist bis auf Erprobung des Fangsporns abgeschlossen. Ein neuer Fangsporn ist zur Zeit bei FWG in Konstruktion.
Kühlstoffheizung: Mustereinbau von Kühlstoffheizung wird von der Fa. Junkers übernommen.
Funktionsmäßige Erprobung der Kühlstoffheizung (Preßwasserkühlung) wird in Travemünde durchgeführt.
Kaltstart: Versuche mit 15 % Schmierstoffverdünnung (im Behälter) wurden abgeschlossen.

Fangsporn in Ju 87 C-1 als Vorentwicklung für Ju 87 E (Erpr.-Nr. E 2-49/7; Dringlichkeit S).
Mustereinbau eines neuen Fangsporn bei FWG in Konstruktion.

Mustereinbau des Einsatzes zweier Starthilfen St.H. 8 (je 500 kg Schub über 6 sec.) in Ju 87 D als Vorentwicklung für Ju 87 E. (Erpr.-Nr. E 2-49/8; Dringlichkeit S).
Mustereinbau läuft bei JFM. Anschließend Erprobung in Peenemünde.

Mustereinbau Funk- und Navigationsausrüstung in Ju 87 D als Vorentwicklung für Ju 87 E (Erpr.-Nr. E 2-49/9; Dringlichkeit S) läuft.

Entwicklung des Musters Ju 87 E (Erpr.-Nr. E 2-49/10; Dringlichkeit S).
Konstruktion laufen bei WFG und JFM.

Mustererprobung Ar 96 B-1 (Erpr.-Nr. E 2-74/1; Dringlichkeit SS).
Das erste Musterflugzeug mit Landehaken angeliefert. Die Bremslandungen haben am 25. August begonnen. Das zweite Musterflugzeug mit Landehaken wird Ende September an die E-Stelle abgeliefert. Zwei weitere Flugzeuge mit Landehaken und Katapultbeschlägen kommen im Oktober zur Ablieferung. Der Mustereinbau der FT- und Navigationsgeräte läuft noch bei der E-Stelle.
Für folgende Trägerflugzeugmuster wurde die Navigationsausrüstung bearbeitet und festgelegt:

Ju 87 D:
Der Einbau eines Abdrift- und Grundgeschwindigkeitsmessers stößt auf große Schwierigkeiten. Entscheidung steht noch aus. Mustereinbauten erfolgen bei der E-Stelle Travemünde.

Ar 96: Schulflugzeug für Trägerflugzeuge
Als Abdrift- und Grundgeschwindigkeitsmessers wurde der Heyde M 17 eingesetzt. Mustereinbauten erfolgen bei der E-Stelle Travemünde.

Ju 87
als Trägerflugzeug
In einer Besprechung mit TWP-Gotenhafen wurde festgelegt, daß als Abwurfgerät das ETC 2000/XII eingebaut wird. Der Einbau des To-Revi wird vorgesehen.

ETC 2000
Seeerprobung
Einbau eines Abwurfgerätes ETC 2000/XII mit Schloß 1000/XI am Zwischenträger in He 115 DA + MX und Versuche im Rahmen der Minenerprobung.
Nach einer Erprobungszeit vom 14 Tagen wurden folgende Isolationswerte gemessen:

A: Am ETC 2000/XII: 1. Abwurfleitung 50 Megohm
                     2. Zünderleitung 10 bis 20 Megohm
B: Am Schloß 1000/XI: 1. Abwurfleitung 0,15 Megohm
                      2. Zünderleitung 2 bis 5 Megohm

Letzere Werte lagen unter dem geforderten Wert von 5 Megohm. Außerdem sind die mechanischen Teile des Schlosses derart korrodiert, daß ein einwandfreies Öffnen des Schlosses bei elektrischer sowie auch Notwurfbetätigung nicht mehr gewährleistet ist. Das Schloß 1000/XI ist damit nicht für Seeverwendung geeignet. Die weitere Erprobung erfolgt mit Schloß 2000/XIII nach Eingang desselben.

Erprobung der Trägerschleuder FL. 27 mit erhöhtem Gewicht bis 5,8 t und v = 140 km/h (Erpr.-Nr. 362/1; Dringlichkeit I).
Erprobung abgeschlossen. Schleuderseitig ergaben sich keine Beanstandungen.

Überlaststarts mit FL. 27 bei 12° Flugzeuganstellung (Erpr.-Nr. 362/3; Dringlichkeit I).
Überlaststarts mit 12° Anstellung sind flugzeugseitig nicht durchführbar.

Einsetzen des Trägerflugzeuges Ju 87 in Startwagen (Erpr.-Nr. 362/4; Dringlichkeit S).
Das Einsetzen des Startwagens mittels einer Hebebühne ist möglich. Hierzu S-Bericht vom 22. Juli 1942.

Motorvorwärmhauben für Trägerflugzeuge (Erp.-Nr. 371/3; Dringlichkeit I).
Geänderte Haube ist für die drei Flugzeugmuster Bf 109, Ju 87, Fi 167 brauchbar.

5-t-Bremsseilwinde der DEMAG (Erpr.-Nr.374/3; Dringlichkeit SS).
3. Serienwinde: Nach grundsätzlicher zufriedenstellend verlaufender Erprobung erfolgte Ausbau am 26. Juli 1942.
4. Serienwinde: Grunderprobung mit He 50, Fi 167, Ar 195, Ar 197, Ju 87 und Bf 109. Bremse grundsätzlich brauchbar. Festellung der Grenzen der Leistungsfähigkeit der Winden bei Windstille, Höchstgewicht, Höchstgeschwindigkeit ist durch Versuche noch nicht völlig erwiesen, teils durch Ausfall von Flugzeugen (flugzeugseitig bedingt); teils durch umfangreiche Verbesserungen der Seilslipvorrichtung der Bremswinde.

15-t-Winde der Firma Kampnagel; Hamburg (Erpr.-Nr. 374/4; Dringlichkeit I):
Die Winde befindet sich in Werkserprobung in Hamburg. Konstruktionsarbeiten für maschinenbauliche Anlage und Bauplan abgeschlossen. In Hinsicht auf Abbremsen von

15-t-Flugzeugen auf Kleinlandeplätzen kommt Winde nicht mehr in Frage, bleibt jedoch entwicklungsmäßig von Bedeutung für schnelle Trägerflugzeuge. (Klärung bleibt abzuwarten).

Decklandeleuchte für Flugzeugträger (Erpr.-Nr. 375/1 LC 8-14/39; Dringlichkeit I).

Die Ansteuerleuchte ist grundsätzlich brauchbar, wird jedoch wegen zu großer Abmessung abgelehnt. Die Zweckmäßigkeit des Einsatzes einer Ansteuerleuchte wird vom OKM noch geprüft. Entwicklung noch nicht abgeschlossen.

Decksrandbeleuchtung (Erpr.-Nr. 375/2 LC 8-14/39; Dringlichkeit I).

Beleuchtungskörper sowie deren Anordnung sind nach Teilbericht vom 14. April 1940 festgelegt, jedoch ist die Ent-

wicklung hinsichtlich der Gesamtanordnung noch nicht abgeschlossen.

Fangseilleuchten der AEG (Erp.-Nr. 375/3 LC 8-67/39; Dringlichkeit I).

Grundsätzliche Konstruktion und Anordnung der Seilstrichleuchten sind aufgrund der Erprobung gelöst. Endgültige Anordnung ist noch festzulegen.

Öltankkarren 80 l für Flugzeugträger (Erpr.-Nr.383/3 LC 8-160/40; Dringlichkeit I).

Die Erprobung des zweiten, geänderten Musters ist abgeschlossen und ergab keine wesentlichen Beanstandungen.«

Der Bericht macht u.a. deutlich, daß in der Erprobungsstelle Travemünde große Anstrengungen unternommen worden sind, die durch den Baustop für den Flugzeugträger als Begleiterscheinung entstandenen Disproportionen zu überwinden. Mit der weiterführenden Entwicklung der vielschichtigen, letztendlich nur durch das friktionslose Zusammenspiel und Ineinandergreifen aller Komponenten funktionierende Technik des Trägers und seiner Flugzeuge versuchte man, die Indienststellung vorzubereiten.

Dies war im Grunde genommen ein aussichtsloses Unterfangen. Das Schiff war mit seinen Anlagenteilen auf dem Entwicklungsstand von 1940 stehengeblieben, während sich die für ihn bestimmte Flugtechnik, insbesondere die Flugzeuge selbst, unter dem Einfluß von rund drei Kriegsjahren bedeutend weiterentwickelt hatten.

Um auf das Beispiel der Ju 87 zurückzukommen:

Deutsche Trägerflugzeuge 1926–1935			
Verwendung	Jagdflugzeug	Jagdflugzeug	Sturzbomber
Typ	Heinkel HD 23	Heinkel HD 38 al	Heinkel He 50 B
Baujahr	1926	1929	1935
Triebwerk	BMW VI	BMW VI 7,3 Z	SAM 322 B
Leistung kW	368	552	441
PS	500	750	600
Spannweite m	10,8	10,0	11,5
geklappt m	–	–	–
Länge m	7,5	8,8	9,6
Flügelfläche m^2	36,0	30,15	34,8
Leergewicht kg	1.470	1.445	1.600
Startgewicht kg	2.070	–	2.650
max. kg	–	1.870	2.820
Höchstgeschwindigkeit	249	300	235
km/h in m Höhe	2.000	2.000	2.000
Reisegeschwindigkeit km/h	230	250	210
Landegeschwindigkeit km/h	88	95	95
Steigzeit Min.	1,6/1000	1,1/1000	3/1000
auf m Höhe	5,8/3000	4,1/3000	16,5/4000
Gipfelhöhe m	7.900	7.800	6.400
Reichweite km	600	600	650
Flugdauer h	2 1/2	2 1/2	3
Bewaffnung	–	2 MG	2 MG
Bomben kg	–	–	250
Besatzung	1	1	2

Die 1942 verfügbare Ju 87 D war nicht mehr die Ju 87 B bzw. C von 1939/40. Infolge des erheblich veränderten Gewichts wurden die Aufzüge, Katapulte und Bremsseilwinden bis an die Grenze des Vertretbaren belastet.

Der Bericht der E-Stelle zeigt aber auch, daß die Erprobungen zur Erlangung der Trägertauglichkeit für die geplante neue Trägerversion Ju 87 E und für die gerade in die Serienfertigung gehende Ju 87 D-5 annähernd parallel liefen.

Der schon absehbare Zeitverzug für die Entwicklung der E-Version bis zur Serienreife, vorgesehen war der Bau von 115 Maschinen, führte zur Aptierung der neuesten D-Baureihe, um dem Flugzeugträger, so er befehlsgemäß 1943 fertiggestellt sein würde, brauchbare Kampfflugzeuge zuteilen zu können.

Einige der zu dieser Zeit getroffenen Entscheidungen können nicht mehr nachvollzogen werden.

Die nun schon von der Entwicklung überholte Ju 87 C-1 wurde noch Mitte 1942 in Travemünde so getestet, als wenn die Erteilung eines Serienauftrages erwogen worden wäre. Das »Kennblatt Ju 87 C-1« ist am 10. Juni 1942 von der E-Stelle See als »Geheime Kommandosache (GKdos) 187/42« erstellt worden. Inzwischen wurde aber die Ju 87 D-5 aktuell, eine in verschiedener Hinsicht neue Baureihe mit veränderten Tragflä-

Deutsche Trägerfluggzeuge 1938/39			
Verwendung	Mz-Flugzeug	Jagdflugzeug	Mz-Flugzeug
Typ	Arado	Arado	Fieseler
	Ar 195	Ar 197	Fi 167
Baujahr	1938	1938	1939
Triebwerk	BMW 132 M	BMW 132 Dc	DB 601 A
Leistung kW	610	647	810
PS	830	880	1.110
Spannweite m	12,5	11,0	13,5
geklappt m	5,9	–	5,9
Länge m	10,5	9,2	11,4
Flügelfläche m^2	46	27,75	45,5
Leergewicht kg	2.380	1.840	3.100
Startgewicht kg	3.746	2.475	4.050
max. kg	4.130	2.585	4.850
Höchstgeschwindigkeit km/h	285	400	325
in m Höhe	2.000	2.500	4.000
Reisegeschwindigkeit km/h	250	300	255
in m Höhe	2.000	6.000	4.000
Landegeschwindigkeit km/h	90	95	max. 95
Steigzeiten Min.	2,6/1000	1,1/1000	2,5/1000
auf m Höhe	5,3/2000	2,5/2500	–
	13,6/4000	5,3/4000	10/4000
Gipfelhöhe m	6.000	8.000	7.500
Reichweite km	650	700	1.100
max. km	1.200	1.120	1.500
Bewaffnung	2 MG	2 MK	2 MG
		2 MG	
Bomben kg	500–800	250	500–800
Besatzung	2	1	2

bine an der Rumpfunterseite. An ihr wurde ein speziell für den Flugzeugabwurf entwickelter 450-mm-Torpedo des deutschen Typs F 5 b oder des italienischen Typs F 5 W (W für Whitehead-Fiume) mitgeführt.

Die Unterschiede zwischen beiden Torpedotypen betrafen vor allem die Abwurfgeschwindigkeit und -höhe.

Die Ju 87 D-5 war für den Torpedoeinsatz wenig geeignet. Die Erprobungen sind aber auch 1943 fortgesetzt worden, nachdem die vorgesehene maritime Verwendung der Ju 87 durch den endgültigen Baustop für *Graf Zeppelin* und andere deutsche Trägerschiffe storniert worden war.

Die relativ geringe Anzahl der für *Graf Zeppelin* und das zunächst noch geplante Schwesterschiff *B* benötigten Trägerflugzeuge war ein Problem, an dem sich immer wieder die Gemüter in der Luftwaffe und der Kriegsmarine erhitzten.

Generalleutnant Hermann Moll (1890 bis 1959, Marineangehöriger ab 1908; lei-

chen größerer Spannweite und bedeutend verstärkter Angriffsbewaffnung. Als starre Bordwaffen waren an Stelle der bisherigen beiden 7,9-mm-MG nun Mauser-Maschinenkanonen 151/20 (Kaliber 20 mm) in die Tragflächen eingebaut worden.

Dadurch wurde das Flugzeug in besserer Weise seiner Bestimmung zur Schiffsbekämpfung gerecht. Für die Aufgabe als Torpedoträger entfernte man die Sturzflugautomatik (einschließlich der Luftbremsen unter den Flügeln) und rüstete die Ju 87 D-5 mit einer Torpedoabwurfanlage aus.

Dieser Rüstsatz war mit dem Prototyp D-4 auf dem Torpedoabwurfplatz Hexengrund/Oxhöft (heute polnisch Babi Dol/Oksywie) sowie in Grosseto (Italien) getestet worden.

Wichtigste Teile dieser Anlage waren ein Torpedoreflexvisier (To-Revi), ein Torpedokommandogerät (ToKG) und die Trage- und Abwurfvorrichtung PVC 1006 B. Letztere befand sich unterhalb der Ka-

Deutsche Trägerflugzeuge 1941/42			
Verwendung	Sturzkampfflugzeug	Mz-Flugzeug	Jagdflugzeug
Typ	Junkers	Junkers	Messerschmitt
	Ju 87 C	Ju 87 D-5	Me 109 T-2
Baujahr	1941	1942	1942
Triebwerk	Jumo 211 D	Jumo 211 J	DB 601 N
Leistung kW	883	1030	815
PS	1.200	1.400	1.175
Spannweite m	13,2	13,8	11,08
geklappt m	5,0	–	–
Länge m	11,0	11,5	8,76
Flügelfläche m^2	31,3	31,9	17,5
Leergewicht kg	2.760	3.900	2.250
Startgewicht kg	5.840 (Aufkl.)	5.820	3.080
max. kg	5.340 mit 500-kg-	–	–
	Fliegerb. u. 2 x ZB		
Höchstgeschwindigkeit km/h	332	380	575
in m Höhe	4.000	4.000	4.000
Reisegeschwindigkeit km/h	250	280–300	475
in m Höhe	4.000	4.000	4.000
Landegeschwindigkeit km/h	95	120	125
Steigzeit Min.	3/1000	–	–
auf m Höhe	9/3000	–	–
Gipfelhöhe m	7.000	7.350	10.500
Reichweite km	510–580	820	700
max. km	1.100 (Aufklärer)		
Bewaffnung	3 MG	2 MK	2 MK
		2 MG	2 MG
Bomben kg	500–700	850 (Torp.)	250
Besatzung	2	2	1

stete ab 1920 Hervorragendes beim Aufbau der deutschen Marineflieger, vor allem auf technischem Gebiet, trat 1933 zur Luftwaffe über und wurde 1943 letzter Inspekteur des Seeflugwesens) hat sich dazu sachlich als kompetenter Zeitzeuge geäußert:

»Das schwierigste Problem war und blieb, bei der geringen Anzahl der benötigten Trägerflugzeuge, einen befriedigenden Ausgleich zwischen Industrieaufwand und ausreichenden Leistungen der Flugzeuge zu finden, wobei noch bestimmte Fertigungstermine unter allen Umständen eingehalten werden mußten. Gegenüber der an sich notwendigen und erwünschten, aus verschiedenen Gründen aber unmöglichen Neuentwicklung eines Träger-Jägers und eines Träger-Stukas, mußte der Kompromißweg (d.h: Me 109 T und Ju 87 C) gegangen werden.

Mit dem zweiten und endgültigen Stop des Flugzeugträgers im März 1943 wurde dieser besonders schwierige Entwicklungsabschnitt endgültig beendet.«

Die Trägergruppe 186

Die Formationsbezeichnung 186 geht auf das Jahr 1935 zurück. Als die Luftwaffe im raschen Tempo aufgebaut wurde, kam im Zusammenhang mit einer Neuordnung der gesamten Wehrorganisation und der Einteilung des Landes in Luftkreise ein dreistelliges Zahlensystem zur Klassifizierung der Verbände und Truppenteile nach Gliederung und Waffengattung zur Anwendung.

Am 16. März 1935 wurde für alle Geschwader und selbständigen Gruppen der Luftwaffe dieses System als verbindlich eingeführt.

Die erste Ziffer gab an, um welches Geschwader innerhalb eines Luftkreises es sich handelte.

Die zweite Ziffer bezeichnete die Waffengattung des betreffenden Geschwaders und die dritte wies den zuständigen Luftkreis aus, in dem der Verband stationiert war.

Die Waffengattungen der Luftwaffe, der Heeres- und Marineflieger erhielten Ziffern von eins bis null mit folgender Bedeutung:

   1 Nahaufklärer
   2 Fernaufklärer
   3 Jagdflieger (leichte)
   4 Schwere Jagdflieger (Zerstörer)
   5 Schlachtflieger
   6 Sturzkampfflieger
   7 Transportflieger
   8 Marineflieger auf Flugzeugträgern (Trägerflieger)
   9 Marineflieger an Bord von anderen Kriegsschiffen (Bordflieger)
   0 Marineflieger auf Küstenflugplätzen (Küstenflieger)

Nach diesem Schema war jeder Verband der Luftwaffe recht schnell in seinem Charakter und seiner Zuordnung zu erkennen.

186 bedeutete im vorliegendem Falle:

   1. Geschwader bzw. 1. Gruppe der Trägerflieger im Luftkreis VI (Kiel)

Das Luftkreiskommando VI war vom 01. April 1934 bis 03. Februar 1938 die territoriale Kommandobehörde aller Marineflieger.

Diese Einteilung besagte aber schon zu dieser Zeit, daß die Marineflieger im Grunde genommen die Sparte Seefliegerei im Gesamtrahmen der Luftwaffe, aber keine Waffengattung der Marine waren.

Ungeachtet dessen behielten diese Formationen einen Sonderstatus, der freilich nirgends festgeschrieben war. Sooft auch später die Organisationsformen der Luftwaffe und damit die Verbandsbezeichnungen wechselten, die Seeflieger blieben bei ihren seit 1934/35 gebräuchlichen Gruppen- und Staffelnummern.

Erinnert sei hier an die Bordfliegergruppe 196 und an die ursprünglich geplanten neun Küstenfliegergruppen 106 bis 906 mit der Zahl 6 des Luftkreises VI, obwohl an die Stelle der Luftkreise im Februar 1938 die Einteilung nach Luftwaffengruppen (Luftwaffengruppe See) bzw. im Mai 1939 eine Gliederung nach Luftflotten und Luftwaffenkommandos (Luftwaffenkommando See) erfolgt war.

Die Struktur der für die geplanten Flugzeugträger vorgesehenen Fliegerformationen war mehrfachen Veränderungen unterworfen.

Die Ausbauplanung der Seeluftstreitkräfte für die Zeit von 1936/38 sah 25 Staffeln vor, von denen neun für die geplanten Flugzeugträger vorgesehen waren.

In der Aufstellungsphase bis 1942 waren weitere Trägerstaffeln geplant. Das Endziel wurde in der Aufstellung von acht Träger-Mehrzweck- und jeweils vier Träger-Stuka- und -Jagdstaffeln gesehen (16 Staffeln nach dem Plan vom 30. Januar 1936 für 1942, davon jeweils die Hälfte an der Ost- und Nordsee stationiert).

Nach den Vorstellungen von 1935 sollten jeweils drei Trägerstaffeln eine »reinrassige« Gruppe bilden (je ein Aufklärer-, Jäger/Stuka- und Mehrzweckgruppe).

Anfang 1936 trat insofern eine Änderung ein, indem die Aufgabenverteilung neu gegliedert wurde (Mehrzweck-, Stuka-, Jägerstaffeln). Zugleich entstand als Organisationsform das Trägergeschwader, bei dem auf die übliche Gliederung in Gruppen verzichtet wurde.

Der Reichsminister der Luftfahrt und Oberbefehlshaber der Luftwaffe erließ am 29. Juli 1937 den Aufstellungsbefehl Nr. 6072/37 geh. zur Formierung des ersten Trägerfliegerverbandes. Das in Bremerhaven aufzustellende Geschwader 186 sollte bis zum 01. Oktober 1938 aus dem Geschwaderstab,

   3 Träger-Mehrzweck-Staffeln,
   1 Träger-Stuka-Staffel und
   1 Träger-Jagd-Staffel

bestehen.

Eine Staffel war mit acht Einsatz- und vier Reservemaschinen geplant. Dem Flugzeugträger selbst wurden als Ausrüstungsnorm fünf Staffeln zugeteilt, von denen sich vier an Bord und eine (als Ausbildungs- und Ergänzungseinheit) an Land befinden sollten.

Ursprünglich sollten zu jedem Träger sechs Staffeln gehören. Im Verlaufe der Entwurfsarbeiten am ersten Trägerschiff stellte sich aber ein Absinken der Flugzeugkapazität von 60 auf 48 Maschinen heraus.

Dem wurde durch die neue Gliederung entsprochen.

Eine grundsätzliche Regelung trat schon 1938 in Kraft.

In Abstimmung mit dem RLM setzte der Oberbefehlshaber der Kriegsmarine, Admiral Raeder (1876 bis 1960), am 11. November 1938 die »Seekriegsanleitung für Seeluftstreitkräfte (S.A.Luft)« als Kriegsmarine-Dienstvorschrift M.Dv. 121 in Kraft.

In ihr wurden verbindliche Festlegungen zwischen Kriegsmarine und Luftwaffe festgeschrieben, darunter auch grundsätzliches über die Trägerfliegerkräfte.

Nach Aufgabenstellung wurde der Flugzeugbestand in der bisherigen Dreiteilung

Träger-Mehrzweck-Flugzeuge,
Träger-Sturzkampf-Flugzeuge und
Träger-Jagd-Flugzeuge

bestätigt.

Dabei sollte es sich um einmotorige Radflugzeuge mittlerer Größe mit einem Fluggewicht bis zu 4500 kg handeln.

Für die Einschiffung an Bord der geplanten Trägerschiffe waren jeweils fünf Staffeln zu durchschnittlich acht Flugzeugen vorgesehen.

Das entsprach den Erkenntnissen über die inzwischen auf 40 Flugzeuge verringerte Kapazität der Flugzeugträger *A* und *B*.

Die Staffel war die taktische Einheit in einem Trägerfliegerverband, wobei die Durchschnittsstärke künftig neun Maschinen betragen sollte.

Als nächsthöhere Organisationsform, die den Fliegerbestand eines Trägerschiffes umfaßte, gab es das Träger(flieger)geschwader.

Im Endziel der Aufstellung sollte ein Trägergeschwader folgende Zusammensetzung erhalten:

3 Träger-Mehrzweck-Staffeln (Tr.Mz.)
2 Träger-Sturzkampf-Staffeln (Tr.Stuka)
1 Träger-Jagd-Staffel (Tr.Jagd)

Als verbindliche Einheitsbezeichnung wurde die seit März 1935 bestehende Regelung bestätigt und nochmals erläutert, wobei die eingetretenen Veränderungen berücksichtigt wurden.

Dadurch gab es für die beiden vorgesehenen Trägergeschwader 186 und 286 folgende Erklärung:

1. Zahl: 1. bzw. 2. Geschwader im zuständigen Luftwaffenkommando (bisher Luftkreiskommando)
2. Zahl: Kennzeichen für den Verwendungszweck (8 für Flugzeugträgerverbände)
3. Zahl: Kennzeichen des Luftwaffenkommandos See (wie früher 6).

Für den Fall der Untergliederung eines Trägergeschwaders in zwei Gruppen sollte eine römische Zahl von der Geschwaderbezeichnung die jeweilige Gruppe kennzeichnen (z.B. II./186 = 2. Trägergruppe des 1. Trägergeschwaders im Luftwaffenkommando See). Eine arabische Zahl vor der Geschwaderbezeichnung bezeichnete die jeweilige Staffel (z.B. 6./286 = 6. Staffel des 2. Trägergeschwaders im Luftwaffenkommando See).

Neu war die Festlegung, mit der Nummer der Staffel gleichzeitig ihre Art anzugeben:

Staffel 1 bis 3 als Träger-Mehrzweck-Staffeln,
Staffel 4 und 5 als Träger-Sturzkampf-Staffeln,
Staffel 6 als Träger-Jagd-Staffel.

Um Verwechslungen zu vermeiden, war bei Verwendung der Abkürzung folgende Schreibweise freigestellt: z.B. konnte an Stelle von 4./186 auch 4. (Stuka)/186 geschrieben werden.

Zur äußeren Kennzeichnung der Verbandszugehörigkeit trugen die Trägerflugzeuge wie die anderen Luftfahrzeuge der Luftwaffe auf der Ober- und Unterseite der Tragflächen sowie zu beiden Seiten des Rumpfes Zahlen und Buchstaben.

Es bedeuteten beispielsweise bei der Kennung 61 + B 84:

1. Zahl = 6 für Luftwaffenkommando See (bisher Luftkreis VI),
2. Zahl = 1. Geschwader im LW-Kommando See,

Buchstabe B für taktische Nummer 2 in der Staffel,

3. Zahl = Kennziffer der Trägerverbände (8)
4. Zahl = 4. Staffel des 1. Trägergeschwaders im LW-Kdo. See.

Analog dazu hätte die Kennung 62 + G 85 bedeutet: Taktische Nummer 7 (G) der 5. Staffel des 2. Trägergeschwaders im LW-Kdo.See.

Bei einer Untergliederung des Trägergeschwaders in Gruppenverbände waren in Abweichung von der sonst in der Luftwaffe üblichen Organisation lediglich zwei Gruppen vorgesehen.

Eine solche Untergliederung trat wenig später in Kraft.

Bezüglich der Unterstellung und Zugehörigkeit hieß es im Heft a der Vorschrift unter »Grundsätzliches über Seeluftstreitkräfte«:

»19. Die Seeluftstreitkräfte sind der Teil der Luftwaffe, der im Frieden aufs engste mit der Kriegsmarine zusammenarbeitet, im Kriege der Kriegsmarine taktisch unterstellt ist.

20. Truppenvorgesetzter ist der Kommandierende General der Luftwaffe See, der für die Einsatzbereitschaft der fliegenden Verbände, für die Bodenorganisation, den personellen und materiellen Nachschub verantwortlich ist.

Er ist zugleich Berater des Oberbefehlshaber der Kriegsmarine.

21. Dem Luftwaffenkommando See sind unterstellt:

— als taktische Führer der fliegenden Verbände der Führer der Seeluftstreitkräfte West (F.d. Luft West), der Führer der Seeluftstreitkräfte Ost (F.d. Luft Ost), (Die Zweiteilung des jetzigen F.d. Luft ist im Frühjahr 1939 beabsichtigt),

— das Luftgaukommando See (Aufstellung im Winterhalbjahr 1938/39 beabsichtigt).«

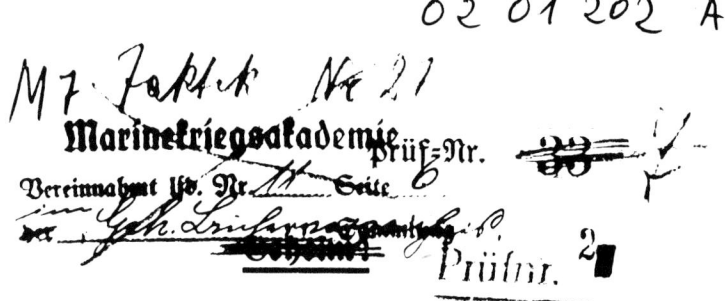

Seekriegsanleitung
für die See=Luftstreitkräfte

(S. A. Luft)

Heft a

Grundsätzliches über See=Luftstreitkräfte

Oberkommando der Kriegsmarine

Berlin 1938

M. Dv. Nr. 121

Die im Frühjahr 1939 einzurichtenden beiden taktischen Befehlsstellen F.d. Luft Ost und West waren im Frieden für die taktische Ausbildung der ihnen unterstellten Seeluftstreitkräfte (unterteilt in Ostsee und Nordsee) verantwortlich. Sie waren im Frieden auf enge Zusammenarbeit mit dem Flottenkommando angewiesen.

Im Kriege sollten sie den zuständigen Marinegruppenbefehlshabern (z.B. Ost, West bzw. Nord) taktisch unterstellt werden, zu deren Stab treten und nach ihren Weisungen den operativen und taktischen Einsatz der Seeluftstreitkräfte leiten.

Gerade in dieser Hinsicht sollten sich während des bald beginnenden Krieges schwerwiegende Mängel einstellen.

Es ist bemerkenswert, daß bereits zu diesem Zeitpunkt (11. November 1938) in der gesamten M.Dv. 121 die früher übliche Bezeichnung »Marineflieger« vermieden wurde, als wenn die Marine be-

reits darauf verzichtet hatte, sie als ihr zugehörig zu betrachten.

Dagegen hatte sich der Begriff »Seeluftstreitkräfte« eingebürgert, der aber, und das schien nicht erkannt zu werden, eindeutig die Zuordnung der früheren Marineflieger als spezielle Gattung der Luftwaffe für den Einsatz über See zum Ausdruck brachte (insbesondere da sich der Führungsstab der Truppe als Luftwaffenkommando See bezeichnete).

Angesichts dieser in der M.Dv. 121 festgeschriebenen Verzichts der Kriegsmarine auf die Marinefliegerverbände erwiesen sich spätere Streitereien mit der Luftwaffenführung um diesen Fakt als Spiegelfechtereien.

Bezüglich der Flugzeugträger und ihrer Fliegerverbände ergab sich aus der M.Dv. 121 eine klare Teilung der Zuständigkeit:

- Die Trägerschiffe waren Einheiten der Kriegsmarine,

- die auf den Trägerschiffen stationierten Fliegerkräfte waren Teile der Luftwaffe.

Die praktische Formierung der Trägerflieger verlief in mehreren Anläufen, wobei aus der heutigen Aktenlage nicht ganz klar ist, warum dies so war.

Es kann durchaus ein Zusammenhang zwischen der verzögerten Fertigstellung von *Graf Zeppelin* sowie des nachträglich verschobenen Baubeginn von Träger *B* und der zögerlichen Aufstellung der Trägerstaffeln bestanden haben.

Am 01. August 1938 erfolgte die Aufstellung der Trägergruppe I./186 mit drei Staffeln (1. bis 3./186). Drei Wochen später, am 22. Oktober 1938, löste man diese Einheiten wieder auf und stellte die Offiziere zur Verfügung des RLM.

Von der 2. (Jagd)/186 ist bekannt, daß sie mit Maschinen des Typs Bf 109 B-2 ausgerüstet war.

Bereits zehn Tage später, am 01. November 1938, wurde die II./186 mit zwei Staffeln, aber ohne Gruppenstab, formiert.

Diese ersten Trägerstaffeln waren die 4. (Stuka)/186 unter Hauptmann Erich Blattner mit Ju 87 C und B und die

6.(Jagd)/186 unter Hauptmann Heinrich Seeliger mit Bf 109 E und T.

Die beiden ersten Trägerstaffeln wurden zusammen mit 13 Küstenfliegerstaffeln der Seeluftstreitkräfte im geheimen Einsatzbefehl 1/38 genannt, den der Führer der Seeluftstreitkräfte, Generalmajor Hans Ferdinand Geisler (1891 bis 1966), am 14. Dezember 1938 im Rahmen der Vorbereitungen auf die Inbesitznahme von Memel (Tarnbezeichnung »Transportübung Stettin«) erließ.

Geisler, seit 1909 Marineangehöriger, ab 1915 Marineflieger und einer der wichtigsten Persönlichkeiten beim getarnten Wiederaufbau der deutschen Marinefliegertruppe nach 1920, hatte die Funktion des F.d. Luft seit dem 01. Oktober 1935 inne.

Bei der »Heimkehr des Memellandes ins Reich«, wie es damals hieß, ging es darum, das seit 1923 von Litauen besetzte Memelgebiet für das Deutsche Reich zurückzugewinnen.

Litauen erklärte sich Mitte März 1939 zur Rückgabe bereit, und am 23. März 1939 wurde dieser Anschluß auf friedlichem Wege vollzogen. Über der Stadt und dem Hafen kreisten eine Stunde lang demonstrativ Verbände der Luftwaffe, darunter auch die für *Graf Zeppelin* vorgesehenen Trägerflugzeuge der Staffeln 4./186 und 6./186.

Vor dem Hintergrund einer deutlich veränderten politischen Lage war zu dieser Zeit die Zukunft der Seeluftstreitkräfte überraschend unsicher geworden.

Die Kriegsmarineführung hatte im April 1936 vom RLM den Aufbau der Seeluftstreitkräfte bis auf eine Endstärke von 64 Staffeln gefordert. Legte man für jede Staffel eine Normstärke von zwölf Flugzeugen zu Grunde, so ergab dies 768 Flugzeuge, die bis zum 01. April 1942 allein für Seekriegsbelange zu beschaffen waren (ohne Reserve- und Ausbildungsmaschinen).

Davon sollten 14 Staffeln für die geplanten Flugzeugträger und sieben andere mit Schwimmflugzeugen für die großen Überwasserkampfschiffe formiert werden.

Die Forderung nach so starken Seeluftstreitkräften war für europäische Ver-

hältnisse ungewöhnlich und auch unreal. Mit Dimensionen solcher Größe beschäftigte sich zu dieser Zeit die japanische Marine, die aber gänzlich anders gelagerten Bedingungen zu entsprechen hatte als die deutsche Marine.

Angesichts der durch die Gesamtrüstung aller Wehrmachtsteile ohnehin schon ausgelasteten Industriekapazität, der begrenzten Ausbildungsbasis und der sich bereits abzeichnenden Rohstoff- und Arbeitskräfteverknappung in Deutschland waren diese Forderungen der Marine schlechthin unreal und stießen auf die verständliche Ablehnung der Luftwaffenführung.

In einem Schreiben an das Flottenkommando, das diesen Aufbauplan 1936 bis 1942 zum Inhalt hatte, begründete das Oberkommando der Kriegsmarine seine Forderungen an das RLM mit folgendem Gedanken:

»Da die Seeluftstreitkräfte keinen Beschränkungen unterliegen wie die Schiffe der deutschen Marine (durch das Flottenabkommen mit Großbritannien), müssen gewisse Schwächen der im Endziel festgelegten schwimmenden Verbände durch wesentlich stärkere Seeluftstreitkräfte ausgeglichen werden.«

Im Frühjahr 1938 hatte Göring zunächst einmal zugesagt, den von der Marine fixierten Ausbau der Seeluftstreitkräfte bis 1942 zu verwirklichen, was natürlich eine anhaltende Friedensperiode als Voraussetzung haben mußte.

Völlig überraschend für die Marine nahm Göring seine gegebene Zusage Ende 1938 zurück, da durch die krisenreiche Entwicklung der politischen Lage veränderte Bedingungen entstanden waren.

Der Generalstab der Luftwaffe beschränkte in einem veränderten Aufbauprogramm am 07. November 1938 die Forderungen der Marine auf 41 Staffeln mit 492 Maschinen.

Nach vorbereitenden Verhandlungen von Stabsoffizieren beider Teilstreitkräfte kam es am 27. Januar 1939 zum Treffen beider Befehlshaber, Raeder und Göring, mit dem Ziel, eine grundsätzliche

che Klärung für die Zukunft der Seeluftstreitkräfte zu erreichen.

Bezüglich der trägergestützten Verbände erlangte Raeder von Göring die Zusage, trotz der beträchtlichen Kürzung der Aufbauforderungen der Marine zwölf Trägerstaffeln zur Formierung von Trägergeschwadern aufzustellen.

In Anbetracht des herannahenden Fertigungstermins von *Graf Zeppelin* verfügte das RLM am 06. Februar 1939 im Befehl Nr. 318/39 GKdos »Aufstellungen See im Jahre 1939« die Formierung von folgenden Strukturelementen zum 01. November 1939:

Stab Trägergeschwader 186
Träger-Stuka-Staffel 1./186
Träger-Stuka-Staffel 2./186
Träger-Stuka-Staffel 3./186
Träger-Jagdstaffel 5./186
Ein bordständiges Fliegerkommando für einen Flugzeugträger (*Graf Zeppelin*).

Im Befehl des R.d.L./Ob.d.L. Nr. 860/39 GKdos vom 04. April 1939 wurden diese Aufstellungen für *Graf Zeppelin* noch präzisiert und durch die Aufstellung von motorisierten Flughafenbetriebskompanien für die Trägerstaffeln zum 01. November 1939 ergänzt.

In einer Anlage zu diesem Befehl wurde als Aufstellungs- und Stationierungsort des kompletten Trägergeschwaders 186 Bremerhaven bestimmt.

In Abweichung von allen bisherigen Planungen und auch von der M.Dv. 121 wollte die Luftwaffe das Trägergeschwader aus vier Stuka-Staffeln (1. bis 4./186) und zwei Jagdstaffeln (5. und 6./186) formieren. Der Verzicht auf Mehrzweckstaffeln erklärt sich vor allem durch das Fehlen geeigneter Flugzeugtorpedos.

Korrekturen der Zusammensetzung des Trägergeschwaders waren erst für November 1940 vorgesehen.

Im Verlaufe dieser planmäßigen Veränderungen wollte man für das Trägergeschwader 186 drei Staffeln mit Mehrzweckflugzeugen Fieseler Fi 167 ausrüsten. Die Anzahl der Stuka-Staffeln sollte auf zwei, die der Jagdstaffeln auf eine verringert werden.

Für das im November 1941 aufzustellende Trägergeschwader 286 des Flugzeugträgers *B* (mit Standort Wilhelmshaven) sollte eine gleiche Struktur festgelegt werden, wenn sich diese auf *Graf Zeppelin* bewährt hat.

Am 16. Mai 1939 legte eine Ergänzung zum Befehl Nr. 860/39 GKdos. Mutterverbände bzw. -einheiten fest, die den befohlenen Neuaufstellungen bei der Formierung Hilfe und Unterstützung zu gewähren hatten:

- Stab Trägergruppe II./186 in Kiel-Holtenau
  für das bordständige Fliegerkommando auf *Graf Zeppelin* und für den Stab des Trägergeschwaders 186
- Träger-Stuka-Staffel 4./186 in Kiel-Holtenau
  für die neuen Träger-Stuka-Staffeln 1. bis 3./186
- Träger-Jagd-Staffel 6./186, ebenfalls in Holtenau,
  für die neue Träger-Jagd-Staffel 5./186

Inzwischen spitzte sich die politische Lage weiter zu, und diese gefährliche Entwicklung berührte auch direkt die deutschen Seeluftstreitkräfte.

Hitler wollte durch eine militärische Aktion die »polnische Frage« klären. Er hatte im März 1939 dem Oberkommando der Wehrmacht (OKW) Weisung erteilt, eine Operation zur Zerschlagung der polnischen Streitkräfte unter der Bezeichnung »Fall Weiß« so zu bearbeiten, daß ihre Durchführung ab August 1939 jederzeit möglich wurde.

Am 01. Juni 1939 gab das Marinegruppen-Kommando Ost eine Weisung für die überraschende Besetzung von Danzig unter der Tarnbezeichnung »Transportübung Stolpmünde« heraus.

Die zur Verfügung stehenden Seeluftstreitkräfte, in der Masse acht Staffeln der Küstenfliegergruppen 306, 506 und 706, einschießlich der Trägerstaffeln 4./186 und 6./186, erhielten die Aufgabe, in der Danziger Bucht die Aufklärung und Sicherung gegen etwaige polnische Gegenmaßnahmen zu übernehmen.

Ein Stuka Ju 87 D der 7./St.G.1 im März 1942 an der Ostfront mit dem Wappen der Trägergruppe I./186 am Motor und der Kennung J 9

Zugleich sollten sie in der östlichen Ostsee bis 58° nördlicher Breite Aufklärung fliegen, um mögliche Aktionen sowjetischer Seestreitkräfte rechtzeitig zu erfassen.

Der Stab der Trägergruppe II./186 unter dem Kommandeur Major Walter Hagen (1897 bis 1963), ehemaliger Marineflieger der kaiserlichen Marine, der von 1928 an in langjähriger Versuchs- und Erprobungstätigkeit wichtige Grundlagen für den Bau von Flugzeugträgern und Trägerflugzeugen geschaffen hatte, bezog in Brüsterort an der Nordwestspitze von Samland/Ostpreußen (45 km nordwestlich von Königsberg) Gefechtsstand. Seine beiden Staffeln 4./186 und 6./186 sollten bei Erteilung des Verlegungsbefehls gleichfalls in Brüsterort stationiert werden.

Als dritte Einheit der Gruppe II./186 entstand am 15. Juli 1939 in Kiel die Träger-Jagd-Staffel 5./186 unter Oberleutnant Gerhard Kadow.

Die 6./186 leistete mit einem Teil ihres Flugzeug- und Personalbestandes die erforderliche Aufstellungshilfe und half bei der Einweisung und Schulung neuzugeführter Flugzeugführer.

Am 01. August 1939 legte die Luftwaffenführung auch für den Bereich der Seeluftstreitkräfte den Tarnanstrich (See) fest.

Danach hatten die Trägerflugzeuge wie alle Luftwaffen-Seeflugzeuge (einschließlich der Transportmaschinen, Scheibenschleppflugzeuge und Seeübungsflugzeuge) einen Zweifarbenanstrich mit den Farbtönungen 72 (graugrün) und 73 (grünblau) zu erhalten.

Ihre Unterseite sollte im Farbton 65 (hellblau) gespritzt werden.

Am gleichen Tage erging der Befehl, die Seefliegerhorstkommandantur Pillau mit sofortiger Wirkung von der Kategorie D in die Kategorie A umzuwandeln.

Die bedeutende Aufwertung der bisher nachgeordneten Dienststelle der Seeluftstreitkräfte in eine solche ersten Ranges hatte mit der Entscheidung der Marine zu tun, in Abänderung der bisherigen Pläne, Pillau als vorgeschobenen Flugzeugträgerliegeplatz einzurichten.

In den letzten Tagen des relativen Friedens im August 1939 verlegten die Trägerstaffeln der II./186 weisungsgemäß von Kiel-Holtenau nach Osten: die

Jagdstaffeln 5./186 und 6./186 am 22. August bzw. 24. August 1939 nach Brüsterort, die Stuka-Staffel 4./186 nach Stolp in Pommern, in unmittelbare Nähe der Grenze zu Polen.

In dieser Stärke und Zusammensetzung trat die Trägergruppe II./186 als Komponente des Flugzeugträgers *Graf Zeppelin*, für den sie als Hauptwaffe aufgestellt, ausgerüstet und ausgebildet worden war, ohne ihr Schiff in den Krieg ein.

Sie war, trotz aller noch bestehenden Unzulänglichkeiten in der Ausrüstung und Ausbildung, der kampfstärkste Fliegerverband im Befehlsbereich des F.d. Luft Ost, der seinen Gefechtsstand auf dem Seefliegerhorst Dievenow (Pommern), an der Nordostspitze der Insel Wollin, aufgeschlagen hatte.

F.d. Luft Ost war Generalmajor Joachim Coeler (1891 bis 1955), vordem im RLM als Inspekteur der Seeflieger (L.In. 8) tätig.

Die Trägerstaffeln blieben ihm nicht lange unterstellt.

Die »Stuka-Staffel« 4./186 kam vom ersten Kriegstage an vor allem gegen Stützpunkte der polnischen Marine zum Einsatz.

Die Jagdstaffeln 5./186 und 6./186 flogen dabei Jagdschutz.

Bereits am 06. September 1939 wurden die Träger-Jagdflieger nach Kiel zurückbefohlen. Sie verlegten schon am darauffolgenden Tag auf dem Flugplatz Hage in Ostfriesland, 28 km nördlich von Emden gelegen und ehemaliger Luftschiffhafen.

Hier wurden sie zum Küstenschutz im Bereich der Deutschen Bucht eingesetzt, wo mit Einflügen der Royal Air Force gerechnet wurde.

Beide Staffeln wurden dem in Aufstellung befindlichen Jagdgeschwader (JG) 1, Kommodore Oberstleutnant Carl Schumacher, unterstellt.

Kurz nach Kriegsbegin entschloß sich die Luftwaffenführung zu den nächsten Schritten bei der Formierung der trägergestützten Seeluftstreitkräfte, die dem Protokoll zwischen den beiden Oberbefehlshabern entsprachen.

Am 10. September 1939 bestimmte der Befehl 2710/39 »Aufstellung von Fliegerverbänden (See)« die sofortige Formierung folgender Strukturelemente in Kiel-Holtenau:

Stab Sturzkampffliegergruppe
                I./186 (T)
2 Sturzkampffliegerstaffeln
                1./186 (T)
                2./186 (T)
Stab Jagdfliegergruppe   II./186 (T)
1 Jagdfliegerstaffel   4./186 (T)

Zugleich wurde die Umbenennung der bisherigen Trägersturzkampfstaffel 4./186 in 3./186 befohlen.

Die Stärke- und Ausrüstungsnachweisung (STAN) dieser Neuaufstellungen sollte den entsprechenden Normen der Luftwaffe für die Stuka- und Jagdfliegertruppe folgen.

Für die Aufstellung wurde, da sie im Bereich der Seeluftstreitkräfte erfolgte, der General der Luftwaffe beim Oberbefehlshaber der Kriegsmarine (in Personalunion Befehlshaber der »Marinefliegerverbände« und Inspekteur der Seeflieger) Generalmajor Hans Ritter (1893 bis 1991) verantwortlich gemacht.

Ritter war 1912 in die kaiserliche Marine eingetreten und seit 1916 Seeflieger. Von 1923 an hatte er maßgeblichen Anteil am Aufbau und der Formung einer neuen deutschen Marinefliegertruppe und war 1935 zur Luftwaffe übergetreten, um den sachkundigen Einfluß der Marine auf die Seefliegerverbände zu sichern.

Für die materielle Versorgung der Neuaufstellungen war die Luftzeuggruppe See in Kiel als zentrale Nachschubstelle der Seeluftstreitkräfte zuständig.

Bis zur Beendigung der Aufstellung, so der Befehl, blieben die Neuaufstellungen dem F.d. Luft Ost unterstellt.

Im Zuge dieser Aufstellungen von Trägerstaffeln wurde der bisherige Staffelkapitän der Jagdstaffel 6./186, Hauptmann Heinrich Seeliger, Kommandeur der Jagdfliegergruppe II./186 (T). Oberleutnant Hans-Herbert Wulff übernahm die Führung der 6./186. Die Jagdfliegergruppe wurde komplett, als am 01. Oktober 1939 die Neuaufstellung 4./186 un-

ter Hauptmann Werner Restemeyer hinzutrat.

Zur gleichen Zeit erlangte auch die Stuka-Gruppe I./186 (Major Hagen) durch die neuaufgestellten Staffeln ihren vollen Bestand:

Die Stuka-Staffel 1./186 wurde von Hauptmann Helmut Bode und die 2./186 von Oberleutnant Helmut Mahlke geführt.

Die Stuka-Staffel 3./186 (ex 4./186), die älteste und nun auch schon die erfahrenste deutsche Trägerstaffel, stand nach wie vor unter dem Befehl von Hauptmann Blattner.

Völlig unerwartet und mitten in den Formierungsprozeß der Träger-Stuka-Gruppe hinein befahl der Ob.d.L. am 25. September 1939 die sofortige Herauslösung der 3./186 aus dem Befehlsbereich der Seeluftstreitkräfte und die Unterstellung unter die Luftflotte 2.

Damit wurde eine entscheidende Zusage des Ob.d.L. zum Protokoll zwischen den Oberbefehlshabern der Luftwaffe und der Kriegsmarine über die taktische Unterstellung der Seeluftstreitkräfte im Kriegsfall gebrochen.

Ein Protest der Seekriegsleitung blieb erfolglos.

Göring ging aber noch einen wesentlichen Schritt weiter. Er befahl am 25. September 1939 außer dem Abzug der Stuka-Staffel 3./186 die sofortige Unterstellung aller vorhandenen Trägereinheiten, einschließlich der noch anfallenden Neuformierungen, bis zur Indienststellung von *Graf Zeppelin* unter den Befehl der Luftflotte 2.

In dem Befehl des R.d.L./Ob.d.L Nr. 7369/39 vom 24. Oktober 1939 wurde diese Entscheidung noch einmal mit aller Konsequenz bekräftigt. Im Grunde genommen war dies das Ende des Trägerverbandes 186, der einzig und allein geschaffen und geformt worden war, um dem ersten deutschen Flugzeugträger den ihm zugedachten Sinn und Zweck zu geben. Ein Endpunkt unter ein Kapitel deutscher Marine- und Luftfahrtgeschichte wurde dadurch gesetzt, weil die Trägerstaffeln zu keiner Zeit in den Bereich der Seeluftstreitkräfte zurückkehrten.

Vorserienflugzeug Junkers Ju 87 C-0 mit beigeklappten Flügeln in der E-Stelle Travemünde (1942)

Durch den Baustop für *Graf Zeppelin* wurde dies nachträglich besiegelt.

Die ehemaligen Trägerverbände bestanden zunächst unter ihren Bezeichnungen fort, wenn auch weitgehend als »normale« Luftwaffenformationen.

Mit Beginn der Kampfhandlungen im Westen am 10. Mai 1940 bestand die Stuka-Gruppe I.(St)/186 T aus den drei aufgestellten Staffeln und verfügte über 39 Ju 87 B und C.

Ihr Einsatz erfolgte im Verband des Stukageschwaders 1 an wichtigen Brennpunkten der deutschen Offensive zur Kanalküste. Am 30. Juni 1940 begannen Angriffe gegen Ziele an der Südküste Englands und gegen Seeziele in der Themsemündung.

Nach Verlängerung des Baustops für *Graf Zeppelin*, den die Luftwaffenführung im Zusammenhang mit dem Abbruch von Flugzeugträger *B* offensicht-

lich als endgültig ansah, wurde am 09. Juli 1940 die Umbenennung der Träger-Stuka-Gruppe im III./St. G 1 befohlen.

Der Staffelkapitän der 2./186, Hauptmann Mahlke, übernahm die Führung der Gruppe, als der bisherige Kommandeur Kommodore des Geschwaders wurde.

Auch die Träger-Jagdgruppe II.(J)/186 T wurde zur Auffüllung eines unvollständigen Verbandes der Land-Luftwaffe verwendet.

Sie hatte nach der Besetzung Norwegens auf die meist kleinen Küstenflugplätze des Landes verlegt, wobei den Staffeln die Trägereigenschaften eines Teils ihrer Flugzeuge und die spezielle Ausbildung der Flugzeugführer zugute kam.

Am 05. Juli 1940 trat die Masse der Träger-Jagdgruppe als III. Gruppe zum Jagdgeschwader 77 (III./JG 77). Ein Teil

des Personals kam später beim Eismeer-Jagdgeschwader JG 5 zum Einsatz. Teile der Träger-Jagdstaffel 4./186 wurden zum gleichen Zeitpunkt als 3. Staffel in die Erprobungsgruppe 210 eingegliedert. Dieser Spezialverband führte die lehr- und gefechtsmäßige Erprobung neuartiger Bombenabwurfverfahren und -zielgeräte durch.

So weit sich heute zurückverfolgen läßt, lebte die Tradition der Trägerflieger des Flugzeugträgers *Graf Zeppelin* am längsten in der 7. Staffel des Stukageschwaders 1 fort.

Durch Originalfotos wird belegt, daß die Maschinen dieser Einheit noch im März 1942 beim Einsatz an der Ostfront das Wappen der Trägergruppe, den roten Hagenhelm auf blauem Anker, führten.

Das Bekanntwerden der Weisung vom Mai 1942, den Träger *Graf Zeppelin* nun doch fertigzustellen und gemäß Führerbefehl in Dienst zu stellen, hatte bei den Personalämtern von Kriegsmarine und Luftwaffe hektische Reaktionen zur Folge, um Schiffsbesatzung und Trägergruppe erneut aufzustellen.

Aus der Luftwaffe ist bekannt, daß in den Frontstaffeln der Seeluftstreitkräfte, in den Schulen, Ergänzungsgruppen und Erprobungsstellen nach früheren Angehörigen der Trägerstaffeln gesucht wurde.

Im Bereich des Kommandos Schiffe und Boote, das alle Wasserfahrzeuge der Luftwaffe umfaßte, wurden außer seemännischem und technischem Personal Spezialisten der Katapultschiffe für die Verwendung auf dem Flugzeugträger bereitgehalten.

Das Personalamt der Kriegsmarine entschied sich zur umgehenden Bereitstellung von Freiwilligen und Kommandierten aus den Jahrgängen 1940 und 1941 der Marineoffizierschüler, die zu Seebeobachtern für die Verwendung in den Trägerflugzeugen Ju 87 ausgebildet werden sollten.

Von dieser Maßnahme wurde auch, um ein konkretes Beispiel zu nennen, die Crew V/41 erfaßt, die am 11. Mai 1941 auf der Insel Dänholm bei Stralsund vereidigt worden war.

Die jungen Männer hatten nach der Grundausbildung die Marineschule Mürwik besucht und einen Waffenlehrgang an der Torpedoschule Mürwik/Travemünde, Schiffsartillerieschule Saßnitz, Flakartillerieschule Swinemünde oder an der Sperrwaffenschule Kiel abgeschlossen und bereiteten sich auf den Einsatz in der Flotte oder in anderen Bereichen der Marine vor.

Nun standen sie vor der Entscheidung, für vier Jahre zur Luftwaffe zum Einsatz in den trägergestützten Seeluftstreitkräften kommandiert zu werden, mit der Maßgabe, daß sie nach Ablauf der Zeit wählen könnten zwischen der Rückkehr zur Marine oder dem Verbleib als Seebeobachter in der Luftwaffe-See.

Für die Vorbereitung des Einsatzes auf dem Flugzeugträger stellte die Crew V/41 am 02. September 1942 eine Gruppe von 30 Fähnrichen zur See ab. Diese durchliefen im Rahmen einer verkürzten Ausbildung zum »Beobachterschüler für Sonderzwecke« in der Zeit vom 02. September 1942 bis 09. Oktober 1942 die Luftnachrichtenschule 6 (See) Dievenow und ab 09. Oktober 1942 die Fliegerwaffenschule (See) in Parow bei Stralsund.

Hier wurden sie auf den Aufgabenbereich des Funkers und Bordschützen vorbereitet, den sie als Beobachter in einer Träger-Mehrzweck-Maschine Ju 87 D oder E erfüllen sollten.

Auf den endgültigen Baustop für *Graf Zeppelin* und die geplanten Hilfsflugzeugträger reagierte das Marinepersonalamt unverzüglich.

Die Ausbildung zum Beobachterschüler wurde Mitte Februar 1943 abgebrochen. Auf Ersuchen des neuen Oberbefehlshabers der Kriegsmarine, Großadmiral Dönitz, der am 30. Januar 1943 von Großadmiral Raeder die Dienstgeschäfte übernommen hatte, wurden die See-Fähnriche der Crew V/41 (zusammen mit anderem Marinepersonal) in der Zeit vom 19. bis 26. Februar 1943 vom Luftwaffenpersonalamt zur Kriegsmarine zurückkommandiert.

Für die volle Ausbildung zum Seebeobachter wären für die Lehrgänge an der Luftnachrichtenschule rund zwei Monate, und für das Durchlaufen der Fliegerwaffenschule sechs Monate erforderlich gewesen, ehe die Teilnehmer zum Oberfähnrich befördert und mit dem »Luftwaffenbeobachterschein (See)« versehen an Bord des Trägers gekommen wären. Der Abbruch der Ausbildung zum Trägereinsatz hatte für die betroffenen Marineoffizierschüler zur Folge, daß ein Teil von ihnen buchstäblich von einem Tag zum anderen vom Flugzeug auf ein Front-U-Boot umstieg und direkt in die U-Boot-Krise des Frühjahrs 1943 hineinkam.

Andere gelangten auf Vorpostenbooten, Schnellbooten, Sperrbrechern oder Minensuchern zum Fronteinsatz.

Graf Zeppelin Juni 1941 vor der Hakentrasse in Stettin (oben links)

Der Träger unter Tarnnetzen und mit Tarnanstrich in Stettin (etwa 1944) (oben rechts)

Der Träger im Mai 1943 auf der Oder (links)

Der letzte Liegeplatz in Stettin – Mönnearm – von April 1943 bis Kriegsende (unten)

Dokumentation der Entscheidungen und Ereignisse um das Schicksal des Flugzeugträgers »Graf Zeppelin« 1939 bis 1947

Diese chronologische Aufstellung wurde vor allem nach den »Lagevorträgen des Oberbefehlshabers der Kriegsmarine vor Hitler 1935 bis 1945« und dem »Kriegstagebuch der Seekriegsleitung 1939 bis 1945 Teil A« zusammengestellt.

Dieses sind die gegenwärtig wichtigsten Quellenwerke zur Geschichte des Zweiten Weltkrieges, in denen detaillierte Entscheidungen der obersten politischen und militärischen Führung Deutschlands über den ersten und einzigen deutschen Flugzeugträger enthalten sind. Von einer Kommentierung und Erläuterung wurde Abstand genommen. Widersprüche und offenkundige Lücken im Ablauf und in der Entscheidungsfindung können auf Verluste an Unterlagen zurückzuführen sein. Möglicherweise können diese Mängel nach dem Auffinden und Erschließen noch vermißter Führungsunterlagen behoben werden.

20. September 1939
Kriegstagebuch (KTB) der Seekriegsleitung (Skl)
Auf der Lagebesprechung beim Chef der Seekriegsleitung (Skl) wird die dringende Bitte des Chefs des Generalstabes der Luftwaffe vorgebracht, die für den Flugzeugträger *Graf Zeppelin* vorgesehene Träger-Sturzkampfstaffel 3/186 (bisher 4/186) der Luftflotte 1 zu unterstellen. Die Skl lehnte die Erfüllung der Bitte ab und übermittelte dem Verbindungsoffizier zum Generalstab der Luftwaffe ihrerseits die Bitte, die Staffel vorläufig der Marine zu belassen.

Die Skl begründete die Ablehnung damit, daß sie die Staffel im Ostseebereich zur Unterstützung des Kampfes auf der Halbinsel Hela benötigte, wo sich polnische Bodentruppen zusammen mit der Marine überaus hartnäckig verteidigten. Außerdem, so die Begründung der Skl, brauche sie die Staffel für den eventuellen Einsatz gegen polnische U-Boote.

Für die spätere Unterstellung der Staffel unter die Luftflotte 1 sehe die Skl die Möglichkeit, sie in der Nordsee vor allem gegen Seeziele zu verwenden. Falls dazu die Reichweite des verwendeten Flugzeugtyps Junkers Ju 87 nicht zu gering sei, würde die Skl der weiteren Unterstellung der Staffel unter Luftwaffenbefehl nichts in den Weg legen.

23. September 1939
KTB der Skl:
Die anhaltend zähe Verteidigung der polnischen Truppen auf Hela macht den weiteren Einsatz der Staffel 3/186 erforderlich.

25. September 1939
KTB der Skl:
Der Oberbefehlshaber der Luftwaffe (Ob.d.L.) ordnet die sofortige Unterstellung der Träger-Sturzkampfstaffel 3/186 unter den Befehl der Luftflotte 2 an.

Die Skl ist der Ansicht, daß dieser Befehl der im Einvernehmen mit Hitler gegebenen grundsätzlichen Weisung widerspricht, wonach die Marinefliegerverbände auf Befehl des Oberkommandos der Wehrmacht (OKW) der Kriegsmarine taktisch unterstellt sind.

02. Oktober 1939
KTB der Skl:
Zur Frage des Weiterbaus des Flugzeugträgers *Graf Zeppelin* ergeht folgende Weisung an das Marinekommandoamt (A) mit
Kommandoabteilung (A I)
Organisationsabteilung (A II)
Nachschubabteilung (A III)
Schiffahrtsabteilung (A IV)
Amtsgruppe Nautik (A H):
»Die Einsatzmöglichkeit des Flugzeugträgers *Graf Zeppelin* ist im gegenwärtigen Kriege noch nicht zur erkennen.
Sein Weiterbau muß gegenüber dringlichen Mobilmachung-Bauaufgaben (U-Boote, Zerstörer, M-Boote, Kreuzer und Schlachtschiffe des Mob.-Bauplans) zurücktreten.«
Als Grundlage für die Überlegungen hinsichtlich der Fertigstellung des Trägers soll gelten:
Keine Verzögerungen, Belastungen oder Gefährdung besonders kriegswichtiger Aufgaben der Marine, Pflege und Erhaltung des Materials, Schutz vor feindlicher Einwirkung.

10. Oktober 1939
Lagevortrag des Ob.d.M. vor Hitler
Großadmiral Raeder bejaht die Frage Hitlers nach der Notwendigkeit der Fertigstellung des Flugzeugträgers *Graf Zeppelin*. Er begründete dies mit einem möglichen Einsatz des Trägers beim Hinausführen der Schweren Kreuzer zum Handelskrieg im Atlantik und für ein gemeinsames Operieren mit diesen Einheiten.

Außerdem werde der Träger benötigt für die grundsätzliche Erprobungstätigkeit auf technischem und taktischem Gebiet. Hitler stimmte diesen Argumenten zu.

Zugleich wurde entschieden, wegen des erweiterten Bauprogramms für U-Boote die Arbeiten am Flugzeugträger *B* ebenso wie an den Neubauten der Schlachtschiffe *H und I* sowie an den Kreuzern *Lützow* und *Seydlitz* einzustellen.

08. November 1939
Aktennotiz Baustab »Graf Zeppelin«:
Die Bauwerft DWK informiert den Technischen Regierungsoberinspektor Werner (er war einer der zuständigen Sachbearbeiter im Konstruktionsamt des OKM) über die am 01.11.1939 erfolgte Besichtigung des Trägers durch eine sowjetische Studienkommission (Offiziere und zivile Mitarbeiter von Kriegsmarinewerften) und über den Umfang der dabei von deutscher Seite übermittelten Daten des Schiffes.

08. Februar 1940
KTB der Skl:
Lagebesprechung beim Chef der Skl
Die Frage, ob die operative und militärische Lage einen Einsatz des Flugzeugträgers *Graf Zeppelin* in Nordsee, Nordmeer oder Atlantik notwendig macht, so daß der Weiterbau des Trägers gefordert werden muß, kann z.Zt. noch nicht eindeutig beantwortet werden. Grundsätzlich entscheidet der Chef der Skl, daß der Träger aus folgenden Gründen fertig zu bauen ist:
1. Die Skl glaubt, Einsatzmöglichkeiten für den Träger zu Vorstößen in den Atlantik in Verbindung mit den Schlachtschiffen, besonders nach Fertigstellung von *Bismarck* und *Tirpitz*, zu erkennen.
2. Die weitere Entwicklung der militärischen und strategischen Lage läßt sich noch nicht übersehen. Es wäre grundsätzlich falsch, auf ein Kriegsmittel wie den Flugzeugträger schon jetzt zu verzichten. Ein Einsatz des Trägers kommt frühestens Mitte 1941 in Frage, d.h. zu einem Zeitpunkt, wo die militärischen Verhältnisse möglicherweise erheblich günstigere Einsatzmöglichkeiten für den Träger bieten werden als heute der Fall ist.
3. Es ist erforderlich, mit dem Träger rechtzeitig Erfahrung zu sammeln, da es der erste Träger in der deutschen Marine ist. Voraussetzung für die Verwendung des Schiffes zu Aufklärungs- und Kampfaufgaben ist die Ausrüstung mit geeigneten, leistungsfähigen Trägerflugzeugen. Dem Führungsstab des Oberbefehlshabers der Luftwaffe sollen daher erneut die dringlichen Forderungen der Skl für die Bereitstellung der erforderlichen Flugzeuge vorgelegt werden.

29. Februar 1940
KTB der Skl:
Lagebesprechung beim Chef der Skl
Der Oberbefehlshaber der Marine entscheidet, daß der Schiffskörper des im Bau befindlichen Flugzeugträgers *B* abzuwracken ist.

28. April 1940
KTB der Skl
Die Notwendigkeit des Weiterbaus von *Graf Zeppelin* wird von der Skl verneint, da die militärischen und artilleristischen Voraussetzungen für den Einsatz des Schiffes in absehbare Zeit nicht gegeben sind. Die gesamte Fla-Bewaffnung ist für dringende militärische Aufgaben zur Zeit anderweitig eingesetzt. Die vollständige artilleristische Armierung kann etwa ein Jahr nach Fertigstellung (d.h. Ende 1941) eingebaut werden. Die Facharbeiterfrage ist sehr schwierig. Die Skl verzichtet daher auf den Weiterbau des Trägers.
Aus dieser Einstellung der Skl heraus wird ein Vorschlag für Hitler formuliert, den Weiterbau von *Graf Zeppelin* einzustellen.
Das KTB der Skl enthält dazu zum 29. April 1940 den Nachtrag: »Führer einverstanden«.

29. April 1940
Lagevortrag des Ob.d.M. vor Hitler
In einem gesonderten Tagesordnungspunkt schlägt Großadmiral Raeder die Einstellung des Weiterbaus des Flugzeugträgers *Graf Zeppelin* vor, da der Flugzeugträger in etwa acht Monaten, also erst Ende 1940, indienststellungsbereit sei, und weitere zehn Monate bis zu seiner vollen artilleristischen Einsatzbereitschaft vergehen würden. Das Schiff sei nach erforderlicher Erprobung nicht vor Ende 1941 klar zu vorgesehener Verwendung.

Hitler meinte dazu, daß bei der voraussichtlichen Entwicklung der Flugzeuge Trägerschiffe mit Benzin-Flugzeugen im laufenden Krieg nicht mehr zu verwenden sein werden. Er war einverstanden mit der Baueinstellung und ordnete den Einsatz der Artillerie der *Graf Zeppelin* in Norwegen zum Schutz der Küstengewässer an.

05. Juli 1940
KTB der Skl:
Lagebesprechung beim Chef der Skl
In Kiel besteht z.Zt. eine starke Anhäufung von schweren Schiffen (*Scharnhorst*, *Köln*, *Graf Zeppelin*, *Lützow*, *Prinz Eugen*, später *Gneisenau* in der Werft).
Es muß sofort eine Auseinanderlegung erfolgen, damit die Werft nicht noch einen größeren Anziehungspunkt für die englische Luftwaffe darstellt.
Der Chef der Skl ordnet daher die sofortige Prüfung einer Verlegung von *Graf Zeppelin* nach Osten (Danzig) an.

06. Juli 1940
KTB der Skl:
Lagebesprechung beim Chef der Skl
Der Chef der Skl ordnet an, daß der Flugzeugträger *Graf Zeppelin* nach dem Osten verlegt wird. Die Antriebsanlage soll dort bis zu einem Zustand fertiggestellt werden, der ihre Wartung und Konservierung gestattet.

10. Juli 1940
KTB der Skl:
Lagebesprechung beim Chef der Skl
Besuch des Generalstabschefs der Luftwaffe (Generaloberst Jeschonneck) beim Chef des Stabes der Skl (Admiral Schniewind). Aus Äußerungen des Luftwaffengenerals entnimmt die Skl, daß die Luftwaffe die Abgabe der Gesamtseeluftstreitkräfte durch die Marine erstrebt.

11. Juli 1940
KTB der Skl:
Graf Zeppelin läuft im Schleppzug am 12. Juli 1940 07.00 Uhr von Kiel nach Osten aus.

12. Juli 1940
Graf Zeppelin trifft im Schleppzug von Kiel kommend in Gotenhafen ein und macht dort im Hafenbecken V fest.

08. November 1940
KTB der Skl
Lagebesprechung beim Chef der Skl
Der Chef der Skl bittet um Prüfung der Frage einer Wiederaufnahme der Bauarbeiten zur Fertigstellung des Flugzeugträgers *Graf Zeppelin*. Die Skl hatte vor Jahresfrist dahingehend Stellung genommen, daß die Einsatzmöglichkeit dieses Schiffes im gegenwärtigen Krieg z.Zt. nicht zu erkennen ist, so daß ein Weiterbau gegenüber dringlichen Mob.-Bauten zurückzutreten habe. Am 29. April hatte der Oberbefehlshaber der Marine unter Einholung des Einverständnisses Hitlers entschieden, daß der Weiterbau des Flugzeugträgers *Graf Zeppelin* einzustellen sei. Schiff liegt z.Zt. in konserviertem Zustand in Gotenhafen still. Inzwischen hat sich die Kriegslage wesentlich geändert: Durch das Gewinnen der Kanal- und Atlantikküste und durch

das weitere Vordringen nach Süden und sich damit abzeichnende Operationsmöglichkeiten zu großzügiger Handelskriegführung und Auftreten im afrikanischen Raum, ergeben sich nach Auffassung der Skl in zunehmendem Maße Aufgaben und Ansatzmöglichkeiten für die erfolgreiche Verwendung eines Flugzeugträgers. Die Frage der Indienststellung des *Graf Zeppelin* erscheint daher in einem anderen Licht. Sie ist erneut mit dem Ziel aufzugreifen, den Flugzeugträger baldigst zum operativen Einsatz zur Verfügung zu haben. Das Marinekommandoamt (A) erhält die Weisung zur Prüfung, wann und unter welchen Bedingungen und Einschränkungen die Einsatzbereitschaft dieses Schiffes hergestellt werden kann.

Daneben wird die Skl die Frage der Bereitstellung der erforderlichen Trägerflugzeuge überprüfen.

31. März 1941
KTB der Skl:

Lagebesprechung beim Chef der Skl

Der Chef der Skl gibt einen kurzen Überblick über die Führeransprache vom Vortag und hebt besonders die Äußerung Hitlers hervor, daß er nach der Erledigung der großen Aufgaben des Heeres den umfassenden Aufbau der Kriegsmarine einschließlich des Baus schwerer Schiffe in Angriff zu nehmen beabsichtige. Im Hinblick auf die Erfordernisse der Atlantik-Kriegführung, die durch die Erfahrungen der ersten Atlantikoperation der Schlachtschiffe eindringlich unter Beweis gestellt wurden, weist der Chef der Skl auf die Notwendigkeit der baldigen Wiederaufnahme des Ausbaus des Flugzeugträgers hin. Reichsmarschall Göring hatte geäußert, daß das Flugzeugproblem keine ausschlaggebende Rolle spiele. Wenn die Marine es fertigbringe, den Träger in sechs Monaten fertigzustellen, dann würde es die Luftwaffe auch fertigbringen, die nötigen Aufklärungsflugzeuge bereitzustellen.

14. Mai 1941
KTB-Eintragung (Reprint, Bd. 21)

Lagebesprechung beim Chef der Skl

Unter dem Tagesordnungspunkt 1 »Einsatzbereitschaft der Flotte« wird der mögliche Weiterbau von *Graf Zeppelin* erörtert.

Bezugspunkt dafür ist die Forderung Hitlers, den voraussichtlichen Zeitpunkt einer Fertigstellung des Flugzeugträgers zu melden.

Nach Feststellungen des Marinekommandoamtes und des Marinewaffenamtes würde die Dauer der schiffbaulichen Arbeiten und der Fla-Waffen-Armierung noch etwa acht Monate betragen. Danach wird mit etwa einem Jahr Erprobungszeit gerechnet. Eine Einsatzbereitschaft würde demnach frühestens im Januar 1943 möglich sein.

Die Voraussetzungen für die sofortige Aufnahme der Erprobungen nach der Fertigstellung von *Graf Zeppelin* bildet die rechtzeitige Bereitstellung von Trägerflugzeugen. Möglicherweise hing das erwachte Interesse an dem Flugzeugträger mit dem gerade laufenden Unternehmen »Rheinübung« zusammen, bei dem das Schlachtschiff *Bismarck* zusammen mit dem Schweren Kreuzer *Prinz Eugen* in den Atlantik durchbrechen sollte.

22. Mai 1941
Besprechung des Ob.d.M. bei Hitler (Berghof)

Großadmiral Raeder meldet die Bauzeit des Flugzeugträgers *Graf Zeppelin*. Nach Wiederaufnahme der Arbeiten bei Abschluß der Operation »Barbarossa« (Feldzug gegen die Sowjetunion) beträgt die Dauer für die Fertigstellung acht Monate. Danach ist noch ein Jahr für Erprobungen erforderlich.

31. Mai 1941
KTB-Eintragung (Reprint, Bd. 21)

Die SKL beschäftigt sich in der Lagebesprechung erneut mit Graf Zeppelin

Die vor allem durch die britischen Erfolge mit Trägerflugzeugen gegen die italienische Flotte in Tarent am 11. November 1940 und am Kap Matapan am 27. März 1941 sowie gegen die *Bismarck* wenige Tage zuvor zu Tage getretene wachsende Bedeutung der Flugzeugträger führte dazu, Überlegungen über den Wert, die Einsatzmöglichkeiten und die Notwendigkeit solcher Schiffe anzustellen. Dabei wurde erneut nach Möglichkeiten für den Weiterbau von *Graf Zeppelin* gesucht. Die Überlegungen führten zu keinem günstigen Ergebnis.

Die bereits angestellten Überprüfungen ergaben, daß eine sofortige Arbeitsaufnahme an dem Schiff nicht möglich und daß ein Weiterbau frühestens nach Beendigung des Unternehmens »Barbarossa« (Feldzug gegen die Sowjetunion) in Angriff genommen werden könnte.

Allein die artilleristische Fertigstellung des Trägers mit behelfsmäßiger Feuerleitanlage hätte mindestens acht Monate in Anspruch genommen, die komplette artilleristische Bewaffnung etwa die doppelte Zeit.

Die Skl kam zu der Meinung, daß angesichts der Unerfahrenheit auf dem Gebiet des Einsatzes der flugtechnischen Anlagen auf dem Schiff mit den Trägerflugzeugen die Erprobung dieser Komponenten einen noch größeren Zeitaufwand erfordert hätte.

Die Skl gelangte aber nicht zu der Einsicht, jedenfalls ist im KTB nicht niedergeschrieben worden, daß eine Entscheidung gefällt werden muß.

07. Juni 1941
KTB-Eintragung (Reprint, Bd. 22)

In der Lagebesprechung beim Chef des Stabes der Skl tauchte erneut die Flugzeugträgerproblematik auf

Ausgangspunkt war dieses Mal ein Bericht des deutschen Marineattachés in Tokio über die Äußerungen britischer Marineoffiziere gegenüber japanischen Marineoffizieren. Danach hatte Deutschland neben einer Reihe anderer Fehler, die sich zugunsten Englands auswirkten, auf maritimem Gebiet vor allem folgende Unterlassungen begangen:

- Nichtaufstellung einer selbständigen Marineluftwaffe,
- Unterschätzung der Torpedoflieger (mit denen man der englischen Schiffahrt mindestens das Dreifache an Schiffsverlusten als mit Bomben hätte beibringen können) und
- Einstellung des Flugzeugträgerbaus.

Vor allem der letzte Gesichtspunkt veranlaßte die Skl zu Erörterungen.

Danach sei die Anordnung zur Baueinstellung nach eingehenden Überlegungen getroffen worden. Solange die Kriegsmarine noch über keine Stützpunkte in Norwegen und Westfrankreich verfügte, hätte man *Graf Zeppelin* aus operativen Gründen wegen dringender anderer Aufgaben für verzichtbar gehalten.

Über die Bedeutung des Flugzeugträgers für die Handelskriegführung im Atlantik glaubte man sich im Klaren zu sein.

Der eigentliche Grund für die Baueinstellung war nach Meinung der Skl die viel zu geringe Werft- und Arbeiterkapazität, die eine Entscheidung über Flugzeugträgerbau oder verstärktes U-Boot-Bauprogramm verlangt hätte. Die Entscheidung fiel, nicht zuletzt wegen des Drängens des Befehlshabers der U-Boote (BdU), zugunsten der U-Boote.

Es war nicht zuletzt der Eindruck der britischen, und später auch der amerikanischen Flugzeugträger und ihrer Bedeutung, daß keine klare Entscheidung über das Schicksal von *Graf Zeppelin* gefällt wurde. In der Skl wurde die Hoffnung genährt, daß nach einem raschen erfolgreichen Ausgang des Ostfeldzuges der Weiterbau des Flugzeugträgers ohne weiteren Verzug erfolgen könnte.

06. Juni 1941
Lagevortrag des Ob.d.M. bei Hitler
Im Zusammenhang mit dem Einsatz und dem Verlust des Schlachtschiffs *Bismarck* werden Betrachtungen über die Lehren zur Weiterführung des Atlantikhandelskrieges mit Überwasserstreitkräften angestellt. Dabei wird seitens der Skl die Ansicht vertreten, daß die Erfolge der britischen Trägerflugzeuge und die geschickte Führung der Flugzeugträger im Verlauf der Verfolgung und Vernichtung der *Bismarck* den Wert von Flugzeugträgern für eine weiträumige operative Seekriegführung bewiesen hätten. Durch das Vorhandensein eines eigenen Flugzeugträgers bei der Kampfgruppe *Bismarck* hätte das Gesamtergebnis ein vollkommen anderes sein können.

11. Juli 1941
Lagevortrag des Ob.d.M. vor Hitler (Obersalzberg)
Großadmiral Raeder trägt Gedanken der Skl zum Aufbau der Flotte nach dem Krieg vor (Aufbauplan der Flotte). Bezüglich des Seekrieges unter modernen Bedingungen wird festgestellt, daß die bisherigen Erkenntnisse zur höchsten Bewertung der Luftwaffe im Seekrieg zwingen. Dies muß Berücksichtigung finden in der richtigen Eingliederung der Luftwaffe, um die Frage der neuzeitlichen Flottenzusammensetzung und der Art der Neukonstruktionen des Schiffbaues. Es wird für erforderlich gehalten, *Graf Zeppelin* fertig zu bauen und zu erproben. Obwohl die Bewertung der Erfahrungen hinsichtlich der Zweckmäßigkeit des augenblicklichen Flugzeugträgertyps noch nicht abgeschlossen ist, müssen die Erfahrungen aus der Kriegführung des Gegners und die Überlegungen für die eigene ozeanische Kriegführung zu der klaren Erkenntnis führen, daß auf den Einsatz von Flugzeugträgern oder Flugdeckkreuzern im Rahmen der Atlantik-Kriegführung grundsätzlich nicht verzichtet werden kann. Es wird daher die Entwicklung eines Flugdeckkreuzers für erforderlich gehalten, der der Aufklärung und Sicherung eines selbständig operierenden Verbandes dient und etwa 14 Flugzeuge mit sich führen kann. Der Seekriegsleitung schwebte dabei ein Fahrzeug von der Art des geplanten Kreuzers *M* vor (Wasserverdrängung etwa 10.400 ts, Länge 183 m, gemischter Dampfturbinen-/Dieselmotorenantrieb für maximal 35,5 kn, Bewaffnung: acht 15-cm-Geschütze und Flak sowie acht Torpedorohre). Zur Schaffung der für den Flugzeugtransport und -einsatz notwendigen Einrichtungen (Flugdeck, Hangar, Katapulte, Aufzüge oder Kräne) erklärte sich die Skl bereit, gewisse Konzessionen an Geschwindigkeit und Bewaffnung dieser modifizierten Kreuzer zu machen.

23. Juli 1941
KTB-Eintragung (Reprint, Bd. 23)
In der Lagebesprechung beim Chef der Skl wurde im Rahmen der Gesamtproblematik Rüstungsfragen der mögliche Weiterbau von »Graf Zeppelin« erörtert
Der Quartiermeister der Skl hielt den Weiterbau nur unter Erfüllung folgender Voraussetzungen für möglich:
— Gestellung einer Mindestzahl von Facharbeitern,

— sofortige Einordnung des Trägers in die Dringlichkeitsstufe S und
— Eingriff in das U-Boot-Bauprogramm.
Unter diesen Bedingungen könnte das Schiff frühestens am 01. Oktober 1942 fertig sein. Da aber eine Beeinträchtigung des U-Boot-Baus nicht entstehen durfte und Arbeitskräfte aus anderen Rüstungsbereichen (z.B. Heer) nicht abgezogen werden konnten, sollte Großadmiral Raeder in einer Unterredung mit Hitler dessen Entscheidung herbeiführen.

25. Juli 1941
KTB-Eintragung (Reprint, Bd. 23)
Großadmiral Raeder war zum Vortrag im Führerhauptquartier (FHQ) und erfragte Hitlers Entscheidung zum Flugzeugträger Graf Zeppelin
Hitler antwortete dahingehend, daß der Weiterbau dieses und anderer Schiffe erst nach dem Ende des Ostfeldzuges erfolgen solle. Außerdem werde der Abzug von Heerespersonal für Belange der Marine erst zu diesem Zeitpunkt freigegeben.
Das Marinegruppenkommando Nord regte am gleichen Tage, so eine KTB-Eintragung der Skl, die beschleunigte Fertigstellung von *Graf Zeppelin* zum Heranführen von Flugzeugen in den Seeraum vor Island an, um von hier aus gegen alliierte Geleitzüge vorzugehen.

18. August 1941
KTB der Skl
Hitler befahl — trotz der geäußerten Einschränkungen — am 25. Juli 1941 die Fertigstellung von *Graf Zeppelin*. Bei zeitlich günstiger Gestellung der dafür geforderten Arbeitskräfte wurde der 01. Oktober 1942 als frühester Fertigstellungstermin benannt.
Diese Angaben werden auf Anfrage des Führungsstabes der Luftwaffe erteilt.
(KTB der Skl, Teil A, enthält am 25. Juli 1941 keinen Hinweis über konkrete Festlegungen.)

05. November 1941
KTB der Skl
Im Hinblick auf die Führerweisung zur Wiederaufnahme des Weiterbaus von *Graf Zeppelin* hat die Skl an den Ob.d.L. ihre Anforderungen über die Bereitstellung von Trägerflugzeugen gerichtet.
Da Flugzeugmuster neuer Entwicklung nicht vor Ende 1944 greifbar sein können, *Graf Zeppelin* aber 1 3/4 Jahr nach Beginn des Weiterbaus seine Erprobungen beenden würde, bittet die Skl die Luftwaffe als Zwischenlösung die Ausrüstung des Trägers mit Frontflugzeugen aus der laufenden Fertigung mit entsprechender Aptierung für die Spezialverwendung vorzusehen (Hinweis auf Schreiben in KTB der Skl, Teil C, Heft V).

11. November 1941
KTB der Skl
In einem aufgefangenen und entzifferten Bericht eines britischen Aufklärungsoffiziers steht u.a., daß der in Hamburg liegende deutsche Flugzeugträger bis Ende 1941 fertiggestellt sein soll.
Der Bericht zur eigenen Lage vermerkt das Auslaufen des Schleppzuges *Graf Zeppelin* aus Swinemünde zur Überführung nach Gotenhafen (im Juni 1941 war der Träger nach Swinemünde verlegt worden und hatte hier an der Hakenterrasse gelegen).

13. November 1941
Lagevortrag des Ob.d.M. bei Hitler (Wolfsschanze)
Im gesonderten Tagesordnungspunkt IX »Weiterbau Flugzeugträger« legt Großadmiral Raeder die Ansichten der Seekriegsleitung zu dieser

Problematik dar. Die Skl legt nach wie vor besonderen Wert auf den Weiterbau des Flugzeugträgers *Graf Zeppelin*. Voraussetzung dafür ist aber die Bereitstellung der für die Fertigstellung erforderlichen Werftarbeiter und der für den Trägereinsatz notwendigen Flugzeuge. Die Entwicklung der Trägerflugzeuge erfordere jedoch hohe Fertigungskapazität und hohen Aufwand. Die zeitliche Gestaltung der Neuentwicklung solcher Flugzeuge ist außerordentlich ungünstig. Unter besten Umständen ist nach Mitteilung der Luftwaffe erst Ende 1944 mit Trägerflugzeugen neuer Entwicklung zu rechnen. Die früher für den Flugzeugträger vorgesehenen Flugzeugmuster stehen nur noch in ganz geringen Stückzahlen zur Verfügung. Ihr Weiterbau oder Nachbau ist nicht möglich. Die Durchführung der Neuentwicklung von Trägerflugzeugen bedeutet für das Gesamtprogramm der Luftwaffe eine schwierige grundsätzliche Entscheidung.

Die Skl glaubt daher angesichts der Auswirkungen auf das Luftwaffenprogramm, ihre Forderungen auf den Weiterbau des Flugzeugträgers abhängig machen zu müssen von der Entscheidung Hitlers zur Frage des Arbeitseinsatzes auf den Werften und die Inkaufnahme gewisser Nachteile bei der Durchführung des augenblicklichen Luftrüstungsprogramms.

Hitler brachte nach dem Vortrag Raeders zum Ausdruck, daß er den Weiterbau des Flugzeugträgers *Graf Zeppelin* wünscht und daß er der Überzeugung ist, die Luftwaffe könne zunächst mit aptierten (d.h. nachträglich den besonderen Bedingungen des Bordeinsatzes angepaßten) Flugzeugen aushelfen.

08. Dezember 1941
KTB der Skl
Da Hitler auf Vorschlag des Chefs der Skl zum Ausdruck gebracht hat, daß er den Weiterbau des Flugzeugträgers wünsche und der Überzeugung ist, daß die Luftwaffe zunächst mit aptierten Flugzeugen aushelfen kann, bittet die Operationsabteilung der Skl den General der Luftwaffe beim Oberbefehlshaber der Kriegsmarine (Gen.d.Lw beim Ob.d.M.),den Reichsminister der Luftfahrt und Oberbefehlshaber der Luftwaffe (R.d.L/Ob.d.L), um eine Klärung der durch die Entscheidung des Führers entstandenen Lage (Schreiben 1./Skl. 28 173/41 GKdos. in KTB, Teil C, Heft V).
Die Erstellung der endgültigen Trägerflugzeugmuster wurde unter günstigsten Umständen Ende 1944 erwartet.

09. Januar 1942
KTB der Skl
Einleitender Hinweis auf den Wunsch Hilers nach Weiterbau von *Graf Zeppelin* und die von ihm geäußerte Überzeugung, daß die Luftwaffe zunächst mit aptierten Flugzeugen aushelfen kann.
Die Skl hat darauf hingewirkt, daß die Luftwaffe veranlaßt wird, Hitler davon zu unterrichten, daß für den Einsatz auf *Graf Zeppelin* eine Aptierung von Flugzeugen aus der laufenden Produktion nicht möglich ist und damit die Erwartungen nicht erfüllt werden können.
Das wird vom Luftwaffen-Führungsstab gescheut.
Stattdessen hat er am 23. Dezember 1941 der Skl mitgeteilt, daß bei der Indienststellung von *Graf Zeppelin* 50 Jagd-, 4 Stuka und 13 Mehrzweckflugzeuge zur Verfügung ständen, die durch das Herausziehen aus dem Fronteinsatz und Umbau gewonnen werden sollen.
Nach Meinung der Skl würde dies in der ersten Erprobungszeit des

Trägers die Möglichkeit geben, in beschränktem Maße flugtechnische und flugtaktische Probleme zu klären.
Da aber für diese Typen keinerlei Weiterbau angelaufen und vorgesehen sei, stände der Träger höchstwahrscheinlich bei Ende der Erprobung ohne Flugzeuge da.

10. Januar 1942
KTB der Skl
Hitlers Richtlinie für die Rüstung 1942 wird erlassen, die im Prinzip auf eine Kürzung der Rüstung bei Kriegsmarine und Luftwaffe zugunsten des Heeres hinausläuft.
Auf alle Fälle soll die Rüstung des Heeres nicht beeinträchtigt werden.
Es wird zu einer Schwerpunktbildung bei der Rohstoffverteilung angemahnt, für die die Oberbefehlshaber der Wehrmachtsteile eigenverantwortlich sind.
Die Kriegsmarine richtet ihre Schwerpunkte auf die Erweiterung und die Erhaltung der U-Boot-Waffe. Daneben soll die Erhaltung des Geleitdienstes und die Sicherung Norwegens sowie des Küstenvorfeldes gewährleistet sein.

04. Februar 1942
KTB der Skl
Die vom General der Luftwaffe beim Ob.d.M. auf Veranlassung der Skl beim Führungsstab des Ob.d.L. im Dezember 1941 versuchte Klärung der Frage, ob die Entwicklung der Trägerflugzeuge neu anlaufen müsse, ist nicht erfolgt.
Umbauten aus der laufenden Produktion haben bisher nicht zum Erfolg geführt. Der Generalquartiermeister der Luftwaffe hat am 31. Dezember 1941 mitgeteilt, daß der Ob.d.L. dem Ob.d.M. zur Indienststellung des Flugzeugträgers *Graf Zeppelin*

50 Me 109 T
4 Ju 87 T
13 Fi 167

zur Verfügung stellen würde.
Diese Zahl könne günstigstenfalls für die ersten Vorerprobungen ausreichen.
Daher lohne es sich nicht, den Fertigbau des Trägers weiterzuführen.
Es entsteht die Situation, daß der Träger bei seiner Indienststellung ohne Flugzeuge sein wird.
Der Weiterbau der genannten Typen ist nach Auffassung des Ob.d.L. unmöglich. Es gibt keine Fertigungseinrichtungen für ältere Me 109, Ju 87 B und Fi 167 mehr.
Die Skl hat den Führungsstab der Luftwaffe und den Ob.d.L. um Mitteilung gebeten, ob eine erneute Überprüfung technischer Art in der Zwischenzeit andere Möglichkeiten ergeben habe oder ob eine Neuentwicklung von Trägerflugzeugen angeordnet worden ist.
(Hinweis auf Schreiben im KTB der Skl, Teil C, Heft V).

12. März 1942
Lagevortrag des Ob.d.M. vor Hitler (Wolfsschanze)
Im Zusammenhang mit der Darlegung von Schwierigkeiten der eigenen Seekriegsführung im Europäischen Nordmeer bezeichnete Großadmiral Raeder die dort operierenden britischen Flugzeugträger als die gefährlichsten Gegner der eigenen schweren Überwasserschiffe. Er forderte von der Luftwaffe kategorisch ihre Vernichtung auf See und in den Stützpunkten als oberstes Ziel der Luftwaffenseekriegsführung im Nordraum.

Er erneuerte die Forderung des beschleunigten Weiterbaus des Flugzeugträgers *Graf Zeppelin*, wozu die Bereitstellung ausreichender Trägerflugzeuge gehörte.

Für den Träger werden als erste Ausrüstung für die Erprobung und Ausbildung von der Luftwaffe bereitgestellt:

    50 Messerschmitt Me 109 T Jagdflugzeuge

    4 Junkers Ju 87 C Sturzkampfflugzeuge

    13 Fieseler Fi 167 Mehrzweckflugzeuge,

zusammen 67 Trägerflugzeuge.

Diese Anzahl Trägerflugzeuge berechtigte jedoch die Kriegsmarine nicht dazu, nunmehr den Fertigbau des Flugzeugträgers weiterzuführen, denn es stünden dann für die Indienststellung des Trägers als Einheit der Flotte sehr wahrscheinlich nach den durchgeführten Vorerprobungen keine Flugzeuge mehr zur Verfügung. Ein Weiterbau der oben angeführten Typen ist jedoch nach Auffassung der Luftwaffe nicht möglich.

Angesichts der entscheidenden Bedeutung des Flugzeugträgers für den Einsatz der eigenen schweren Überwasserschiffe ist eine erneute Überprüfung beim Ob.d.L. beantragt, ob sich nicht doch Möglichkeiten ergeben, durch Aptierung von Flugzeugen der laufenden Luftwaffenproduktion fronteinsatzfähige Trägerflugzeuge zu erstellen oder eine Neuentwicklung von Trägerflugzeugen anzuordnen.

Großadmiral Raeder bittet Hitler, Reichsmarschall Göring zur Entwicklung und Herstellung genügender Trägerflugzeuge zu veranlassen.

Hitler vertritt daraufhin die Auffassung, daß der Flugzeugträger dringend benötigt wird und sagt zu, dem Ob.d.L. eine entsprechende Weisung zu geben.

25. März 1942
KTB der Skl

Lagebesprechung beim Chef der Skl

Im Vortrag des Chefs des Konstruktionsamtes wird die Notwendigkeit einer sofortigen Entscheidung über die Aussetzung oder Fortführung der begonnenen Kriegsschiffbauten gefordert, da die Zuteilungen an Mangelrohstoffen für das II. Quartal 1942 gekürzt wurden.

Danach soll es bei der Fertigstellung von *Graf Zeppelin* bleiben.

Bei den Forderungen für den künftigen Einsatz von leichten Seestreitkräften steht in der Reihenfolge der in Betracht genommenen Aufgaben die Begleitung und Sicherung von Flugzeugträgern nach der Sicherung und Aufklärung für Schlachtschiffe und Kreuzer an zweiter Stelle.

27. März 1942
KTB der Skl:

Lagebesprechung beim Chef der Skl

Im Vortrag des Chefs der Konstruktionsamtes wird die Anregung gegeben, die durch die Bereitstellung von Trägerflugzeugen seitens der Luftwaffe bedingte, eingeschränkte Einsatzbereitschaft sowie die verzögerte Fertigstellung des Schiffes aufgrund einer Verstärkung des Landedecks von *Graf Zeppelin*, durch das Anstreben anderweitiger Lösungen zu vermeiden. Der Chef der Skl behält sich nach Prüfung dieser Frage vor, die Angelegenheit nochmals an den Führer heranzuführen (Hinweis auf Abschrift der Stellungnahme im KTB der Skl, Teil C, Heft V).

11. April 1942
KTB der Skl:

Lagebesprechung beim Chef der Skl

Aus der Vorlage des Konstruktionsamtes beim Ob.d.M. betreffs des Fertigbaus von *Graf Zeppelin* ergeben sich infolge der Notwendigkeit des Einbaus einer Bulge (Wulst an den Rumpfseiten), der Verstärkung des Trägerdecks und des Umbaus der Schleudern und Bremsseilwinden folgende Termine:

a) kürzeste Bauzeit des Schiffes bis 11. Juli 1943;

b) wahrscheinliche Bauzeit bei Vermeidung weitgehender Beeinträchtigung des U-Boot-Baus bis 01. Oktober 1943;

c) Gesamtfertigstellungszeit etwa Dezember 1943 bzw. April 1944;

d) Herstellung der Einsatzbereitschaft günstigstenfalls Herbst 1944.

Dabei ist eine Ausstattung mit nur zehn aptierten Jagdflugzeugen und 22 aptierten Kampfflugzeugen (einschließlich Aufklärer, aber ohne Torpedoflugzeuge) vorgesehen.

Eine fünfmonatige Dockliegezeit ist in Wilhelmshaven geplant.

Das Quartiermeisteramt der Skl ist zunächst angewiesen, weitere Feststellungen hinsichtlich dieser katastrophalen Terminlage und ihrer Ursachen beim Konstruktionsamt zu treffen.

Eine Dockliegezeit von fünf Monaten im luftgefährdeten Wilhelmshaven darf nicht in Betracht gezogen werden.

Die Flugzeugfrage wird gesondert verfolgt.

Die bisher vorgesehene geringe Ausstattung mit Flugzeugen und das Fehlen von Torpedoflugzeugen macht den operativen Einsatzwert des Schiffes absolut illusorisch.

13. April 1942
Lagevortrag des Ob.d.M. vor Hitler (Wolfsschanze)

Großadmiral Raeder gibt einen größeren Überblick über die Problematik des Flugzeugträgerbaus und die Beschaffung der Trägerflugzeuge. Dabei werden Standpunkte und Ansichten aus früheren Lagevorträgen wiederholt.

1. Kürzeste Bauzeit bis zur schiff- und maschinenbaulichen Fertigstellung des Flugzeugträgers *Graf Zeppelin*: Sommer 1943.

Terminbestimmend sind die Zulieferung fehlender bzw. ausgebauter und anderweitig eingesetzter Hilfsmaschinen sowie der Einbau einer Bulge (seitliche Schutzwulst am Unterwasserschiff) zur Ausgleichmöglichkeit für Schlagseiten im Havariefall, zur Erhöhung des Brennstoffvorrats und damit zur Verbesserung des Fahrbereichs um 25 Prozent bei 19 Knoten.

2. Die Gesamtfertigstellungsarbeit ist nicht abhängig von schiff- und maschinenbaulichen Arbeiten, sondern von Änderungen der Flugzeugbordanlagen infolge der geplanten Verwendung aptierter Flugzeugmuster Ju 87 D und Me 109 F.

Für die Neuentwicklung, den Bau und die Erprobung der für diese Typen notwendigen Schleudern werden etwa zwei Jahre veranschlagt (falls ein Umbau der bereits vorhandenen Schleudern möglich ist, verkürzt sich der Zeitaufwand um ein halbes Jahr).

Es werden auch neue Bremsseilwinden notwendig. Der Liefertermin dieser Winden ist von der Firma noch nicht angegeben worden.

Damit kann die Gesamtfertigstellung des Trägers frühestens im Winter 1943 erfolgen.

3. Bedarf an Eisen, Stahl und Mangelrohstoffen für den Fertigbau: 15 Tonnen Kupfer aus dem Marinekontingent wurden bereits eingesetzt. Der Bedarf an übrigen Rohstoffen ist unwesentlich.

4. Bedarf an Arbeitskräften (für Umbauzeit von zwölf Monaten):

Schiffbauer usw. für zwölf Monate 590 Mann,
Maschinenbauer, Elektriker usw. für acht Monate 300 Mann.
Während der Erprobungszeit für weitere vier Monate 600 Mann.
Während der Einbauzeit der Bulgen werden zusätzlich für fünf Monate gebraucht:
Schiffbauer usw. 220 Mann,
Maschinenbauer usw. 40 Mann.

5. Frage der Trägerflugzeuge (als Ergebnis der bisherigen Besprechungen zwischen Vertretern des OKM und des Ob.d.L):

a) Die ursprünglich vorgesehenen Originalträgerflugzeuge (nur noch in geringer Stückzahl vorhanden) reichen nur für die Erprobung des Trägers, nicht aber für die frontmäßige Besetzung. Ihr Weiterbau ist nach Angabe der Luftwaffe nicht möglich.

b) Bei Neuentwicklung von Spezial-Trägerflugzeugen kann eine serienmäßige Anlieferung erst im Laufe des Jahres 1946 beginnen.

c) Die Luftwaffe ist zur Zeit nur in der Lage Trägerflugzeuge zu liefern, die aus der Aptierung von Frontflugzeugmustern gewonnen werden.

Vorgeschlagen werden hierfür die Baumuster Me 109 F (Jäger) und Ju 87 D (Stuka und Aufklärer).

Die Verwendung der vorgeschlagenen aptierten Flugzeugmuster bringt folgende Nachteile mit sich:

● Neben einer Mindestzahl von zehn Jägern können nur noch 21 bis 23 Ju 87 D (ursprünglich 33) als Kampfflugzeuge an Bord mitgeführt werden, davon sind sechs nicht sofort einsatzbereit. Es stehen zur Zeit keine Torpedoflugzeuge zur Verfügung.

● Notwendig werden Neuentwicklung, Konstruktion und Bau von Bremsseilwinden sowie der Aufzüge wegen des erhöhten Fluggewichtes.

Außerdem ergeben sich auf dem start- und landetechnischen Gebiet Schwierigkeiten, bedingt durch die Ungeeignetheit der Flugzeuge für den Radstart und die hohe Landegeschwindigkeit der Me 109 F. Damit ist fast nur der Schleuderstart möglich, bis auf den Radstart einzelner Ju 87 D bei entsprechender Gegenwindkomponente, gewonnen aus der Fahrt des Schiffes.

Die Beurteilung dieser Fragen liegt überwiegend bei der Luftwaffe. Durch das größere Transportgewicht beider Flugzeugmuster und die größere Sperrigkeit der Ju 87 D werden der Förderkreislauf im Flugzeugträger schleppender und somit auch die Einsatzzeiten verlangsamt.

Vor einer endgültigen Stellungnahme hinsichtlich der Geeignetheit der Flugzeugmuster sind aufgrund der sich ergebenden Schwierigkeiten auf flugtechnischem und taktischem Gebiet weitere Besprechungen zwischen Luftwaffe und Kriegsmarine erforderlich.

Die Seekriegsleitung vertritt die Auffassung, daß trotz der offenbar vorhandenen technischen Lösungsmöglichkeiten sowohl hinsichtlich der schiffbaulichen Änderungen als auch der Aptierung der Flugzeuge das bisherige Ergebnis nicht als Grundlage weiterer Arbeiten angenommen werden kann, da die bestehenbleibenden Nachteile die operative und taktische Einsatzfähigkeit des Trägers entscheidend herabsetzen (zu geringe Flugzeugzahl, Flugzeuge größtenteils nur durch Schleuderstart einsetzbar, Radstart nur unter günstigen Bedingungen möglich, keine Flugzeugnebelgeräte, Flugzeuge zu schwer und unhandlich, ungünstige landetechnische Eigenschaften und Gewichte lassen untragbar hohe Verluste befürchten).

Die Verwendung aptierter Landflugzeugmuster wird infolgedessen von der Skl abgelehnt.

Daher wird die Forderung nach Neuentwicklung von Spezial-Trägerflugzeugen aufrecht erhalten, wenn die Luftwaffe nicht doch in der Lage ist, den Bau der ursprünglich beabsichtigten Trägerflugzeugmuster wieder aufzunehmen.

Großadmiral Raeder will erneut an den Führer herantreten, wenn die Frage der Trägerflugzeuge in weiteren Besprechungen mit Reichsmarschall Göring nicht zur Zufriedenheit geklärt werden kann.

Hitler bemerkt abschließend, er halte Torpedoflugzeuge für *Graf Zeppelin* unter allen Umständen für nötig; ferner sei es wichtig, daß die eigenen Typen den gegnerischen gewachsen seien.

14. April 1942
KTB der Skl

Der Chef der Skl bestätigt die Auffassung der Skl, daß die Ausstattung des Flugzeugträgers mit Trägerflugzeugen im Hinblick auf das Fehlen von Torpedoflugzeugen absolut unzulänglich und unzumutbar ist.

Er befiehlt, daß alle Schritte unternommen werden, in dieser Hinsicht eine Änderung zu schaffen.

20. April 1942
KTB der Skl

Die Skl hat auf einer Besprechung am 17. April 1942 bei der Luftwaffen-Inspektion 8 (Seeflieger) die Forderung auf eine erstmalige Bereitstellung von 50 Geräten Flettner FL 282 (Bordaufklärungs-Hubschrauber »Kolibri«, Erstflug 1941) erhoben zur Ausrüstung aller Kampfschiffe einschließlich Schulkreuzer, Hilfskreuzer, Eisbrecher, Blockadebrecher, Begleittanker und Troßschiffe sowie der beiden Bordfliegerstaffeln 1. und 5./196 (zuständig für die Bordaufklärung auf den aktiven Schlachtschiffen und Kreuzern).

21. April 1942
KTB der Skl

Meldung der Operationsabteilung der Skl, daß die Besprechung des Marinefliegerdezernenten der Operationsabt./Skl beim Luftwaffenführungsstab über die Ausstattung von *Graf Zeppelin* mit Flugzeugen zu einer wesentlich günstigeren Lösung als bisher geführt hat. Einzelheiten werden nach Prüfung vorgetragen.

23. April 1942
KTB der Skl

In der Lagebesprechung beim Chef der Skl unter Tagesordnungspunkt »Trägerflugzeuge für Flugzeugträger« wird erneut geraten, von einer Neuentwicklung von Trägerflugzeugen abzusehen, da es sich nach Überprüfung als zweckmäßig herausgestellt habe, vorhandene Rüstungsmuster für die Trägerverwendung abzuwandeln, zumal die angebotenen Einsatzwerte sie als geeignet erscheinen lassen.

Die vorgesehenen aptierten Flugzeuge hätten in ihren wesentlichsten und schwierigsten Baugruppen ihre Standfertigkeit in der Trägerverwendung bereits bewiesen.

Daher sind keine Schwierigkeiten in der Entwicklung und Erprobung zu erwarten. Der Chef des Generalstabes der Luftwaffe wird bei Rdl/Ob.d.L. eine Entscheidung herbeiführen, daß die Muster Me 109 F bzw. G und Ju 87 D mit den vorgesehenen Änderungen für die Trägerausrüstung umgebaut werden und die Arbeiten bei der Industrie umgehend beginnen können.

24. April 1942
KTB der Skl
In Besprechungen beim Technischen Amt des Reichsluftfahrtministeriums (RLM) über die im Schreiben des Hauptamtes für Kriegsschiffbau des OKM geltend gemachten Bedenken gegen die Verwendung der beiden von der Luftwaffe zur Verfügung gestellten Trägerflugzeuge zum Einsatz auf *Graf Zeppelin* konnten nach dem Bericht des Marinefliegerdezernenten der Operationsabt./Skl weitestgehende Verbesserungen in dieser Frage festgestellt werden.

Damit können eine Erfüllung der Hauptforderung der Skl erwartet und die Liefertermine nach Auffassung der Luftwaffe stark herabgesetzt werden.

Nach voraussichtlicher Schätzung wird bis zur Erstellung der ersten Musterflugzeuge ein Jahr benötigt werden.

Nach Ansicht der Luftwaffe bringt der vorgeschlagene Weg der Marine bei geringstem Aufwand an Änderungen der flugtechnischen Anlage des Trägers am schnellsten erprobte und kampfbereite Flugzeuge mit Leistungen, die auf Jahre hinaus denen des Gegners überlegen sind.

(Hinweis auf Abschrift in KTB der Skl, Teil C, Heft V.)

04. Mai 1942
KTB der Skl
verzeichnet das Ausscheiden des letzten Restes der Seeluftstreitkräfte aus der taktischen Unterstellung der Kriegsmarine durch Abgabe der Dienststelle des F.d.L. (Führer der Luftstreitkräfte/See) an die Luftwaffe. Letzter F.d.L. war Oberst Schily.

08. Mai 1942
KTB der Skl
Die Luftwaffe übermittelt die endgültigen Angaben über die Trägerflugzeuge.

Mit den nunmehr gegebenen Zusagen ist erreicht, daß die flugtechnische Anlage des Flugzeugträgers keinen Änderungen mehr unterzogen werden braucht.

Einzelheiten (u.a. navigatorische und funktechnische Ausrüstung) werden in weiteren Besprechungen mit der Luftwaffe geklärt.

Es ist also festzustellen:

Als Frontflugzeuge für den Flugzeugträger werden von der Luftwaffe gestellt: Ju 87 D als Aufklärungs-, Sturzkampf-, Torpedo- und Nebelflugzeug und Me 109 G als Jagdflugzeug.

Die Flugzeugmuster sind in jedem Rüstzustand schleuderfähig.

Die Vorerprobungen erfolgten mit Flugzeugen alten Musters.

Musterflugzeuge der neuen Bauart sind im Juli 1943 zu erwarten. Serienausbringung dieser Flugzeuge etwa neun Monate später.

Die Entscheidung des Ob.d.M., ob der Flugzeugträger gebaut werden soll, wird nunmehr sobald als möglich herbeigeführt werden. (Hinweis auf Einzelheiten im KTB der Skl, Teil C.)

13. Mai 1942
Besprechung des Ob.d.M. im Führerhauptquartier (Wolfsschanze)
Hitler trifft in nachträglicher Besprechung mit Rüstungsminister Speer, Vizeadmiral Krancke und Konteradmiral Kleikamp die Entscheidung, die Fahrgastschiffe *Europa*, *Potsdam* und *Gneisenau* zu Hilfsflugzeugträgern umbauen zu lassen. Die Militärische Amtsgruppe (K III) im Hauptamt für Kriegsschiffbau stellt entsprechende Entwurfunterlagen innerhalb von drei Monaten in Aussicht.

Die Bauzeit soll etwa zwölf Monate betragen (nach Bereitstellung des Materials).

Hitler erklärt abschließend, daß er künftige Operationen von Schweren Überwasserschiffen ohne Schutz durch begleitende Flugzeuge für ausgeschlossen hält.

KTB der Skl
Besprechung des Ob.d.M. beim Führer
Entscheidung Hitlers für den Umbau von *Europa*, *Potsdam* und *Gneisenau* zu Hilfsflugzeugträgern gefällt.

Zugleich Befehl zum Weiterbau von *Graf Zeppelin* bis zur Fertigstellung erteilt.

Ob.d.L. erhält entsprechende Unterrichtung wegen der Trägerflugzeuge.

14. Mai 1942
Fortsetzung der Besprechung des Ob.d.M. vom 13. Mai 1942 am Nachmittag in der Wolfsschanze
Unter Tagesordnungspunkt 5:
Großadmiral Raeder dankt dem Führer für die Weisung betreffs der Hilfsflugzeugträger, bittet aber um Bestätigung, daß in der Dringlichkeit unangetastet bleiben: U-Boote mit allem Zubehör (auch Torpedofangboote), Geleit- und Sicherungsstreitkräfte vom Zerstörer abwärts, ferner, daß in der Frage der Trägerflugzeuge der Führer bei der Luftwaffe Druck ausübt.

Der Führer bestätigt dies, ist der Ansicht, daß bei Vorhandensein von vier Flugzeugträgern die Frage der Serienherstellung von geeigneten Flugzeugtypen leichter zu lösen ist als bei nur einem Träger.

Großadmiral Raeder hält es im weiteren für nötig, daß vor der endgültigen Festlegung von Schiffstypen eine Klarheit darüber hergestellt wird, ob die Marine nach Beendigung des Krieges weiter gegen England oder nur gegen die USA aufzubauen sei. Im ersteren Fall stehe wieder der Handelskrieg im Vordergrund (also Handels-Flugzeugkreuzer und U-Boote), im zweiten Schlachtschiffe und Flugzeugträger.

Der Führer spricht sich aus über die Unmöglichkeit des Aufbaus einer Marineluftwaffe in diesem Kriege (auf den Brief des Ob.d.M.). Er sehe aber die Notwendigkeit ein, Flugzeugträger auch jetzt noch beschleunigt zu bauen. Der Ob.d.M. erlaubt sich den Hinweis, daß eine nach Personal und Flugzeugtypen sehr gute Marineluftwaffe bei Gründung des Luftfahrtministeriums vorhanden gewesen sei.

30. Mai 1942
KTB der Skl
Stellungnahme der Operationsabteilung der Skl zur Frage des Einsatzes von Handelsschiffen als Hilfsflugzeugträger.

Die Herrichtung von Hilfsflugzeugträgern wird eingeordnet hinter:
U-Boot-Bauprogramm
Weiterbau leichter Seestreitkräfte
MFP-Programm
Blockadebrechern, Handelsschiffen und Tankern.

Bedenken überwiegen wegen des Einsatzes.

Einsatz wird nur akzeptiert unter besonders günstigen Bedingungen:
Im Küstenvorfeld im Nordraum,
als Ausbildungsschiffe für Trägerverbände.

Skl rechnet mit werftseitiger Fertigstellung von *Graf Zeppelin* am 01. April 1943.

Aufnahme der Flugerprobungen in Fahrt am 01. August 1943.

Skl erhebt Forderungen an Material und Personal bei den zuständigen Stellen der Luftwaffe.

Normale Gesamtflugzeugausrüstung, zusätzlich Reserven mit 48 Me 109 G und 54 Ju 87 D berechnet.

Der General der Luft beim Ob.d.M. wird beauftragt, mit dem Luftwaffen-Personalamt und dem Kriegsmarine-Personalamt die personellen Vorbereitungen für die fliegenden Besatzungen, das bordständige Trägerkommando und das Fliegerhorstpersonal einzuleiten und die Aufstellung zeitgerecht durchzuführen.

Die Besatzungen der Ju 87-Staffeln müssen eine Mehrzweckausbildung erhalten, d.h. in gleicher Weise zum Aufklärungs-, Stuka-, Torpedo- und Nebeleinsatz verwendet werden können.

Die Skl hält am Grundsatz fest, daß für alle Ju 87-Staffeln die Beobachteroffiziere aus Seefähnrichen der Kriegsmarine heranzubilden sind.

Als Trägerheimathafen und Friedenshorst der Trägerstaffeln wird Pillau, als Trägereinsatzstützpunkt Drontheim festgelegt.

Die entsprechenden Dienststellen der Luftwaffe werden ferner darauf hingewiesen, daß der Umbau von Potsdam und Gneisenau zu Hilfsflugzeugträgern wahrscheinlich durchgeführt wird und es daher als zweckmäßig erscheint, für beide Schiffe je 24 Jagdflugzeuge Me 109 und zwölf Mehrzweckflugzeuge Ju 87 vorzusehen.

05. Juni 1942
KTB der Skl
Berichterstattung des Chefs des Konstruktionsamtes
Er wendet ein, daß der Fertigbau von Graf Zeppelin in zwölf Monaten nur unter Verzicht auf geplante U-Boote des Typs VII C bei den Deutschen Werken in Kiel möglich ist.

Der Chef der Skl gibt den Hinweis, daß der Führer den Bau von Graf Zeppelin befohlen habe und die Arbeiterzahl selbstverständlich in Aussicht gestellt ist.

Reichsminister Speer hat eine entsprechende Bereitstellung zum 01. Juli 1942 zugesagt.

Eine Fertigstellung des Flugzeugträgers auf Kosten der U-Boote kommt nicht in Frage. Sollte Minister Speer die Zusage nicht einhalten, wird dies dem Führer zu melden sein mit dem Hinweis, daß der Befehl nicht ausführbar ist.

Der Chef des Konstruktionsamtes teilt mit, daß der Hauptausschuß für Werftindustrie die Abgabe von Arbeitern für Graf Zeppelin bereits abgelehnt hat. Daher entwickelte sich die Angelegenheit zu einer Anrufung als Führerentscheidung. Der Chef der Skl läßt durchblicken, daß an gemeinsame Operation von drei Schlachtschiffen mit Graf Zeppelin gedacht wird.

16. Juni 1942
KTB der Skl
Unter Bezugnahme auf den vom deutschen Marineattaché in Tokio übermittelten Wunsch der japanischen Kriegsmarine um eine eventuelle Überlassung des Flugzeugträgers Graf Zeppelin ist vom Verbindungsoffizier zur japanischen Marine bei der Skl bestätigt worden, daß mit der Fertigstellung des Trägers nicht vor Mitte 1943 zu rechnen ist, eine Verwendung im Rahmen der deutschen Seekriegsführung beabsichtigt wird und Einzelheiten noch nicht zu übersehen sind.

Es wird nach Lageentwickung entschieden.

19. Juni 1942
KTB der Skl
Der Chef der Skl entscheidet, daß die Überführung von Graf Zeppelin nach Kiel erst erfolgt, wenn Scharnhorst Anfang August 1942 den Hafen voraussichtlich verlassen hat.

22. Juni 1942
KTB der Skl
Der Chef des Konstruktionsamtes hält in Anwesenheit des Ob.d.M. für Hitler einen Vortrag zum Umbau »der Hilfsflugzeugträger« Seydlitz, Europa, Potsdam, Gneisenau.

23. Juni 1942
KTB der Skl
Der Chef des Konstruktionsamtes meldet, daß der Fertigbau von Seydlitz sieben Monate beanspruchen wird.

Die Wiederaufnahme des Baus von Graf Zeppelin ist nach neuester Weisung um zwei Monate zurückgestellt.

Der Chef der Skl befiehlt die Personalfrage für Bord- und Bodenpersonal der Flugzeugträger rechtzeitig in Angriff zu nehmen. Damit ist die Grundlage für eine marineeigene Luftwaffe in personeller Beziehung zu schaffen.

28. Juni 1942
KTB der Skl
Der Trägerliegeplatz im Raum Drondheim soll am Südrand des Faettenfjords sein, wo schon ein Liegeplatz in Bau ist. Es ist die Schaffung einer Ausladerampe und die Erstellung einer direkten Landverbindung erforderlich.

Außerdem soll bei Lade der Ausbau des vorhandenen Flugplatzes erfolgen.

29. Juni 1942
Besprechungsnotiz Nr. 109/42 GKdos der Luftwaffenführung (Anwesend Göring, Milch, Bodenschatz, Teske)
General Milch berichtet Reichsmarschall Göring, daß der Führer am Vortage nochmals auf die Notwendigkeit des Baus von Flugzeugträgern hingewiesen habe. Um der Brandgefahr an Bord solcher Schiffe zu begegnen, habe er die Verwendung von Dieselmotoren für die Trägerflugzeuge als die beste Lösung angesehen.

Da die Flugzeugträger wegen ihrer großen Treibstoffvorräte bei Beschuß sehr leicht brennen, hat die Luftwaffe den Vorschlag gemacht, den Flugkraftstoff in besonderen Behältern hinter dem Träger herzuschleppen.

Dieser Vorschlag sei von der Marine abgelehnt worden.

02. Juli 1942
KTB der Skl
Es wird die Verringerung der Ausbildungstage in See wegen Heizölmangel befohlen.

03. Juli 1942
KTB der Skl
Nach Beratung wird eine neue Dringlichkeitsfolge bei der Neubau- und Reparaturplanung der Kriegsmarine festgelegt.
Vorrang haben:
    U-Boote,
    leichte Seestreitkräfte,

Geleitdienst,
Minensuch- und -räumboote.

An 5. Stelle folgen Fertigbau von *Graf Zeppelin* und Umbau von *Europa* zum Hilfsflugzeugträger.

Danach kommen der Umbau der anderen Hilfsflugzeugträger und die Instandsetzung des Schlachtschiffs *Gneisenau*.

17. Juli 1942
KTB der Skl

Da die Anwesenheit von *Graf Zeppelin* wegen eines Weiterbaus im luftangriffsgefährdeten Kiel verstärkte alliierte Angriffe herausfordert, soll die Möglichkeit geschaffen werden, den Träger in Gotenhafen fertigzustellen.

20. Juli 1942
KTB der Skl

Nach den Erfolgen der U-Boote und der Luftwaffe gegen den Geleitzug PQ 17 entsteht bei der Seekriegsleitung der Eindruck, daß sich der Führer künftig noch mehr gegen den Einsatz der großen Überwasserkriegsschiffe sperren wird, solange die eigenen Flugzeugträger nicht einsatzbereit sind.

13. August 1942
KTB der Skl
Lagebesprechung beim Chef der Skl

Der Gen.d.Lw. beim Ob.d.M. hat am 16. Juli 1942 die grundsätzliche Forderung auf Erst- und Nachwuchsbereitstellung und -ausbildung an fliegendem Personal für *Graf Zeppelin* aufgestellt und bei den zuständigen Stellen der Luftwaffe anhängig gemacht.

Die personellen Beanspruchungen, die sich darüber hinaus ergeben werden, wenn entsprechend der von Hitler erteilten Weisung Ende 1944 fünf Flugzeugträger verfügbar sein werden, fordert ein Aufgreifen der Personalfrage aus dem Marinebereich heraus.

Es erfordert unter gleichzeitiger Einbeziehung der Bordfliegerstaffeln (Schwimmerflugzeuge der Schlachtschiffe, Kreuzer und Hilfskreuzer) die Schaffung einer marineeigenen Flottenluftwaffe.

Dieses Problem muß einer Lösung zugeführt werden, da die Skl es auf die Dauer für untragbar hält, diese Einheiten personell einem steten Wechsel zwischen Luftwaffe und Kriegsmarine auszusetzen.

Die Skl ist der Auffassung, daß die Schaffung und Erhaltung der Träger- und Bordfliegerverbände für die Luftwaffe eine unerwünschte personelle und ausbildungsmäßige Belastung bilden wird. Dies kann einerseits dazu führen, den Einsatz der Einheiten zu verzögern, kann aber auch andererseits dazu beitragen, den von seiten des Oberbefehlshabers der Luftwaffe zu erwartenden Widerstand zu verringern.

Die Skl ist entsprechend an das Quartiermeisteramt der Skl, Marinepersonalamt, Marinewehramt und Gen.d.Lw. beim Ob.d.M. herangetreten.

25. August 1942
KTB der Skl

Der Gen.d.Lw. beim Ob.d.M. hat mit Hinblick auf die künftige Indienststellung von Flugzeugträgern einen Befehl zur Aufstellung der erforderlichen Trägerfliegereinheiten gegeben.

Für *Graf Zeppelin* sind bis zum 01. März 1943 ein Gruppenstab mit drei Träger-Mehrzweck- und zwei Träger-Jagd-Staffeln einschließlich LT-Betriebszug (zur Wartung, Pflege und Beladung der Flugzeugtorpedos) und dem bordständigen Trägerfliegerkommando aufzustellen.

Bis zum 01. Mai 1943 soll eine Trägerergänzungsgruppe mit Gruppenstab und je einer Träger-Mehrzweck- und Jagd-Staffel folgen.

Da die Luftwaffe Neuland betritt und es notwendig ist, alle Erfahrungen der Trägerluftwaffe bei einer Dienststelle zu sammeln, auszuwerten und der Front unmittelbar wieder zuzuführen, ist die Aufstellung einer Dienststelle »Höherer Ausbildungskommandeur für Trägerverbände« beim Luftwaffenführungsstab beantragt.

04. September 1942
KTB der Skl

Hinsichtlich der geplanten Verlegung von *Graf Zeppelin* nach Kiel zum Weiterbau entstehen Probleme für die Zeit von Ende Oktober 1942 bis Januar 1943, da es nicht klar ist, ob Schlachtschiff *Tirpitz* in der gleichen Zeit von Norwegen nach Kiel kommt.

16. September 1942
KTB der Skl

Die vom Inspekteur beim Gen.d.Lw. beim Ob.d.M. am 17. August 1942 beantragte Aufstellung eines Höheren Ausbildungskommandeurs für Trägerverbände ist vom Führungsstab des Ob.d.L. abgelehnt worden, da die Aufstellung zur Zeit für nicht erforderlich gehalten wird.

Im übrigen sieht nach Mitteilung des Quartiermeisteramtes der Skl die in Ausarbeitung befindliche Organisation einen Befehlshaber der Flottenflieger vor, dem die dem Höheren Ausbildungskommandeur zugedachten Aufgaben zufallen. Außerdem ist ein Inspekteur der Marineflieger als übergeordnete Dienststelle vorgesehen.

01. Oktober 1942
KTB der Skl

Bei den bisher angestellten Überlegungen über einen Trägerliegeplatz im norwegischen Raum war davon ausgegangen worden, daß *Graf Zeppelin* Ende 1943 bzw. Frühjahr 1944 fahrbereit ist. Da die gemäß Führerbefehl herzustellenden vier Hilfsflugzeugträger zum Teil gleichzeitig mit *Graf Zeppelin* fertig werden, wird der bei Oysand vorhandene Liegeplatz nicht ausreichen, insbesondere da der Träger-Landflugplatz Oysand nicht in der Lage ist, mehr als eine Trägerfliegergruppe aufzunehmen.

Es muß daher der Versuch wiederholt werden, entgegen den Bedenken von Luftflotte 5 (Norwegen/Finnland) auf dem Landflugplatz Vaernes Platz für diesen Zweck zu erhalten.

Beschleunigt ist außerdem die Frage zu prüfen, ob im Alta-Fjord ein Trägerliegeplatz geschaffen werden kann.

Ein kleiner Jägerlandeplatz ist dort vorhanden, der vielleicht ausbaufähig ist.

Diese Trägerliegeplätze im Norwegenraum stellen eine taktische Forderung für alle Operationen von dort aus dar. Eine entsprechende Überlegung gilt auch für den Fall des Einsatzes von Hilfsflugzeugträgern im Atlantik für die französische Westküste, wenigstens hinsichtlich eines Trägerliegeplatzes.

Das Quartiermeisteramt der Skl wird von dieser Überlegung unterrichtet und gebeten, in Zusammenarbeit mit Marinegruppe Nord und dem Inspekteur beim Gen.d.Lw. beim Ob.d.M. die angeschnittene Frage mit Luftflotte 5 zu klären.

20. Oktober 1942

KTB der Skl

Lagebesprechung beim Chef der Skl

Der Chef des Hauptamtes Kriegsschiffbau beabsichtigt die Arbeiten an *Graf Zeppelin* als Füllarbeit sofort in Angriff zu nehmen, obwohl die Arbeiterfrage endgültig noch nicht geklärt ist.

Der Ob.d.M. befiehlt, daß der Träger nicht eher nach Kiel gelegt werden soll, als *Prinz Eugen* die Werft und den Hafen verlassen hat.

02. November 1942

KTB der Skl

Lagebesprechung beim Chef der Skl

Der Chef des Quartiermeisteramtes der Skl berichtet, daß der Führer zu bedenken gibt, ob nicht hinsichtlich der befohlenen Herrichtung der Flugzeugträger eine Beschränkung auf *Graf Zeppelin*, *Seydlitz* und *De Grasse* zweckmäßig sei.

Eine Prüfung ist beim Konstruktionsamt veranlaßt.

Diese Erwägung kommt der Auffassung der Skl entgegen, die wegen der großen Verletzlichkeit der umgebauten Handelsschiffe und ihrer geringen Geschwindigkeit von jeher Bedenken gehabt hat.

Allerdings wäre die Herrichtung von *Potsdam* oder *Gneisenau* als Schul- und Ausbildungsträger erwünscht.

27. November 1942

KTB der Skl

Das Quartiermeisteramt der Skl ersucht das Konstruktionsamt bei der Dringlichkeitseinstufung von Fertigstellung bzw. Umbau der Flugzeugträger *Graf Zeppelin*, *Seydlitz* und des Schulflugzeugträgers *Potsdam* diese mit Vorrang zu behandeln.

03. Dezember 1942

KTB der Skl

Marinegruppe Nord meldet: Am Mittag Überführung des Neubaus *Graf Zeppelin* von Gotenhafen nach Kiel planmäßig durchgeführt und beendet.

06. Dezember 1942

KTB der Skl

Lagebesprechung beim Chef der Skl

Aus dem Bericht des Chefs des Quartiermeisteramtes der Skl:

– Der Organisationsentwurf für eine Flottenfliegerwaffe ist beim Führer zur Sprache gebracht worden. Der Führer hat sich für den Gedanken einer an die Luftwaffe angelehnten Flottenfliegerorganisation ausgesprochen. Die Kriegsmarine müsse nunmehr in Verhandlung mit der Luftwaffe eintreten.

08. Dezember 1942

KTB der Skl

Auf den Vortrag des Chefs des Quartiermeisteramtes der Skl im Hauptquartier hat der Führer am 03. Dezember 1942 entschieden:

1. Auf die Herrichtung der Schnelldampfer *Europa* und *Gneisenau* als Flugzeugträger wird verzichtet (weitere Verwendung als Truppentransporter nach Norwegen). Die gemäß Verfügung »Der Führer«-GKdos. vom 03. Juli 1942 für diese Schiffe vorgesehenen Arbeiter gelangen für die Fertigstellung der Flugzeugträger *Graf Zeppelin* und *Seydlitz* und des Hilfsflugzeugträgers *Potsdam* zum Einsatz.

2. Der französische Kreuzer *De Grasse* ist zum Flugzeugträger umzubauen.

Aus der vorstehenden Entscheidung Hitlers ergibt sich, daß die von ihm mit Verfügung vom 03. Juli 1942 festgelegte Dringlichkeitsfolge sich dahingehend ändert, daß anstelle des an 5. Stelle vorgesehenen Schnelldampfers *Europa* der Schwere Kreuzer *Seydlitz*, der Schnelldampfer *Potsdam* und der französische Kreuzer *De Grasse* treten.

Das Konstruktionsamt wird beauftragt, das Weitere mit Reichsminister Speer und dem Hauptausschuß Kriegsschiffbau zu veranlassen.

06. Januar 1943

Besprechung des Ob.d.M. bei Hitler (Wolfsschanze)

Diese Beratung findet vor allem aus Anlaß des Mißerfolges der Operation »Regenbogen« gegen den Geleitzug JW. 51 B im Nordmeer am 31. Dezember 1942 statt. Hitler sieht eine Krise im Einsatz der schweren Überwassereinheiten und spricht ihre Außerdienststellung an. Er fordert die Marine hinsichtlich der Flugzeugträgerproblematik auch zu folgenden Überlegungen auf:

1. Sollen die drei Flugzeugträger *Graf Zeppelin*, *Seydlitz* und *De Grasse* wie bisher bestimmt bleiben.

2. Sollen weitere Schiffe zu Flugzeugträgern umgebaut werden (unter Umständen unter Verzicht auf *De Grasse*)?

3. Sind dazu *Hipper* und *Prinz Eugen* (hohe Geschwindigkeit) als Flugzeugträger besser geeignet oder *Lützow* und *Scheer* (großer Aktionsradius)? Können letztere durch eine Verlängerung höhere Geschwindigkeit und größeres Landedeck erhalten?

Der Ob.d.M. soll zu diesen und anderen Fragen eine Denkschrift vorlegen, in der er seinen Standpunkt darlegt.

Großadmiral Raeder erklärt nach einer Auseinandersetzung mit Hitler über die Seekriegführung seinen Rücktritt als Ob.d.M. (Er wird am 30. Januar 1943 von Hitler zum Abschied empfangen und zum Admiralinspekteur der Marine, einen Ehrentitel ohne Befugnisse, ernannt. Am gleichen Tag wurde Admiral Dönitz als Ob.d.M. eingesetzt und zum Großadmiral befördert).

02. Februar 1943

Anordnung zur Einstellung aller Arbeiten an Schlachtschiffen, schweren Kreuzern, leichten Kreuzern, Flugzeugträgern und Linienschiffen sowie zur Außerdienststellung dieser Schiffe. Die Einstellung der Arbeiten erstreckt sich auch auf die für diese Schiffe vorgesehenen Waffen und Geräte, wird aber so gesteuert, daß ein auffälliges, schlagartiges Aufhören der Arbeiten nach außen hin vermieden wird.

Damit tritt auch der letzte und endgültige Baustop für *Graf Zeppelin* in Kraft. Die für das Schiff noch vorhandenen sechs 10,5-cm-Doppellafetten werden für den Einbau in die Küstenverteidigung im Raum Brest vorgesehen.

Fernerhin wird geplant, den Träger wieder weiter ostwärts zu verlegen, sobald die wichtigsten schiffbaulichen Arbeiten an der Seitenwulst abgeschlossen sind.

21./23. April 1943

Graf Zeppelin wird von Kiel nach Stettin geschleppt und mit wenig Wasser unterm Kiel östlich des Hafens verankert.

25. April 1945

Durch Sprengkommando wird der Flugzeugträger auf dem Liegeplatz versenkt.

Die vier Schiffspropeller des Flugzeugträgers auf einer Aufnahme von 1943 in Stettin (sie wurden bei Verlegungsfahrten stets mitgeführt)

Blick auf die bis Spant 190 reichende Seitenwulst

1945/1947

Für die letzten Stationen des Schiffes gibt es gegenwärtig einige Angaben des russischen Marinehistorikers B.V. Lemachko, die möglicherweise eines Tages noch ergänzt werden können.

● Etwa März 1947 Hebung des Trägers unter Regie des Bergungsdienstes der sowjetischen Marine.

● Verlegung von *Graf Zeppelin* vom Bergungsort Mönne-Arm nach Swinemünde-Hafen und Herrichtung zum Wohnschiff *PB 10*.

● Als *PB 10* Sitz der Spezialabteilung des Hauptstabes der Seekriegsflotte, die gewissermaßen vor Ort die Auswertung der Konstruktion der *Graf Zeppelin* und anderer Beuteschiffe sowie ihre Einordnung in Verwertbarkeitsklassen betrieb. Nicht verwertbare Beuteschiffe und stark beschädigte Wracks wurden zur Versenkung freigegeben. So auch der Flugzeugträger.

18. Juni 1947

Graf Zeppelin soll auf die Position 55° 48′ Nord und 18° 30′ Ost geschleppt und hier durch Torpedoschüsse von Schnellbooten und 13-cm-Beschuß des Zerstörers *Grozyashtchiy* (Typ 7 *Gnevnyj*) versenkt worden sein.

Seit Herbst 1993 wird von russischen Zeitzeugen die Version verbreitet, wonach der Träger im Ergebnis umfangreicher Kampfmitteltests im Sommer 1947 in einem streng bewachten Erprobungsgebiet des Finnischen Meerbusens gesunken sei und dort noch heute als Wrack auf Grund läge. Die Stichhaltigkeit dieser Information konnte bisher noch nicht überprüft werden.

163

Quellenverzeichnis

Aktenmaterial des Bundesarchivs (BA) / Militärisches Zwischenarchiv Potsdam (MZAP)

W-04 / 2808 — Hauptturbinenanlage von K252 *Graf Zeppelin*

W-04 / 3618 — Fortsetzung zum Berechnungsheft Flugzeugträger A (*Graf Zeppelin*) (Vgl. W-04 / 11046)

W-04 / 3931 — Untersuchung des Flugzeugträgers *A*

W-04 / 4320 — Modellschleppversuch für Flugzeugträger *A*

W-04 / 5137 — Bauvorschrift des Flugzeugträgers *Graf Zeppelin* (A) 1942

W-04 / 5900 — Ausgabennachweisung über die Mittel für den Neubau des Flugzeugträgers *Graf Zeppelin* nach dem Stand Ende Rechnungsjahr 1940

W-04 / 6928 — dito Ende Rechnungsjahr 1939

W-04 / 7693 — Bestellung einer Versuchsbremsseilwinde bei der DEMAG in Duisburg

W-04 / 8973 — Beitrag des Konstruktionsamtes, Abteilung K/E, zum Bericht »Wiederaufbau der deutschen Kriegsmarine«, Stand 27.09.1940

W-04 / 10016 — Technische Bedingungen für Seeziel-Feuerleitanlagen der Flugzeugträger *A* und *B*

W-04 / 10052 — Beschreibung und Bedienungsvorschrift der Flugzeugschleuder Muster KL 5 (Mai 1940)

W-04 / 10198 — Flugzeugträger *A* – Wohneinrichtung (Belegungsplan)

W-04 / 10370 — Beitrag des Konstruktionsamtes, Abteilung Schiffbau, zur geschichtlichen Darstellung des Wiederaufbaus der deutschen Kriegsmarine (1936/37)

W-04 / 10669 — Vorläufige Sonderanlage zur Bauvorschrift S für Flugzeugträger *Graf Zeppelin* vom 06.05.1940

W-04 / 11046 — Flugzeugträger *A* – Berechnungsheft Stichtag 15. bzw. 17.02.1937

W-04 / 13801 — Abnahmeverhandlungen über Flugzeugschleudern für Italien

W-04 / 13965 — Windschutzschirme für Flugzeugträger

W-04 / 14585 — Flugzeugträger *Graf Zeppelin* – Erläuterungen zu den Einrichtungen für Start- und Landebetrieb und die damit im Zusammenhang stehenden flugtechnischen Betriebseinrichtungen

W-04 / 15163 — Bauvorschrift für den Schiffskörper der Flugzeugträger *A* und *B* (B.B.V. -S-) 1936

W-04 / 15246 — Stapellauf des Flugzeugträgers *Graf Zeppelin* (Foto-Mappe)

W-04 / 15408 — Beschreibung und Betriebsvorschrift für die Voigt-Schneider-Propeller-Hilfssteueranlage (1939)

W-04 / 16200 — Erprobung der 7. Serienbremsseilwinde der DEMAG bei der E-Stelle See Travemünde

W-04 / 17053 — Neubau Flugzeugträger *Graf Zeppelin* (Fotodokumentation, Bd. 1)

W-04 / 17059 — dito, Bd. 2

W-04 / 17122 — Versuch mit dem Windkanalmodell des Flugzeugträgers *A*

W-04 / 17543 — Feuerschutzschott auf Flugzeugträger (Erläuterung vom 25.01.1938)

W-04 / 17878 — Ersatzteilliste für Flugzeugschleuder der Serie Fl. 24 – 27 (DWK)

W-04 / 21651 — Aufstellung ausgebauter Anlagen und Bauteile von K 252 vom 22.08.1944

W-04 / 22295 — Aktenvermerke vom 12. – 14.12.1939 über Besprechungen von Vertretern der Bauwerft DWK mit dem RLM und dem OKM über K 252 (Flugzeugträger *Graf Zeppelin*)

W-04 / 22350 — Bauvorschrift für die Kessel- und Maschinenanlagen und die maschinenbaulichen Einrichtungen für Schiffsbetrieb des Flugzeugträgers *Graf Zeppelin* (A) und des Flugzeugträgers B (B.B.V. -M-) 1939

W-04 / 22409 — Erprobung der 3. bis 6. Serienbremsseilwinde der DEMAG bei der E-Stelle See Travemünde

W-04 / 22455 — Erprobung der Bremsseilwinden der DEMAG, Duisburg, und der Atlas-Werke, Bremen, in der E-Stelle Travemünde

W-04 / 22589 — Kraftstoffanlage mit Schutzgassicherung für Flugzeugträger

W-04 / 23217 — Verzeichnis der von der Abteilung K IV im Konstruktionsamt betreuten Kriegsschiffe (u.a. Flugzeugträger) im Jahr 1941

W-04 / 2767 — Ausrüstung der Steuerstellen an Bord der Neubauten (Flugzeugträger)

W-04 / 7495 — Verzeichnis der Schiffsneubauten nach Werften und Terminstellung (Stand 28.02.1939)

Akten auf Sicherheitsfilm

PG – 34487-NID — Zuständigkeiten des Luftkreiskommandos VI (See) 1934 Kennzeichnung der militärischen Flugzeuge in Deutschland 1935 Kategorien der Seefliegerhorste der Luftwaffe

WF-01 / 348 — Raumverteilungsplanung für die Wehrmachtsteile an der Ostsee

WF-01 / 9556 — Ausbau der Seeluftstreitkräfte 1939

WF-01 / 9572 — Probleme der Seeluftstreitkräfte 1939 (Aufstellungen, Auflösung, Umbenennungen)

WF-01-9557 — Struktur und Ausbildung der Seeluftstreitkräfte

WF-02 / 6703 — Aufstellung von Fliegerverbänden See ab 10.09.1939 Veränderung der Kennzeichen der Frontflugzeuge der Luftwaffe 1939

WF-02 / 37314 — Besprechung der Luftwaffenführung zur Flugzeugträgerproblematik am 29.06.1942

WF-04 / 23931 — Einführung neuer Tarnanstriche in der Luftwaffe (einschließlich Seeluftstreitkräfte)

WF-04 / 34944 — Einsatzbereitschaft der Seeluftstreitkräfte am 10.01.1939 Abstimmung zwischen den Oberbefehlshabern von Luftwaffe und Kriegsmarine über die künftige Unterstellung der Seeluftstreitkräfte (27.01.1939)

WF-04 / 34967 — Aufmarschanweisung der Seeluftstreitkräfte August 1938

WF-04 / 35365 — Ausbau der Häfen und Stützpunkte

WF-04 / 36219 — Zusammenstellung der Flugzeugträgerfragen 1935/36

WF-04 / 36535 — Seeluftkrieg vor der deutschen Küste 1940

WF-04 / 36536 — Aktenvermerk vom 11.11.1941 über Besprechung zur Offizierspersonallage der Seeluftstreitkräfte beim Ob.d.M.

WF-04 / 34932 — Die deutschen Marineluftstreitkräfte 1931

WF-04 / 35478 — Transportübung Stettin (Inbesitznahme von Memel)

Literaturverzeichnis

Absolon, Rudolf, Rangliste der Generale der deutschen Luftwaffe nach dem Stand vom 20. April 1945, Podzun-Pallas-Verlag, Friedberg 1984.

Arena, Nino, La Luftflotte Italiana, Edizioni Aeronautiche Italiane S.r.I., Firenze 1978.

Beaver, Paul, The British Aircraft Carrier, Patrick Stephens, Cambridge 1982.

Bidlingmaier, Gerhard, Die Grundlagen für die Zusammenarbeit Luftwaffe/Kriegsmarine und ihre Erprobung in den ersten Kriegsmonaten, in: Forstmeier, F., Entwicklung des Flottenkommandos, Darmstadt 1964.

Boog, Horst, Die deutsche Luftwaffenführung 1935−1945, Deutsche Verlags-Anstalt, Stuttgart 1982.

Borchers, Wilhelm, Von Daedalus zu den Luftschiffen in der Ahlhorner Heide, in: Der Landkreis Oldenburg, Holzberg-Verlag, Oldenburg o.J.

Breyer, Siegfried, Der Flugzeugträger *Graf Zeppelin*, in: Soldat und Technik, Heft 7/1959.

Breyer, Siegfried, Flugzeugträger *Graf Zeppelin* (Marine-Arsenal Bd. 4), Podzun-Pallas-Verlag, Friedberg 1988.

Botti, F., Clement Ader e l'aviazione Navale, in: Rivista Marittima, Rom, Heft 7/1986.

Breyer, Siegfried/Koop, Gerhard, Von der *Emden* zur *Tirpitz*, Bernard & Graefe Verlag, Bonn 1991.

Brown, David, Carrier Fighters 1939−1945, Macdonald & Co. Ltd., London 1975.

Brown, Eric, Duels in the Sky-World War II Naval Aircraft in Combat, Airlife Publishing Ltd., Shrewsbury 1989.

Brown, Eric, Wings of the Navy-Flying Allied Carrier Aircraft in World War II, Airlife Publishing Ltd., Shrewsbury 1987.

Brütting, Georg, Das waren die deutschen Stuka-Asse 1939−1945, Motorbuch Verlag, Stuttgart 1989.

Bukowski, Helmut/Griehl, Manfred, Junkersflugzeuge − Bewaffnung, Erprobung, Prototypen 1933−1945, Podzun-Pallas-Verlag, Friedberg 1991.

Caiden, Martin, Die Me 109, Verlagsunion Erich Pabel-Arthur Moewig KG, Rastatt 1981.

Chesneau, Roger, Aircraft Carriers of the World. 1914 to the Present, Arms and Armour Press, London 1990.

(Deutsches Marine Institut), Marineflieger − Von der Luftschiffabteilung zur Marinefliegerdivision (1913−1988), Verlag E.S. Mittler & Sohn, Herford − Bonn 1988.

Dierich, Wolfgang, Die Verbände der Luftwaffe 1939 -1945, Verlag Heinz Nickel, Zweibrücken 1993.

Dressel, Joachim/Griehl, Manfred, Deutsche Sturzkampfflugzeuge (Junkers Ju 87 und Ju 88), Podzun-Pallas-Verlag, Friedberg 1992.

Dressel, Joachim/Griehl, Manfred, Stuka Junkers Ju 87 A (Flugzeug-Profile Nr. 8), Flugzeug Publikation GmbH, Illertissen 1991.

Editorial Office, Messerschmidt Bf 109 B/E, Model Art Co. Ltd., Tokio 1991.

Evers, Heinrich, Kriegsschiffbau (2., verb. Auflage), Springer-Verlag, Berlin 1943.

Fieguth, Margit, Deutsche Flugzeugträger und ihre Flugzeuge, Archiv-Dokumentation Fieguth, Senden 1993.

Fieguth, Margit, Von der »Answald« zum *Graf Zeppelin* − Deutsche Flugzeugträger und ihre Flugzeuge, in: Marineforum, Heft 3/1987.

Filley, Brian, Ju 87 Stuka in action, Crowley Drive, Carrollton 1986.

Fölz, Gerhard, Luftfahrt zwischen Nord- und Ostsee. Von den Anfängen bis zur Gegenwart, Karl Wachholtz Verlag, Neumünster 1975.

Gaul, Walter, Deutsche Marinefliegerverbände und operative Luftwaffe im Einsatz über See 1939−1945, in: Marine-Rundschau, Heft 1-7/1953.

Gladisch, Walter/Schulze-Hinrichs, Alfred, Seemannschaft, Verlag E.S. Mittler & Sohn, Berlin 1943.

Grieder, Karl, Zeppelin-Dornier-Junkers. Markantes aus der deutschen Luftfahrtgeschichte, Desertina-Verlag, Disentis 1989.

Gröner, Erich, Die deutschen Kriegsschiffe 1815−1945, Bd. 1: Panzerschiffe, Linienschiffe, Schlachtschiffe, Flugzeugträger, Kreuzer, Kanonenboote, Bernard & Graefe Verlag, München 1982.

Hadeler, Wilhelm, Flugzeugschiffe, J.F. Lehmann's Verlag, München−Berlin 1939.

Hadeler,Wilhelm, Die Bewährung des Flugzeugträgers im Kriege, in: Wehrwissenschaftliche Rundschau, 1952, S. 335−341.

Hadeler, Wilhelm, Der Flugzeugträger als Schlachtschiff, in: Nauticus-Jahrbuch für Seefahrt und Weltwirtschaft, Verlag E.S. Mittler & Sohn, Darmstadt 1952.

Hadeler, Wilhelm, Der Flugzeugträger. Sein Wesen und sein Werden von 1911 bis zur Gegenwart, J.F. Lehmann's Verlag, München 1968.

Hadeler, Wilhelm, Kriegsschiffbau (in 2 Bänden), Wehr- und Wissen Verlagsgesellschaft, Darmstadt 1968.

Hadeler, Wilhelm, Die Flugzeugträger in der deutschen Marine, in: Marine-Rundschau, 1956.

(Ernst Heinkel Flugzeugwerke GmbH, Warnemünde), Katapulte und Katapultieren von Flugzeugen, Verlag der J.G. Weiß'schen Buchdruckerei, München 1933.

(Ernst Heinkel Flugzeugwerke GmbH, Warnemünde), Heinkel-Mitteilungen Nr. 1 bis 20 vom 01.12.1922 bis 01.12.1932, Verlag der J.G. Weiß'schen Buchdruckerei, München 1932.

Fest, Joachim C., Hitler − Eine Biographie, Berlin − Wien − Frankfurt/Main 1973.

Hentschel, Georg, Die geheimen Konferenzen des Generalluftzeugmeisters (1942−1944), Bernard & Graefe Verlag, Koblenz 1989.

Hildebrand, Hans/Röhr, Albert/Steinmetz, Hans-Otto, Die deutschen Kriegsschiffe − Biographien von A bis Z, Bd. 3, Koehlers Verlagsgesellschaft, Herford 1985.

Hümmelchen, Gerhard, Die deutschen Seeflieger 1935−1945, J.F. Lehmann's Verlag, München 1976.

Ireland, Bernard, The Aircraft Carrier − An Illustrated History, Charwell Books Inc., New Jersey 1979.

Israel, Ulrich, Marineflieger − Einst und jetzt, Brandenburgisches Verlagshaus, Berlin 1991.

Jung, Dieter/Wenzel, Berndt/Abendroth, Arno, Die Schiffe und Boote der deutschen Seeflieger 1912−1976, Motorbuchverlag, Stuttgart 1977.

Köppen, P., Der Krieg zur See 1914/18. Die Überwasserstreitkräfte und ihre Technik (Kap. 19 Flugzeugmutterschiffe), Verlag E.S. Mittler & Sohn, Berlin 1930.

Kopp, Gerhard/Schmolke, Klaus-Peter, Die Schlachtschiffe der Bismarck-Klasse, Bernard & Graefe Verlag, Koblenz 1990.

Koos, Volker, Luftfahrt zwischen Ostsee und Breitling. Der See- und Landflugplatz Warnemünde 1914−1945, Transpress Verlag, Berlin 1990.

Kriegstagebuch der Seekriegsleitung 1939−1945, Im Auftrag des MGFA in Verbindung mit dem Militärarchiv und der Marine-Offiziers-Vereinigung herausgegeben von Werner Rahn und Gerhard Schreiber unter Mitwirkung von H. Maierhöfer, Verlag E.S. Mittler & Sohn, Herford − Bonn ab 1988.

(Kriegswissenschaftliche Abt. der Luftwaffe/RLM), Die deutschen Luftstreitkräfte von ihrer Entstehung bis zum Ende des Weltkrieges 1918, Verlag E.S. Mittler & Sohn, Berlin 1941.

Küchler, Paul, Der neuzeitliche Flugzeugträger A. Allgemeiner Teil, (Vortrag vom 02. Oktober 1946), Manuskript.

Kurowski, Franz, Bordflieger im Einsatz 1939−1945, Kurt Vowinckel Verlag, Berg am See 1984.

Labayle-Couhat, J., 50 Jahre Geschichte des Bordflugwesens in der Welt (1910−1960), in: La Revue Maritime, 1960, Heft 170, S. 1121−1203.

Gerhard, Wagner, Lagevorträge des Oberbefehlshabers der Kriegsmarine vor Hitler 1939−1945, J.F. Lehmann's Verlag, München 1972.

Lange, Bruno, Typenbuch der deutschen Luftfahrttechnik, Bernard & Graefe Verlag, Koblenz 1986.

Lauck, Friedrich, Der Lufttorpedo − Entwicklung und Technik in Deutschland 1915−1945, Bernard & Graefe Verlag, München 1981.

Lemachko, Boris V., Deutsche Schiffe unter dem Roten Stern, Podzun-Pallas-Verlag, Friedberg 1992.

Loose, Bernd/Oesterle, Bernd, Das große Buch der Kriegsschiffe, Transpress Verlagsgesellschaft mbH, Berlin 1993.

Mahlke, Helmut, Stuka − Angriff, Sturzflug, Verlag E.S. Mittler & Sohn, Berlin − Bonn − Herford 1993.

Mau, Hans-Joachim/Scurrell, Charles, E., Flugzeugträger − Trägerflugzeuge, Transpress Verlagsgesellschaft mbH, Berlin 1991.

Moll, Hermann, Das deutsche Marineflugzeug von 1918–1944, in: Marine-Rundschau, 1957, Heft 2.

Nowarra, Heinz, J., Die deutsche Luftrüstung (4 Bde.), Bernard & Graefe Verlag, Koblenz 1993.

Nowarra, Heinz, J., Die 109 – Gesamtentwicklung eines legendären Flugzeugs, Motorbuch Verlag, Stuttgart 1991.

Overy, Richard, J., Hermann Göring – Machtgier und Eitelkeit, Wilhelm Heyne Verlag, München 1990.

Petsch, Kurt, Nachtjagdleitschiff *Togo*, Preußischer Militär Verlag, Reutlingen 1988.

Polmar, Normann/Watanabe, Rikyn, Aggressors, Vol. 2: Carrier Powers versus Fighting Ships, Airlife Publishing Ltd., Tokyo – New York 1980.

Potter, E.B./Niemitz Ch.W./Rohwer, J., Seemacht – von der Antike bis zur Gegenwart, Manfred Pawlak Verlagsgesellschaft mbH, Herrsching 1986.

Preston, Antony, Flugzeugträger (Marine-Arsenal), Podzun-Pallas-Verlag, Friedberg 1990.

Pritchard, David, Durch Raum und Nacht – Radarentwicklung und -einsatz 1904–1945, Motorbuch Verlag, Stuttgart 1992.

(Reichskriegsministerium – Kriegsmarine/Konstruktionsamt), Material für die Konstruktion von Kriegsschiffen, ab 11. Jahrgang (1934).

(Reichswehrministerium – Marineleitung/Konstruktionsabteilung), Material für die Konstruktion von Kriegsschiffen, 1. Jahrgang 1925 bis 10. Jahrgang 1934.

Reynolds, Clark, Die Entwicklung des Flugzeugträgers in Amerika 1919–1945, in: Marine-Rundschau 1963, Heft 6.

Reynolds, Clark, Geschichte der Luftfahrt: Die Flugzeugträger, Bechtermünz Verlag GmbH, Eltville/Rhein 1993.

Richter, J., Das erste deutsche Flugzeugträger-Projekt von 1917/18, in: Marinewesen, Rostock 1969, Heft 12.

Richter, J., Der deutsche Flugzeugträger-Entwurf von 1924/25, in: Militärwesen, Teil C (Marine), Berlin (Ost) 1972, Heft 4.

Rohwer, Jürgen (Hrsg.), Rüstungswettlauf zur See 1930–1941. Von der Abrüstung zum Wettrüsten, Bernard & Graefe Verlag, Bonn 1991.

Salewski, Michael, Die deutsche Seekriegsleitung 1939–1945 (3 Bde.), Bernard & Graefe Verlag, Frankfurt/M. 1970–1973.

Schmalenbach, Paul, Die deutsche Marine-Luftschiffe, Koehler Verlagsgesellschaft, Herford 1977.

Schmalenbach, Paul, Schwerer Kreuzer *Prinz Eugen*, Wilhelm-Heyne Verlag, München 1993.

Schmidt, Rudi, Achtung – Torpedo los! Bernard & Graefe Verlag, Koblenz 1991.

Schmidt-Prestin, Christian/Bolsdorf, Wolfgang/Hinrichs, Knudt, 50 Jahre Crew V/41. 1941–1991 – Chronik der Ostland-Crew.

Seekriegsanleitung für die Seeluftstreitkräfte (Hefte a und b), S.A.Luft/M Dv 121, Berlin, 11.11.1938.

Staats, H., Flugzeugmutterschiffe in der Kaiserlichen Marine bis 1918 – Einsatz, Entwicklung und weitere Planung, in: Marine-Rundschau 1973, H. 9–12.

Sturtivant, Ray, British Naval Aviation – The Fleet Air Arm 1917–1990, Arms and Armour Books Ltd., London 1990.

Sturtivant, Roy, Fleet Air Arm 1920–1939, Arms & Armour Books Ltd., London 1990.

Treue, Wilhelm/Möller, Eberhard/ Rahn, Werner, Deutsche Marinerüstung 1919–1942 – Die Gefahren der Tirpitz-Tradition, Verlag E.S. Mittler & Sohn, Herford – Bonn 1992.

Widfeldt, Bo, The Luftwaffe in Sweden 1939–1945, Monogram Aviation Publications, Boylston (Massach.) 1983.

Witthöft, Hans-J., Lexikon zur deutschen Marinegeschichte, Koehlers Verlagsgesellschaft, Herford 1977/78.

Winter, H., Der Überdruck-Windkanal der Aerodynamischen Versuchsanstalt Göttingen, in: Deutsche Luftwacht, Ausgabe Luftwissen, Bd. 3, Nr. 9/1936.

Wustrau, Harry, Schiff und Seemann, Verlag Emil Schmidt Söhne, Flensburg 1943.

Namen-, Sach- und Ortsregister

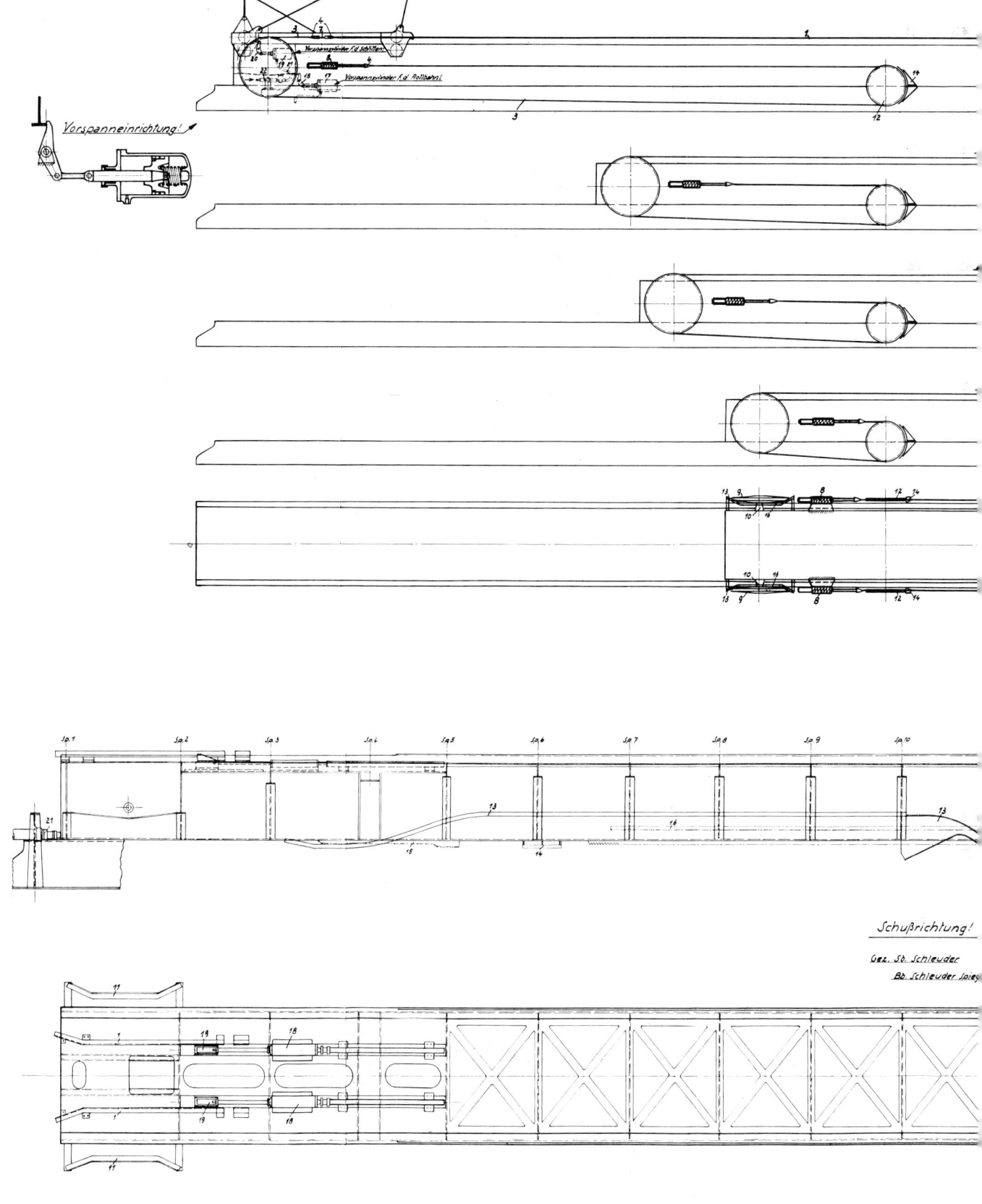

Vorspanneinrichtung!

Schußrichtung!

Gez. Sb. Schleuder
Bb. Schleuder Spieß